HIS

CRUZADAS,

POR

MR. MICHAUD Y MR. POUJOULAT,

TRADUCCION

de D. J. F. Saenz de Urraca.

───~~~~───

MADRID
LIBRERÍA DE SAN MÀRTIN,
calle de la Victoria, 9.

BARCELONA
EN EL PLUS ULTRA,
Rambla del Centro, 15.

1858.

HISTORIA

DE LAS

CRUZADAS.

PRÓLOGO.

Mr. Michaud ha querido que yo sea quien tome la pluma al comenzar esta *Historia de las Cruzadas*, en la que ambos tenemos nuestra parte de trabajo. Esta obra, último fruto de una asociación tan honrosa para mí, me inspira sentimientos particulares de gratitud y de orgullo. No se trataba aquí de permitir á un jóven oscuro que mezclase sus narraciones de peregrino con la relacion del escritor poeta cuyo nombre sabia ya la Europa; esas familiaridades se esplican por la intimidad y abandono que producen los viajes lejanos. Tampoco se trataba de emprender mancomunadamente una publicacion y una nueva apreciacion de nuestros principales monumentos históricos; en esos trabajos es muy natural que la juventud acuda al auxilio de la edad avanzada; cuando hay que revolver muchos libros y muy abultados, no se puede despreciar el auxilio de las manos vigorosas. Pero desde el momento en que se trataba de cruzadas, con nadie debia compartir Mr. Michaud su trabajo; las cruzadas han llegado á ser propiedad suya, por derecho de ciencia y de talento, y cuando habla de aquellas épocas heróicas, puede decir como cierto personage antiguo: *Terra quam calco mea est* (la tierra que huellan mis plantas es mia).

Esto me hace recordar el principio de mi union literaria con el historiador de las guerras de la Cruz. Hace ya once años que mi

feliz destino me puso por vez primera en contacto con el hombre
que, en mi infancia, me habia enseñado á afligirme por la suerte de los proscritos, y habia procurado grato recreo á mis horas
de colegio con la narracion de las grandes aventuras de nuestros
paladines cristianos. Las crónicas de los siglos XII y XIII fueron
el pasto ofrecido á mi imaginacion de diez y nueve años, y aquí
debo confesar que aquellas crónicas no tuvieron al pronto un
atractivo poderoso para mí. Admiraba gustoso á Godofredo, á
Tancredo, á Balduino, á los dos Robertos, y á Raimundo de Tolosa; pero algunas veces sentia que flaqueba mi valor ante la seque-
dad y el bárbaro latin de Raimundo de Agiles, del monje Roberto, de Tudebaldo y de Baudry. La energía de la voluntad hizo
que cayese de un modo gradual la rebelion de la mente; me acos-
tumbré al estilo, al lenguaje de aquellos narradores de la edad
media, y cuando se hubo terminado la *Biblioteca de las Cruzadas*,
obra de vasta y curiosa erudicion, conocí con placer algunos ma-
teriales que habia yo reunido laboriosamente, bajo la mirada del
maestro, para la construccion de aquel monumento.

Cuando regresamos de aquel viaje prolongado por los antiguos
siglos de nuestra historia, emprendimos otro por las comarcas en
que se habian verificado los acontecimientos que acabamos de
recorrer. En las comarcas de Oriente continué los estudios comen-
zados en las colecciones de Bongars y de Martenne, y Mr. Michaud buscaba allende los mares la última explicacion de lo que
habia estudiado durante veinte y cinco años: interrogábamos
las crónicas al pié de las murallas de Constantinopla, de San Juan
de Acre y de Jerusalen, como las habíamos interrogado en Paris,
algun tiempo antes, en la soledad de nuestro despacho. En 20 de
febrero de 1831, escribiendo desde la ciudad santa á Mr. Michaud,
que habia emprendido el camino de Egipto, le decia: «¿Sabeis
«lo que mas me ha sorprendido en mis viajes con vos? Vuestro
«paseo histórico al rededor de las murallas de Jerusalen. Despues
«de haber referido la conquista de la ciudad santa, vinisteis á
«buscar en los mismos lugares la aclaracion de ciertas dudas, la
«solucion de un problema postrero; quisisteis determinar de un
«modo exacto y preciso por qué punto entraron Godofredo y Tan-
«credo en la ciudad de David. Dais al mundo literario un espec-
«táculo grande y nuevo; es la primera vez que la musa de la his-
«toria ha pasado los mares para corregir sus faltas. Herodoto y

«algunos otros historiadores de la antigüedad viajaron, pero fué
«para recojer hechos y no para mejorar un libro concluido
«ya (*). »

La quinta edicion de la *Historia de las Cruzadas,* publicada en
este momento, contiene las mejoras que prometia la vista del lejano teatro de las guerras santas; el viajero completa aquí la obra
del historiador. Prescindiendo de las rectificaciones geográficas
y del colorido local que distinguen á esta última edicion, se encuentra en ella un conocimiento mas profundo de los hechos y
del espíritu de la época. En el destino del escritor, nada hay mas
interesante ni venturoso que seguir su obra por entre el curso
del tiempo; verla sufrir las pruebas decisivas de las revoluciones
que cambian ó modifican el gusto, las costumbres, las instituciones; ponerla de año en año al nivel de toda apreciacion, de todo
descubrimiento, de toda ciencia; volver á ocuparse en ella incesantemente para fortificarla con la experiencia del estudio y de
la reflexion de los muchos años, y ser por fin uno mismo, por decirlo así, la posteridad de su propia obra! Muchas veces al declinar la vida, el hombre, retrotrayendo su pensamiento á los pasados años, se fija en los actos principales de su carrera, y sorprende
en su corazon el pesar de no poder rehacer lo que está ya hecho,
de no poder volver á pasar por el mismo camino; porque la experiencia que ahorra el cometer faltas acostumbra á colocar su morada al fin del camino: ¡pesar inútil! ¡A nadie le es dado comenzar de nuevo la vida, y lo que está escrito en el libro del tiempo
no puede borrarse ni corregirse! La felicidad literaria de M. Michaud consiste en haber tenido su obra entre sus manos durante
mucho tiempo, y en tenerla todavía, para darle esas perfecciones
deseables que solo el tiempo trae consigo. Esos esfuerzos constantes y piadosos, cuyo objeto es mejorar una obra, corresponden
muy poco á los hábitos de nuestro tiempo; diariamente estamos
tropezando con gente que improvisan obras maestras; estamos
rodeados de nombradías que, de un solo salto, llegan con sus cabezas hasta el cielo, y causa sorpresa considerar que la aparicion
de tantos genios no haya cansado á los admiradores contemporáneos; sin embargo, paréceme que un instinto secreto advierte al
público que la mayor parte de esas inmortalidades literarias tie-

(*) *Correspondencia de Oriente,* carta CHI.

men sus dias contados; que, dentro de diez años, muchos de esos dioses se habrán convertido en polvo, y que la verdad tan menospreciada se verá vengada, al fin, por la gloria.

El compendio de la *Historia de las Cruzadas* que se vá á leer es un trabajo enteramente distinto de la Historia grande. En aquella obra extensa se presentan las expediciones de la cruz con el desarrollo imponente de su origen y de su explosion, de su duracion y de su decadencia; es tanto una vasta explicacion como un relato de los movimientos belicosos de la antigua Europa contra el Asia. Los rasgos de costumbres que caracterizan á los personajes y á las naciones, los pormenores que dán movimiento á los cuadros, los colores, las variedades, las fisonomias infinitas por las cuales resucita un mundo entero en un libro de historia, todo eso dá á la obra de M. Michaud una importancia, una altura, una plenitud de vida y de interés que nada alcanzaria á sustituir. Sin embargo, el público deseaba un compendio de las cosas grandes y notables contenidas en aquel libro; la juventud de los colegios, que no tiene tiempo ni paciencia para leer trabajos largos, y cuyas inclinaciones estudiosas no pueden superar, por otra parte, el obstáculo del precio harto subido de una obra; los hombres de negocios que, no pudiendo consagrar mucho tiempo ni atencion á la ciencia, quieren instruirse rápidamente y sin esfuerzos; por último, los numerosos lectores que solo cuentan con una fortuna humilde, pedian que se les trazasen en una narracion rápida los recuerdos hermosos y curiosos de nuestras cruzadas.

Este compendio, aguardado durante tanto tiempo, está ya hecho; el maestro y el discípulo se han encargado de esta tarea. Mr. Michaud me ha confiado el cuidado de la narracion desde el principio de las peregrinaciones hasta la cuarta cruzada; él mismo, no queriendo permitir mi amistad que le aliviase de la otra mitad de la carga, ha proseguido el trabajo hasta el fin. La costumbre de manejar el asunto nos ha facilitado poner muchas cosas en muy pocas páginas; no hemos descuidado nuestros recuerdos y nuestros estudios de viagero para aclarar los hechos ó dar colorido á los cuadros, y creemos que este solo volúmen del compendio dá una idea bastante clara y explícita del conjunto de las cruzadas. Sin embargo, siempre será preciso recurrir á la Historia grande, si se quiere contemplar el espectáculo de aquellas guerras en sus proporciones poéticas y magestuosas.

Nuestro compendio, destinado á popularizar el asunto de las expediciones santas, nos parece que ha de revestirse de un gran caracter de utilidad y de interés en la época actual en que los pueblos del Occidente vuelven de nuevo su vista hácia las regiones orientales. En Europa están llamadas hoy las imaginaciones á comprender, mejor de lo que se ha hecho hasta el dia, todo lo bello y social que hubo en las cruzadas. Seria una pobreza de espíritu muy deplorable no ver en aquellos sucesos sino toscas supersticiones, una piedad ciega mezclada con hazañas inútiles. La edad media tomó las armas de improviso en nombre de la religion, ó al entusiasmo de aquellos tiempos antiguos, para ir á rechazar hasta el ocaso del Asia á las innumerables tribus musulmanes que amenazaban á la Europa con una invasion espantosa; la edad media tomó las armas para salvar á la cruz, símbolo radiante de la civilizacion moderna. Su gran embicion fué, por el pronto salvar á Jerusalen, porque esta ciudad formaba en cierto modo el centro moral desde el cual se habia difundido la verdad por el mundo, y la emancipacion del Calvario habia de ser la gran victoria alcanzada sobre los bárbaros hijos de la noche. La esperanza sublime de las cruzadas era la conquista del Oriente en provecho del cristianismo; era la unidad cristiana estableciéndose sobre toda la tierra y conduciendo á la gran familia humana á la caridad, á la paz, á la ilustracion. La realizacion de esta unidad religiosa hubiera presentado un espectáculo mucho mas hermoso que la unidad política en el universo romano.

Los pueblos que marchaban bajo los sagrados estandartes no conocian toda la extension de la mision que llevaban á cabo; porque los pueblos, lo mismo que los hombres, nunca saben el secreto de las revoluciones de que son instrumentos providenciales, y el sentido verdadero de esas revoluciones solo se revela á la posteridad. Pero siempre es preciso que el respeto de los siglos caiga fielmente al pié de las generaciones elegidas para concebir las cosas grandes. Las expediciones santas no obtuvieron un triunfo completo, y la mitad del mundo ha continuado siendo bárbaro; pero dad gracias á las cruzadas si los paises de Francia, Italia y Alemania no han sufrido la suerte del Oriente musulman, sí teneis una civilizacion cristiana, una nacionalidad independiente; dad gracias á los guerreros que durante dos siglos pelearon por la cruz, dad gracias á los peregrinos místicos cuyas cenizas heróicas ha guardado el Asia, si el islamismo no ha convertido en desiertos vuestras ricas llanuras y vuestros valles fecundos, si la Europa no ha sido precipitada en la oscuridad de la noche.

La Francia, país de inteligencia y de valentía, fué la que dió la señal de las cruzadas y arrastró el resto de Europa al camino del Santo Sepulcro. Las cruzadas fueron guerras esencialmente francesas, y en las expediciones sagradas encontrámos la parte mas heróica de nuestra historia. La Francia fué la que suministró mas guerreros ilustres en aquellas luchas jigantescas de Ultramar; tuvo la honra de dar reyes á la Jerusalen latina. El nombre de *Franco*, que en las lenguas de Oriente designa á los pueblos de Europa, es un resto glorioso de aquellas épocas en que, para las naciones asiáticas, el occidente era la Francia. Nuestro país, al colocarse hace siete siglos á la cabeza de la revolucion de las cruzadas, se habia constituido en defensor de la civilizacion moderna, y se apoderó de ese imperio intelectual que aun no ha perdido.

En los tiempos en que vivimos, por una reproduccion misteriosa de las mismas leyes en la humanidad, la política y la industria de Europa, parece que quieren volver á acometer en Oriente la empresa de los ejércitos cristianos. Las diferentes comarcas que fueron teatro de las guerras de la cruz, han vuelto á ser entre nosotros objeto de la atencion universal. Hoy piensan en la Siria, en el Africa, en el Egipto y en Constantinopla, como en los siglos XII y XIII. El genio del Occidente y el del Oriente se han encontrado por segunda vez, y la invasion de las ideas sustituye la de las armas. El Mediterráneo que, en la antigüedad, fué el paso y el vínculo de todo pensamiento de civilizacion, habia visto en la edad media á las diferentes naciones de Europa cambiar entre sí su ilustracion; los estandartes sagrados habian ondeado sobre aquel mar, privado ya entonces de las maravillas del antiguo mundo, y seguian haciéndose esfuerzos de civilizacion á la sombra de la cruz. Pero despues de la ruina de las colonias cristianas, el Mediterráneo volvió á caer en poder del oscurantismo. En nuestros dias ha comenzado de nuevo, en las mismas playas, la lucha entre la luz y las tinieblas. La conquista de Argel en 1830 y nuestras campañas recientes en Africa, no son sino cruzadas. Si hubiese triunfado en Tunez la expedicion de San Luis, Carlos X no se habria visto precisado á enviar sus ejércitos á las costas africánas. La reforma europea en el imperio turco, las tentativas de nuestros contemporáneos para abrir caminos comerciales por las comarcas mas remotas del Asia, las escursiones intrépidas de los viajeros para hacer que la ciencia se posesionase de aquella porcion admirable del globo, todos esos esfuerzos atrevidos son otras tantas cruzadas contra la barbarie musulmana. Si las expediciones latinas del siglo XII hubiesen podido lograr por completo su propósito, el Oriente habria sido para el genio de la Europa moderna, no un mundo que conquistar, sino una herencia que conservar.

Al escribir este compendio de la *Historia de las Cruzadas*, hemos tenido particularmente muy en cuenta á la juventud de nuestro país; para ella, sobre todo, es para quien trabajamos. Lo que distingue á la Francia del dia no es el patriotismo; la triste ausencia de esa buena calidad procede del poco apego á los antepasados. La patria no es el espacio de tierra en que el hombre se agita y muere, sino lo pasado con sus rudos trabajos, con sus sacrificios sangrientos y sus glorias imperecederas. Así pues, no hay que encerrar nuestro destino entre ayer y hoy; tenemos detrás de nosotros altares y sepulcros, y en los restos de los siglos se encuentran cenizas ilustres que tienen derecho á nuestro culto: las relaciones de las grandes cosas del tiempo antiguo serán lecciones de patriotismo para la juventud. Las cruzadas son la gran epopeya de la fe: en un siglo que se arrastra por entre las pálidas soledades de la duda, bueno es mostrar toda la audacia, la energía y el poder que á la fe le es dado producir.

Poujoulat.

Junio 1838.

HISTORIA

DE LAS

CRUZADAS.

CAPÍTULO PRIMERO.

Desde el principio de las peregrinaciones hasta el concilio de Clermont.

(Desde el siglo IV hasta el año 1095.)

El sepulcro de Jesucristo, salvador del mundo, no podia quedar olvidado por las naciones. Desde los primeros tiempos de la era cristiana iban allá los discípulos del Evangelio á llevar sus oraciones. El emperador Constantino encerró dentro de un templo el sepulcro del Hijo de Dios y algunos de los lugares principales de la Pasion; la inauguracion de la iglesia del Santo Sepulcro fué una gran solemnidad que tuvo por testigos á millares de fieles que habian acudido desde los diferentes paises del Oriente. Santa Elena, madre de Constantino, en los últimos años de su avanzada edad, verificó la peregrinacion á Jerusalén, y merced á su cuidado fué descubierto el madero de la verdadera cruz en una gruta inmediata al Calvario. Los esfuerzos inútiles del emperador Juliano para reedificar el templo de los Judíos y hacer que enmudeciesen las Sagradas Escrituras, dieron nuevo y poderoso atractivo á las peregrinaciones. Entre los peregrinos del siglo IV cita la historia los nombres de San Porfirio, que llegó á ser obispo de Gaza; de Eusebio de Cremona; de San Gerónimo, que vivió en Belen estudiando los libros sagrados; de Paula y de su hija Eustaquia, de la ilustre familia de los Gracos, cuyo sepulcro encuentra hoy el viagero al lado de la tumba de San Gerónimo, cerca del pesebre donde nació el Salvador. A fines del siglo IV era tal el número de peregrinos, que varios doctores de la Iglesia, entre otros San Gregorio de Niza, señalaron con palabras elocuentes los abusos y los peligros del viaje á Jerusalen. Amonestaciones inútiles! en lo sucesivo ningun poder humano podia cerrar á los cristianos el camino del Santo Sepulcro.

Muy pronto se vió acudir desde el fondo de la Galia á numerosos cristianos que iban á visitar la cuna de la fe que habian abrazado. Un itinerario para el uso de los peregrinos les servia de guia desde las orillas del Ródano y del Dordogne hasta las del Jordan, y á su regreso les conducia desde Jerusalen hasta las ciudades principales de Italia. En los primeros años del siglo V encontramos en el camino de Jerusalen á la emperatriz Eudoxia, esposa de Teodosio el Jóven. Bajo el reinado de Heráclio, los ejércitos del rey de Persia Kosroes II invadieron la Palestina; despues de diez años de reveses, el emperador cristiano tuvo dias de victoria; restituyó al santuario de Jerusalen el madero de la verdadera cruz, que habia sido arrebatado por los bárbaros; le vieron caminar descalzo por las calles de la ciudad santa y llevar sobre sus hombros hasta el Calvario el instrumento de la redencion de los hombres. Esta ceremonia fué una fiesta solemne cuya memoria celebra todavía la Iglesia anualmente bajo el nombre de la exaltacion de la Santa Cruz. En los últimos años del siglo VI, San Antonino, que habia partido de Plasencia con algunos compañeros piadosos, fué á buscar las huellas del divino Redentor. El itinerario que lleva su nombre nos suministra datos muy curiosos acerca del estado de la Tierra Santa en aquella época. Mientras que la Europa se ajitaba en medio de las calamidades de la guerra y de las revoluciones, la Palestina era feliz entonces, á la sombra del Calvario; hallábase convertida por segunda vez en tierra de promision. Este descanso y esta prosperidad no habian de ser de larga duracion.

Del centro de la confusion religiosa y política, de entre las ruinas que diariamente se amontonaban en el Oriente dividido, débil, vacilante, salió un hombre con el proyecto audaz de fundar una religion nueva y un nuevo imperio. Mahoma, hijo de Ab-

dallah, de la tribu de los Kereychitas, nacido en la Meca en 569,
que al pronto fué un pobre conductor de camellos, tenia una imaginacion brillante, un carácter enérgico, un conocimiento profundo de los pueblos de Arabia, de sus inclinaciones, de sus gustos,
de sus necesidades. El Alcoran, que tardó veinte y tres años en
componer, al mismo tiempo que predicaba una moral pura, se
dirigia á lo mas violento que hay en el corazon humano, y prometia el imperio del mundo á los míseros habitantes del desierto.
A la edad de 40 años comenzó el hijo de Abdallah en la Meca su
obra apostólica; despues de trece años de predicacion se vió obligado á huir á Medina; en esta fuga, que tuvo lugar el 16 de julio de 622, comienza la era musulmana. Mahoma necesitó poco
tiempo para invadir las tres Arabias; el veneno interrumpió sus
conquistas y puso término á su vida en 632. La obra de la guerra y del apostolado fué continuada por Abou-Beker, suegro de
Mahoma, y por Omar, quien se apoderó de la Persia, la Siria y el
Egipto. Amrou y Serdjyl, lugar-tenientes de Omar, sometieron
á Jerusalen, que se defendió valerosamente durante cuatro meses. Omar, que habia ido en persona á recibir las llaves de la
ciudad conquistada, hizo edificar una gran mezquita en el sitio
en que habia estado el templo de Salomon. Mientras vivió el califa sucesor de Abou-Beker, la suerte de los cristianos de Palestina no fué muy desgraciada; despues de la muerte de Omar, los
servidores de Jesucristo tuvieron que sufrir mil afrentas y despojos.
   La invasion musulmana no habia detenido las peregrinaciones. Hácia principios del siglo VIII, encontramos en Jerusalen á
un obispo de las Galias, San Arculfo, cuya interesante peregrinacion nos ha sido conservada, y veinte ó treinta años mas tarde
á otro obispo llamado Guilbaut, del pais sajon, cuyos viages á
los Sautos Lugares fueron narrados por una religiosa de su familia. Los fieles de Palestina recibian de rechazo el golpe de las
revoluciones con que las diferentes potencias musulmanas se disputaban la autoridad soberana; colocados durante mucho tiempo
entre los rigores de la persecucion y la alegría de una tranquilidad pasagera, vieron llegar, por fin, dias mas serenos bajo el
reinado de Aaron-al-Rechid, el mas grande y eminente entre
todos los califas de la dinastía de Abbas. En aquella época extendía Carlomagno su imperio sobre el Occidente. El gran príncipe de los Francos y el gran califa del islamismo se manifestaron

mútua estimacion por medio de frecuentes embajadas y magníficos regalos. Aaron-al-Rec'ild hizo que llevasen á Carlomagno
las llaves del Santo Sepulcro y de la ciudad santa: en este homenage había un pensamiento político y una especie de vago pre-
sentimiento de las cruzadas.

En aquel tiempo, los cristianos de Europa que se dirigian á
Jerusalen eran recibidos en un hospicio cuya fundacion se atri-
buía á Carlomagno. Hácia fines del siglo IX, el monge Bernardo, de órigen francés, visitó los Santos Lugares con otros dos
religiosos y vió el hospicio de la Iglesia latina, compuesto de
doce casas ú hospederías; en aquel establecimiento habia una
biblioteca pública, como en los demás hospicios fundados en
Europa por Carlomagno. A este edificio piadoso estaban unidas
tierras, viñas, y un jardin, situado todo ello en el valle de Josafá. El deseo de recoger reliquias y las especulaciones del comercio multiplicaban los viages á los paises de ultramar; el 15 de
setiembre se celebraba todos los años una féria en Jerusalen; habia generalmente un mercado delante de la iglesia de Santa
María Latina. Los mercaderes de Venecia, de Pisa, de Génova,
de Amalfi y de Marsella tenian factorías en diferentes comarcas
de Oriente. Los viages á los Santos Lugares fueron ordenados
como penitencias públicas, como medios de expiacion. En 868,
un magnate breton llamado Frotmond, que habia asesinado á
su tio y á su hermano menor, hizo tres veces la peregrinacion
para obtener el perdon completo de sus crímenes. Cencio, pre-
fecto de Roma, que habia insultado al Papa en la iglesia de Santa María la Mayor, que le habia arrancado de los altares y sepultado en un calabozo, fué condenado á ir á llorar sobre el Santo Sepulcro.

Estas peregrinaciones frecuentes habian establecido relaciones de fraternidad entre los cristianos de Oriente y los de Europa. Una carta de Hélio, patriarca de Jerusalen, escrita en 881
y dirigida á Cárlos el Jóven, á la gran familia del Occidente
cristiano, nos ofrece la espresion solemne de esas relaciones dul-
ces y piadosas. El patriarca pinta el estado lastimoso de la iglesia de Jerusalen; los pobres y los monges están espuestos á morir de hambre, falta el aceite para las lámparas del santuario;
los cristianos de Jerusalen imploran la compasion de sus hermanos de Europa. No nos queda monumento alguno que nos

manifiesto cómo respondió la Europa cristiana á aquella tierra, invocacion; pero es de creer que los dos monges encargados de traer la carta de Hélio no se volverian con las manos vacías.

Despues del hundimiento del imperio de los Abasidas, el mundo musulman, entregado á toda clase de divisiones, se habia debilitado considerablemente; el espectáculo de esta decadencia dió á los griegos algunos instantes de energía. Nicéforo Phocas, Heráclio, y sobre todo Zimisces, hicieron tentativas victoriosas; pero el veneno que detuvo de improviso á Zimisces en su carrera, restituyó á los Sarracenos cuanto habian perdido. Los califas Fatimitas, que acababan de establecerse á orillas del Nilo, fueron los nuevos dueños de Judea. Los cristianos hallaron algun alivio bajo el dominio de los Fatimitas, hasta el reinado del califa Hakem, cuyo fanatismo violento y furioso de mania ha referido la historia. Gerberto, arzobispo de Ravena, que luego fué papa bajo el nombre de Silvestre II, habia visto los males que padecian los fieles en una peregrinacion que hizo á Jerusalen. Una carta de este prelado (986), en la que la misma Jerusalen lloraba sus desgracias é imploraba la compasion de sus hijos, escitó emociones en Europa. Una espedicion marítima de pisanos, de genoveses, y del rey de Arles, Boson, promovida por aquellos sentimientos de indignacion y de piedad, amenazó á los sarracenos hasta en las costas de Siria; estas demostraciones imprudentes despertaban la desconfianza de los Sarracenos y habian de atraer una severidad cruel sobre los cristianos.

Los cronistas, al hablar de las miserias de la Tierra Santa, nos refieren que las ceremonias de la religion fueron prohibidas, que la mayor parte de las iglesias fueron convertidas en establos; la iglesia del Santo Sepulcro no pudo librarse de la devastacion. Los cristianos se vieron espulsados de Jerusalen. Cuando se supo en Occidente la devastacion de aquel santo lugar, se derramaron lágrimas; la piedad cristiana habia visto signos de aquella desgracia en diferentes fenómenos; en Borgoña cayó una lluvia de piedra, en el cielo aparecieron un cometa, y meteoros. En varios climas pareció que la naturaleza se salia de sus leyes, y el año de los desastres de Jerusalen estuvo lleno de tristes misterios. Pero todos estos males hacian que la ciudad del Redentor fuese mas y mas querida de los fieles. Aquel final del siglo X fué una época de inquietud y de sombría preocupacion;

la Europa creía que iba á concluir el mundo y que Jesucristo iba á bajar al valle del último día para juzgar á los vivos y á los muertos ; todos los pensamientos se fijaban en Jerusalen , y el camino de la peregrinacion parecia haberse convertido en el de la eternidad. Los ricos fundaban establecimientos piadosos, porque entonces para nada se contaban los bienes terrenales. Mas de un título de donacion comenzaba con estas palabras pia- dosas : *En vista del próximo fin del mundo , temiendo el dia del juicio*, etc. Cuando murió Hakem , el califa opresor, su sucesor Daher permitió á los cristianos que reedificasen la iglesia del Santo Sepulcro ; el emperador de Constantinopla abrió su pro- pio tesoro para sufragar los gastos de la reedificacion del tem- plo.

En el siglo XI, los ejemplos de peregrinaciones impuestas co- mo penitencias canónicas llegaron á ser aun mas frecuentes que en el siglo anterior. Los grandes pecadores habian de abando- nar su patria por un tiempo dado , y hacer una vida errante co- mo la de Cain. Este modo de espiar un robo , un asesinato , ó la violacion de la tregua de Dios , se avenia bien con el carácter activo ó inquieto de los pueblos del Occidente. A medida que avanzaba el siglo XI, la aficion á las peregrinaciones se conver- tia en una necesidad , en una costumbre, en una ley. El palo del peregrino se encontraba en la mano de todo hijo de Europa; un peligro que se evitaba, un triunfo que se obtenia, un deseo que se realizaba, todos los sucesos de la vida inducian á abando- nar el hogar , á buscar lejanos climas. Un peregrino que iba á Jerusalen era por decirlo así , un personaje sagrado ; su partida y su regreso se celebraban con ceremonias religiosas. En nin- gun pais le faltaba el beneficio de la hospitalidad. En la época de las fiestas de Pascua , especialmente , era cuando afluia á los muros de Jerusalen compacta multitud de peregrinos ; gustaba la muchedumbre de ver al fuego milagroso bajar á las lámparas del Santo Sepulcro.

Los dos peregrinos mas célebres de la primera mitad del si- glo XI fueron Fulques de Anjou denominado el Negro, y Rober- to de Normandía, padre de Guillermo el Conquistador; Fulques, acusado de la muerte de su primera mujer y de varios asesina- tos ; hizo tres veces el viaje á los Santos Lugares con grandes muestras de devocion y de caridad, y murió en Métz en 1040 , al regresar de su tercera peregrinacion; Roberto de Normandía, culpable, segun dicen, de haber mandado envenenar á su hermano Ricardo, fué á buscar su perdon alrededor del Calvario; cuando llegó á Jerusalen, encontró en la puerta á una multitud de peregrinos pobres que estaban aguardando á que la limosna de algun magnate rico les facilitase la entrada en la ciudad santa, y pagó una moneda de oro por cada uno de ellos. Roberto murió en Nicea, sintiendo no haber pedido concluir sus dias al lado del sepulcro de su Dios.

En el año 1054, Lietberto, obispo de Cambrai, se puso en camino para Jerusalen al frente de 3000 peregrinos de Picardía y de Flandes. Esta tropa, que los cronistas designan con el nombre notable de *ejército del Señor*, fué muy mermada en Bulgaria por el acero de los bárbaros y por el hambre; el obispo de Cambrai llegó á las costas de Siria con un número muy escaso de compañeros, pero tuvo el dolor de emprender de nuevo el camino de Europa sin haber visto el Santo Sepulcro. Otra tropa, mucho mas numerosa que la de Lietberto, partió de las orillas del Rhin en 1064; estos alemanes piadosos llegaron á la ciudad santa, en donde el patriarca los recibió en triunfo al son de los timbales. Tambien deben citarse entre las peregrinaciones de aquella época la de Federico, conde de Verdun, la de Roberto el Frison, conde de Flandes, y la de Berenguer II, conde de Barcelona.

La invasion de los turcos, *bigorria que habia de pesar sobre toda la tierra*, como dice un cronista, dió al Oriente nuevos dueños, y á los cristianos de Palestina, nuevos opresores. Esa multitud inmensa de enemigos suscitados contra los discípulos del Evangelio no podia hallar indiferente á la Europa. Gregorio VII, pontífice de gran carácter y de genio audaz, exhortó á los fieles á tomar las armas contra los musulmanes; 50.000 cristianos correspondieron al llamamiento de Gregorio, y este habia de conducirles por sí mismo al Asia. Pero el pontífice, detenido en Europa por proyectos ambiciosos, olvidó al Oriente y á Jerusalen. Su sucesor Victor III prometió la remision de todos sus pecados á cuantos combatiesen contra los sarracenos que infestaban el Mediterráneo; una flota equipada por los habitantes de Pisa, de Génova y de otras ciudades de Italia apareció en las playas africanas; los guerreros italianos pasaron á cuchillo á una multitud de su seno ó é distribuyeron dos ciudades mas ó menos en la antigua comarca de Cartago.

No era el pontífice de Roma, sino una simple estrella, que obedeciendo al pensamiento de todo un siglo, había de ser la señal de la gran guerra del Occidente contra el Oriente. Pedro el Ermitaño, originario de Picardía, despues de haber buscado alternativamente en el ejercicio de las armas, en el mundo y en la Iglesia, alegrías y placeres para su alma inquieta y ardiente, buscó como último refugio la soledad del claustro mas austero. Salió de su retiro para verificar la peregrinacion de Jerusalen: el espacio del Calvario y del Santo Sepulcro inflamó su imaginacion cristiana: la vista de los males que sufrian los fieles escitó su indignacion. Pedro el Ermitaño lloró con el patriarca los infortunios de Sion y la esclavitud de los discípulos de Jesucristo, el patriarca le confió cartas en que imploraba los ausilios del papa y de los príncipes; Pedro le prometió no olvidar á Jerusalen. Al salir de Palestina se dirigió á Italia, se arrojó á los piés de Urbano II, y solicitó y obtuvo su concurso para libertar á Jerusalen. El Ermitaño, montado en una mula, descalzo con la cabeza descubierta, y vestido con tosco hábito, fué de ciudad en ciudad, de provincia en provincia, predicando en los caminos y en los parages públicos; así recorrió la Francia y la mayor parte de Europa, su elocuencia conmovió á la multitud, todas las imaginaciones se exaltaron, todos los corazones se enternecieron.

Primero se celebró un concilio en Plasencia, en él se veia á los embajadores que el emperador Alejo había enviado al papa para esponerle los desastres del Oriente; asistian á aquel concilio mas de 200 obispos y arzobispos, 4,000 eclesiásticos y 30,000 seglares. Nada se decidió en él. La gran resolucion fué adoptada en un nuevo concilio, mas solemne y mas numeroso, celebrado en Clermont en Auvernia. Despues de varias sesiones consagradas á la reforma del clero, á decretos relativos al órden, la justicia y la humanidad, se ocuparon de la Tierra Santa. La sesion en que resonó el nombre de Jerusalen fué la décima del concilio; se celebró en la plaza mayor de Clermont, ocupada por una multitud inmensa; habíase alzado en ella un trono para el Santo Pontífice. Pedro el Ermitaño fué el primero que habló, su voz conmovida y trémula produjo una gran emocion. En seguida se

oyó al papa Urbano, quien mostró la herencia de Jesucristo entregada al baldon de la esclavitud, á los hijos de Dios perseguidos, á la Europa cristiana amenazada por la barbarie victoriosa; el pontífice llamaba á los pueblos y á los príncipes al ausilio
del Dios vivo. A medida que Urbano iba describiendo la desolacion de Jerusalen, la concurrencia entera derramaba lágrimas
de piadosa compasion; su llamamiento al valor de los guerreros
que le escuchaban excitaba un ardor impaciente. Las exhortaciones pontificias mostraban á la piedad el modo de ganar el cielo, y á la ambicion la manera de conquistar los tesoros y los reinos del Asia. La innumerable multitud de los concurrentes contestó al discurso del padre comun de los fieles con el grito de
Dios lo quiere! Dios lo quiere! que resonó en la plaza de Clermont como un trueno estrepitoso. Solo indicamos aquí someramente el efecto prodigioso producido por la palabra del pontífice;
en la Historia extensa de las Cruzadas es donde hay que ver la
solemne grandeza del espectáculo que entonces se dió á la cristiandad.

CAPÍTULO II.

Desde la partida de los cruzados hasta el sitio de Nicea.

(De 1096 á 1097.)

Los obispos, los barones, los caballeros, y todos los fieles que
habían asistido al concilio de Clermont juraron marchar á libertar á Jerusalen; llevaban sobre su trage respectivo una cruz roja
de paño ó de seda, y de esto proviene el nombre de *cruzados.*
Urbano, para acabar de abrasar el corazon de los fieles, visitó
varias provincias de Francia, reunió concilios en las ciudades
de Rouen, Angers, Tours y Nimes; seguíale la multitud de los
cristianos; el entusiasmo por la guerra se propagaba á todas las
partes del reino. El concilio en que se decidió la cruzada se habia celebrado en el mes de noviembre de 1095; la partida de los
peregrinos se fijó para el mes de agosto del año siguiente. Pasaron el invierno ocupándose en los preparativos del viage. Los
pastores de todas las diócesis estaban consagrados de continuo á
bendecir cruces, armas y banderas. Los privilegios concedidos
á los cruzados se mezclaban con el fervor religioso para aumentar
el número de los peregrinos y de los guerreros. Todos los peca

dos eran absueltos, la Iglesia tomaba bajo su protección á los cruzados, á sus familias y sus bienes; los peregrinos quedaban libres de impuestos y estaban al abrigo de las persecuciones de sus acreedores mientras durase la cruzada.

El ardor de la peregrinacion se estendia por todas partes; era la preocupacion exclusiva, el interés único, la sola ambicion. El deseo de visitar los Santos Lugares y de conquistar el Oriente habia llegado á ser el sentimiento ó mas bien la pasion universal. Las tierras se vendian á un precio ínfimo; los artesanos, los mercaderes y los labradores ya no pensaban en sus trabajos habituales, todo lo que no era cruzada llegaba á ser indiferente. Los claustros no podian conservar á sus austeros huéspedes: el juramento de vivir y morir en la soledad habia sido sustituido por un deseo ardiente de marchar á lejanas regiones. ¡Cosa singular! los ladrones y los bandidos, saliendo de sus ignoradas guaridas, imploraban el favor de tomar la cruz y de ir á espiar sus crímenes en la guerra contra los enemigos de Jesucristo. El entusiasmo de la cruzada, habiendo partido del reino de Francia, se estendió á Inglaterra, Alemania, Italia y España; la cruz habia confundido en un mismo pensamiento á las diferentes naciones del Occidente. Todos los pueblos, lo mismo que todos los individuos, no reconocian mas que una tierra digna de envidia, la Palestina; sola una empresa gloriosa, la cruzada; solo una esperanza, la de libertar á Jerusalen. Las imaginaciones, las pasiones populares, habian asociado á la misma naturaleza á aquel vasto arrebato belicoso; en el cielo se habian visto nubes de color de sangre, un cometa de la forma de un sable, ciudades flotantes con sus torres y murallas, legiones armadas y el estandarte de la cruz. Decíase que aun los muertos ilustres de los pasados tiempos habian abandonado sus sepulcros para asistir á aquel gran movimiento de la Europa cristiana.

En los primeros dias de la primavera de 1096, en todos los puntos de Europa se manifestó una necesidad súbita de ponerse en camino; nada podia contener ya el piadoso ardor de los peregrinos. Todas las condiciones, todos los rangos, todas las edades se mezclaban y confundian bajo el estandarte de la cruz. Los caminos estaban cubiertos de tropas que lanzaban alternativamente el grito de *Dios lo quiere*, oyéndose al propio tiempo el ruido de los clarines y trompetas, el canto de los himnos y de los sal-

mos. Familias enteras que se llevaban sus provisiones, sus uten-
sillos y sus muebles, partian para la Palestina, confiando en la
providencia de Aquel que mantiene á los pájaros y las hormigas.
Los muchachos de las aldeas, en su cándida ignorancia, cuando
se presentaba ante su vista una ciudad ó un castillo, preguntaban *si era Jerusalen.*

Los príncipes y los capitanes que habian de conducir los diferentes cuerpos de tropas de los cruzados, decidieron que no mar-
charian al mismo tiempo ni por el mismo camino, y que se reunirian en Constantinopla. La mayoría de la multitud no quiso
aguardar; hallándose sin gefe, pidió á Pedro el Ermitaño que la
condujese á Oriente; Pedro consintió en ello. Cubierto con un
manto de lana, con una capucha en la cabeza y sandálias en
los piés, montado en la mula con que habia recorrido la Europa,
Pedro se dirigió á Alemania á la cabeza de 80 á 100,000 almas: el
predicador de la cruzada, convertido en gefe de aquella gran
multitud de peregrinos, no pensó en los desórdenes y desgracias
que habian de producir la tosca ignorancia, la imprevision y la
indisciplina. La vanguardia del ejército de Pedro el Ermitaño,
conducida por Gauthier Sans-Avoir, solo contaba en sus filas
ocho ginetes; toda la demás gente iba á la conquista de Oriente
pidiendo limosna. Esta vanguardia llegó á Constantinopla despues de una marcha de dos meses, triste y desastrosa, pasando
por la Hungría y la Bulgaria. El emperador Alejo le permitió
que aguardase al ejército de Pedro el Ermitaño. Este ejército, siguiendo el camino que habian recorrido los soldados de Gauthier
Sans-Avoir, halló las huellas de desgracias que quiso vengar
imprudentemente. Mancilló en Semlin la causa de la cruzada
con excesos horribles, que fueron expiados cruelmente bajo los
muros de Nissa. Cuando los restos de la tropa de Pedro el Ermitaño se unieron con los de la vanguardia en torno de la capital
del imperio griego, juraron observar la disciplina y obedecer los
sábios preceptos que se les daban. Pedro el Ermitaño fué un
gran objeto de curiosidad en la corte imperial; Alejo le colmó
regalos, hizo distribuir dinero y víveres á su ejército, de y le
aconsejó que aguardase la llegada de los príncipes para comenzar la guerra.

Pero los príncipes y los verdaderos gefes de la cruzada no habian salido todavía de Europa; aun habian de precederles lus-

vas tropas semejantes á las de Gauthier Sans-Avoir y Pedro el
Ermitaño. Un sacerdote del Palatinado, llamado Gotschalk partió con 15 á 20,000 hombres de diferentes provincias de Alemania
que habian tomado las armas á su voz; la tropa de Gotschalk se
entregó á todos los furores de la licencia al pasar por la Hungría
y pereció miserablemente acuchillada por los húngaros. Otra
multitud de peregrinos de las orillas del Rhin y del Mosella se
puso en marcha, llevando á su frente á un sacerdote llamado
Volkmar y á un conde Emicon; esta multitud, compuesta de vagamundos y de aventureros dirigidos por los gefes que comprendían
dian mal el espíritu de la cruzada, eligió por primeros enemí-
gos á cuantos judíos encontró; una matanza espantosa ensan-
grentó varias ciudades de Alemania; el Rhin y el Moselle arrastraron cadáveres de israelitas. Despues de estas escenas de carnicería, los soldados de Emicon, adelantándose hácia la Hungría,
veian á los pueblos huir cuando ellos se acercaban. Mesburgo
les habia cerrado sus puertas y negado víveres. La mayor parte
de aquellos cruzados indignos hallaron la muerte bajo los muros
de la ciudad de Mesburgo, á la que habian puesto sitio inútilmente; solo un escaso número de la vanguardia de la tropa de
Emicon llegó hasta Constantinopla.

Todas aquellas partidas reunidas comenzaban á ser huéspedes
temibles para Alejo; ya las casas, los palacios y hasta las iglesias de Bizancio habian sido saqueadas por aquellos peregrinos
desenfrenados; el emperador les hizo pasar el Bósforo. Las tropas
de los cruzados establecieron su campamento en las inmediaciones de Nicomedia. Muy pronto estallaron disensiones entre los
franceses, los italianos y los alemanes. Estos, conducidos por un
gefe llamado Reinaldo, avanzaron por la parte de Nicea, arrebataron á los musulmanes la fortaleza de *Exerogorgo*, y poco tiempo despues, sitiados por los turcos, casi todos fueron pasados á
cuchillo. Al saber los franceses la suerte funesta de los italianos
y los alemanes, pidieron á su gefe Gauthier que los condujese al
encuentro del enemigo para vengar á los cristianos sus hermanos; las prudentes amonestaciones de Gauthier fueron acogidas
con murmullos; este gefe obedeció á los gritos violentos de la
multitud, y marcharon en el mayor desórden hácia Nicea. Una
derrota pronta castigó aquella rebelion. Gauthier, digno de
mandar mejores soldados, cayó atravesado por siete flechas. Pe-

dro el Ermitaño, que hacia mucho tiempo que había perdido su
autoridad é influencia sobre los cruzados, se hallaba de regreso
en Constantinopla desde antes de la batalla. Desde entónces no
representó ya el cenobita mas que un papel secundario, y apenas se reparó en él en una guerra que había preparado con sus
elocuentes predicaciones.

Tal fué el destino de los 300,000 cruzados á quienes la Europa
había visto marchar. Debieron saberse con dolor, pero no con
sorpresa, los desastres de aquellas tropas sin leyes, sin virtud,
sin disciplina, que habían sido formadas, en cierto modo, con la
escoria del Occidente. Sus desgracias no podían introducir desaliento alguno entre los gefes de la cruzada; ejércitos mas regulares y mas cristianos iban á ofrecer al Oriente combatientes
mas temibles que las bandas dispersas ó destruidas en la Bulgaria, la Hungría y la Bitinia. Aquí es dónde comienza la cruzada,
ahora es cuando la guerra de la cruz vá á mostrarse á nosotros
en todo su espíritu heróico y verdadero.

A la cabeza de los ejércitos cristianos aparece en primer lugar
Godofredo de Bullon, duque de la Lorena baja, vástago de la familia del conde de Boulogne, y descendiente de Carlomagno por
parte de las mugeres. Siendo muy jóven todavía, había peleado
de una manera distinguida en la guerra declarada entre la Santa Sede y el emperador de Alemania, y en las belicosas luchas
cuya causa fué el antipapa Anacleto; el partido al cual sirvió el
jóven Godofredo era considerado como sacrílego por la genera-
cion contemporánea; la peregrinacion á Jerusalén había de servir de expiacion á hazañas culpables. Godofredo, segun testimo-
nio de los cronistas, unia al valor y virtud de un héroe, la sencillez de un cenobita; tenía gran fuerza corporal, y era prudente,
moderado y sinceramente piadoso. Su profunda sabiduría le dió
una autoridad moral que le hizo ser el gefe principal de la cruzada. A la señal dada por el duque de Lorena, la nobleza de Francia y de las orillas del Rhin prodigó sus tesoros para los preparativos de la expedicion.

Godofredo habia reunido bajo sus banderas 80.000 infantes y
10.000 ginetes. Se puso en marcha ocho meses despues del concilio de Clermont, llevando consigo á sus hermanos Eustaquio
de Boulogne y Balduino, y á su primo Balduino del Bourg; entre los señores que acompañaban al duque de Lorena, se veia

tambien á los siguientes: Balduino, conde de Hainaut, Geraler,
conde de Grai, Conon de Montaigu, Dudon de Goutz, los dos hermanos Enrique y Godofredo de Hacha, Gerardo de Cherisi, Reinaldo y Pedro de Toul, Hugo de Saint-Paul y su hijo Engel-
rando. Estos gefes llevaban consigo á otros muchos caballeros. El
ejército de Godofredo de Bullon encontró auxilios y víveres en
aquellos mismos paises de Hungría y de Bulgaria en donde los
soldados de Pedro, de Gotschalk y de Emicon solo habian hallado desconfianza y desgracias.

La Francia levantaba otros ejércitos para la guerra santa. El
conde Hugo, hermano de Felipe I, habia reunido bajo sus banderas
á los peregrinos de Vermandois. Roberto, apellidado *Bota-Corta*,
duque de Normandia, hijo mayor de Guillermo el Conquistador,
marchaba á la cabeza de sus vasallos; careciendo del dinero necesario para reclutar tropas, habia empeñado la Normandia á su
hermano Guillermo el Rojo, que se cuidaba muy poco de ir á
Oriente. Otro Roberto, conde de Flandes, hijo de Roberto apellidado el *Frison*, conducia á los frisones y á los flamencos. Estéban,
conde de Blois y de Chartres, cuyos castillos eran tan numerosos como los dias del año, tomó tambien la cruz. A estos cuatro
gefes seguia una multitud de caballeros y de señores entre los
cuales cita la historia á Roberto de Paris, Everardo de Puissye,
Achard de Montmerle, Isuardo de Muson, Estéban, conde de Al-
bermale, Gauthier de Saint-Valery, Rugiero de Berneville, Fer-
gant y Conan, dos bretones ilustres, Guido de Trusselle, Miles
de Braies, Raul de Beaugency, Rotrou, hijo del conde de Perche, Odon, obispo de Bayeux, tio del duque de Normandia, Raul
de Gader, Ivo y Alberico, hijos de Hugo de Grandmenil. Estas
tropas francesas pasaron los Alpes con el intento de embarcarse
en uno de los puertos de Italia.

Los italianos se habian entusiasmado en favor de la cruz al
rumor del paso de los peregrinos de Francia. Bohemundo, príncipe de Tarento, hijo de Roberto Guiscardo, quiso compartir la
honra y el peligro de la sagrada empresa. Era un hombre hábil,
ambicioso y valiente, lleno de odio hácia los soberanos griegos,
al cual halagaba en estremo la idea de atravesar por su imperio
al frente de un ejército. Cambiaba sin pesar su reducido principado de Tarento por la esperanza de conquistar reinos en Oriente.
Bohemundo habia acompañado á su hermano y á su tio Rugie-

ro al sitio de Amalfi; él mismo se constituyó predicador de la cruzada, y en el campo de los sitiadores resonó muy luego el grito de *Dios lo quiere, Dios lo quiere*. Abandonaron los muros de Amalfi, y Bohemundo fué proclamado gefe del nuevo ejército de peregrinos. Sé embarcó para Grecia con 10.000 ginetes y 20.000 infantes; los caballeros mas ilustres de la Pulla, de la Calabria y de la Sicilia, seguian al príncipe de Tarento. Entre los compañeros mas nobles del hijo de Roberto Guiscardo se distinguia á Ricardo, príncipe de Salerno, y su hermano Ranulfo, German de Cani, Roberto de Hause, Roberto de Sourdeval, Roberto, hijo de Tristan, Boile de Chartres, Homfroy de Montaigu, y sobre todo Tancredo, cuyo caballeresco heroismo han celebrado la historia y la poesia.

Adhemar de Monteil, y Raimundo, conde de Saint-Gilles y de Tolosa, eran los gefes de los peregrinos de las provincias meridionales. El obispo Adhemar, que fué el primero que tomó la cruz en el concilio de Clermont, habia sido nombrado por el papa Urbano legado apostólico, gefe espiritual de la cruzada. Adhemar se puso alternativamente la mitra de los pontífices y el casco de los caballeros; para los ejércitos de la santa expedicion fué un modelo, un sosten, un consuelo. Raimundo de Saint-Gilles habia teñido su espada en la sangre de los moros, en España. Ya no le animaba el fuego de la juventud, pero en su edad avanzada conservaba su valor audaz y su carácter inflexible. Abandonó sus estensas y numerosas posesiones de las orillas del Ródano y del Dordogne, y partió con toda la nobleza de Gascuña, del Languedoc, de la Provenza, del Lemosin y de la Auvernia.

Las crónicas nombran aqui á Heraclio conde de Polignac, Pons de Balazun, Guillermo de Sabran, Eleazar de Montredor, Pedro Bernardo de Montagnac, Eleazar de Castrie, Raimundo de Lille, Pedro Raimundo de Hautpoul, Goussier de Lastours, Guillermo V, señor de Montpeller, Rugiero conde de Foin, Raimundo Pelet, señor de Alais, Isardo, conde de Die, Raimbaud, conde de Orange, Guillermo conde de Forez, Guillermo conde de Clermont, Gérardo, hijo de Guillabert, conde de Rosellon, Gaston, vizconde de Bearne, Guillermo Amanjeu de Albret, Raimundo vizconde de Castillon y Guillermo de Urgel, conde de Forcalquier. Los obispos de Apt, de Lodève y de Range, y el arzobispo de Toledo, se habian puesto al frente de sus vasallos, como el oberpo Adhemar. El ejército de Raimundo de Saint-Gilles se componia de 100.000 cruzados; pasó los Alpes, la Lombardía, el Friul y la Dalmacia, y entró en el territorio del imperio griego.

Alejo Comneno habia implorado los auxilios del Occidente para defenderse contra la invasion musulmana; pero á medida que los príncipes cruzados avanzaban hácia Constantinopla con sus tropas, Alejo se asustaba al ver el excesivo número de sus libertadores. A aquellos torrentes de naciones que se desbordaban en su territorio, opuso el emperador una política de astucia, de perfidia y de corrupcion. Temblaba en su carcomido trono, y á no ser por el piadoso Godofredo, que no quiso que fuesen olvidados los juramentos de la cruzada, las banderas latinas habrian ondeado desde aquel momento sobre los muros de Bizancio. Alejo á fuerza de regalos y de bajas caricias, obtuvo el pasagero homenage de todos los príncipes latinos, esceptuando, empero, á Tancredo, que era el único que habia permanecido insensible á las seducciones de la corte imperial. El soberano griego, no retrocedió ante humillacion alguna, ante ninguna promesa para comprar la paz. Sin embargo, no logró tranquilizarse sino despues que todos los ejércitos del Occidente hubieron pasado el Bósforo.

Comenzaba la primavera de 1097 cuando los guerreros de la cruz entraron en la Bitinia; en su marcha hácia Nicea vieron el castillo de Exengorgo, que habia sido el sepulcro de los aventureros compañeros de Reinaldo, y el campo de batalla en que la indócil tropa de Gauthier fué exterminada por el acero musulman. Cuatro mil obreros, armados con palas y azadones, se ocupaban en allanar los caminos; cruces de hierro ó de madera, clavadas de trecho en trecho, señalaban el itinerario que habia de seguir el ejército latino.

Al acercarse los cruzados, el sultan *Kilig-Arslan* (la espada del leon) habia llamado de todas partes á sus súbditos y á sus aliados á la defensa del islamismo; tuvo cuidado de reunir un ejército, y de fortificar la ciudad de Nicea, sobre la cual habian de caer los primeros golpes de los cristianos. Esta ciudad, capital de la Bitinia y del imperio de Roum, estaba edificada en las orillas del lago Ascanio, que comunicaba con el mar de Mármara; 370 torres de ladrillo ó de piedra protegian el doble recinto de sus muros, sobre los cuales media redas un carro. El sultan de Roum, al frente de un ejército de 100,000 hombres, cubria las montañas inmediatas á Nicea. Debió contemplar con terror al ejército de los cristianos que se estendia por la llanura, compuesto de mas de 100,000 ginetes y de 500,000 infantes.

Los cruzados resolvieron sitiar á Nicea; cada cuerpo de ejército tuvo su puesto señalado; cada nacion tuvo su campo rodeado de paredes y de empalizadas. Los primeros dias del sitio solo fueron señalados por hazañas inútiles. De pronto, una vanguardia enemiga de 10,000 ginetes se precipitó á la llanura; los cruzados, advertidos del ataque, aguardaban sobre las armas; se empeñó el combate; 50,000 ginetes sarracenos, mandados por el sultan, fueron á sostener á la vanguardia que cejaba. El terreno de la llanura se estremecio bajo los pasos de ambos ejércitos; las flechas silbaron entre las filas, el espacio retumbó al choque de las lanzas y de las espadas, y á los gritos de los musulmanes. Godofredo, su hermano Balduino, Roberto de Flandes, Roberto de Normandia, Bohemundo y Tancredo estaban en cuantas partes habia peligro. La batalla duró desde la mañana hasta la noche; los cristianos victoriosos perdieron 2,000 hermanos suyos; los sarracenos huyeron á las montañas dejando en la llanura 4,000 muertos.

Desembarazados ya los peregrinos del vecindario peligroso de un ejército enemigo, volvieron á emprender el sitio de Nicea. En uno de los asaltos tenian los cristianos delante de sí á un sarraceno gigantesco que, de pié sobre la muralla, derramaba la muerte en torno suyo sin recibirla; el gigante, como si hubiese querido mostrar que nada tenia que temer, tiró lejos de sí su escudo, descubrió su pecho, y comenzó á arrojar piedras enormes sobre los cruzados, que sucumbian sin poderse defender. Al fin se adelantó Godofredo, armado con una ballesta y precedido de dos escuderos que llevaban sus escudos levantados delante de él; muy luego cruza el espacio una saeta lanzada con mano vigorosa; el gigante herido en el corazon, cae sin vida sobre la muralla, ante la vista de los cruzados gozosos y de los sitiados inmóviles y llenos de espanto.

Al cabo de siete semanas de sitio, los guerreros de la cruz observaron que los musulmanes sitiados resarcian sus pérdidas con socorros que les llegaban por el lago Ascanio, que bañaba á la ciudad por la parte del Oeste y del Sur. Enviaron á buscar barcas y buques á un puerto de la Propóntida llamado Civitot (hoy Ghemlek); colocaron en carros aquellas barcas y buques, y enganchando caballos vigorosos guiados por hombres diestros y robustos, los trasportaron en una sola noche hasta Nicea; al amanecer, las barcas tripuladas por cruzados intrépidos surcaban las aguas del lago Ascanio. Los defensores de Nicea quedaron sorprendidos y abatidos. Despues de algunos ataques muy vivos, los peregrinos habian arrebatado á los sitiados toda esperanza; Nicea iba á entregarse ó á ser tomada en un asalto postrero, cuando la política de Alejo despojó á las armas latinas de aquella conquista. Habia en el campo de los cruzados un destacamento de tropas griegas y dos generales encargados de recuperar á Nicea, en provecho del emperador. Un oficial griego, que habia penetrado en la ciudad, dijo que la sumision al emperador de Constantinopla era el único medio de librarse de la venganza de los cruzados; le escucharon, y la sorpresa y el furor de los cristianos estallaron cuando vieron ondear sobre las murallas y las torres los estandartes de Alejo. Sin embargo, se aplacaron los murmullos, y Alejo quedó dueño de la ciudad.

El emperador poseía á Nicea, pero no estaba completamente contento; necesitaba á Tancredo, es decir, el juramento de obediencia y fidelidad de este caballero. Tancredo, cediendo á los ruegos de Bohemundo y de los demás gefes, prometió ser fiel al emperador mientras este lo fuese á los cruzados. Esta sumision encerraba una amenaza, pero Alejo no podia exigir mas. Por otra parte, despues de lo que acababa de suceder en Nicea habia llegado á ser mas imposible que nunca una alianza franca entre las dos naciones; la antipatía y el ódio entre los cruzados y los griegos eran profundos y formaban una barrera insuperable.

CAPITULO III.

Desde la partida de Nicea hasta la llegada á Antioquía.

(De 1097 á 1098.)

El Asia Menor, region que entonces era desconocida y en la que mas tarde habian de quedar sepultados tantos pueblos de Occidente, se ofrecia al ejército cristiano con sus tierras sin caminos, sus montañas, sus precipicios y sus habitantes salvages. Los cruzados, prosiguiendo su viage hácia la Siria y la Palestina

partieron de Nicea el 25 de junio de 1097; dos dias de marcha
les condujeron á un puente construido en el mismo sitio en que
el Galo confluye con el Sangara llamado hoy *Sakarie*. Como el
ejército iba á entrar en un pais desierto y en el que no habia
agua, fué dividido en dos cuerpos: el mas crecido de estos tenia
por gefes á Godofredo, Raimundo, Adhemar, Hugo el grande y
el conde de Flandes; el otro cuerpo iba mandado por Bohemundo, Tancredo y el duque de Normandía. El cuerpo de tropas de
Godofredo se dirigió á la derecha, y el de Bohemundo á la izquierda. Este, al cabo de tres dias de marcha, llegó al valle de *Gorgoni;* pero de improviso se precipitó el enemigo desde lo alto de las
montañas; el sultan Kilig-Arslan, despues de su derrota de Nicea, habia reuuido nuevas fuerzas, y seguia á los cruzados ace-
chando una ocasion favorable para hacerles pagar cara la conquista de su capital. Bohemundo mandó colocar las tiendas; en
un momento quedó establecido el campo, y alli fué donde se colocó la parte débil de la tropa. El ataque fué violento; el enemigo,
superior en número, hacia que fuesen inútiles los prodigiosos esfuerzos de valor de los guerreros cristianos. Los soldados de Kilig-Arslan invadieron el campo latino y asesinaron á cuantos
encontraron, perdonando tan solo á las mugeres, á las que des-
tinaban á la esclavitud. Bohemundo fué á libertar el campamento, el combate varió de sitio. El duque de Normandía, arrancó su
bandera blanca bordada de oro de manos del que la llevaba, se
precipitó en medio de los sarracenos gritando: *A mí, Normandía!*
y su espada hizo una siega sangrienta en las filas enemigas.
Tancredo, que en la primera hora de combate habria sucumbido
á no ser por el auxilio de Bohemundo, hacia esfuerzos inauditos
de valor. Los caballeros de la cruz llevaban ya varias horas sos-
teniendo valerosamente una lucha desigual, y por fin iba á sucumbir la inferioridad numérica, cuando de improviso mil gritos
de júbilo anunciaron la llegada del ejército de Godofredo; Bohemundo, desde el principio del combate, habia enviado un mensaje para avisar al duque de Lorena. Se necesitó poco tiempo
para hacer que la victoria dejase de ser dudosa. Por la noche,
cuando concluyó la accion, 3.000 oficiales y mas de 20.000 soldados musulmanes estaban tendidos en el campo de batalla; el campamento de los enemigos, situado dos leguas mas allá del valle
de *Gorgoni*, cayó en poder de los vencedores. Los cruzados ha-

3

bian perdido 4.000 hombres, á los cuales se tributaron los últimos deberes en medio de fúnebres cantos. Esta batalla, que fué la primera de la cruzada, ha recibido el nombre de batalla de Dorilea, por la proximidad de esta ciudad que hoy se llama *Ak-Okeer* (ciudad vieja).

Los cristianos continuaron su marcha, resolviendo no volver á separarse. Esta decision era buena para ponerse al abrigo de todos los ataques, pero tenia el inconveniente de exponer al ejército á otros enemigos no menos temibles, el hambre y la sed. Los turcos imaginaron asolar el pais que no podian defender; el saqueo y el incendio devastaron una parte de la Capadocia, la Isauria y la Frigia que era por donde habian de pasar los cruzados. La marcha del ejército cristiano, desde el valle de Gorgoni hasta Antioqueta, capital de la Psidia, solo fué una série no interrumpida de desgracias. Antioqueta le abrió sus puertas; tenia víveres y pastos, y el ejército descansó allí. Durante su permanencia al rededor de aquella ciudad estuvieron muy próximos los cruzados á perder á dos de sus gefes principales; Raimundo de Saint Gilles cayó enfermo de mucho peligro; Godofredo, defendiendo á un peregrino atacado por un oso, venció á la fiera, pero recibió en el muslo una herida grave que afortunadamente no llegó á ser mortal. Durante algunas semanas, ambos jefes se vieron precisados á hacer que les trasportaren en una litera á retaguardia del ejército.

Los cruzados desde su partida de Europa, no habian conocido los males de la discordia; pero estos estallaron al fin. Tancredo al frente de un cuerpo de guerreros italianos, y Balduino, hermano de Godofredo, al frente de un cuerpo de guerreros flamencos, fueron enviados á vanguardia. En su marcha por la Licaonia no encontraron enemigo alguno, y por lo tanto se apresuraron á dirigirse á Cilicia. Tancredo, que iba delante, bajó á Tarsis é hizo ondear su bandera sobre los muros de la ciudad que fué cuna de San Pablo. Poco despues llegó Balduino, y quiso que le fuese entregada la ciudad, pretestando para ello que su cuerpo de tropas era mas numeroso que el del héroe italiano. Los habitantes aterrados por sus amenazas, consintieron en que la bandera de Balduino sustituyese en sus muros á la de Tancredo. El hermano de Godofredo acabó de excitar la indignacion de los italianos, negándose á recibir en la ciudad y entregando á las iras de los turcos á 300 peregrinos enviados por Bohemundo. Solo la moderacion de Tancredo pudo contener el furor de los italianos, quienes se limitaron á sacrificar á la venganza de sus hermanos á los musulmanes que habian quedado en las torres de la plaza. En aquella época, unos corsarios de Flandes y de Holanda que habian oido hablar de la expedicion de los cristianos, aparecieron en el puerto de Tarsis; su gefe Guymer, natural de Bolonia, reconoció á Balduino, hijo de su antiguo soberano, tomó la cruz con sus compañeros y prometió servir al hermano de Godofredo.

Tancredo, alejándose de Tarsis con sus guerreros, habia ido á acampar bajo los muros de Adana, plaza de Cilicia que halló ocupada por un señor borgoñon; recogiendo entonces sus tiendas se adelantó hácia otra ciudad llamada Malmistra, de la que expulsó á los turcos. Balduino, que habia vuelto á ponerse en marcha dejando una guarnicion en Tarsis, apareció en las cercanías de Malmistra. Al ver las tiendas de los flamencos, los italianos persuadidos de que Balduino queria arrebatarles aquella nueva conquista, corrieron presurosos á empuñar las armas, y se empeñó un combate cruel entre guerreros cristianos. Las tropas de Tancredo, inferiores en número, se vieron obligadas á abandonar el campo de batalla. Al dia siguiente, ambos partidos se reconciliaron á la voz de la religion. Los dos gefes se abrazaron delante de sus soldados, y Tancredo conquistó en seguida varias plazas de Cilicia.

Durante este tiempo, el gran ejército de los cruzados habia atravesado el país de *Iconium* y de *Erecli;* trasponiendo el Tauro halló víveres y descansó en *Cosor* ó *Cocson,* la antigua *Cucusus,* célebre por el destierro de San Juan Crisóstomo. El trayecto de Cocson á Maresia fué penoso y desastroso; este espacio de ocho á diez leguas, cuando mas, no ofrecia al ejército cristiano mas que jarales, arbustos espinosos, rocas y precipicios; nada de caminos ni siquiera senderos trazados. Aquella parte del Tauro presenció grandes miserias y una desesperacion terrible. La ciudad de Maresia, abundante en recursos y cuya poblacion era cristiana, fué el término de aquella marcha. La mujer de Balduino murió y fué sepultada en aquella ciudad.

En Maresia fué donde Balduino alcanzó al ejército cristiano; habia querido averiguar por sí mismo en qué estado se hallaba su hermano Godofredo. Le censuraron por sus injusticias y violencias para con Tancredo. Ya fuera que el descontento de los gefes le incomodase, ó que el libertar el Santo Sepulcro no fuese el objeto único de su peregrinacion, Balduino escuchó las proposiciones de un aventurero armenio que le excitaba á hacer conquistas en las orillas del Eufrates; seguido de unos 1.000 guerreros á quienes habia logrado apartar del camino de la cruz fué á fundar en Mesopotamia el principado de Edesa, que mas tarde llegó á ser útil á los Latinos.

Artesia, la antigua Calcis, ciudad ocupada por los turcos, tardó muy poco en caer en poder de los cruzados. Esta plaza era la única que defendia ya el camino de Antioquía, y los musulmanes nada descuidaron para sostenerla, pero hubieron de retirarse. Aun quedaba un punto, que era el puente del Oronte llamado *Puente de hierro* (hoy *Gesr il-Haddid*), cuyas dos entradas estaban defendidas por dos torres forradas de hierro. Guerreros musulmanes ocuparon ambas torres, y toda la orilla izquierda del Oronte se cubrió de batallones enemigos. Obstáculos inútiles que iban á caer ante el gran ejército cristiano! Las tropas de los cruzados, saliendo de Artesia, en donde se habian reunido Tancredo y todos los guerreros de la cruz, avanzaron en buen órden. La vanguardia, mandada por Roberto de Normandía, llegó al Puente de Hierro y al pronto no pudo abrirse paso; la masa de los batallones cristianos fué á apoyarse al cuerpo de tropas de Roberto; se precipitaron los cruzados hácia el puente: los Francos se establecieron como vencedores en las dos orillas del Oronte, y los turcos que lograron librarse de la muerte huyeron rápidamente hácia Antioquía.

Con cuatro horas mas de marcha se presentaria ante la vista del ejército de los Francos la capital de la Siria. Los gefes habian llegado á tener noticia de las fortificaciones imponentes de Antioquía; el pontífice Adhemar, queriendo ilustrar á los peregrinos y preparar su valor, creyó que no debia ocultarles que iban á atacar á una ciudad formidable «cuyas murallas estaban «construidas con piedras de dimensiones enormes, y unidas en- «tre sí con una argamasa desconocida é indisoluble;» una ciudad en la que de todas partes se habian reunido los enemigos del nombre cristiano. El ejército de la cruz seguia la orilla izquierda del Oronte; veia á su derecha un lago llamado *Bahr-el-Abbiad* (már Blanco); el camino que tomaba, denominado por los cro nistas *Camino Real*, atraviesa una llanura en la que no hay árboles. Las banderas de púrpura y de oro flotaban al viento; los escudos dorados, las corazas y los cascos brillaban al sol y avanzaban cual incendio radiante; 600.000 cruzados cubrian aquella llanura de *Umq*, que solo es conocida hoy por las caravanas de Alepo y los ginetes turcomanos. Una impresion doble debió apoderarse del ejército cristiano al ver á Antioquía: un sentimiento de terror al contemplar sus grandes murallas y las montañas que defendian á la ciudad, y un sentimiento de piedad ante la *ciudad de Dios* (Teópolis) tan célebre en la historia de los primeros tiempos del cristianismo.

CAPITULO IV.

Sitio y conquista de Antioquía.

(De 1097 á 1098.)

Antioquía, cuyas murallas tenian tres leguas de circuito, estaba dominada al mediodía por cuatro picos de montañas que se hallaban comprendidos dentro de sus muros. Por la parte del norte corria el rio Oronte cerca de las murallas; en este punto las fortificaciones eran menos importantes que en las demás partes de la ciudad, porque el Oronte formaba ya una defensa natural. Antioquía tenia 130 torres. Las murallas eran almenadas; segun cuenta un cronista árabe, habia 24.000 almenas. Cuando los cruzados llegaron á Antioquía, hacia catorce años que la ciudad habia pasado del dominio de los griegos al de los musulmanes. Su recinto encerraba á una multitud de sarracenos de las comarcas vecinas que, asustados por la aproximacion de los latinos, habian ido á buscar un abrigo para ellos, para sus familias y para sus tesoros. Un emir turcomano, llamado Baghisian ó Accian, que habia obtenido la soberanía de la ciudad, estaba encerrado en ella con 7.000 hombres de caballería y 20.000 de infantería.

Se resolvió poner cerco á Antioquía no obstante la aproximacion del invierno. Bohemundo y Tancredo establecieron su campamento en las alturas inmediatas á la puerta oriental de San Pablo; á la derecha de los italianos, en el terreno llano que rodea la orilla izquierda del Oronte hasta la puerta del Perro, acamparon los dos Robertos, Esteban, conde de Blois, y Hugo, conde de Vermandois, con sus normandos, sus flamencos y sus bretones;

luego, siempre hácia el norte de la ciudad, estaban el conde de
Tolosa y el obispo de Puy con sus provenzales; las tropas de
Raimundo ocupaban todo el intérvalo que media entre la puerta
del Perro hasta la siguiente, denominada mas tarde puerta del
Duque. Allí comenzaba la línea de Godofredo, que concluía en la
puerta del Puente y se extendia así hasta el sitio en que el Oronte bañaba los muros de Antioquía. De este modo, la plaza se hallaba circunvalada por tres puntos, al este, al nordeste y al norte; los cruzados no podian rodearla por la parte del médiodía,
porque aquel lado era impracticable por razon de las montañas.
Un puesto militar establecido al oeste de Antioquía hubiera servido de mucho á los sitiadores; así habrian cerrado la puerta del
occidente ó de San Jorge por donde los musulmanes podian salir
y recibir provisiones; pero para esto habria sido preciso pasar el
Oronte. Tal fué el campamento del ejército cristiano. De 600.000
peregrinos habia 300.000 que se hallaban en estado de combatir:
¡qué espectáculo tan grandioso ofrecian aquellos millares de
tiendas, aquellas legiones armadas tan numerosas, y todo aquel
pueblo llegado de occidente! ¡Qué aparato tan formidable para
los sitiados!

En los primeros dias del sitio, los cruzados, persuadidos de que
el terror habia de abrirles muy luego las puertas de la ciudad,
se entregaron á la inaccion; la estacion de otoño les suministraba víveres abundantes; las verdes orillas del Oronte, los bosques
de Dafne y el hermoso cielo de la Siria les brindaban placeres;
muy luego se mostraron la corrupcion y la licencia entre los soldados de Jesucristo. Lor turcos, en varias salidas que hicieron,
dieron muerte ó cogieron prisioneros á muchos peregrinos que
se habian desparramado por la campiña. Los cruzados, deseando
vengar la muerte de sus compañeros, pensaron en dar un asalto;
pero carecian de escalas y de máquinas de guerra. Se construyó
un puente de barcas sobre el Oronte, para contener las correrias
de los musulmanes hácia la orilla opuesta. Los cristianos se ocuparon en cerrar el paso á los sitiados por todas partes; trabajaron
para demoler un puente edificado sobre un pantano, enfrente de
la puerta del Perro, que era por donde los musulmanes acostumbraban á salir; despues de varios esfuerzos inútiles, colocaron
en él una torre enorme de madera, que entregaron á las llamas.
Los peregrinos solo lograron cerrar aquel paso arrastrando á

fuerza de brazos delante de la misma puerta del Perro, trozos enormes de roca y los árboles mas corpulentes de los vecinos bosques.

Durante este tiempo, valerosos paladines vigilaban al rededor del campamiento; Tancredo, colocado en una emboscada sorprendió un dia á una partida de sarracenos, y 70 cabezas cayeron bajo sus golpes. Otra vez, recorriendo Tancredo la campiña con un solo escudero, hizo sentir á varios sarracenos la fuerza invencible de su espada. Por un impulso maravilloso de heróica modestia, el ilustre caballero mandó á su escudero que guardase el mayor silencio respecto de las hazañas que habia presenciado.

Las salidas de los sitiados habian llegado á ser menos frecuentes; pero como los cruzados carecian de máquinas de guerra no podian atacar á Antioquía, y todos aquellos altivos caballeros se veian condenados á aguardar la victoria del desaliento de los turcos ó del favor del cielo. Pronto comenzó el invierno; las provisiones de varios meses habian sido disipadas en pocos dias; el hambre hedionda y terrible apareció en el campo de los cristianos; torrentes de lluvia sumergieron las tiendas; aquel campo tan alegre en otro tiempo, no presentó sino miserias horribles. Se resolvió intentar una expedicion á las comarcas vecinas para buscar víveres. Despues de las fiestas de Navidad, unos 20.000 peregrinos, mandados por Bohemundo y por Roberto de Flandes, se dirigieron al territorio de Harene, situado á algunas leguas al sudeste de Antioquía, y regresaron con un número considerable de mulas y caballos cargados de provisiones. Poco tiempo se necesitó para acabar aquellos víveres; se hicieron excursiones que nada llevaron al campo. En cada dia el frio, el hambre y las enfermedades aumentaban los sufrimientos del ejército y abrian sepulturas para nuevas victimas. Los sacerdotes no bastaban para recitar las oraciones de los muertos, y faltaba espacio para las sepulturas. Las crónicas, al describir los estragos del hambre, nos representan á los caballeros pálidos y cubiertos de andrajos, arrancando con un hierro puntiagudo las raices de las plantas, despojando á los surcos de las semillas recien sembradas, y disputando al ganado la yerba de los pastos. Los caballos de batalla habian perecido por falta de alimento; al principio del sitio se contaban hasta 70.000; á la sazon solo quedaban 2.000 arrastrándose penosamente en torno de las tiendas podridas por las lluvias del invierno.

A todos estos males se agregaba la desercion. El duque de Normandía, que se habia retirado á Laodicea, solo volvió despues de tres intimaciones hechás en nombre de la religion y de Jesucristo. La desercion de Guillermo Charpentier y la de Pedro el Ermitaño fueron motivos de desaliento y de escándalo. ¡Contraste inaudito! la corrupcion se mostró en medio de la miseria mas espantosa; bajo las tiendas de los cruzados se vieron juntas la voluptuosidad y el hambre. El pontífice Adhemar persiguió con su palabra severa á los libertinos y á los blasfemos; un tribunal compuesto de los personages principales del ejército y del clero, quedó encargado de perseguir y castigar á los delincuentes.

La aproximacion de la primavera restituyó la esperanza al ejército cristiano; las enfermedades disminuian, el campo recibia provisiones del conde de Edesa, de los príncipes y monges de Armenia, de las islas de Chipre, de Chio y de Rodas. Godofredo, á quien una herida grave habia detenido durante mucho tiempo en su tienda, se mostró al ejército, y su presencia reanimó los desfallecidos ánimos. Entonces fué cuando los embajadores del Califa de Egipto llegaron al campo de los cristianos. Estos, deseando ocultar á los enemigos musulmanes el espectáculo de su miseria, se rodearon de improviso de magnificencia y fingieron extremada alegría. Los embajadores ofrecian á los cruzados el concurso del califa con la condicion de que el ejército cristiano se limitase á hacer una simple peregrinacion á Jerusalen. Los guerreros francos contestaron que no habian ido al Asia á recibir condiciones, y que el objeto de su viage á Jerusalen era libertar á la ciudad santa. Hácia la misma época, Bohemundo y Roberto de Flandes obtuvieron una victoria sobre los príncipes de Alepo, de Damasco, da Schaizar y de Emesio, que se habian puesto en marcha para socorrer á Antioquía. Los cruzados quisieron que los embajadores del Cairo, próximos á embarcarse en el puerto de San Simeon, supiesen este nuevo triunfo; cuatro camellos llevaron á los diputados egipcios las cabezas y los despojos de 200 guerreros musulmanes.

La llegada de una flota de pisanos y genoveses al puerto de San Simeon dió márgen á combates sangrientos. Una multitud de peregrinos, que no tenian mas defensa que la espada de Bohemundo y del conde de Tolosa, habian ido al encuentro de la fleta europea; al volver desde el mar al campo de Antioquía, fueron scrprendidos por los musulmanes; cerca de 1,000 cristianos perecieron; el resto de la tropa, perseguido por los turcos victoriosos, no se hubiera librado de la muerte si de pronto, al recibir la noticia de aquella derrota, Godofredo y otros príncipes no hubiesen acudido rápidamente á auxiliar á los peregrinos.— El enemigo se apresuró á dirigirse por el camino del puente para regresar á Antioquía, pero los cristianos habian ocupado aquel camino; además, los que al pronto huyeron hácia la parte de las Montañas Negras, al Norte de Antioquía, volvieron para comenzar de nuevo el combate, y los musulmanes, cercados y estrechados entre el Oronte y las montañas, se vieron condenados á una muerte segura. Acciano, gobernador de la ciudad, habiendo visto desde las torres de su palacio, ó desde las murallas, el peligro en que se encontraba la tropa musulmana, envió al instante un refuerzo para sostenerla, y cerró en pos de sus guerreros la puerta del Puente, declarándoles que era preciso vencer ó morir. Entonces comenzó la carnicería de los musulmanes, referida con horribles pormenores por los cronistas que fueron testigos oculares. El teatro principal de la refriega fué el montecillo que dá frente al puente, y que hoy todavía, como en aquel tiempo sirve de cementerio á los turcos. En las inmediaciones del puente, las aguas del Oronte vieron casi interrumpido su curso por el amontonamiento de los cadáveres.

De resultas de aquella batalla, los cruzados construyeron sobre el indicado montecillo un fuerte que fué confiado al valor y pericia militar del conde de Tolosa; este fuerte impedia que los musulmanes saliesen por la puerta del Puente, y permitia á los cruzados que circulasen libremente por la orilla derecha del Oronte.

Quedábales á los sitiados una puerta por donde podian recibir provisiones y salir con entera libertad al territòrio de la orilla izquierda del Oronte; ningun cruzado habia puesto los piés en aquella parte: era la puerta del occidente, denominada de San Jorge. Los príncipes juzgaron que habia una necesidad absoluta de establecer un medio de ataque en aquella direccion. Convinieron en que era preciso ocupar una posicion en las inmediaciones de aquella puerta, pero la operacion era peligrosa y los diferentes gefes vacilaban para encargarse de ella. Entonces se

presentó Tancredo, el ilustre caballero carecia del dinero necesario para la ejecucion del proyecto; el conde de Tolosa le dió cien
marcos, y cada príncipe le facilitó la cantidad que pudo. Un con-
vento denominado de San Jorge, se alzaba sobre una colina situada á corta distancia de la puerta del mismo nombre; Tancredo le hizo fortificar sólidamente, y sostenido por un cuerpo de
tropas escogidas, supo mantenerse en aquel puesto importante.

De este modo, los cristianos eran ya dueños de todos los puntos exteriores de la plaza; reinaban la confianza y el zelo en el
campo de los cruzados, se restableció la disciplina, y con ella se
acrecentó la fuerza. Hasta los mendigos y los vagamundos, cuya multitud aumentaba el desórden y multiplicaba los peligros
de la guerra, fueron empleados entonces en los trabajos del sitio, y sirvieron bajo las órdenes de un capitan que llevaba el título de rey *truan* ó rey de los mendigos.

Todas las puertas de Antioquía estaban cerradas y los combates suspendidos; pero por ambas partes se hacian la guerra, todavía, con actos de barbarie. El furor de los turcos se cebaba
particularmente en los prisioneros. La historia ha conservado el
nombre de un caballero cristiano, Raimundo Porcher, á quien
condujeron un dia sobre las murallas y le amenazaron con qui-
tarle la vida si no exhortaba á los cruzados á que le rescatasen
por una cantidad de dinero. Raimundo Porcher, dirigiéndose á los sitiadores, les rogó que le considerasen como hombre muerto, que no hiciesen sacrificio alguno por su libertad, y
que continuasen los ataques contra la ciudad, la cual no podia
resistir durante mucho tiempo; el gobernador de Antioquía, en-
terado del sentido de sus palabras, exijió que el caballero abrazase al instante el islamismo, anunciándole que le colmaria de
honores y de bienes si consentia en ello, pero que su cabeza cae-
ria al instante si lo rehusaba. La única respuesta del piadoso caballero fué arrodillarse con las manos cruzadas y los ojos vueltos hácia el oriente, y muy luego rodó su cabeza sobre la muralla. Otros prisioneros cristianos fueron arrojados en el mismo dia á las llamas de una hoguera.

Entre tanto los sitiados sentian á su vez los efectos del hambre. Acciano pidió una tregua que fué concedida imprudentemente. En medio de aquella paz estalló la discordia entre los
gefes, con motivo de unos regalos suntuosos enviados á los

príncipes y al ejército por Balduino, príncipe de Edesa. Los cruzados circulaban libremente por el interior de la plaza, y los sarracenos iban al campo latino. El asesinato de un caballero llamado Wallon rompió muy pronto la tregua, y el sitio comenzó de nuevo.

Pero no eran la paciencia y el valor los que habían de conquistar á Antioquía; al cabo de siete meses de trabajos penosos,
la ambición y la astucia habían de servir en último lugar á la
causa de los cruzados. Bohemundo, á quien impelieron á oriente esperanzas profanas, no habia visto sin envidia la fortuna de
Balduino; se atrévió á fijar la vista en Antioquía, y la casuali-
dad le hizo encontrar á un hombre que podia entregarle aquella plaza. Este hombre era un armenio llamado Phirous, hijo de
un fabricante de corazas, inquieto y turbulento, se habia pasado de la fe cristiana á la musulmana para labrar mas rápidamente su fortuna. Logró obtener la confianza de Acciano, quien
le admitió en su consejo; Phirous tenia bajo su mando tres torres principales de la ciudad, que al pronto defendió con zelo;
cansado de una lealtad estéril, no era hombre que retrocediese
ante la traicion, si esta podia llegar á serle provechosa.

Phirous y Bohemundo se comprendieron á primera vista. El
príncipe de Tarento hizo al renegado las promesas mas magníficas. Phirous, para asegurar á Bohemundo su adhesion, ó para
disculpar su traicion, decia que Jesus se le habia aparecido y
que le habia aconsejado entregase Antioquía á los cristianos.
Cuando Bohemundo hubo arreglado con Phirous los medios de
realizar los proyectos por tanto tiempo meditados, hizo que se
reuniesen los gefes principales del ejército cristiano; expuso los
males que ya se habian sufrido, los que aun les amenazaban, y
concluyó diciendo que era de absoluta necesidad entrar en Antioquía y que todos los medios serian buenos para obtener tal
conquista. Varios gefes comprendieron la segunda intencion de
Bohemundo; se dijo que seria injusto que un gefe recogiese el
fruto de los trabajos de todos, y se censuró la idea de obtener la
plaza por medio de alguna estratagema, de algun artificio cuya
invencion se debia dejar á las mujeres.

Bohemundo, á quien la historia ha denominado el Ulises de
los latinos, no renunció á su proyecto, y difundió noticias alar-
mantes. Los cristianos supieron muy luego que Kerboga, prín-

cipe de Mossul, avanzaba hácia Antioquía con un ejército de 200.000 hombres reclutados en las orillas del Eufrates y del Tigris. Los gefes se reunieron de nuevo; Bohemundo habló de los grandes peligros que amenazaban á los cruzados. «El tiempo urge, dijo, y acaso mañana no sea tiempo ya para obrar.» Anunció á los gefes que el estandarte de la cruzada podia ondear dentro de algunas horas sobre las murallas de Antioquía, y enseñó las cartas de Phirous, quien prometia entregar las tres torres confiadas á su mando; el traidor no queria entenderse mas que con Bohemundo; por premio de este servicio exigia que Bohemundo quedase dueño de Antioquía. El peligro se tornaba cada vez mas apremiante; era vergonzoso huir, é imprudente combatir, y el temor hizo callar todos los intereses de la rivalidad. Todos los gefes, escepto el inflexible Raimundo, se reunieron para conceder á Bohemundo el principado de Antioquia; el príncipe de Tarento fijó el dia siguiente para la ejecucion del proyecto.

Para inspirar á los sitiados la mayor confianza, los cruzados salieron del campamento algunas horas antes de anochecer, como para dirigirse hácia el camino por el cual habia de llegar el príncipe de Mossul; cuando fué ya de noche, volvieron silenciosos bajo los muros de Antioquía y se detuvieron en la parte occidental de la ciudad, cerca de la torre de las Tres-Hermanas, en donde mandaba Phirous. Enmedio de las tinieblas de la noche, y cuando la guarnicion de Antioquía estaba sepultada en profundo sueño, un lombardo, llamado Payen, enviado por Bohemundo, subió á la torre de las Tres Hermanas por una escala de cuero; Phirous dijo que todo estaba dispuesto; para asegurar mejor su intento, acababa de dar muerte á uno de sus hermanos de quien desconfiaba. El mismo Bohemundo subió por la escala de cuero; otros guerreros subieron en pos de él, y muy luego los batallones cristianos inundaron las calles de Antioquía. Mas de 10.000 habitantes perecieron en aquella noche. Acciano salió por una puerta pequeña del nordeste de la ciudad; unos leñadores armenios le conocieron, le cortaron la cabeza y la enviaron á los nuevos dueños de Antioquía. Al amanecer se vió ondear la bandera roja de Bohemundo en una de las torres mas altas de la ciudad. A Phirous no le resultó gran lustre ni ventura de aquella traicion: habiéndose hecho cristiano otra vez, siguió á los cruzados á Jerusalen , y murió musulman dos años despues, aborrecido por los dos partidos á que habia servido y abandonado alternativamente.

Así fué como se tomó á Antioquía en los primeros dias de junio de 1098. El sitio habia durado cerca de ocho meses. Se celebró la conquista con banquetes y bailes; pero aun les estaban reservados malos dias á los vencedores de la capital Siria. Sitiados por el ejército de Kerboga, los cristianos tuvieron que sufrir una escasez de víveres terrible. Entonces se supo que el emperador Alejo habia avanzado por el Asia Menor hasta Filomelium para ir á socorrer á los cruzados en Antioquía , y que, engañado por el relato que le hicieran de la situacion desesperada de los peregrinos, habia vuelto á encaminarse á Constantinopla.

Antioquía fué tomada ; pero la ciudadela, construida sobre el tercer piso de la montaña , al Oriente, habia quedado en poder de los turcos. La guarnicion de la ciudadela, por una puerta pequeña que daba al nordeste, recibia diariamente refuerzos del ejército de Kerboga, y atacaba algunas veces á los cristianos hasta en las mismas calles de Antioquía. Vana provocacion! el hambre habia llegado á producir entre los cruzados una indiferencia profunda y fatal. Pero habian de obtener su salvacion del mismo exceso de sus calamidades. Un dia, un pobre sacerdote de Marsella llamado Bartolomé, se presentó ante el consejo de los gefes, y refirió que durante su sueño se le habia aparecido tres veces San Andrés ; que el Apóstol le habia mandado ir á la iglesia de San Pedro de Antioquía, y hacer una excavacion en la tierra cerca del altar mayor para buscar el hierro de la lanza que atravesó el costado del Redentor ; aquel hierro sagrado , llevado al frente del ejército, habia de dar la victoria á los cristianos. La lanza se encontró en el sitio indicado ; la vista del hierro misterioso difundió en todas las almas el zelo, la esperanza, la fuerza y la alegría ; aquel pueblo de fantasmas pálidos, devorados por el hambre , se convirtió de improviso en un pueblo invencible. Se decidió ofrecer la batalla á Kerboga , cuyas tiendas cubrian las alturas orientales de Antioquía y las orillas del Oronte.

Habiendo salido el ejército cristiano por la puerta del Puente , dividido en doce cuerpos, se extendió en órden de batalla de modo que ocupase todo el valle desde la puerta del Puente hasta las

Montañas Negras, situadas una hora al norte de Antioquía. Los cruzados, formados de esta manera, impedian que el enemigo se apoderase de las avenidas de la plaza y los envolviese. Pronto dieron los clarines la señal del combate, y los porta-estandartes avanzaron. Aquellos cristianos, que poco antes se estaban muriendo de hambre, se precipitaron con ardor sobre los innumerables batallones del sultan de Mossul la victoria quedó por los guerreros de la cruz; el valor humano nunca habia producido cosa igual. Al decir de los historiadores, 100,000 musulmanes cayeron en el valle que separa á Antioquía de las Montañas Negras, en ambas orillas del Oronte, y en el camino de Alepo. Kerboga debió su salvacion á la rapidez de su corcel. Perdieron la vida 4,000 cruzados. El botin recogido en aquella jornada fué inmenso, y se necesitaron varios dias para trasportar á la ciudad los despojos de los vencidos.

El primer cuidado de los cruzados, despues de obtenida la victoria, fué el de restablecer en Antioquía el culto de Jesucristo; una parte de los tesoros arrebatados á los sarracenos sirvió para adornar los templos cristianos. Luego, los príncipes del ejército, el patriarca de Antioquía y los gefes del clero latino escribieron á los pueblos de Occidente para referirles los trabajos y las victorias de los peregrinos.

CAPÍTUTO V.

Desde la partida de Antioqnia hasta la llegada á Jerusalen.
(1099).

El ejército cristiano victorioso solicitaba encaminarse en seguida á Jerusalen; los gefes decidieron dejar pasar el rigor del verano y aguardar hasta el otoño. Tales motivos de retraso no solian influir en el ánimo de los príncipes y los barones. Las verdaderas causas eran preocupaciones ambiciosas que hacian olvidar el objeto piadoso de la cruzada. La primera desgracia producida por la prolongacion de la permanencia del ejército en Antioquía, habia sido el fallecimiento de una multitud de peregrinos atacados de improviso por una horrible enfermedad contagiosa; la epidemia arrebató 50,000 víctimas en un mes. La muerte que mas se sintió fué la del pontífice Adhemar, cuyos restos mortales se depositaron en la iglesia de San Pedro. La imágen de un dolor inmenso y el espectáculo de tantos funerales, no habían disipado las ambiciones profanas. La fortuna de Balduino, príncipe de Edesa, y de Bohemundo, príncipe de Antioquía, era como una grande tentaci n para los gefes , y excitaba envidias violentas. Raimundo de Tolosa había enarbolado su bandera en la ciudadela de Antioquía el dia de la derrota de Kerboga, y se negaba á entregarla á Bohemundo. Para librar á los soldados de la cruz de la epidemia de Antioquía , y tambien para correr las aventuras de la guerra, los gefes se esparramaron por las comarcas inmediatas. Raimundo de Tolosa sitió á Marrah , plaza situada entre Hama y Alepo. Los habitantes opusieron una resistencia terrible; Raimundo, ayudado por los condes de Normandía y de Flandes, sostuvo combates sangrientos durante varias semanas. La toma de Marrah fué seguida del degüello de toda la poblacion musulmana. Comenzó á reinar el hambre entre los cruzados vencedores; varios cristianos, en el exceso de su miseria, se sometieron á necesidades horribles. La posesion de Marrah llegó á ser motivo de nuevas discordias : Raimundo pedia para si aquella conquista; la multitud de los peregrinos, cansada de tantas contiendas, comenzó á demoler la plaza. El incendio completó muy pronto la obra comenzada por el pueblo. Raimundo, acompañado de los dos Robertos, abandonó tristemente á Marrah , atravesó el territorio de Emeso y las montañas del Líbano, y fué á acampar en las inmediaciones de Archas, ciudad de la Fenicia.

Las diferentes empresas intentadas por los gefes en las comarcas circunvecinas no habian hecho mas que irritar la impaciencia de la multitud cristiana, que deseaba ir á cumplir su voto. Cuando llegó el otoño, retrasaron de nuevo la partida, alegando lo avanzado de la estacion y las lluvias del invierno. Al fin se decidió que el ejército se pondria en marcha desde Antioquía en el mes de marzo de 1099. En la época señalada, Godofredo y el conde de Flandes marcharon hácia Laodicea ; Bohemundo les acompañó hasta esta ciudad, pero se apresuró á regresar á Antioquía, temiendo de continuo perder su principado. Godofredo y Roberto se apoderaron al paso de Tortosa ; sitiaron á Gibelet ; de donde tardaron muy poco en alejarse, y muy pronto se halló reunido todo el ejército cristiano bajo los muros de Archas, cuyo sitio habia comenzado ya Raimundo. Durante el sitio de Archas fué cuando se suscitaron dudas acerca del descubrimiento de la lanza. Para

poner término á todos los debates, el sacerdote Bartolomé resolvió
someterse á la prueba del fuego.En una llanura extensa se encen-
dió una gran hoguera. En presencia del ejército cristiano, el sacerdote de Marsella, cubierto con una simple túnica y llevando el
hierro sagrado envuelto en un pedazo de tela de seda, entró en la
hoguera, y un momento despues salió de entre las llamas.
Bartolomé murió pocos dias despues, reconviniendo á sus
partidarios mas ardientes porque le habian puesto en la necesidad de certificar la veracidad de su aserto con una prueba tan
terrible. Mientras estaban sitiando á Archas recibieron los cruzados dos embajadas, una del emperador Alejo, que fué mal acogida, y la otra del califa del Cairo. Este acababa de hacerse dueño
de Jerusalen, y manifestaba á los cristianos que la ciudad santa
solo abriria sus puertas á peregrinos desarmados. Los guerreros
de la cruz rechazaron con desprecio las proposiciones y amenazas
del califa egipcio, y se dió al ejército la órden de apresurar la
marcha hácia Jerusalen.

El ejército cristiano, que habia contado 300.000 guerreros bajo
los muros de Antioquía, se encontraba reducido á 50.000 combatientes. Pero este cuerpo de tropas, que no llevaba en pos de sí
una multitud inútil, era muy temible. El emir de Tripoli, vencido en un combate sangriento, compró con un tributo la salvacion de su capital. Los peregrinos atravesaron las tierras de Be-
ritha, de Tiro y de Sidon sin encontrar enemigo alguno; los go-
bernadores de las plazas de la costa les enviaban víveres y todas
sus palabras eran de sumision y de paz. El rico país de Fenicia,
que desplegaba sus tesoros ante la vista de los cruzados, difundia el júbilo en sus filas; ofrecianse á ellos las delicias de la tierra
de promision, y los cristianos del Líbano acudian á saludar á sus
libertadores y hermanos. El ejército era feliz, y en su viva esperanza habia llegado á ser un modelo de disciplina y de piadosa
union. Los cruzados, al pasar por delante de Tolemaida, recibieron del emir de esta ciudad la promesa de rendirse si sometian á
Jerusalen. Las montañas del Carmelo, Cesarea, Lida y Ramla pasaron sucesivamente ante la vista de los peregrinos; todos estos
sitios, llenos de piadosos recuerdos, reconocieron la dominacion
latina. Cosa casi increible! los jefes deliberaron en Ramla para
saber si irian á sitiar el Cairo ó Damasco. Los príncipes de la
cruz solo distaban diez leguas de Jerusalen, y su valor pareció

que vacilaba un momento al acercarse á la ciudad en que habia de llevarse á cabo el último acto de una peregrinacion penosa y gloriosa. El sentimiento del peligro quedó ahogado muy luego por el recuerdo de tantas hazañas y por la inmediacion de los Santos Lugares. Se decidió por unanimidad ir á atacar á Jerusalen.

En la noche que precedió á la llegada á Jerusalen el ejército cristiano no pudo entregarse al sueño; cuantas comarcas se habian atravesado, cuantas miserias se habian sufrido para alcanzar aquel fin sagrado de la cruzada! La piadosa impaciencia de los Francos acusaba á la lentitud del curso del tiempo. Al rayar el alba , mas de un cruzado se adelantó al ejército. Jerusalen no se vé desde léjos; solo se descubre la ciudad santa en el momento de llegar á ella ; durante algunas horas , 60,000 peregrinos que avanzaban por las montañas de la Judea habian tenido la vista fija en el punto en que se les habia de aparecer el monte Olivete. ¡Qué trasportes de entusiasmo, qué lágrimas de júbilo cuando por fin descubrieron las murallas y las torres de la ciudad del Calvario! El ginete se apeó de su caballo y caminó descalzo : las genuflexiones , las oraciones y los gritos de *Jerusalen* , mil veces repetidos , manifestaban el tierno entusiasmo del ejército de la cruz.

CAPITULO VI.

Sitio y conquista de Jerusalen (1099).

Jerusalen, la ciudad de los reyes hebreos, de los profetas y del Cristo salvador, la ciudad tan celebrada y tantas veces asolada, presentaba en la época de la primera cruzada la misma extension, la misma forma , el propio aspecto que hoy dia. La fisonomía de los sitios era igual entonces ; como hoy, el pálido olivo, la higuera y el terebinto constituian la escasa vejetacion del suelo de Jerusalen. El terreno que rodea á la ciudad santa apareció ante la vista de los compañeros de Godofredo tal como se nos ha aparecido á nosotros, oscuros peregrinos de los últimos tiempos: una naturaleza austera , triste y muda. Parece que las maldiciones de la Escritura se están cumpliendo allí eternamente. Por lo demás, debemos observar que las tristes imágenes de aquellas montañas estériles le cuadran bien á Jerusalen : ¿ no habia de estar muerta la naturaleza al lado del sepulcro de un Dios ?

Indiquemos ante todo el campamento del ejército cristiano. Un terreno llano cubierto de olivos se extiende hácia el lado septentrional de Jerusalen; es el único sitio al rededor de la ciudad que puede prestarse á recibir un campamento. Godofredo de Builon, Roberto de Normandía y Roberto de Flandes asentaron sus tiendas en aquella esplanada, al N.-N.-E. de Jerusalen; tenian delante de sí la puerta llamada hoy de Damasco, y la pequeña puerta de Herodes, que en la actualidad está tapiada. El punto N.-O., que daba frente á la puerta de Belen, fué ocupado por Tancredo; despues estaba el campo de Raimundo de Tolosa; sus tiendas cubrian las alturas llamadas hoy colinas de San Jorge; separábanle de Jerusalen el angosto valle de Efraim y una piscina extensa y profunda. Esta posicion no era muy ventajosa para coadyuvar al sitio, por lo cual el conde de Tolosa se determinó á correr una parte de su campamento al monte de Sion, al mediodía de la ciudad. Los valles, ó mas bien los profundos barrancos de Josafá y de Siloé, no permitian campamento ni ataque hácia la parte oriental de la ciudad.

La guarnicion egipcia que habia en Jerusalen se componia de 40,000 hombres; 20,000 habitantes habian tomado las armas. Una multitud de musulmanes de las orillas del Jordan, del mar Muerto y de varias otras comarcas inmediatas, habia ido á la capital de la Judea para buscar en ella un amparo ó defenderla. Los imanes recorrian las calles de Jerusalen reanimando con sus palabras el valor de los defensores del islamismo, y prometiendo la victoria en nombre del profeta.

Desde los primeros dias del sitio habia llegado un solitario del monte Olivete á aconsejar un asalto general; los cruzados, aceptando las maravillosas promesas del ermitaño, decidieron escalar las murallas. Desgraciadamente el entusiasmo y el valor no eran bastante para derribar murallas y torres; se necesitaban escalas y máquinas de guerra. No obstante las abultadas piedras, el aceite y la pez hirviendo que caian sobre los cristianos, estos reunidos en apiña los batallones, atacaron la ciudad; los sarracenos pudieron admirar en aquel dia el valor prodigioso de sus enemigos. Si los cruzados hubiesen tenido instrumentos y máquinas, aquel primer asalto les hubiera abierto las puertas de Jerusalen. Pero el Cielo no realizó los milagros prometidos por el solitario; los cruzados regresaron á su campo despues de haber dejado á muchos de sus compañeros muertos gloriosamente bajo los muros de la ciudad. Los gefes del ejército pensaron entonces en procurarse la madera necesaria para la construccion de las máquinas; no era cosa fácil en una comarca que solo ofrecia un terreno desnudo. La primera madera que sirvió para los trabajos del sitio procedia de casas y aun de iglesias de las inmediaciones demolidas por los peregrinos.

Habian comenzado ya los fuertes calores del verano cuando el ejército de los Francos llegó bajo los muros de la ciudad santa. Cuando se acercaron los cruzados, el enemigo habia cegado ó emponzoñado las cisternas. Ni una gota de agua habia quedado en el empolvado lecho del Cedron. La fuente de Siloé, que corria por intérvalos, no podia bastar á la multitud de los peregrinos: sobre sus cabezas habia un techo de fuego, en torno suyo un terreno árido y rocas peladas y abrasadoras. Los guerreros de la cruz se vieron entregados á todos los tormentos de la sed; tal era esta calamidad que apenas se reparaba en la falta de víveres. Una flota genovesa que entró en el puerto de Jope con provisiones de todas clases, fué á distraer á los cristianos de sus sombríos pensamientos; víveres, instrumentos de construccion, y un número considerable de ingenieros y carpinteros genoveses, llegaron al campamento de Jerusalen bajo la escolta de 300 hombres mandada por Raimundo Pelet.

Los cruzados continuaban careciendo de madera, pero tuvieron noticia de un bosque situado hácia la parte de Napluss; muy luego se vieron llegar al campamento largas reatas de camellos cargados de abetos, cipreses y robles. Todos los brazos se emplearon en el trabajo; ningun peregrino del ejército permanecia ocioso. Mientras unos construian arietes, catapultas, galerías cubiertas y torres, otros, guiados por los cristianos del pais, iban con odres á buscar un poco de agua á la fuente de Elpire, en el camino de Damasco, á la de los Apóstoles, un poco mas allá de Batanía, á la de María, en el valle llamado Desierto de San Juan y á otro manantial al oeste de Belen en donde se dice que el diácono San Felipe bautizó al esclavo de Candacia, reina de Etiopía. Entre las máquinas de guerra que se alzaban amenazadoras se veian tres torres enormes de nueva estructura; cada una de ellas tenia tres pisos; el primero destinado á los obreros que dirigian su movimiento, y el segundo y tercero á los guerreros que habian de dar el asalto. Estas tres fortalezas rodadas eran mas altas que las murallas de la ciudad sitiada. A su parte superior habian adoptado una especie de puente levadizo que se podia echar sobre la muralla, y que debia ofrecer un camino seguro para penetrar en la ciudad. A estos medios de ataque tan poderosos hay que agregar el entusiasmo religioso, que habia producido ya tantos prodigios en aquella cruzada. Despues de tres dias de un ayuno riguroso, los cruzados, en la actitud de la humildad mas profunda, hicieron una procesion en torno de la ciudad santa.

Los sitiados habian colocado un gran número de máquinas hácia los costados de la ciudad que parecian estar mas amenazados por los cristianos, pero dejaron indefenso el lado oriental; en esta direccion, en frente de la puerta de San Esteban, fué adonde Godofredo y los dos Robertos trasportaron su campo; este gran cambio de posicion, para el cual fué preciso desmontar pieza por pieza las torres y las diferentes máquinas de guerra, y que habia de decidir la toma de Jerusalen, se hizo en una sola noche, y esta del mes de Julio, es decir, en el espacio de cinco á seis horas. El 14 de julio de 1099, al amanecer, los gefes dieron la señal de un ataque general; todas las fuerzas del ejército y todas las máquinas avanzaron contra las murallas. Las tres torres grandes ó fortalezas rodadas, conducidas, una por Godofredo al oriente, otra por Tancredo al noroeste, y la tercera por Raimundo de Tolosa al mediodía, avanzaron hácia las murallas en medio del tumulto de las armas y de los gritos de los obreros y de los soldados. Este primer choque fué terrible, pero no decisivo; doce horas de un combate obstinado no pudieron fijar la victoria. Cuando la noche hizo que los cristianos regresasen á su campo, se lamentaban de que Dios *aun no los habia juzgado dignos de entrar en la ciudad santa y de adorar el sepulcro de su Hijo.*

El dia siguiente presenció los mismos combates. Los sitiados que habian sabido la próxima llegada de un ejército egipcio, se hallaban animados por la esperanza de la victoria. El valor de los guerreros de la cruz habia adquirido una energía invencible. De los tres puntos de ataque partian choques impetuosos. Dos magas que estaban de pié en las murallas, conjurando á los elementos y las potencias infernales, cayeron bajo una granizada

de flechas y de piedras. El asalto habia durado la mitad del dia, y Jerusalen permanecia cerrada para los cruzados. De improviso se vió aparecer sobre el monte Olivete á un guerrero que agitaba un escudo y hacia al ejército cristiano la señal para que entrase en la ciudad. Esta aparicion repentina produjo nuevo ardor en los sitiadores. La torre de Godofredo avanzó en medio de una descarga terrible de piedras, de saetas, y de fuegos griegos, y echó su puente levadizo sobre las murallas. Al mismo tiempo los cruzados arrojaron venablos inflamados á las máquinas de los sitiados, á los sacos de paja, de heno, y de lana que cubrian los últimos muros de la ciudad. El viento atizó el incendio y lanzó las llamas hácia los sarracenos, quienes, al verse envueltos en negros torbellinos de humo, se turbaron y retrocedierou. Godofredo, precedido por los dos hermanos Letaldo y Engelberto de Tournay, seguido de Balduino del Bourg, de su hermano Eustaquio, de Raimbaud Croton, de Guicher, de Bernardo de Saint-Vallier, y de Amenjeu de Albret, arrolló al enemigo y se precipitó en seguimiento suyo dentro de Jerusalen. Por su parte Tancredo, los dos Robertos y Raimundo de Tolosa tardaron muy poco en penetrar en la plaza. En un viernes, á las tres de la tarde, dia y hora de la muerte del Salvador, fué cuando los cruzados entraron en Jerusalen.

La historia ha referido con espanto la carnicería que de los musulmanes se hizo en la ciudad conquistada, y que duró una semana: 70.000 sarracenos fueron inmolados. La dificultad de guardar un número harto considerable de prisioneros, la idea de que tarde ó temprano habria que combatir á los musulmanes á quienes se expulsase de Jerusalen, fueron los motivos en que se apoyó una política bárbara para completar la obra de la venganza y de los furores fanáticos. Las escenas de sangre y de matanza solo fueron interrumpidas por una visita ferviente á la Iglesia de la Resurreccion. ¡Contraste misterioso! aquellos mismos hombres que acababan de degollar en las calles á enemigos vencidos, se mostraban descalzos, con la cabeza descubierta, lanzando gemidos piadosos, derramando lágrimas de devocion y de amor. Las oraciones y los sollozos religiosos habian sustituido de improviso en Jerusalen á los ahullidos de la rabia y á los gritos de las víctimas.

CAPÍTULO VII.

Desde la eleccion de Godofredo hasta la batalla de Ascalon.

(1099.)

La particion del botin ningun desórden produjo; con arreglo á convenciones extipuladas antes del último asalto, cada guerrero habia de ser poseedor de la casa ó edificio en que se presentase el primero; una cruz, un escudo ó cualquiera otra señal colocada sobre una puerta, era para los vencedores el título de su posesion. Los santuarios de Jesucristo, los huérfanos y los pobres tuvieron su parte de los tesoros arrebatados al enemigo. Las inmensas riquezas halladas en la mezquita de Omar le habian tocado en suerte á Tancredo.

En el espacio de breves dias habia variado Jerusalen de habitantes, de leyes y de religion. Los Latinos pensaron ante todo en nombrar un rey para conservar y sostener su conquista, y se reunió el consejo de los príncipes. Entre los gefes llamados á reinar en Jerusalen, se distinguian Godofredo, Roberto de Flandes, Roberto de Normandia, Raimundo de Tolosa y Tancredo. Roberto de Flandes suspiraba por su regreso á Europa, y se contentaba con el título de hijo de San Jorge que habia obtenido por sus hazañas en la guerra santa. El duque de Normandia habia mostrado siempre mas valor que ambicion. En cuanto á Tancredo solo buscaba la gloria de las armas y consideraba el título de caballero como muy preferible al de rey. Quedaban Godofredo y Raimundo de Tolosa. Este, conocido por su ambicion y por su obstinada altivez, no habia podido grangearse la confianza y el cariño de los peregrinos. Parecia que las probabilidades para obtener la dignidad real habian de favorecer al duque de Lorena. Se decidió que la eleccion la hiciese un consejo compuesto de los diez hombres mas recomendables del clero y del ejército. Este consejo, despues de haber sondeado con solícito cuidado la opinion del ejército acerca de cada gefe, y aun haber interrogado á los familiares y servidores de los candidatos para la corona, proclamaron el nombre de Godofredo. La eleccion del duque de Lorena fué acogida con vivas aclamaciones. Godofredo rehusó la diadema y las insignias de la dignidad real, diciendo que nunca aceptaría una corona de oro en una ciudad en que el Salvador del mundo había sido coronado de espinas. Se contentó con el modesto título de defensor y baron del Santo Sepulcro.

Acababa de darse un gefe al nuevo reino; tambien la Iglesia de Jerusalen necesitaba un gefe. La intriga y la astucia usurparon el puesto del mérito y de la piedad en la mayor parte de los nombramientos para los obispados de las ciudades sometidas á la dominacion latina. Aquel clero viagero, al perder al pontífice Adhemar, había perdido á su guia inteligente, á su reformador piadoso; habia caido en la corrupcion; ofrecia pocos hombres recomendables por sus virtudes ó por su ilustracion: Arnoul, capellan del duque de Normandía, que fué nombrado patriarca de Jerusálen, no era de costumbres irreprensibles. Su primer acto en el desempeño de tan santas funciones, fué el de reclamar las riquezas arrebatadas por Tancredo de la mezquita de Omar, y que decia pertenecian á la iglesia del Santo Sepulcro; solo pudo obtener 700 marcos de plata tomados de los tesoros de la mezquita.

La noticia de la conquista de Jerusalen se había extendido por todo el Oriente. Los cristianos de la Siria, de la Cilicia, de la Mesopotamia y la Capadocia acudian en gran multitud á Jerusalen, unos para fijar allí su residencia, otros para visitar los Santos Lugares. Reinaba la alegría entre los discípulos del Evangelio, pero era grande la desesperacion en el Cairo, en Damasco y Bagdad. Los imanes y los poetas lloraban la suerte de los musulmanes de Jerusalen. La musa del islamismo decia: «A nuestros hermanos, dueños en otro tiempo de la Siria, no les queda ya mas asilo que el lomo de sus agiles camellos y las entrañas de los buitres.» Los musulmanes de las orillas del Tigris y los de Damasco se reunieron con un gran ejército egipcio que había acudido para atacar á los nuevos dueños de la Palestina. Un mensage anunció á Godofredo que un cuerpo innumerable de tropas enemigas habia pasado ya el territorio de Gaza, y que en tres dias podia llegar á las puertas de Jerusalen. Los guerreros de la cruz decidieron que irian á dar la batalla.

En Ramla fué donde se reunieron los cruzados. Avanzaron hácia el lado meridional, teniendo á la izquierda las montañas de la Judea y á su derecha los bancos de arena amontonados en la orilla del mar; asi cruzaron las tierras de Ibelim, la antigua

Geth, de Ekron y de Azot. Unos prisioneros participaron á los
cruzados que el ejército musulman estaba acampado en la llanura de Ascalon; los cristianos solo una hora distaban de allí.
El dia 14 de agosto, al amanecer, los heraldos anunciaron que
se iba á pelear; el patriarca de Jerusalen enseñó á las filas el leño de la verdadera cruz, que los latinos, vencedores de la ciudad
santa, habian considerado como la parte mas preciosa de los despojos. Pronto llegaron los cruzados al frente del enemigo, en la
llanura de Ascalon, limitada al este por colinas, al oeste por una
meseta que domina al mar, y al sudoeste por bancos enormes de
arena. La ciudad de Ascalon estaba edificada sobre la meseta
occidental. El ejército egipcio se habia formado al pié de las colinas de arena, al sudoeste de la llanura.

Godofredo, Raimundo de Tolosa, Tancredo y los dos Robertos
ocuparon cada uno el puesto que parecia ser mas favorable para
un gran ataque. Los guerreros cristianos apenas ascendian al
número de 20.000; el ejército musulman contaba 300.000 hombres
bajo sus banderas. Además una flota egipcia cubria el mar. Sin
embargo, los enemigos de la cruz no vieron sin espanto á aquel
cuerpo de tropas que les habia salido atrevidamente al encuentro.
Cuando las primeras saetas de los Latinos silbaron entre sus filas, ya se habia difundido el temor entre las legiones egipcias.
Por eso no fué larga la batalla. Al primer choque de los príncipes de la cruz, el ejército musulman cejó y fué desordenado.
Torbellinos de polvo que se dirigian por el camino de Gaza señalaron la fuga del enemigo; pero esta no salvó á todos los musulmanes. Los que habian corrido hácia la orilla del mar para
guarecerse en la flota egipcia, perecieron, en su mayor parte,
pasados á cuchillo y abogados en las olas. Varios cuerpos musulmanes habian querido volver á reunirse; Godofredo arrolló
sus filas; en aquel nuevo combate la espada latina hizo una carnicería horrorosa; segaban á los musulmanes, segun dicen las
crónicas, como las espigas de los surcos ó la yerba de los prados.
Los despojos que quedaron en el campo de batalla enriquecieron
á los cristianos victoriosos. No habian llevado víveres, y los encontraron abundantes en el campo enemigo. Una contienda que
se suscitó entre Godofredo y Raimundo de Tolosa, que queria tomar á Ascalon para sí, impidió que desde aquel momento añadie-
se el ejército la conquista de la referida plaza al nuevo reino de
Jerusalen.

Al volver de Ascalon, Raimundo de Tolosa, que marchaba á la cabeza del ejército cristiano, habia atacado con su tropa á la ciudad de Arsur, situada á orillas del mar, á pocas hóras al Norte de Ramla; Arsur opuso viva resistencia, y Raimundo renunció á proseguir el sitio. Al abandonar la plaza hizo que dijesen á la guarnicion que no se asustase de los ataques del rey de Jerusalen. Poco tiempo despues apareció Godofredo bajo los muros de Arsur; los habitantes estaban determinados á defenderse. El rey de Jerusalen, al saber que aquella resistencia era fruto de los consejos de Raimundo, se llenó de indignacion y quiso vengarse por medio de las armas; Tancredo y los dos Robertos reconciliaron á los dos príncipes, quienes se abrazaron en presencia de sus soldados. El ejército cristiano se encaminó de nuevo á Jerusalen; fué recibido en la ciudad santa al estrépito de gozosas aclamaciones y de cánticos sagrados. El gran estandarte y la espada del gefe del ejército egipcio, cogidos en el campo de batalla de Ascalon, fueron colgados en las columnas de la iglesia del Santo Sepulcro.

Despues de aquella batalla, que acababa de difundir de nuevo á lo léjos el terror de las armas cristianas, y que daba á Jerusalen dias de seguridad, la mayor parte de los príncipes y de los caballeros pensaron en regresar á Europa; los que quedaban se recomendaban á la memoria de sus compañeros próximos á marchar; les pedian que interesasen á la cristiandad para la salvacion y la gloria de Jerusalen. Fácilmente pueden imaginarse la tristeza y las lágrimas que hubo en las despedidas de los peregrinos. Godofredo quedó siendo rey de la ciudad santa, sin mas apoyo que el de Tancredo y de 300 caballeros. Raimundo de Tolosa, resuelto á terminar sus dias en Oriente, recibió del emperador de Constantinopla el principado de Laodicea. Pedro el Ermitaño, habiendo vuelto á Francia, terminó su vida en un monasterio que él mismo habia fundado. Eustaquio, hermano de Godofredo, Roberto de Flandes y Roberto de Normandía regresaron á su patria, y sin duda los recuerdos melancólicos y gloriosos de la cruzada fueron mas de una vez á endulzar sus últimos dias.

CAPÍTULO VIII.

Expedicion de 1101 *á* 1103.

La Europa no podia recibir sin entusiasmo la noticia del rescate del Santo Sepulcro. Las victorias de los guerreros de la cruz resucitaron de nuevo los ánimos en Occidente ; las cartas de los príncipes escritas despues de la toma de Antioquía y de la batalla de Ascalon, eran leidas en los púlpitos de las iglesias ; la cristiandad vió reproducirse las escenas que habian seguido al concilio de Clermont.

Los que en 1097 tomaron la cruz y no marcharon , los que desertaron de las banderas de la cruzada, se convirtieron de pronto en objeto de universal desprecio. Hugo , el hermano del rey de Francia, que habia abandonado á sus compañeros sin concluir la peregrinacion, Esteban, conde de Blois, desertor de las santas banderas, y todos cuantos habian imitado su ejemplo , se vieron obligados á encaminarse por segunda vez á Jerusalen. Se reunieron con una multitud de señores y de barones que habian resistido al movimiento de la primera cruzada ; pero á quienes una nueva explosion de entusiasmo arrancaba de su patria. Guillermo IX, conde de Poitiers, príncipe amable y poeta alegre, se decidió á despedirse del Lemosin, del Poitou , *de la caballería á la que tanto habia amado y de las vanidades mundanas;* le acompañaban muchos vasallos suyos: Guillermo, conde de Nevers, Harpin, conde de Bourges, y Eudes , duque de Borgoña , se colocaron bajo las banderas de la cruz ; este último esperaba encontrar algun rastro de su hija Florina , que habia perecido en el Asia Menor con su prometido Suenon.

La Italia y la Alemania se conmovieron mucho mas que despues del concilio de Clermont. Los peregrinos lombardos ascendieron al número de 100,000; llevaban por gefes á Alberto , conde de Blandrat, y Anselmo , obispo de Milan. Wolf IV , duque de Baviera , y Conrade , condestable del emperapor Enrique III, aparecieron al frente de un gran número de peregrinos alemanes. Entre los nobles y poderosos cruzados de Alemania , se veia á la princesa Ida , margrave de Austria. Los cronistas dicen que el número de peregrinos que se dirigieron á Oriente en el año

1101 ascendía á 500,000. Esta expedicion se dividia en tres ejércitos.

Los primeros cruzados que se pusieron en marcha fueron los de Lombardía; su paso por la Bulgaria y por las provincias griegas fué señalado por violencias horribles. Esta tropa indisciplinada cometió toda clase de robos y tropelías hasta llegar á Constantinopla, en donde el emperador Alejo creyó oportuno oponer á su audacia, no sus guardias y sus soldados, sino leopardos y leones. Se necesitaron regalos magníficos y humildes ruegos para determinar á los lombardos á pasar el Bósforo. Cuando estuvieron ya en Nicomedia, vieron los lombardos llegar á su campo al condestable Conrado con 2,000 guerreros alemanes, al duque de Borgoña, al conde de Blois, y á los obispos de Laon y de Soissons, con una multitud de guerreros franceses procedentes de las orillas del Loira, del Sena y del Mosa. Este primer ejército, reunido así en Nicomedia, se componia de mas de 26,000 peregrinos. Raimundo, conde de Tolosa, que se hallaba á la sazon en Constantinopla, fué puesto al frente de aquellos cruzados.

Los lombardos no quisieron emprender el camino que habia seguido Godofredo; obligaron á sus jefes á conducirles á Paflagonia *para conquistar* segun decian, *el reino de Korasan*. Este camino habia de llevarles á regiones que no conocian y que debian ofrecerles obstáculos insuperables. Al cabo de tres semanas de marcha llegaron á Ancira, á la que los cronistas denominan Ancras. El camino de Nicomedia á Ancira pasa por comarcas fértiles; y en aquella extension de terreno el ejército no conoció la escasez y el hambre. Se apoderó de Ancira por cuenta del emperador griego, y continuando su marcha llegó al castillo de Gargara ó Gangra. Desde este punto en adelante fué donde el ejército cristiano tuvo que padecer. Los cruzados avanzaron por *paises deshabitados y montañas horrendas,* segun dicen los cronistas. Los turcos, en frecuentes emboscadas, asesinaban á los rezagados, á los enfermos y á la parte débil del ejército. El duque de Borgoña y Raimundo se encargaron de proteger la retaguardia. La escasez y el hambre se unieron al enemigo para atormentar á los cruzados. A falta de víveres devoraban las hojas y la corteza de los árboles, y las raíces de las plantas silvestres. Los cristianos encontraron una ciudad llamada *Constanne* y que representa á la antigua Germanicopolis; á mayor ó menor distan-

cia habian seguido casi siempre las tortuosas orillas del Halys;
mil peregrinos que se habian detenido en un valle próximo á
Constamne para segar cebada y tostarla, perecieron abrasados;
los turcos habian rodeado de llamas todo el valle por medio de
ramas de árboles y yerba seca.

El ejército cristiano era perseguido por innumerables legiones
de turcos que habian acudido de los diferentes puntos del Asia
Menor y de la Mesopotamia. Los enemigos cada dia se tornaban
mas audaces, los caminos estaban cada vez mas llenos de dificultades, y los peligros eran mayores; el consejo de los jefes resolvió dar una batalla. En el dia señalado se exhortó á los peregrinos á que se armasen de todo su valor. El obispo de Milan recorrió las filas del ejército enseñando el brazo de San Ambrosio
como una garantía de la bendicion del cielo, y el conde de Tolosa presentó á los soldados la lanza hallada en Antioquía, que habia llevado consigo, recordando á los cruzados todos los prodigios que el hierro misterioso habia hecho en las orillas del Oronte. Los diferentes cuerpos de tropas del conde Alberto, de Conrado, del conde de Blois, y del duque de Borgoña, nunca comba-
tieron juntos sino separadamente, y cada uno de ellos se vió
obligado á huir á su vez ante los turcos. Aquella jornada fué
desgraciada. En la noche siguiente, el conde de Tolosa que durante la batalla habia peleado con valor y solo con gran trabajo
logró librarse, abandonó el campo y se encaminó á Sinope. La
noticia de esta fuga fué la señal de un gran desórden en el ejército cristiano; los príncipes, los señores y los caballeros huyeron
á su vez, dejando en poder del enemigo los bagajes y la desconsolada multitud de los peregrinos. Cuando llegó el dia, el campo de los cristianos ofrecia un espectáculo que inspiraba compasion : las matronas y las doncellas, entregadas al furor de los
turcos, prorumpian en sollozos y lanzaban gritos de dolor. Los
guerreros villanos y desleales que habian abandonado á una multitud indefensa, expiaron casi todos su crímen bajo la espada musulmana. El enemigo, montado en caballos veloces, perseguia á
los fugitivos, y ni la profundidad de las cuevas ni la espesura de
los bosques pudieron librarles de la muerte. El oro, la plata, la
pedrería, las telas de seda, los mantos de púrpura, de armiño y
de marta, todos los tesoros, todos los despojos de los peregrinos
enriquecieron á los musulmanes victoriosos; 160,000 cruzados

perecieron en los valles y montañas de Capadocia. Muchas mujeres fueron llevadas como cautivas. El conde Raimundo se embarcó en Sinope y regresó á Constantinopla; los demás restos del ejército cristiano se trasladaron por tierra á la ciudad imperial.

El segundo ejército conducido por Guillermo de Nevers, se componia de 15,000 combatientes y de una multitud inmensa de monges, mugeres y niños. Cuando llegó á Constantinopla, pasó el Bósforo, se trasladó á Civitot, y se dirigió á Ancira para reunirse allí con los lombardos, cuya suerte ignoraba. Viendo que no los encontraba, dejó el camino de Ancira y se dirigió por el de Iconium, llamada *Stancone* por los cronistas. En las inmediaciones de esta ciudad fué donde comenzaron las desgracias del segundo ejército. Los turcos, que ocho dias antes habian aniquilado ó dispersado á los lombardos, cayeron sobre los compañeros de Guillermo de Nevers y dieron muerte á un número considerable de ellos. Los cruzados despues de haber sitiado inútilmente á Stancone, tomaron por el camino del sur, que habia de conducirles hácia la parte de Siria, y llegaron cerca de una ciudad llamada *Erecli*, situada en el camino de Iconium á Tarsis. Los turcos habian cegado los pozos y las cisternas de Erecli; 300 peregrinos murieron de sed. En las cercanías de Erecli hay un rio, pero los cristianos no le descubrieron. Despues de los tormentos de la sed llegó el enemigo; el pueblo y la mayor parte del ejército fueron destrozados por los turcos; solo 700 cristianos pudieron salvar su vida huyendo á los bosques y á las montañas. El conde de Nevers halló un refugio en Marash, en Cilicia. Este príncipe y sus últimos compañeros volvieron á ponerse en marcha para trasladarse á Antioquía, y fueron despojados por unos turcopolos que los dejaron desnudos; cuando llegaron á la ciudad en que ondeaban las banderas latinas, iban cubiertos de harapos miserables.

La historia del tercer ejército no es menos lamentable: 160,000 peregrinos (un cronista dice 300,000), que marchaban bajo las órdenes de Guillermo de Poitiers, de Hugo de Vermandois, de Guelfo duque de Baviera, y de la condesa Ida, margrave de Austria, abandonaron su campo de Nicomedia y se trasladaron á Stancone, en donde ya encontraron el hambre y la sed. Despues de haber saqueado dos ciudades musulmanas de la Frigia, penetraron en la Caramania y llegaron á Erecli, en donde en otro tiempo habian sucumbido los compañeros del conde de Nevers. El ejército de Guillermo de Poitou fué atacado en las inmediaciones de Erecli, cerca de un rio: las agudas flechas y la espada devoradora amontonaron los cadáveres de los cristianos en las orillas de aquel rio y en los campos inmediatos. El conde de Poitou, huyendo por las montañas con un solo escudero, se refugió al pronto en una plaza inmediata á Tarsis, y en seguida se trasladó á Antioquía. Hugo, conde de Vermandois, fué á morir de sus heridas en Tarsis; el duque de Baviera pudo librarse de la persecucion de los vencedores; la suerte de la condesa Ida no fué conocida de los contemporáneos.

Así pues, en un mismo tiempo, tres ejércitos, tres grandes masas de hombres pasaron de Europa á Asia y perecieron en comarcas desconocidas cual si se hubiesen hundido en un inmenso sepulcro abierto. Su multitud era igual, por lo menos, á la de los primeros cruzados, y sin embargo aquellas legiones nuevas fueron aniquiladas por los mismos turcos á quienes los compañeros de Godofredo habian vencido en Nicea, en Dorilea, y en Antioquía. Se acusó á la política de Alejo de haber provocado aquellas derrotas espantosas. Lo que acaso sea mas cierto es que los gefes y los soldados perecieron víctimas de su imprevision y de su indisciplina.

Hubo peregrinos que, en su desastrosa fuga por el Asia Menor, debieron su salvacion á los cristianos del pais. En la primavera de 1103, se hallaron reunidos en Antioquía 10,000 cristianos, restos de tres ejércitos; tuvieron la alegría de ir á cumplir su voto sobre el divino sepulcro, llevando á su frente á aquellos de sus gefes que habian sobrevivido á tan gran destruccion. Despues de haber celebrado las fiestas de Pascua en Jerusalen, unos regresaron á Europa, y otros volvieron á Palestina para defender el reino fundado por la espada de los Latinos. El duque de Borgoña, el conde de Blois, Harpin de Bourges y el duque de Baviera no volvieron á ver su patria.

Detengámonos aquí para tratar de hacer una apreciacion breve de cuanto precede. La primera cruzada, y el movimiento general de 1101, que fué consecuencia suya, arrebataron á la Europa mas de un millon de hombres. Las expediciones de la cruz nos presentan á dos religiones armadas una contra otra; he ahí porque hubo tanto odio y ardor entre ambos partidos; las guerras de religion son siempre las mas difíciles y mortíferas. La primera cruzada ofrece hazañas maravillosas; la antigua Francia conquistó allí mucha gloria, y los recuerdos del heroismo son siempre preciosos para la patria. El terror de las armas cristianas contuvo á las naciones musulmanas, próximas á caer sobre el Occidente; la capital del imperio griego, amenazada por los sarracenos, fué defendida por los cristianos; así se encontró la barbárie rechazada al corazon del Asia. La cruzada fué provechosa para la situacion interior de Europa; las guerras particulares y las calamidades de la anarquía feudal cesaron por completo. Todos los odios se confundieron en uno solo, que tuvo por objeto exclusivo á los enemigos del cristianismo. En esta predisposicion universal habia grandes elementos de paz y de civilizacion.

La primera cruzada reveló el Oriente al Occidente, y este encuentro de las dos sociedades que nunca se habian conocido, hubo de dar naturalmente algun impulso á la inteligencia europea. Este vasto movimiento fué ventajoso para la navegacion y el comercio. Los buques de la cristiandad frecuentaron mucho mas el Mediterráneo; los pisanos y los genoveses reportaron ventajas de la fundacion del reino de Jerusalen. El oro y la plata circularon de la Europa al Asia, y el Occidente pareció algo mas rico porque el dinero se desparramó un poco por todas partes. No se puede decir que la primera cruzada procurase cosa alguna á la Europa bajo el punto de vista de las ciencias, de las letras y de las artes; las primeras relaciones de la cristiandad y del islamismo se redujeron á proyectos de exterminio. La cruzada fué un primer golpe dado al feudalismo; á su regreso de Asia, varios príncipes sustituyeron los abusos tiránicos con sábios reglamentos. La expedicion santa produjo la emancipacion de muchos siervos. Varios grandes vasallos de la corona encontraron su ruina ó la muerte en la expidicion á Ultramar; esto fué un principio de decadencia para el poder feudal, y esta decadencia aumentaba la fuerza y la independencia del trono. Tales fueron el carácter y los resultados de la primera guerra santa.

CAPÍTULO IX.

Reinados de Godofredo y de Balduino I.

(De 1099 á 1118.)

La ciudad de Jerusalen y unas veinte poblaciones ó aldeas de las inmediaciones componian todo el reino que acababa de ser confiado á Godofredo ; muchas de las plazas sometidas á las banderas latinas se hallaban separadas unas de otras por ciudades en que aun ondeaba el pabellon musulman. Para que los peregrinos se adhiriesen con fuerza á aquella nueva patria que les habia dado la suerte de las armas , agregaron al atractivo de los Santos Lugares el interés de la propiedad. La permanencia de un año y un dia en una casa ó en una tierra cultivada se convertia en título de legítima posesion. Una ausencia de igual espacio de tiempo aniquilaba todos los derechos del poseedor. Nada hay mas notable que el estado de aquel reino de Jerusalen , que no tenia mas defensa que unos 300 caballeros, rodeado de fuerzas enemigas que hubieran podido derribarle de un solo golpe, y alzándose pacíficamente por el solo efecto del terror que inspiraban las armas cristianas.

Godofredo pensó en ensanchar los límites del reino. Tancredo sometió á Tiberiada y varias otras plazas de la Galilea ; obtuvo la posesion de ellas, y mas tarde aquella comarca se convirtió en un principado. El rey de Jerusálen , por su parte , imponia tributos á los emires de Cesarea, Tolemaida y Ascalon , y sejuzgaba á los árabes de la orilla izquierda del Jordan. La ciudad de Arsur habia reconocido tambien el dominio de los cristianos ; habiéndose negado esta plaza á pagar el tributo impuesto , Godofredo la sitió. Le opusieron un medio de defensa que estaba muy léjos de imaginar. Gerardo de Avesnes, que habia sido entregado en rehenes á los habitantes de Arsur, fué atado á la punta de un mástil de modo que recibiese los golpes de los sitiadores. El desventurado caballero suplicó á Godofredo que abandonara el sitio para salvarle la vida ; el rey de Jerusalen exhortó á Gerardo de Avesnes á que se resignase á morir por la salvacion de sus hermanos y la gloria de Jesucristo. Los cristianos atacaron vivamente á Arsur ; pero sus torres y sus máquinas fueron consumidas por el fuego griego de los musulmanes , y Godofredo se vió obligado á alejarse de Arsur, deplorando la muerte inútil de su valeroso compañero. Pero Gerardo no habia perecido. Conmovidos los sitiados por su heróica constancia, le desataron del mástil y le libraron de la muerte. El caballero entró en Jerusalen en medio de la sorpresa y la alegría de los latinos , que le invocaban ya como á un mártir. En recompensa de su abnegacion obtuvo el castillo de San Abraham , situado en las montañas de la Judea. Durante el sitio de Arsur , Godofredo visitado por emires de Samaría, los habia recibido sentado humildemente en una saca de paja ; á ruego de ellos derribó con su espada , de una sola cuchillada, la cabeza de un camello. Esto era bastante para impresionar vivamente á las imaginaciones orientales.

Al acercarse las fiestas de Navidad llegó una tropa de peregrinos para visitar los Santos Lugares; la mayor parte de ellos, eran pisanos y genoveses, conducidos por el obispo de Ariano, y por Daimberto, arzobispo de Pisa; este, que iba á Jerusalen en calidad de legado apostólico, logró hacer que le nombrasen patriarca en lugar de Arnould. Suscitó discusiones á Godofredo, pidiendo en nombre de la Iglesia la soberanía de Jerusalen y de Jafa. Bohemundo, príncipe de Anticquía, Balduino, conde de Edesa, y Raimundo de Tolosa, habian ido á la ciudad santa con los peregrinos de Italia. Bohemundo y Balduino, como el mismo Godofredo, consintieron en recibir del Sumo Pontífice la investidura de los Estados conquistados por sus armas.

El reino de Jerusalen, nacido de la victoria, entregado á las ambiciones interiores, á las exigencias apasionadas, sometido á variaciones constantes é inevitables en las propiedades, habitado por renegados de todas las religiones y aventureros de todos los paises, atravesado incesantemente por peregrinos, de los que algunos eran grandes pecadores que aun no habian llegado á aficionarse al bien; aquel reino naciente, en el que aun existia el desórden de la conquista, necesitaba una legislacion que le diese formas estables y regulares. La sabiduría de Godofredo quiso remediarlo. La presencia de los príncipes latinos en Jerusalen le pareció ocasion propicia para emprender la ejecucion de sus proyectos saludables. En el dia señalado fué convocada una reunion solemne en el palacio de Godofredo, situado en el monte Sion: los príncipes, los barones, los hombres mas ilustrados y piadosos, redactaron un código que fué depositado en la iglesia del Santo Sepulcro, y que recibió el nombre de Leyes de Jerusalen. Los deberes recíprocos del rey, de los señores y de los súbditos fueron arreglados y determinados. Solo los que llevaban las armas preocuparon la atencion de los legisladores; la guerra era el gran asunto de aquel reino. Apenas se trató de los villanos, de los labradores, de los prisioneros; solo se les consideraba como una propiedad. El valor de un halcon y de un esclavo era el mismo; se estimaba en doble precio un caballo de batalla que un labriego ó un cautivo. La religion sola fué la que se encargó de proteger á aquella clase desventurada. Tres tribunales fueron instituidos de modo que colocasen á todos los ciudadanos del reino bajo el dominio de sus iguales que les habian de juzgar y sentenciar. Las Leyes de Jerusalen ofrecen rastros del tosco espíritu de los antiguos siglos, pero se observan en ellas muchos reglamentos que revelan una alta sabiduría por parte de los legisladores. Esta legislacion que duró mas tiempo que el reino latino, fué á la vez un beneficio para la Tierra Santa y un modelo de institucion para el Occidente, bárbaro todavía.

Hazañas útiles llevadas á cabo hácia el Jordan habian aumentado la nombradía de Godofredo; el rey de Jerusalen se ocupaba en conquistar las plazas de la Palestina que habian quedado en poder del islamismo, cuando la muerte fué á arrebatarle al amor y á las esperanzas del pueblo cristiano. Murió recomendando á los compañeros de sus victorias el honor de la cruz y los intereses del reino. Los restos de Godofredo fueron depositados junto al Calvario, en la iglesia de la Resurreccion. El libertador del Santo Sepulcro tuvo la gloria de que le sepultasen al lado de la tumba de su Dios. Godofredo fué un gran capitan. Si la muerte no le hubiese hecho bajar tan pronto del trono de David, la historia hubiera podido contarle en el número de los grandes reyes. Reunia en sí el triple poder del valor, de la sabiduría y de la virtud. Los anales de nuestros tiempos heróicos no ofrecen nombre alguno mas glorioso que el de Godofredo. Hemos tenido la honra de tocar su espada, conservada todavia en la actualidad en la iglesia del Santo Sepulcro, y este recuerdo nos llena de placer mientras examinamos aquí la noble suerte del primer rey latino de Jerusalen.

El patriarca Daimberto se presentó al pronto como legado del papa, para recoger la herencia de Godofredo. Los barones rechazaron su pretension. Daimberto escribió, entonces á Bohemundo, príncipe de Antioquía, para llamarle al auxilio de la iglesia de Jerusalen; pero muy luego se supo que Bohemundo, vencido por los turcos en el norte de la Siria, se hallaba prisionero. En el trono de Jerusalen se necesitaba un guerrero. Balduino conde de Edesa, fué llamado á suceder á su hermano; cedió su principado á su primo Balduino de Bourg. Balduino se puso en marcha para Jerusalen con 400 caballeros y 1000 infantes. En las orillas del mar de Fenicia, á tres leguas de Berytia, en la embocadura del Lycus, fué atacado por los emires de Emesio y de Damasco, á quienes habia avisado la voz pública ó la traicion; los guerreros cristianos, viéndose precisados á combatir con un enemigo muy superior en número, solo pudieron librarse del peligro á fuerza de valor y de prudencia. Balduino entró en la ciudad santa en medio de las reclamaciones del pueblo. Fuertemente apoyado por los sufragios de los barones y de la mayor parte del clero, se cuidó muy poco del patriarca Daimberto, quien, protestando contra la eleccion del nuevo rey, habia ido á ocultar su ambiciosa cólera en un retiro del monte Sion.

La monarquía latina de Jerusalen habia de ser un combate continuo; Balduino lo tuvo muy presente. Apenas se hubo asentado en el trono de la ciudad santa cuando, seguido de un reducido ejército, intentó una expedicion contra los musulmanes. Se presentó delante de los muros de Ascalon, pero la guarnicion permanecia encerrada dentro de la plaza; lo avanzado de la estacion no le permitia sitiar á la ciudad, y se contentó con asolar las campiñas inmediatas. Luego se dirigió hácia la parte de Hebron, recorriendo las áridas orillas del mar de Sodoma, y penetró en la Arabia hasta la fuente de Moisés. La tropa cristiana contemplaba con piadoso entusiasmo todos aquellos parages llenos de recuerdos de la Sagrada Escritura. Cuando Balduino regresó á Jerusalen, encontró al patriarca con disposiciones mas favorables; hizo que le consagrasen rey, pero la coronacion se verificó en Belen, pues no quiso recibir la corona de oro en frente del Calvario.

Tancredo no habia olvidado las injusticias de Balduino bajo los muros de Tarsis, y se negaba á reconocerle como á rey. Bal-

duino, deseando poner término á funestas disensiones, se humilló hasta la súplica para aplacar el orgullo de Tancredo, y ambos príncipes se abrazaron en una entrevista que se verificó en
Caipha. En este intermedio, Tancredo fué llamado á desempeñar el Gobierno de Antioquía, que estaba sin gefe á consecuencia del cautiverio de Bohemundo; dejó á Hugo de Saint-Omer la
ciudad de Tiberiada y el principado de Galilea.

Balduino proyectó nuevas excursiones contra los enemigos de
la cruz; pasó el Jordan, dispersó á varias tribus árabes y se enriqueció con sus despojos. Señaló su regreso á Jerusalen con una
accion noble y tierna. Cerca del Jordan, que acababa de atravesar
oyó Balduino gritos lastimeros: era una muger musulmana que
estaba con dolores de parto; el caudillo le arrojó su manto para
que se cubriese con él ó hizo que la colocasen sobre unos tapices;
pusieron junto á ella varias frutas y dos odres llenos de agua;
tambien llevaron á la hembra de un camello para dar su leche
al niño recien nacido. Una esclava recibió el encargo de llevar á
aquella mujer con su hijo al lado de su marido. Este que ocupaba un puesto distinguido entre los musulmanes juró no olvidar en tiempo alguno la accion generosa de Balduino.

Todos los meses, todas las semanas llegaban cristianos procedentes de Europa, atraidos por la noticia de la conquista de Jerusalen. Balduino no tenia consigo sino un número muy escaso
de combatientes; propuso á unos peregrinos de Génova que habian llegado á Siria con una flota, que le siguiesen en sus ataques contra los infieles: les prometia la tercera parte del botin,
y en cada ciudad conquistada una calle que seria denominada
calle de los Genoveses. Aceptadas las proposiciones, fueron á sitiar á Arsur, cuya ciudad abrió sus puertas. Los cristianos se dirigieron en seguida á Cesarea; se dió un asalto: el patriarca
Daimberto, revestido de ornamentos blancos y llevando la verdadera cruz, exhortaba á los soldados á pelear valerosamente.
La tropa cristiana tardó muy poco en penetrar en la plaza, y el
ansia de apoderarse del botin produjo escenas de barbárie. Se habia visto á algunos sarracenos tragarse monedas de oro, y piedras preciosas para evitar que cayesen en manos de los vencedores; los soldados abrieron el vientre á cuantos musulmanes encontraron, y la sangre corrió á torrentes en la mezquita y por
las calles de la ciudad. Los genoveses se alababan de que les hu-

biese tocado en su parte de botín el vaso que sirvió en la sagrada Cena. Se estableció en Cesarea un arzobispado latino.

Los musulmanes de Ascalon que, durante mucho tiempo, no se habían atrevido á abandonar sus murallas, intentaron una invasion hácia Ramla. Balduino, al frente de 300 caballeros y 900 infantes, marchó contra el ejército egipcio, que era diez veces mas numeroso que el de los cristianos. En el momento de aquella lucha decisiva, el rey de Jerusalen reanimó el valor de sus caballeros y soldados diciéndoles que iban á pelear por la gloria de Jesucristo. « No hay salvacion en la fuga, añadió; la Francia está muy lejos, y el Oriente no ofrece asilo á los vencidos.» Balduino ganó la batalla; las llanuras de Ramla y el camino de Ascalon presenciaron hazañas maravillosas. El Rey de Jerusalen entró en Jafa con sus estandartes victoriosos.

Poco despues hubo que sostener otra batalla contra un ejército egipcio que habia salido de Ascalon. Los restos de los tres ejércitos destrozados algun tiempo antes en el Asia Menor habian llegado á Palestina. Balduino, al tener noticia de la marcha del enemigo, sin tomarse siquiera el tiempo necesario para reunir á todos sus guerreros, voló al encuentro de los egipcios con algunos de los caballeros recien llegados de Europa. En aquel combate fué donde perecieron Esteban, conde de Blois, y el duque de Borgoña, padre de Florina. Balduino, despues de hacer prodigios de valor, se habia ocultado entre las yerbas y malezas que cubrian la llanura. Los sarracenos les prendieron fuego; Balduino solo con gran trabajo pudo huir á Ramla, favorecido por las tinieblas de la noche. Al dia siguiente iba á ser sitiada la plaza que le servia de refugio; hallándose desprovisto de todo medio de defensa, se entregaba á los pensamientos mas sombríos, cuando de improviso llegó junto al rey un emir musulman y le ofreció salvarle por caminos extraviados. Este emir era el marido de la mujer musulmana á quien con tanta generosidad trató Balduino. El rey de Jerusalen se negó á huir solo: no queria abandonar á sus compañeros. Pero estos, en nombre de los intereses sagrados del reino de Jerusalen le suplicaron que aceptase la salvacion que se le ofrecia; Balduino cedió á sus ruegos, y se despidió de ellos derramando lágrimas; acompañado del emir musulman y de una escolta muy reducida, huyó de la ciudad en medio de una noche tempestuosa. Cuando hubieron llegado á las

inmediaciones de Arsur, el emir y el rey se separaron, despues
de una despedida en estremo cariñosa. En aquella plaza fué donde Balduino halló un refugio seguro. Despues de nuevos combates en que los musulmanes fueron dispersados, el rey de Jerusalen consiguió entrar en la ciudad santa, en donde se le había
tenido por muerto.

En aquella época la historia nos muestra á las colonias cristianas perturbadas por la discordia de sus jefes. En el sitio de
Charan, Bohemundo, que acababa de recobrar su libertad, Tancredo, Balduino del Bourg y Josselin de Courtenay, próximos
ya á someter á su dominio á aquella rica ciudad de la Mesopotamia, se disputaron entre sí la posesion de la plaza, y de pronto
fueron sorprendidos y arrollados por un ejército musulman pre-
cedente de Mosul y de Maridin. Balduino del Bourg y Josselin
de Courtenay cayeron prisioneros; Bohemundo y Tancredo, que
se libraron de la matanza, volvieron á Antioquía llevando consigo tan solo seis caballeros. Bohemundo quiso ir á Europa á buscar fuerzas para atacar á los griegos, de quienes se quejaba la
Tierra Santa; acogióle en Roma como un defensor glorioso de la
cruz, y en la corte de Francia como el caballero mas brillante;
inflamó los corazones con el fuego de la guerra santa, y á su voz
se levantó un ejército numeroso; cuando hubo entrado en el territorio del imperio griego, sitió la ciudad de Durazzo, pero despues de un sitio inútil estipuló una paz vergonzosa con el empe-
perador griego á quien quería destronar, y murió lleno de desesperacion en su principado de Tarento. Josselin y Balduino del
Bourg no regresaron á sus principados sino al cabo de cinco años
de cautiverio en Bagdad.

El rey de Jerusalen, trabajando para ensanchar sus Estados,
se ocupaba en conquistar las plazas marítimas de la Palestina.
Por allí era por donde podían recibir socorros y establecer comunicaciones rápidas con el Occidente. Balduino, ayudado por los
genoveses, sitió á San Juan de Acre, que se rindió al cabo de
una resistencia de veinte dias. Esta ciudad era entonces, lo mismo que ahora, la llave de la Siria. Trípoli cayó tambien en poder
de los cristianos. Raimundo de Tolosa murió delante de esta plaza, á la que había puesto sitio. Trípoli fué erigida en condado y
llegó á ser una herencia para su familia. Este condado latino pagó los sacrificios y las hazañas de Raimundo, que había abando-

nado sus ricas posesiones de Francia para seguir en el Oriente la suerte de la cruzada. Otras ciudades de la costa de Siria, como Biblos, Sarepta y Beritia, fueron añadidas al reino de Jerusalen. Despues de estas conquistas, los pisanos y los genoveses emprendieron de nuevo el camino del Occidente. Sidon pertenecia aun á los musulmanes; 10,000 noruegos, conducidos por Sigur, hijo de Magno, rey de Noruega, habian llegado á Palestina; Balduino obtuvo de ellos que combatiesen en union suya para la salvacion y aumento del reino. Sostenido el rey de Jerusalen por este refuerzo, puso sitio á Sidon, que le abrió sus puertas al cabo de seis semanas de resistencia. El dolor de una pérdida inmensa y cruel siguió al júbilo de estas conquistas diferentes; Tancredo, que habia sustituido á Bohemundo en el principado de Antióquía, fué arrebatado por la muerte en la Siria, de la que habia sido uno de los custodios mas ilustres. Así desaparecian paulatinamente los antiguos compañeros de Godofredo.

En los años 1113, 1114 y 1115, el reino de Jerusalen tuvo dias desgraciados. Legiones musulmanas procedentes del Eufrates y del Tigris asolaron la Galilea; los musulmanes de Ascalon y de Tiro invadieron y saquearon las campiñas de Naplusa; luego toda aquella multitud se alejó de improviso como una borrasca llevada por el viento. Otras calamidades cayeron sobre los estados cristianos; nubes de langostas, procedentes de Arabia, devoraron las campiñas de Palestina; el hambre hizo estragos terribles en el condado de Edesa y en el principado de Antioquía; un temblor de tierra cubrió de ruinas todo el territorio desde el Taurus hasta los desiertos de la Idumea.

Balduino, tranquilo ya por la parte de Bagdad y de la Siria, volvió su espada hácia el Egipto, cuyos ejércitos habia dispersado tantas veces. Acompañado de lo mas escogido de sus guerreros, atravesó el desierto y sorprendió y saqueó la ciudad de Faramia, situada á orillas del mar cerca de las ruinas de la antigua Pelusa; cuando el rey regresaba cargado de botin, cayó enfermo en El-Arisch, y murió en medio del profundo dolor de sus compañeros. Sus últimas palabras fueron exhortaciones para la defensa del reino de Jerusalen. El rey moribundo suplicó á sus compañeros que no abandonasen sus restos en país enemigo, sino que los trasportasen á la ciudad santa y los sepultasen cerca del sepulcro de su hermano Godofredo. El mismo dió

órdenes á sus servidores acerca de la operacion de embalsamarle
y de su entierro; sus últimas voluntades fueron piadosamente
cumplidas.

El reinado de Balduino, que duró 18 años, es uno de los espectáculos mas curiosos que puede ofrecernos la historia. No trascurrió un solo año sin que se oyese la campana grande de Jerusalen anunciar la aproximacion de los sarracenos, y el leño
de la verdadera cruz, que precedia á los guerreros peregrinos,
no se estuvo quieto en la iglesia del Santo Sepulcro. Cuantos peligros, cuantos combates durante aquel reinado! Cuantas veces
estuvo el reino latino próximo á perecer, y milagros de valor y
de arrojo por parte de su gefe iban de improviso á salvarle!
El botin formaba los principales recursos del rey Balduino; cuando la paz duraba algunos meses, ó cuando la guerra era desgraciada, las rentas del Estado se quedaban reducidas á la nada. Qué
actividad en aquel genio belicoso! En la primera cruzada, Balduino se habia hecho aborrecer por su carácter ambicioso y al-
tanero; cuando llegó á ser rey de Jerusalen se mostró generoso;
los Estados latinos no tuvieron un guardador mas vigilante,
un defensor mas intrépido: la espada de Balduino, único cetro
que usó en tiempo alguno, no llegó á envainarse mas que en el
dia en que el rey latino bajó al sepulcro.

CAPÍTULO X.

Reinados de Balduino II, de Foulque de Anjou y de Balduino III.

(De 1119 á 1145.)

Balduino I, al morir, habia designado á Balduino del Bourg
para sucederle; sin embargo, hubo barones y prelados que propusieron ofrecer la corona á Eustaquio de Boulogne, hermano
de Godofredo; pero Josselin de Courtenay, uno de los primeros
condes del reino, logró reunir todos los sufragios en favor de
Balduino del Bourg, quien subió al trono de Jerusalen bajo el
nombre de Balduino II. El nuevo rey trasmitió su condado de
Edesa á Josselin de Courtenay.

Las desgracias de la invasion amenazaban entonces al principado
de Antioquía; Rugiero de Sicilia, hijo de Ricardo, quien mientras el hijo de Bohemundo alcanzaba su mayor edad, sustituía
á Tancredo en aquel principado, fué atacado por el príncipe Il-

gazi, que habia acudido allí á la cabeza de los musulmanes de la Persía, de la Mesopotamia y de la Siria. Rugiero pidió auxilio al rey de Jerusalen y á los condes de Edesa y de Trípoli; pero no tuvo paciencia para aguardarlos, dió una batalla y pereció en ella, y los campos de Artesia presenciaron la derrota completa de los cristianos. Este descalabro fué vengado por el rey de Jerusalen.

Esta parte de la historia de las colonias cristianas está llena de desastres. Josselin de Courtenay y su primo Galeran fueron sorprendidos, cargados de cadenas y encerrados en una fortaleza de Mesopotamia. El rey de Jerusalen, que se habia puesto en marcha para socorrerlos, fué sepultado en el mismo cautiverio. Cincuenta armenios, heróicamente adictos á los príncipes cristianos, penetraron en la fortaleza, degollaron á la guarnicion musulmana, y enarbolaron el estandarte de Jesucristo. Muy luego fué sitiada la fortaleza; Josselin se escapó para ir á las ciudades cristianas á implorar el auxilio de los barones y los caballeros. El conde de Edesa, acompañado de una multitud de guerreros que habian correspondido á su llamamiento, se encaminaba hácia la fortaleza de Mesopotamia, cuando supo que habia vuelto á caer en poder de los musulmanes. Los valientes armenios perecieron en el suplicio y el rey de Jerusalen fué conducido á la fortaleza de Charan. Josselin y sus compañeros renunciaron con dolor á su proyecto.

Los musulmanes de Egipto, deseando aprovechar el cautiverio del rey de Jerusalen para arrebatar la Palestina á la dominacion cristiana, fueron á sitiar á Joppe por mar y por tierra, y á ocupar el territorio de Ibelin; iban divididos en dos ejércitos. Eustaquio de Agrain, conde de Sidon, nombrado regente del reino durante la ausencia de Balduino, hizo anunciar la guerra al toque de la campana grande de Jerusalen. Colocándose al frente de un cuerpo de tropas que apenas se componia de 3,000 guerreros, precedido del leño de la verdadera cruz, de la lanza del Salvador y de una copa milagrosa en la que, segun decian, se habia conservado la leche de la madre de Jesucristo, el regente del reino marchó contra el enemigo, hizo huir, al acercarse, á la flota musulmana, y derrotó al ejército egipcio que aguardaba á los Francos en Ibelin. Los Latinos entraron de nuevo en Jerusalen, cargados de botin y llenando el espacio con piadosos cánticos.

Dos plazas importantes situadas en las costas de Siria quedaban aun en poder de los musulmanes: eran las ciudades de Tiro y de Ascalon. Las fuerzas cristianas no eran suficientes para emprender un sitio; para eso se necesitaba un refuerzo de Europa. Este refuerzo llegó. Una flota veneciana, conducida por el Dux de aquella república, entró en el puerto de Tolemaida; el dux se trasladó á Jerusalen, en donde el pueblo cristiano le recibió en triunfo. Hasta entonces los venecianos no habian tomado sino una parte muy insignificante en los sucesos de las expediciones santas. Calculadores codiciosos mas bien que peregrinos piadosos, habian querido aguardar á la victoria para adoptar un partido. La conquista de Jerusalén y la fundacion de un reino latino les parecieron sucesos bastante decisivos para que pudiésen asociarse á la suerte de las armas cristianas; los venecianos no querian abandonar por mas tiempo á los pisanos y á los genoveses todo el provecho de los triunfos de la cruz en Siria. Poco tiempo despues de la llegada del dux de Venecia á Jerusalen se celebró un consejo para saber si se habia de ir á la ciudad de Tiro ó á la de Ascalon. Las opiniones estaban divididas y lo fiaron á la suerte, ó mas bien á la voluntad de Dios. Sobre el altar del Santo Sepulcro se colocaron dos pedazos de pergamino: uno llevaba escrito el nombre de Tiro, y otro el de Ascalon; la suerte designó á la ciudad de Tiro. Los venecianos, guiados especialmente por los intereses de su comercio y de su nacion, prometieron su concurso para el sitio de aquella plaza bajo condiciones que los gefes del reino hubieron de aceptar.

La ciudad de Tiro, tan famosa en los antiguos tiempos y que habia sido sitiada por Nabucodonosor y Alejandro, conservaba una imágen de su explendor de otro tiempo; su defensa consistía, por una parte, en las olas del mar y rocas escarpadas, y por otra en una triple muralla dominada por altas torres. El dux de Venecia bloqueó la ciudad por la parte del mar; la otra parte fué cercada por el regente del reino, el patriarca de Jerusalen, y Ponce, conde de Trípoli. Los turcos y los egipcios que defendian la plaza estaban divididos entre sí, y esta discordia favoreció al pronto los ataques de los cristianos. Al cabo de algunos meses de sitio las máquinas de los Latinos habian destrozado una parte de las murallas, los habitantes comenzaban á sufrir el hambre y era inevitable una capitulacion. De pronto estalló la desunion entre los cristianos y amenazó anular tantos trabajos valerosos. Los caballeros y los soldados del ejército de tierra se quejaban de sufrir solos los combates y las fatigas, y querían permanecer inmóviles bajo sus tiendas como los venecianos en sus buques. Entonces, el dux de Venecia, seguido de sus marinos, se presentó en el campamento y declaró que estaba dispuesto á subir al asalto. Este paso excitó la emulacion; por ambas partes se inflamó el valor, el sitio se prosiguió vigorosamente y Tiro se sometió por fin. La resistencia habia durado cinco meses y medio. La bandera del rey de Jerusalen fué enarbolada en lo alto de la torre que dominaba la puerta principal de la ciudad; la bandera de los venecianos ondeó sobre una torre llamada la Torre Verde, y la de Ponce, conde de Trípoli, en la torre de Tanaria. La noticia de la toma de Tiro difundió la alegría por la ciudad Santa; se cantó el *Te Deum* y las campanas echadas á vuelo celebraron aquella nueva conquista; ramas de olivo, ramilletes de flores y ricas colgaduras dieron un aspecto de fiesta á Jerusalen.

Balduino II habia sabido aquella victoria en su encierro de Charan; sufrió mucho con no haber tomado parte alguna en tales hazañas. El espíritu de discordia difundido entre los musulmanes de Siria despues de la toma de Tiro, pareció al rey Balduino una ocasion propicia para tratar acerca de su rescate. Cuando estuvo ya libre, volvió á Jerusalen, despues de haber hecho tentativas inútiles contra la ciudad de Alepo. Queriendo mezclar alguna gloria con los recuerdos de sus desgracias y conquistar autoridad entre sus súbditos llevándolos á los combates, el rey de Jerusalen libró al principado de Antioquía de los enemigos que le asolaban; y en otro encuentro dispersó y persiguió hasta bajo los muros de Damasco á un ejército musulman. El botin de este último triunfo sirvió para rescatar los rehenes que Balduino del Bourg habia dejado en manos de los turcos.

Las colonías de la cruz tenian entonces por enemigos al califa de Bagdad, y los emires de Mossul, de Alepo y de Damasco; el poder del califa del Cairo, debilitado por numerosas derrotas y por la pérdida de varias ciudades de las costas de Siria, no era muy temible; las fuerzas egipcias, reducidas á la única ciudad de Ascalón, no podian inquietar sino muy poco á los Estados cristianos. Varios pueblos, como los de las tribus de los Kurdos y de los turcomanos, se desparramaban por los paises de Mesopotamia y de Siria, y con la esperanza del botin peleaban por la causa del islamismo. Entre los pueblos establecidos en Siria, la historia ha observado á los Ismaelitas Aseainos, *Hachichim*, llamados así por el nombre de la yerba *hachich*, de la que los sectarios sacaban una bebida embriagadora. En la segunda mitad del siglo XI, los ismaelitas, llegados de Persia á Siria, habian fundado una colonia en el monte Líbano; el gefe de esta colonia, llamado por los Francos *el Viejo ó el Señor de la Montaña*, reinaba sobre unos veinte pueblos ó fortalezas y contaba unos 60.000 súbditos, divididos en tres grandes clases., el pueblo, los soldados, y los guardias ó *fedais*. El pueblo vivia del cultivo de las tierras y del comercio. Los soldados eran valientes; ponderaban su habilidad en la defensa y en el sitio de las plazas. Los fedais, ciegamente sumisos á las órdenes de su amo, empuñaban el puñal para ir á dar muerte al que se les designaba; para ellos no habia obstáculos ni peligros; iban á buscar su víctima en público, en los palacios, en medio de las campamentos; no temian perecer si era necesario, persuadidos de que la muerte habia de ponerlos en posesion de todas las alegrías y goces del paraiso. Estos placeres de otro mundo, estas voluptuosidades celestiales se les habian aparecido mientras dormian, y en los sueños que producia la bebiba del hachich. Los fedais, en su embriaguez, á una órden del Viejo de la Montaña, se tiraban desde lo alto de una torre, se precipitaban en las llamas, ó se atravesaban con un puñal haciéndose una herida mortal. Esta adhesion fanática de que podia disponer á su antojo el gefe de los ismaelitas habia llegado á ser en Oriente un poder formidable. Desde lo alto de su castillo de Mossiad reinaba el Viejo de la Montaña por el terror que inspiraba á los príncipes.

La confusion que reinaba entre las potencias musulmanas y los contínuos prodigios de valor que hacian los cruzados habian colocado á las colonias cristianas en una situacion imponente y temible. El condado de Edesa abrazaba las dos orillas del Eufrates y la vertiente del monte Taurus; en su territorio se hallaban comprendidas ciudades florecientes. El principado de Antioquía que se extendia por la Cilicia y hácia el norte de la Siria, era el mas importante que habia entre los Latinos. El condado de Trípoli, entre el Líbano y el mar de Fenicia, formaba, por decirlo así, el centro del imperio de los Francos. Por la parte del mediodía, el reino de Jerusalén extendía sus límites hasta las puertas de Ascalon, y solo se detenia en el desierto que separa á la Siria del Egipto. Hemos indicado, hace poco, cuales eran los enemigos de los Latinos; debemos añadir que el reino de Jerusalen tenia por aliados y auxiliares á todos los cristianos desparramados entonces por el Oriente. Sin embargo, estos auxiliares estaban muy léjos de bastar para la defensa de las colonias latinas ; del Occidente era de dónde estas recibian los verdaderos socorros. La Europa se habia asociado á la suerte de un reino fundado por sus propios hijos, á costa de tanta sangre y fatigas; la cristiandad cifraba su gloria en sostener la obra lejana de sus armas.

Diariamente llegaban peregrinos, amigos, á la Siria, que habia llegado á ser la Francia del Oriente. La nueva Jerusalen inspiraba á cada cristiano el deseo de defenderla ; convertia todos les movimientos del alma en sentimientos belicosos, y hasta la misma caridad empuñó la espada. Del seno de un hospital consagrado al servicio de los pobres y de los viajeros piadosos, salieron guerreros intrépidos. La órden de San Juan entró en la historia con el doble brillo de una santa humanidad y de un valor indomable. El ejemplo de los caballeros de San Juan tuvo imitadores ; algunos nobles, reunidos cerca del sitio en que habia estado el templo de Salomon, se constituyeron en defensores de los peregrinos que se dirigian á Jerusalen. De aqui la órden del Temple, que fué aprobada por un cóncilio, y cuyos estatutos fueron obra de San Bernardo. Las órdenes de San Juan y del Temple, verdadera expresion del espíritu de las cruzadas, espíritu militar y religioso, llenaron con su gloria el mundo cristiano ; fueron para el reino de Jerusalen como una ciudadela viva, que heria y resistia siempre. ¡Qué alegría era para los peregrinos desarmados cuando en las montañas de Judea ó en las llanuras del Saron distinguian la roja cota de armas de los hospitalarios ó el manto blanco de los caballeros del Temple !

En el año 1131, Balduino del Bourg, *pagó su deuda á la muerte,* como dicen las antiguas crónicas ; en su última hora se hizo trasportar junto al sepulcro de Jesucristo, y allí fué donde murió entre los brazos de su hija Melisenda y de su yerno Foulques de Anjou. Habia sido conde de Edesa durante diez y ocho años y rey de Jerusalen durante doce años ; dos veces estuvo prisionero y permaneció siete años encadenado entre los infieles. Balduino del Bourg era valiente, pero su mala fortuna quiso que tomase una parte muy insignificante en los acontecimientos gloriosos que se verificaron durante su reinado. Quizás tenia mas devocion de la que conviene á un guerrero; segun dice un cronista, sus manos y sus rodillas se habian encallecido en las prácticas piadosas. La historia ha observado que Balduino II fijó una atencion especial en la administracion interior del reino. Para que nunca careciese Jerusalen de víveres, Balduino II habia permitido por medio de un privilegio á los armenios, los asirios, los griegos y aun los sarracenos, que trasportasen á la ciudad santa, con entera franquicia de derechos, el vino, el trigo y toda clase de granes.

Se reunió un concilio en Napluza, bajo el reinado de Balduino del Bourg, para contener la corrupcion de las costumbres; aquel concilio era el segundo que se convocaba en la Tierra Santa desde la conquista de Jerusalen. El primero, celebrado en el reinado de Balduino I, tuvo por objeto juzgar la conducta y los derechos de Arnould de Rohes, que habia sido nombrado patriarca de Jerusalen.

Foulque de Anjou, hijo de Foulque *el Melancólico* y de Bertrada de Montfort, habiendo ido á Palestina para asociarse á los trabajos de los caballeros cristianos; siendo viudo de Erembenga, hija de Elias, conde de Maine, muy luego se convirtió en yerno y heredero del rey de Jerusalen. Foulque de Anjou habia sostenido durante un año cien hombres de armas que el mismo conducia al combate; su piedad y su valentía le habian valido la estimacion de los cristianos. Al principio de su reinado se ocupó en restablecer el órden en el principado de Antioquia; el hijo de Bohemundo, que habia llegado de Italia con el objeto de recoger la herencia paterna, tuvo que luchar contra Josselin de Courtenay y pereció en Cilicia. Foulque de Anjou puso término á tan desastrosa confusion, casando á la hija de Bohemundo; el esposo que le dió, que habia de gobernar á Antioquía, fué un príncipe de Europa, Raimundo de Poitiers. Poco tiempo despues hubo de luchar con divisiones funestas sobrevenidas en sus propios Estados. La presencia de Juan Comneno, hijo y sucesor del emperador Alejo, suscitó nuevos debates en la Siria cristiana. En aquella época la reunion de los griegos y los latinos hubiera podido dar los últimos golpes á la dominacion musulmana; pero los Francos nunca pudieron prescindir de su prevencion contra los griegos.

El único suceso importante del reinado de Foulque de Anjou, fué la conquista de Paneas, plaza situada en el Ante-Líbano, en el nacimiento del Jordan. El rey Foulque murió de resultas de una caida de caballo en la llanura de Tolemaida. Tenia mas de cincuenta años cuando le colocaron al frente del reino; el anciano rey, que carecia de energía y de actividad, edificaba fortalezas en vez de reunir ejércitos; bajo su reinado, el espíritu militar de las cruzadas fué sustituido por el de la discordia. Foulque de Anjou, al subir al trono, habia encontrado un reino fuerte y poderoso; al morir dejaba á las colonias cristianas caminando hácia su ruina.

La corona de Jerusalen habia pasado de las sienes de un anciano á las de un niño, y este tenia por tutor á una mujer. Balduino III sucedia, á la edad de doce años á su padre Foulque de Anjou, y su madre Melisenda era regente del reino. Apenas contaba cátorce años cuando se hizo coronar como rey. Balduino III, siendo muy jóven todavía, emprendió una expedicion contra Bosra, capital de la Hauranitida, á pocas jornadas al sur de Damasco; un guerrero armenio, gobernador de Bosra, habia ido á proponer á los cristianos entregarles aquella plaza. Entre los barones y los grandes del reino, varios opinaban que no convenia aventurarse en una expedicion fiando únicamente en un desconocido cuyas promesas por nada se hallaban garantizadas; pero el deseo de visitar una comarca de la que se contaban maravillas, y la esperanza de una conquista fácil, arrastraron á la mayor parte de los gefes y caballeros.

Al salir la tropa cristiana de las montañas del Ante-Líbano, encontró enemigos que quisieron cerrarle el paso. La marcha de los cruzados por la Traconita fué lenta y peligrosa. Abrasados por el sol de aquel pais sin sombra, no encontraba agua pura para aplacar su sed; las emboscadas y las saetas de los sarracenos no les dejaban descanso alguno. Por fin apareció ante su vista la rica ciudad cuyo pensamiento les habia sostenido en sus sufrimientos; pero un desengaño cruel aguardaba á los cristianos. Despues de prolongados tormentos tuvieron que volverse atrás renunciando á la conquista que se les habia prometido: les anunciaron que la mujer del comandante armenio habia hecho tomar las armas á la guarnicion de Bosra y que se disponia á defender la plaza. Qué estupor, qué desaliento tan profundo entre los cristianos! Comprendiendo los barones y los caballeros el peligro que les amenazaba, apremiaron al rey de Jerusalen para que abandonase al ejército y pusiese en salvo de su persona y la santa cruz. El jóven Balduino rechazó el consejo de sus fieles barones, y quiso compartir todos sus peligros.

La tropa cristiana mostró en su retirada mucha paciencia, valor y energía. Los sarracenos habian incendiado los sembrados y malezas de las extensas llanuras que tenian que atravesar los guerreros de la cruz; perseguidos stos por flechas y por torbellinos de llamas y de humo, caminaban silenciosos, estrechando sus filas y llevándose sus muertos y sus heridos. Los musulmanes que iban picándoles la retaguardia, sorprendidos al ver que no hallaban señal ni indicio alguno de muerte, creian que tenian que habérselas con hombres de hierro. El ejército de Balduino fué recibido en Jerusalen con trasportes de júbilo; se regocijaron por el regreso de los guerreros como por una resurreccion.

Pero la tormenta bramaba sobre las cabezas de los cristianos, en la Mesopotamia y en el norte de la Siria. Zengui, príncipe de Mossul, fundador de la dinastía de los Atabecks, caudillo incansable, se disponia á dar golpes terribles á los Estados latinos; habia extendido su dominio desde Mossul hasta las fronteras de Damasco, y su poder aumentaba incesantemente. El anciano Josselin de Courtenay, conde de Edesa, habia muerto dando á su hijo pusilánime y débil una leccion postrera de heroismo, y el fallecimiento de aquel campeon de la cruz hábil y valeroso habia dejado sin defensa el territorio cristiano de la Mesopotamia.

Zengui, que hacia mucho tiempo que estaba meditando la conquista de Edesa, se presentó de improviso bajo los muros de aquella ciudad con un ejército formidable. Josselin, jóven débil y voluptuoso, se hallaba á la sazon en Turbessel con la mayor parte de los guerreros francos, pensando muy poco en la custodia de su condado. Edesa tenia altas murallas, torres numerosas y una ciudadela muy fuerte; pero los habitantes carecian de gefes que los condujesen al combate y dirigiesen sus valerosos esfuerzos. Los habitantes de la ciudad, el clero, y aun los frailes aparecieron en las murallas; las mugeres y los niños les llevaban allí agua, víveres y armas. La esperanza de un pronto auxilio sostenia su zelo; este auxilio no llegó. Las tardías demostraciones del jóven Josselin, sus esfuerzos para introducir defensores en Edesa, no dieron resultado alguno.

Zengui proseguia el sitio; su ejército se hallaba reforzado, con Kurdos, árabes y Turcomanos. Siete torres grandes de madera se alzaban á mas altura que las murallas de la plaza; en estas golpeaban de continuo muchas máquinas terribles; minadores llevados de Alepo habian profundizado has'a los cimientos de varias torres; su próxima ruina iba á franquear el paso á los soldados musulmanes, cuando Zengui interrumpió de pronto los trabajos del sitio é intimó la rendicion á la ciudad. Los habitantes contestaron que preferian la muerte. En el vigésimo octavo dia de sitio se hundieron varias torres á una señal de Zengui; el enemigo penetró en la plaza, y la espada musulmana se cebó en sangre cristiana. Los ancianos y los niños, los pobres y los ricos, las doncellas, los obispos y los ermitaños fueron inmolados desapiadadamente por los vencedores. La matanza duró desde la salida del sol hasta la tercera hora del dia. Los cristianos que sobrevivieron fueron vendidos cual vil rebaño en las plazas públicas. Las escenas de carnicería concluyeron con insultos á la religion. Los vasos sagrados sirvieron para las orgías de la victoria, y desórdenes terribles mancillaron el santuario.

La noticia de la toma de Edesa llenó de júbilo á la musulmana grey. El feroz Zengui, despues de dejar guarnicion en la ciudad, se disponia para otros triunfos, cuando fué asesinado por sus esclavos durante el sitio de un castillo próximo al Eufrates. Mientras el Asia celebraba su gloria y su poder, dice la historia árabe, la muerte le tendia en el polvo, y este fué su morada. El fallecimiento de Zengui fué un gran motivo de júbilo para los cristianos; pero nuevas calamidades iban á caer sobre ellos.

Zengui, sorprendido por la belleza y la importancia de Edesa, habia formado el proyecto de volverla á poblar. Un número considerable de familias cristianas, que al pronto habian sido conducidas al cautiverio, recibieron autorizacion para regresar á su ciudad. Muerto Zengui, estas familias cristianas murmuraron contra sus dueños musulmanes; el conde Josselin juzgó propicia la ocasion para apoderarse nuevamente de su capital. En efecto, favorecido por los habiantes, fué introducido en la ciudad, de noche, por medio de cuerdas y escalas. El conde y sus compañeros, cuando estuvieron dentro de la plaza, sorprendieron y pasaron á cuchillo á muchos musulmanes. Dueño ya Josselin de la capital, envió mensages á todos los príncipes de Si-

ria, para suplicarles que acudiesen á ayudarles á conservar una
ciudad cristiana. Ningun principe llegó; y muy luego apareció
en las puertas de Edesa el segundo hijo de Zengui, llamado Nuredino, al frente de tropas numerosas.

Josselin y sus compañeros no habian tenido medios ni tiempo para preparar una resistencia; veian que para ellos no habia
mas salvacion que la fuga. Los cristianos solo pensaban en abandonar la ciudad que podia convertirse en sepulcro suyo. Abrié-
ronse las puertas en mitad de la noche; cada uno se llevó los objetos de mas valor que tenia. La ciudadela habia quedado en
poder del enemigo. La guarnicion musulmana, advertida por el
tumulto de los desventurados fugitivos, hizo una salida y se
reunió con los soldados de Nuredino, que corrieron hácia la ciudad y se apoderaron de las puertas por las cuales salia la multitud de los cristianos. Allí se empeñaron combates terribles.
Los cristianos consiguieron abrirse paso y se desparramaron por
los campos inmediatos, pero las tinieblas de la noche no pudieron sustraerles al furor del enemigo; los que llevaban armas se
reunieron y formaron un batallon. Fueron perseguidos sin tregua ni descanso; solo 1,000 hombres consiguieron ponerse en
salvo dentro de los muros de Samosata. En las dos invasiones
de Zengui y de Nuredino habian perecido 30,000 hombres; la historia dice que 16,000 prisioneros fueron condenados á las miserias de la esclavitud; Nuredino, deseando consumar la obra de
la venganza, convirtió á la ciudad de Edesa en un vasto monton
de ruinas, en donde solo dejó un escaso número de mendigos
cristianos; último monumento de su cólera. Las desgracias de
Edesa arrancaron lágrimas á los cristianos de Siria y de Judea;
un terror sombrio se apoderó de las colonias latinas. Los rayos
que cayeron en aquella época en las iglesias del Santo Sepulcro
y del monte Sion, y la aparicion de un cometa, acabaron de difundir los presentimientos mas lúgubres entre los fieles.

CAPÍTULO XI.

Cruzada de Luis VII y del emperador Conrado.

(De 1146 á 1149).

Cuarenta y cinco años habian trascurrido desde que fué libertado el Santo Sepulcro; el espíritu de los pueblos de Euro-

pa no había variado. Las desgracias de Edesa y los peligros del reino de Jerusalen, tenian que conmover muy pronto al Occidente. Una diputacion cristiana, que partió de Siria, se trasladó á Viterbo, en donde se hallaba el sumo pontífice. Los males de Sion hicieron derramar lágrimas al padre comun de los fieles. En aquella época, las guerras civiles asolaban la Alemania y la Inglaterra; pero la Francia prosperaba bajo la administracion de Suger. Luis VII, por su casamiento con la hija de Guillermo IX, acababa de reunir á su reino el ducado de Aquitania. Los sucesos que turbaron la paz de la Francia fueron un motivo para la cruzada del jóven rey. Habiéndose negado la Santa Sede á aprobar la eleccion de un obispo, se encontró en lucha con Luis VII, quien se obstinaba en resistencias poco dignas de un rey cristiano. Los rayos de la Iglesia habian caido sobre el reino; se decia que Tibaldo, conde de Champaña, por medio de sus intrigas, habia excitado la cólera del papa contra su propio soberano. Una venganza ciega impulsó al rey á penetrar en los Estados de su vasallo rebelde. Luis VII asoló la Champaña, se apoderó de Vitry y pasó á cuchillo á cuantos encontró. La inviolabilidad del santuario no pudo salvar á un gran número de habitantes que creyeron hallar seguro asilo al pié de los altares; la iglesia en que habian buscado un refugio. 1,300 personas, fué presa de las llamas.

Estas noticias produjeron dolor y espanto en el reino. San Bernardo, en una carta dirigida al monarca, se atrevió á hablar de la religion ultrajada y de falta de humanidad. El rey comprendió su delito y sintió remordimientos; las calamidades de Edesa preocupaban á la sazon á la Europa entera; el deseo de expiar las violencias que la iglesia le censuraba y de las que él mismo se acusaba con amargura, hizo que el jóven rey adoptase la resolucion de ir á pelear contra los infieles en Oriente. Luis reunió en Bourges á los barones y á los sacerdotes del reino para anunciarles su proyecto. Sin embargo, San Bernardo opinó que el jóven monarca consultase á la Santa Sede antes de emprender cosa alguna; se aprobó este dictámen y partieron los embajadores para Roma.

Eugenio III, sucesor de Inocencio II, ocupaba el trono pontificio; á él, mas que á nadie, se le alcanzaba toda la utilidad de una cruzada. En el Occidente fermentaba un espíritu de sedicion y de heregía; frecuentes disturbios agitaban á la capital del mundo cristiano; una expedicion allende los mares.habia de apartar los ánimos de las novedades peligrósas. El sumo pontífice felicitó al rey de Francia por su piadosa resolucion; dirigió exhortaciónes á la cristiandad, y prometió á los peregrinos los mismos privilegios y recompensas que habia concebido Urbano II á los guerreros de la primera cruzada. Eugenio, detenido en Roma por la necesidad de defender su autoridad amenazada, sentia no poder pasar los Alpes como Urbano, y reanimar con sus discursos el zelo de los cristianos.

El padre comun de los fieles, en la bula en que proclamó la cruzada, confiaba á San Bernardo la mision de predicar la guerra, Nadie podia desempeñar esta mision con mejor éxito que el abad de Clairvaux. Este hombre, que dominó á su siglo con el mágico poder de su palabra, desde la edad de veinte años se habia sepultado en la soledad de Citeaux, arrastrando consigo á una multitud de parientes y amigos. Algun tiempo despues, el cenobita borgoñon elevó el oscuro valle de Clairvaux al rango de los retiros monásticos mas célebres. San Bernardo era el gran árbitro de los negocios de su época; varios concilios obedecieron sus decisiones; contaba entre sus discípulos al papa Eugenio III y al abate Suger; los pontífices y los reyes se inclinaban ante la autoridad de su palabra. Qué efecto iban á producir en los pueblos las predicaciones de tal hombre! San Bernardo, tipo completo del entusiasmo religioso en el siglo XII, parecia que no habia visto mas que dos caminos para ir al cielo: el desierto y la cruzada, y por esta doble vía fué por donde su maravillosa elocuencia, impulsó á sus contemporáneos.

Apenas fué conocida la decision del sumo pontífice, cuando convocaron una reunion en Vezelay, poblacion pequeña de Borgoña. El domingo de ramos, una multitud de señores, de caballeros, de prelados, y de hombres de todas clases y condiciones cubria la falda de una colina al rededor de la ciudad. Luis VII y San Bernardo, uno con el aparato fastuoso de la dignidad real, y el otro con el modesto trage de cenobita, se colocaron en una tribuna extensa, en medio de un pueblo inmenso que les saludó con entusiastas aclamaciones. El orador de la cruzada leyó primero las cartas del sumo pontífice. Luego, tomando su inspiracion del recuerdo de las desgracias de Edesa y de los peligros que amenazaban á la herencia de Jesucristo, empleó todo el prestigio de su elocuencia para excitar la compasion de los cristianos; pintó á la Europa entregada ál escándolo, al demonio de la heregía y á la maldicion divina, y suplicó á los concurrentes que aplacasen la cólera del cielo, no ya con gemidos y lágrimas, con oraciones y cilicios, sino con les trabajos de la guerra, con el peso de la espada y del broquel, con útiles combates contra los musulmanes. El grito de: *Dios lo quiere!* *Dios lo quiere!* interrumpió su discurso, como habia interrumpido las palabras de Urbane en el concilio de Clermont. Como el entusiasmo de la multitud aumentaba la conviccion del orador, San Bernardo profetizó el buen éxito de la cruzada, amenazó con la cólera divina á los que no peleasen por Jesucristo, y gritó, como el profeta: «Desgraciado, desgraciado aquel que no llegue á ensangrentar su espada!»

El ardor por la guerra santa y fuertes emociones se habian apoderado de todos los circunstantes. Luis VII se arrojó á los piés de San Bernardo y le pidió la cruz. El rey de Francia, revestido con aquel signo reverenciado, exhortó por sí mismo á los fieles á que le siguiesen á Oriente, y el auditorio derramó lágrimas de enternecimiento. Leonor de Guyena, que habia acompañado á su marido, recibió tambien la cruz de manos del abad de Clairvaux. Alfonso, conde de Saint-Gilles y de Tolosa, Enrique, hijo de Tibaldo, conde de Champaña, Thierry, conde de Flandes, Guillermo de Nevers, Reinaldo, conde de Tonnerre, Ives, conde de Soissons, Guillermo, conde de Ponthieu, Guillermo, conde de Varennes, Archimbaldo de Borbon, Enguerrando de Coucy, Hugo de Lusiñan, el conde de Dreux, hermano del rey, su tio el conde de Maurienne, y otros muchos barones y caballeros siguieron el ejemplo de Luis y de Eleonora. Varios prelados, entre los cuales cita la historia á Simon, obispo de Noyon, Godofredo, obispo de Langres, Alejo, obispo de Arras, y Arnould, obispo de Lisieux, bicieron juramento de pelear contra los infieles. No siendo suficientes las cruces que se habian llevado para satisfacerá la multitud impaciente, el abad de Clairvaux rasgó su trage para hacer otras muchas.

San Bernardo no limitó su predicacion á la ciudad de Vezelay; recorrió varias comarcas del reino inflamando todos los corazones con el fuego sacro de las cruzadas. En toda la Francia resonaba el rumor de los milagros con que parecia que Dios autorizaba su mision. Todos estaban persuadidos de que San Bernardo era el instrumento de la voluntad divina. En una reunion celebrada en Chartres, varios príncipes ilustres resolvieron confiar el mando de la expedicion al abad de Clairvaux; este, acordándose del ejemplo de Pedro el Ermitaño, se sustrajo á los sufragios de los barones y los caballeros, y en su terror suplicó al sumo pontífice que no le dejase abandonado al capricho de los hombres. La respuesta del papa estuvo conforme con el deseo de San Bernardo, quien continuó sus peroraciones evangélicas.

San Bernardo, despues de haber preparado la cruzada en Francia, pasó á Alemania. Al llegar al centro de los pueblos de las orillas del Rhin, su primer cuidado fué el de combatir á un monge llamado Rodolfo, que exhortaba á los cristianos á asesinar á los judios; era necesario todo el ascendiente de la virtud y de la merecida fama del abad de Clairvaux para imponer silencio al apóstol aleman que halagaba á las pasiones de la multitud. En aquel tiempo, el emperador Conrado III acababa de convocar en Espira una dieta general. El abad de Clairvaux concurrió á ella con el intento de predicar la guerra contra los musulmanes y la paz entre los príncipes cristianos. Varias conferencias particulares y exhortaciones públicas no habian conseguido determinar á Conrado á tomar la cruz; alegaba los disturbios recientes del imperio germánico. Pero la elocuencia pertinaz de San Bernardo no se arredraba; un dia en que estaba celebrando misa delante de los príncipes y magnates convocados en Espira, interrumpió de improviso el oficio divino para predicar la guerra contra los infieles, trasportó á su auditorio al dia del juicio final, é hizo aparecer á Jesucristo, armado con su cruz, y reconviniendo al emperador de Alemania por su fria ingratitud. Este apóstrofe repentino conmovió profundamente á Conrado, quien juró, con los ojos llenos de lágrimas que iria á defender los intereses de Jesucristo. Muchos caballeros y barones tomaron la cruz, siguiendo el ejemplo del emperador.

Poco tiempo despues, en una nueva dieta convocada en Baviera, muchos prelados y señores alemanes se alistaron bajo las banderas de la guerra santa; entre los obispos se veía á los de Passaw, Ratisbona y Frisingen; entre los señores figuraban Ladislao duque de Bohemia, Odoacro, marqués de Estiria, y Renard, conde de Carintia. Federico, sobrino del emperador, tomó la cruz, no obstante las lágrimas de su anciano padre, que murió de dolor. San Bernardo recorrió todas las ciudades del Rhin, desde Constanza hasta Maestricht; en todas partes daban mayor autoridad á sus palabras numerosos milagros; la multitud le escuchaba como á un profeta y le reverenciaba como á un santo. Mas de una vez fueron desgarradas sus vestiduras por sus innumerables oyentes, ansiosos de repartirse los pedazos para hacer con ellos el distintivo de la cruzada.

El regreso de San Bernardo á Francia dió á todos nuevos ánimos. El buen éxito de sus predicaciones en Alemania y la resolusion que habia hecho adoptar al emperador Conrado, fueron para los cruzados la señal de un nuevo movimiento. Luis VII y los grandes del reino, reunidos en Etampes, nada decidian. San Bernardo reanimó al consejo de los príncipes y los barones. Al propio tiempo se vieron aparecer en la reunion varios embajadores, anunciando proyectos para la cruzada; entre estos embajadores se distinguian los de Rugiero, rey de la Pulla y de Sicilia, quien ofrecia á los cruzados suministrarles buques y víveres, y prometia enviar á su hijo á la Tierra Santa si iban por mar. Se deliberó acerca de la proposicion del rey de Sicilia y del camino que habian de seguir para trasladarse á Palestina. La via marítima ofrecia menos dificultades y peligros; la via terrestre fué preferida imprudentemente.

La reunion de Etampes cedió á mejores inspiraciones cuando designó al abad Suger y al conde de Nevers para gobernar la Francia durante la peregrinacion de Luis VII. El abad de San Dionisio se habia opuesto á la cruzada, haciendo presente al rey que sus faltas serian mejor reparadas con una administracion sábia que no con hacer conquistas en Oriente. Suger, sintiendo todo el peso y el peligro del cargo que se le ofrecia, suplicó al rey y á la asamblea que hiciesen otra eleccion. Fueron necesarios los ruegos del monarca, y sobre todo las órdenes del papa Eugenio, para que el abad de San Dionisio aceptase la gobernacion del reino. En cuanto al conde de Nevers se libró de la carga que le proponian, diciendo que habia hecho voto de entrar en la órden de San Bruno. Este motivo piadoso fué respetado.

Los preparativos de la cruzada se continuaban, y las palabras santas diariamente procuraban á la cruz nuevos defensores. En los puntos en que no habia podido resonar la voz de San Bernardo, se leian en los púlpitos sus cartas elocuentes. La historia cita á un predicador flamenco, llamado Arnoul que se habia asociado á la obra apostólica del abad de Clairvaux. Arnoul recorrió varias provincias de la Alemania y de la Francia oriental; por la austeridad de su vida y la singularidad de su trage excitaba la curiosidad y la veneracion de la multitud. Ignoraba la lengua romana y la tudesca, y hacia que le acompañase un intérprete llamado Lambert, quien repetia en la lengua del país las piadosas exhortaciones del orador flamenco.

El ejemplo de la Francia y de la Alemania habia arrastrado á la Italia y la Inglaterra. Los pueblos de los Alpes, de las orillas del Ródano, de la Lombardía y del Piamonte, habian de acompañar al marqués de Montferrat y al conde de Maurienne, tio materno de Luis VII. Los cruzados ingleses se embarcaron en los puertos del canal de la Mancha y se dirigieron á las costas de España.

Los cruzados alemanes habian de reunirse en la ciudad de Ratisbona, y los franceses en la de Metz. Durante varios meses, los caminos de estas dos ciudades estuvieron cubiertos de peregrinos. Todo se hacia con órden en el movimiento de las tropas; los preparativos de esta segunda guerra santa habian ofrecido mas regularidad y armonía que los de la primera: nada podia hacer adivinar las degracias que ocultaba el porvenir.

Se necesitaba mucho dinero para sufragar los gastos de la cruzada. Los donativos piadosos eran considerables, pero no podian bastar para sostener un gran ejército. Luis VII se vió obligado á recurrir á empréstitos y á impuestos. Pedro el Venerable, que se habia unido á San Bernardo para contener la persecusion de los judíos, opinó que se les podia despojar de sus tesoros acumulados, segun decia, por la usura, y aun por el sacrilegio; aconsejó al rey de Francia que obligase á los israelitas á contribuir á los gastos de la expedicion, y todo induce á creer que los consejos del abad de Cluny no fueron desdeñados. El clero, á su vez, sufrió gravosos impuestos; se habia enriquecido en la primera cruzada, pero la segunda le costó cara. Los impuestos no perdonaron siquiera á los artesanos y los labradores, lo cual produjo murmullos muy poco á propósito para excitar el entusiasmo en favor de la guerra sagrada.

Sin embargo, el rey Luis se disponia para la peregrinacion

por medio de oraciones y de buenas obras. Al acercarse el momento de su partida, fué á recibir en San Dionisio el oriflama que los reyes de Francia hacian llevar delante de sí en las batallas. En esta visita á la iglesia de San Dionisio, Luis y sus compañeros de armas debieron contemplar con noble emocion, los retratos de Godofredo de Bullon, de Trancredo y de Raimundo de Saint-Gilles, y las vistas de las batallas de Dorilea, de Antioquía y de Ascalon, trazadas en los vidrios de colores de la basílica. El papa Eugenio III fué quien presentó á Luis VII el bordon y la calabaza, distintivos de su peregrinacion. Luego el rey acompañade de Eleonora y de una gran parte de su corte, se puso en marcha; lloró al abrazar al abad Suger, quien tampoco pudo contener sus lágrimas. El ejército francés, compuesto de 100,000 cruzados, partió de Metz, atravesó la Alemania y marchó hácia Constantinopla, en donde habia de reunirse con las demás legiones de la cruz. El emperador Conrado, por su parte, despues de haber hecho coronar á su hijo como rey de los romanos, y de haber confiado la administracion de su imperio á la sabiduría del abad de Corby, partió de Ratisbona al frente de numerosos batallones.

CAPÍTULO XII.

Continuacion de la cruzada de Luis VII y del emperador Conrado.

(1148.)

Manuel Commeno, nieto de Alejo I, ocupaba el trono de Constantinopla. Con mas habilidad que su abuelo, habia adoptado respecto de los Francos la misma política de disimulo y de perfidia. En la época de la primera cruzada, el emperador griego, amenazado por los progresos de las armas musulmanas, habia empleado cierta reserva en sus relaciones con los Latinos; pero desde las victorias del ejército de Godofredo, la capital de los griegos nada tenia que temer de los turcos, y Manuel Commeno no ocultaba ya con tanta precaucion su odio contra los Francos. Lo que exacerbaba mas aun los malos sentimientos del emperador griego era la opinion generalmente difundida de que los guerreros del Occidente querian apoderarse de Constantinopla.

El ejército de Conrado, apenas hubo entrado en el territorio de Manuel, tuvo ya que quejarse de los griegos. Las dos emperadores se enviaban mútuamente embajadores, y los alemanes contestaban á la perfidia con la violencia. Las ciudades de Nicópolis y de Andrinópolis presenciaron escenas sangrientas. A pocas leguas de Constantinopla, en la llanura de Selivrea, habia asentado sus tiendas el ejército de Conrado para celebrar la solemne festividad de la Asuncion, cuando fué sorprendido de improviso por una tempestad violenta; los torrentes, precipitándose desde los vecinos montes, aumentaron las aguas del rio que cruza la llanura de Selivrea, y el ejército se encontró casi sumergido en medio de un extenso desbordamiento. Las aguas arrastraban á los hombres, los caballos y los bagages. Manuel y Conrado, herederos ambos de los restos del imperio de Roma, tenian iguales pretensiones á la supremacia; el ceremonial de la entrevista suscitó prolongados debates; al fin se decidió que los dos emperadores montarian á caballo y se acercarian así uno á otro para darse el ósculo fraternal.

El odio de los griegos no cesó de perseguir á los alemanes en su marcha por el territorio del imperio. Degollaban á los que se apartaban del ejército, mezclaban cal con las harinas que suministraban á los cruzados; Manuel Commeno habia creado una moneda falsa que se les daba cuando vendian algo, y que nadie admitia cuando iban á hacer alguna compra. Así fué como entraron los alemanes en el Asia Menor.

El ejército francés, que llegó bajo los muros de Constantinopla despues que el ejército del emperador Conrado, habia mostrado mas moderacion y disciplina. Los habitantes de Hungría recibieron á los franceses como á hermanos; la tienda de Luis VII se habia convertido en un asilo para los húngaros perseguidos por las discordias civiles, y entonces fué cuando el jóven monarca dijo estas palabras hermosas: *La morada de un rey es como una iglesia, sus piés son como un altar.* Los embajadores de Manuel iban á cumplimentar al rey de Francia; sus bajas adulaciones irritaban la altivez francesa. El emperador griego temblaba en su palacio; por órden suya salieron los grandes del imperio á recibir al rey de Francia en las puertas de Constantinopla; este movido á compasion por los recelos y temores de Manuel, se adelantó á su ejército y se trasladó sin escolta al palacio imperial.

La permanencia de Luis VII y de sus barones en Constantinopla no fué sino una fiesta continuada; diariamente hacia el emperador vehementes protestas de su adhesion á la causa de los cruzados franceses, pero muy luego conocieron estos la falsedad de tales demostraciones de amistad; supieron que Manuél mantenia estrechas relaciones con el sultan de Iconium, y que sus proyectos habian sido revelados á los turcos.

Grande fué la indignacion de los señores franceses, y cuando el emperador exigió de ellos que le tributasen homenage como los gefes de la primera cruzada, y que le entregasen las antiguas ciudades griegas que llegasen á conquistar, la única respuesta fué proponer en el consejo el apoderarse de Constantinopla. El obispo de Langres, tomando la palabra, recordó los lazos y las asechanzas que los griegos habian sembrado siempre en el camino de los cruzados; presentó á Constantinopla como una barrera importuna entre los Latinos y sus hermanos de Oriente, y dijo que era preciso dejar libre, por fin, el camino del Asia. «Los griegos, añadia el obispo de Langres, dejaron que cayesen en poder de los turcos el sepulcro de Jesucristo y todas las ciudades cristianas de Oriente; no sabrán defender á Constantinopla; su cobarde debilidad abrirá algun dia á los infieles los caminos del Occidente. Los soldados de Manuel no podian soportar siquiera el aspecto de los batallones franceses; ¿por qué no habian de establecer los cruzados su dominio en aquella capital á la que parecia que el mismo Dios les llamaba?» Este lenguaje era el de la política; pero entonces se oyó en el consejo el grito de la religion; los cruzados habian ido al Asia para expiar sus pecados, y no para castigar á los griegos; habian tomado las armas para defender á Jerusalen, y no para someter á Constantinopla; habian tomado la cruz, pero Dios no les entregaba la espada de su justicia. Recordará el lector que Godofredo habia dado la misma respuesta á los príncipes de la primera cruzada que proponian apoderarse de Bizancio; así la piadosa lealtad de los Francos salvaba por segunda vez á la capital del imperio griego.

El ejército de Luis VII pasó el Bósforo y entró en la Bitinia, y ende á acampar á orillas del lago Ascanio, en las inmediaciones de Nicea. Un eclipse de sol sorprendió á los cruzados, y la multitud supersticiosa vió en este fenómeno un presagio funesto; la inquietud de los peregrinos no era ilusoria; muy luego se supo la derrota completa de los alemanes.

Las tropas de Conrado habian salido de Nicea para trasladarse á Iconium. Engañadas por los griegos que les servian de guias, solo llevaron víveres para ocho dias; les dijeron que este espacio de tiempo bastaria para llegar á Iconium. Al cabo de una semana de marcha se agotaron las provisiones, y los alemanes, en vez de llegar al rico territorio de la capital de la Licaonia, se encontraron extraviados en parages desiertos en que no se veia camino alguno. Marcharon todavía durante tres dias por montañas que les eran desconocidas, y allí fué donde el ejército imperial se vió atacado por una multitud inmensa de turcos; aquellas montañas eran las que hay en las inmediaciones de Laodicea. Los peregrinos de Alemania, debilitados ya por el hambre y por una marcha penosa, resolvieron de improviso pronunciarse en retirada; pero este movimiento que condujo de nuevo á los alemanes á Nicea, fué como una derrota de varios dias. El emperador Conrado fué herido de dos flechazos; los cristianos que pudieron librarse de los sables ó las saetas de los turcos llegaron á Nicea pálidos, hambrientos, y parecidos á sombras; mas de 30,000 alemanes murieron de hambre en el camino de Constantinopla. Así se habia desvanecido aquel ejército tan numeroso al salir de Alemania que, segun dice una crónica, los rios no bastaban para su trasporte, y los campos no tenian espacio suficiente para contenerle.

El rey de Francia salió al encuentro del emperador, y lloró con él la triste suerte de los cruzados alemanes. Conrado atribuyó todos estos desastres á la perfidia de Manuel; tambien hubiera podido acusar á su propia imprudencia. Los dos monarcas renovaron el juramento de trasladarse juntos á Palestina; pero la mayor parte de los barones alemanes, que lo habian perdido todo, no pudieron seguir mucho tiempo al ejército francés. El mismo Conrado, que ya tenia muy escaso número de soldados, se separó muy luego del rey de Francia para volver á Constantinopla, en donde Manuel le recibió con tanto mayor júbilo cuanto que le veía abatido y humillado.

Luis VII, no queriendo aventurarse en el interior del Asia Menor, siguió el camino de la orilla del mar, camino difícil, cortado por torrentes y rios, y que pasa por entre colinas escarpadas y angostos desfiladeros. Despues de haber dejado atrás el mar de Mármara y el Helesponto, los peregrinos se encontraron en la comarca de Pergamo y de Esmirna. Se detuvieron en Efesio, y aquí fué donde Luis VII recibió varias embajadas del emperador griego; unas anunciaban al rey de Francia la aproximacion del enemigo, y le invitaban á que se refugiase en las plazas de su imperio; otras le amenazaban con la venganza de los griegos, cuyo territorio habia violado. Luis VII dispensó una acogida desdeñosa á los mensages de Manuel, y no hizo caso alguno de sus amenazas; continuando el ejército su marcha hácia la parte del Este, fué á acampar en un valle que las crónicas denominan Decervion, y que hoy se llama Ouadi-Techikalessi, valle del castillo de las cabras. Las tiendas francesas cubrian las orillas del Caystre; en aquel valle celebraron las fiestas de Navidad. Los cruzados se encaminaron enseguida á Laodicea.

Aquí encontramos el hecho de armas mas glorioso de la cruzada de Luis VII: fué la victoria obtenida en las orillas del Meandro, cuyo rio habia que pasar para ir á Laodicea. El enemigo habia invadido la llanura del Meandro, las montañas de Tralles, hoy *Guzel-Hissar*; las principales fuerzas musulmanas habian ocupado el paso ó vado del rio, para disputarle á los franceses. Luis VII formó en buen órden sus batallones, colocó en el centro del ejército todos los bagajes y la parte débil de los peregrinos; la cabeza, la retaguardia y los flancos del ejército, estaban protegidos por los mejores caballeros. Los cruzados avanzaron así lentamente por la llanura, manteniéndose siempre en la defensiva; pero el rey, hostigado incesantemente por el enemigo, resolvió empeñar por fin un combate decisivo, y marchó en derechura al vado que ocupaban los musulmanes.

Apenas hubieron pasado el Meandro algunos caballeros cuando el terror se apoderó del ejército enemigo. A un mismo tiempo y en diferentes puntos se dieron varios ataques contra los turcos; la victoria fué rápida y ambas orillas del rio se cubrieron de cadáveres. El rey de Francia se habia precipitado contra los musulmanes que iban picando su retaguardia, y los persiguió hasta las montañas. La mayor parte de los turcos que se libraron de la muerte fueron á refugiarse en la ciudad de Antioqueta, llamada hoy Jeni-Cher-Kalessi, y situada cerca del sitio por donde los franceses pasaron el Meandro. El ejército cristiano, no obstante la lluvia de hierro que cayó sobre él en aquel paso glorioso, no perdió un solo hombre; el caballero Milon de Nogent, cuya pérdida hubo que deplorar, se habia ahogado al atravesar el rio.

Laodicea, llamada *Lalicha* por los cronistas franceses, ciudad edificada sobre el Lycus, y cuyos ruinosos restos cubren ahora dos colinas, tembló al ver que se acercaban los cruzados victoriosos, y sus habitantes huyeron presurados. Luis VII no hizo mas que atravesar la ciudad desierta. Se dirigió hácia Satalia, pasando por las horrorosas escabrosidades del monte Cadmus, llamado en turco *Babadagh*. La montaña que los peregrinos habian de atravesar, y á la que Odon de Deuil llama *montaña escrobös*, no tenia camino trazado; por un lado se alzaban trozos enormes de roca, cual una prolongada y alta muralla, por el otro se abria un abismo inmenso; en el centro se presentaba un angosto sendero abierto en la pendiente de la roca; ¡en qué peligro iba á encontrarse el ejército francés!

Luis VII mandó á vanguardia á Godofredo de Rancon, señor de Taillebourg, y al conde de Maurienne, hermano del rey, se convino en que no se pasarian aquellos desfiladeros hasta el dia siguiente; la vanguardia tenia órden de aguardar al resto del ejército. El rey pensaba encontrar á los turcos en los desfiladeros, y por eso queria que los dos cuerpos de ejército los pasasen juntos ó se mantuviesen al alcance uno de otro; pero la vanguardia, olvidando las órdenes del monarca, pasó los desfiladeros y fué á establecer sus tiendas en el opuesto lado de la montaña. Luis VII se quedó solo con su escolta para proteger á la multitud de los peregrinos y á los bagajes del ejército. Los turcos no podian dejar de aprovechar la separacion de los dos cuerpos para atacar con mejor éxito á la retaguardia, que luchaba ya penosamente con las dificultades del terreno. Figúrese el lector á la multitud de los peregrinos avanzando por las orillas de un precipicio inmenso, bajo las flechas de los musulmanes y de los griegos que les perseguian. Se oia la caida continua de los hombres, de los caballos y de las mulas, y el abismo se llenaba de cadáveres del ejército cristiano.

La historia se detiene aquí para admirar la tierna y valerosa abnegacion de Luis VII en medio de aquellas gargantas montañosas, en las que su pueblo caia por todas partes cual débil rebaño. El rey, dice un cronista testigo ocular, olvidando su propia vida por la multitud que perece, se habia precipitado sobre las filas del ejército musulman, y á fuerza de trabajo logró desembarazar á la muchedumbre de los peregrinos. La misma noche turco que sostener los ataques de un enemigo cien veces superior en número; toda la escolta del rey pereció en aquella refriega. Luis, conservando siempre un corazon de rey, se agarró á las ramas de un árbol y se precipitó á lo alto de una roca; allí fueron á clavarse inútilmente en su coraza las flechas de los turcos, y de pié sobre la roca, como sobre un muro ó una torre de guerra, el rey de Francia hacia caer en torno suyo las cabezas y los brazos de los que le sitiaban. Aquella jornada, en la que se mezclaron las acciones heroicas con desastres espantosos, debe ser considerada como la página mas hermosa de la vida de Luis VII.

Al dia siguiente, cuando se reunieron las restos de la retaguardia con la vanguardia, el rey de Francia, á quien habian tenido por muerto, fué recibido con trasportes de júbilo. Estallaron murmullos contra Godofredo de Rancon. El monarca juzgó inútil castigar una falta irreparable y se contentó con nombrar en lugar del señor de Taillebourg á un guerrero anciano, llamado *Gilberto*, cuya habilidad y valentía ponderaba todo el ejército. Este nuevo gefe compartió el mando con Everardo des Barres, gran maestre de los templarios.

Para ir desde las montañas de Babidagh hasta Satalia invirtieron los cruzados doce dias; sin embargo, la distancia solo es de unas 50 leguas, pero hay que recorrer á cada instante terrenos montuosos, estériles y desiertos, y los peregrinos, que carecian de víveres y padecian hambre, no podian avanzar sino con suma lentitud. Además, el ejército tenia que luchar á la vez contra las agresiones de los turcos y los rigores de la estacion. Sostuvo cuatro combates con buen éxito, no obstante el estado de miseria á que le habian reducido los torrentes de lluvia y las privaciones prolongadas.

Satalia habia aparecido ante el ejército francés como el término de sus sufrimientos: ¡vana esperanza! nuevos desastres aguardaban á los cruzados bajo los muros de aquella ciudad habitada por los griegos. Aun no habia concluido el invierno, y la multitud de los peregrinos casi desnudos se vió obligada á acampar en las inmediaciones de la ciudad, expuesta diariamente á perecer de hambre ó de frio, ó á ser pasados á cuchillo. Nada puede dar una idea mas exacta de la situacion deplorable de los cruzados franceses que aquella resignacion lúgubre que les impedia se apoderasen de una ciudad cruelmente cerrada ante ellos. Sin

embargo, habiendo estallado murmullos de desesperacion, el gobernador de Satalia propuso á Luis VII proporcionarle buques
para embarcar á todos los cruzados. Esta proposicion fué aceptada; despues de estar aguardando durante cinco semanas, resultó que los buques que llegaron no eran bastante grandes ni
numerosos para trasportar á todo el ejército francés.

Luis VII no escaseó los consuelos ni los socorros en dinero para
reanimar el valor abatido de los cruzados y evitar desgracias.
Nombró gefes de los que no podian embarcarse á Thierry conde de Flandes, y Archimbalde de Borbon; entregó al gobernea-
dor de Satalia 50 marcos de plata para cuidar á los enfermos que
habian quedado en la ciudad y hacer conducir al ejército hasta
las costas de Cilicia. Cuando el rey se embarcó en la flota que le
habian preparado, seguido de la reina Leonor, de los caballeros
principales y de los restos de su caballería, no pudo ver, sin derramar lágrimas, á los cruzados á quienes dejaba en la costa. Estos desgraciados, que habian de trasladarse por tierra á Thar-
sis, aguardaron en vano la escolta y los guias que les habian
prometido; el bárbaro gobernador de Satalia faltó á la fe jurada;
aquel pobre pueblo de Francia murió de hambre y de enfermedades bajo las murallas ó en el recinto de una ciudad cristiana.
Los mas jóvenes y vigorosos de la tropa francesa no quisieron
perecer miserablemente dentro de las tiendas; los musulmanes estaban cerca; aquellos guerreros valientes hallaron una muerte
gloriosa peleando por la cruz. El Cestius y el Eurymedon arrastraron al mar de Caramania millares de cadáveres cristianos.

Al cabo de tres semanas de navegacion, la flota de Luis VII llegó á la embocadura del Oronte, ó puerto de San Simeon. Raimundo de Poitiers, gobernador de Antioquía, recibió al rey de
Francia con testimonios de viva alegría. Dió fiestas en que brillaba la reina Leonor, á quien no habian conducido á la peregrinacion una piedad sincera y el deseo de hacer penitencia. Muchas
damas de Europa, célebres por su ilustre cuna ó por su belleza,
se hallaban á la sazon en Antioquía; veíase á la condesa de Tolosa, la de Blois, Sibila de Flandes, Maurila, condesa de Roussy,
y Talqueria, duquesa de Bullon.

Raimundo de Poitiers, que no perdia de vista los intereses de
su principado, deseaba asociar á los cruzados franceses á sus empresas contra los infieles de las orillas del Tigris y del Euffates;

propuso á Luis VII sitiar las ciudades de Alepo y de Schaizar; la posesion de estas dos plazas habia. de evitar las invasiones musulmanas y asegurar una duracion prolongada á las colonias cristianas. El deseo mas vehemente del príncipe de Antioquía era debilitar el póder terrible de Nuredino. Pero unos guerreros que llegaban de Oriente, y que no conocian la situacion de las colonias latinas ni el poder de sus enemigos, no podian apreciar en manera alguna las razones políticas de Raimundo de Poitiers.

Además Luis VII habia ido á Oriente impulsado por un espíritu esencialmente religioso; ante todo queria visitar los Santos Lugares, y se negó á tomar parte en aquella guerra.

El príncipe de Antioquía, cuya conversacion agradable y suma gracia han ponderado las crónicas, resolvió hacer que los placeres sirviesen á su intento; acometió la empresa de persuadir á la reina Leonor á que prolongase su residencia en las orillas del Oronte. Estaban entonces en el principio del verano, y las pintorescas campiñas del valle de Antioquía secundaban la elocuencia de Raimundo. La reina Leonor, subyugada por los homenajes y galanteos de una corte voluptuosa, suplicó con vehemencia á Luis que retrasase su partida para la ciudad santa. Las vivas instancias de Leonor inspiraron sospechas al rey, quien al fin, creyéndose ofendido como soberano y como esposo, precipitó su partida, y se vió obligado á robar á su propia muger y á conducirla de noche á su campamento. Luis VII no pudo olvidar la conducta de Leonor, que habia escandalizado á los cristianos y á los infieles, y la repudió algunos años despues; Leonor se casó con Enrique II, y este casamiento, que dió el ducado de Guyena á la Inglaterra, fué una de las consecuencias mas deplorables de esta segunda cruzada.

Luis VII, accediendo á los deseos del rey y de los barones de Jerusalen, apresuró su marcha hácia la Palestina y fué recibido en la ciudad santa en medio del mas vivo entusiasmo. Hácia el mismo tiempo, el emperador Conrado, seguido de algunos barones, habia llegado á Palestina con la sencillez de un peregrino. Los dos monarcas de Europa, reunidos en Jerusalen, lloraron las desgracias de su peregrinacion. El jóven Balduino III, que sentia impaciencia por ensanchar su reino, aprovechó la presencia de los cruzados de Europa para comenzar una guerra. Fué convocada una asamblea en Tolemaida; allí se veia al rey de Fran-

7

cia, al emperador Conrado, al jóven rey de Jerusalen, á los barones, á los caballeros y á los gefes del clero. En aquella gran reunion se decidió ir á sitiar á Damasco, cuyo territorio ofrecia rico
botin al vencedor; la conquista de esta plaza debia levantar tambien una barrera de defensa para el reino de Jerusalen. Aquí se
puede observar que el piadoso deseo de vengar las desgracias de
Edesa habia reunido las fuerzas del Occidente bajo las banderas
de Luis VII y de Conrado, y que durante todo el curso de la cruzada no se ocuparon en manera alguna de Edesa.

En el mes de mayo (1148) se reunieron las tropas cristianas en
Edesa. Avanzaron hácia Paneas, cruzaron el Ante-Líbano y entraron en la llanura de Damasco. Los cristianos encontraron dificultades y peligros en el tránsito de la llanura. Para llegar á la
ciudad que querian sitiar, era preciso pasar por jardines frescosos, rodeados de paredes de tierra ó cerca, separados entre sí
por angostos senderos. El enemigo se habia apoderado de todas
las encrucijadas y avenidas; las casas de recreo desparramadas
por los jardines de Damasco estaban ocupadas por guerreros musulmanes, y de todos los puntos partian flechas y proyectiles.
Otros peligros, otros géneros de muerte amenazaban al ejército
cristiano en su paso; en las paredes de tierra que se veian en las
orillas de los caminos se habian abierto saeteras, y las lanzas de
los musulmanes ocultos detrás de las cercas herian traidoramente á nuestros guerreros. Pero al fin fueron derribadas las cercas,
y el enemigo, desalojado en todos los puntos, tuvo que huir ó sufrir la muerte.

Un cuerpo numeroso de caballería musulmana acudió á socorrer á los fugitivos; querian impedir que los cristianos se estableciesen en las orillas del rio Barrady ó Barrada, en frente de las
murallas de Damasco, al oeste; pero el vigor valeroso del rey de
Francia y del emperador de Alemania obligó á la caballería musulmana á regresar á la ciudad. En aquel combate, de un solo
mandoble partió Conrado el cuerpo de un gigante que habia ido
á desafiarle. Los cruzados pudieron acampar entonces á su antojo en las orillas del Barrady, la mitad en los jardines, y la otra
mitad en una pradera llamada hoy *El-Mergi*, y denominada por
los antiguos cronistas árabes, *Meidan-Alhadhar*, (la plaza
Verde).

Una vez ocupada esta posicion, Damasco ya no podia resistir

porque la ciudad, por la parte del oeste, tenía una defensa débil, y el triunfo de los Francos estaba asegurado. Reinaba el espanto entre los habitantes; el alcoran del califa Otman, expuesto en la mezquita, atraía á una multitud desconsolada que había cifrado su esperanza postrera en la misericordia divina. Pero la desgracia que Damasco temía no había de realizarse; su salvacion había de proceder de la discordia del ejército cristiano. Por el oeste, la ciudad estaba casi abierta para los cruzados; bastaba el menor ataque para apoderarse de la plaza; además, los sitiadores tenían á su disposicion las aguas del Barrady y jardines llenos de fruta que estaba entonces en toda su madurez. Al este se extendia un gran espacio árido, un terreno desprovisto de árboles, sin agua, que no ofrecia recurso alguno; por aquella parte, la ciudad se hallaba defendida por gruesas murallas y altas torres; allí fué adonde los cruzados, adoptando una determinacion imprudente, trasportaron su campamento.

Apenas habian formado aquel nuevo campamento cuando la ciudad de Damasco recibió dentro de sus muros un cuerpo de tropas de 20,000 hombres, kurdos y turcomanos, encargados de defenderla. Los Latinos dieron algunos asaltos inútiles, y poco despues, al saber la aproximacion de otros refuerzos enemigos conducidos por los príncipes de Alepo y de Mossul, abandonaron su empresa. La traslacion del campamento fué la que decidió la suerte de la expedicion. Los príncipes cristianos se habian disputado la posesion de la ciudad que consideraban ya como conquistada, y en los primeros momentos habian perdido un tiempo precioso en debates funestos. La resolucion de variar de campamento habia sido obra de recelosas ambiciones. Ya no se habló mas que de perfidia y de traicion; los cristianos de Europa y los de Siria, desunidos bajo los muros de Damasco, no quisieron volver á mancomunar su zelo y su valentía. Así fué como los esfuerzos de las armas latinas se estrellaron deplorablemente ante una conquista que les habria entregado una comarca opulenta y varias plazas importantes del Ante-Líbano.

Una de las circunstancias mas curiosas de aquel sitio fué que Ayub, el gefe de la dinastia de los Ayubitas, mandaba entonces las tropas de Damasco, y tenia consigo á su hijo, el jóven Saladino, destinado á dar un dia golpes tan terribles al reino de Jerusalen.

El éxito desgraciado del sitio de Damasco habia agriado los caracteres y abatido los ánimos; en el consejo de los gefes se propuso el sitio de Ascalon, pero los nuevos proyectos de guerra no fueorn bien acogidos. El emperador Conrado regresó á Europa. Luis VII se encaminó de nuevo á Francia, despues de un año de permanencia en Palestina, en donde ya no mostró mas que la devocion de un peregrino.

Desde la primera mirada que se fija en esa cruzada, se ven pocos hechos gloriosos y reveses muy grandes. Los motivos religiosos que hicieron que los cruzados sufriesen los ultrages y perfidias de los griegos, les arrastraron á su pérdida. Al dejar detrás de sí á una capital enemiga, á un pueblo que maniobraba sordamente contra ellos, los peregrinos de Europa entraban en una nueva carrera de desgracias. La indisciplina y el desórden de las costumbres en el ejército cristiano favorecieron los desastres. Esta licencia procedió, especialmente, del número harto excesivo de mugeres que se habian mezclado en las filas de los soldados. En aquella cruzada se vió á una tropa de amazonas mandada por un general cuyo lujo causaba mas admiracion que su valor, y á quien sus doradas botas hacia que le llamasen *la dama de las piernas de oro*. Luis VII mostró en sus infortunios la resignacion de un mártir, y en el campo de batalla el valor de un soldado; pero cometió el error de fiar sobradamente en la Providencia, que no protege á los que se apartan de la senda de la prudencia y del buen juicio. El emperador Conrado tenia una inteligencia bastante limitada; todo lo perdió por ineptitud y presuncion. Esta segunda guerra santa nada tiene heróico y caballeresco; no ofrece los grandes caracteres ni las grandes pasiones de la primera cruzada. Las escenas pálidas y tristes que acabamos de describir están muy léjos de tener las dimensiones de la epopeya.

No todas las fuerzas de aquella cruzada fuerón dirigidas contra el Asia: 50.000 hombres de Sajonia y Dinamarca atacaron á las naciones salvajes de los Eslavos, sepultadas todavia en las tinieblas de la idolatría; pero esta guerra fué poco fecunda en resultados. Otros cristianos que habian tomado las armas para combatir contra los musulmanes de Oriente, pelearon con buen éxito contra los moros en las orillas del Tajo.

Cuando Luis VII regresó á Francia, alabó el zelo del abad Suger, que habia mantenido el órden en el reino y dominado á las facciones por medio de un gobierno prudente y enérgico; el rey de Francia dió á su ministro el título de *padre de la patria*. El abad Suger tenia entonces una gran ventaja: era el único hombre que en Europa se habia opuesto á la cruzada. Los pueblos alababan la sábia prevision del abad de San Dionisio, y acusaban públicamente á San Bernardo, quien habia prometido la victoria á los ejércitos que acababan de desvanecerse en Oriente. El abad de Clairvaux se vió obligado á publicar una apología en la cual atribuia las calamidades de la guerra á los crímenes de los cristianos. En esta apología reina un dolor sombrío y misterioso. La piedad de San Bernardo retrocede llena de espanto ante la profundidad de los decretos divinos; el apóstol manifiesta su sorpresa porque Dios no tuvo en cuenta sus ayunos y sus oraciones; le parece que el universo ha sido juzgado antes de tiempo, y que el Señor de cielos y tierra se ha despojado de toda su misericordia. Uno de los espectáculos mas interesantes del siglo XII es el que nos ofrece el genio de San Bernardo sucumbiendo en cierto modo bajo el peso de la responsabilidad de una cruzada desgraciada, cruzada que él predicó en nombre del cielo.

CAPÍTULO XIII.

Desde la toma de Ascalon por Balduino III hasta la toma de Jerusalen por Saladino.

(De 1150 á 1187.)

La cruzada de Luis VII y de Conrado habia concluido sin producir beneficio alguno para la Tierra Santa; despues del regreso de los dos reyes peregrinos, los Estados cristianos habian quedado expuestos á los peligros mas amenazadores. Por todas partes se agitaban las armas musulmanas para derribar el imperio de los Francos. El rey de Jerusalen, el patriarca de la ciudad santa y el de Antioquía, los gefes de las órdenes militares de San Juan y del Temple, dirigieron sus gemidos y súplicas á los fieles del Occidente. El sumo Pontífice, lleno de compasion, intentó impulsar á los pueblos de Europa á que socorriesen á sus hermanos de Oriente. Pero las desgracias de la última guerra sagrada no habian sido olvidadas; el clero y la nobleza, arruinados por la cruzada, se hallaban poco dispuestos á reanimar el entusiasmo de la multitud. La voz del abad de Clairvaux permanecia muda, y el silencio de San Bernardo era como un aviso que detenia á las naciones en un reposo prudente.

¡Cosa difícil de creer! cuando la Europa callaba y nadie se atrevía á aparecer de nuevo bajo las santas banderas, el abad Suger, que se habia opuesto á la expedicion de Luis VII, concibió el proyecto de ir á pelear contra los enemigos de Jesucristo; en una junta celebrada en Chartres, se esforzó para promover el fuego de la guerra en el alma de los príncipes, de los barones y de los prelados. A esas exhortaciones solo contestaron sentimientos de dolor y de sorpresa. Suger, á la edad de setenta años, anunció que intentaria por sí solo aquella empresa, en la cual habian obtenido dos reyes tan mal éxito. Mas de 10.000 peregrinos armados á su costa se disponian ya á seguirle á Oriente, cuando la muerte llegó á detenerle en la ejecucion de su proyecto. El abad de San Dionisio, postrado en su lecho y próximo á expirar, sentia no haber podido socorrer á la ciudad santa: ejemplo curioso del poder irresistible de las opiniones en todos tiempos!

Entretanto, Balduino III trabajaba para contener los progresos de Nuredino, hijo de Zengui. Aquel monarca valeroso concibió el pensamiento de someter, por fin, la ciudad de Ascalon, contra la cual habian dirigido tantas veces sus armas los cristianos, y que, por decirlo así, formaba el baluarte del Egipto por la parte de Siria. A la señal del rey acudieron bajo sus banderas los barones, los caballeros y los obispos del reino. A la cabeza del ejército marchaba el patriarca de Jerusalen, llevando el leño de la verdadera cruz.

La ciudad de Ascalon, edificada en forma circular sobre una meseta situada á orillas del mar, fortificada con gruesas murallas y altas torres, recibia cuatro veces al año víveres, armas y soldados que le enviaban de Egipto. Nada se descuidaba para atender al sostenimiento y conservacion de aquella plaza importante; todos sus habitantes eran guerreros. En el sitio de Ascalon el ejército de Balduino se hallaba secundado por una flota de quince buques de espolon, mandados por Gerardo de Sidon. Lo mismo entre los cristianos que entre los musulmanes, el valor era activo y exquisita la vigilancia. Para evitar una sorpresa en medio de las tinieblas, los sitiados habian colgado de las almenas de las torres mas altas unas linternas de vidrio que, durante la noche derramaban una luz tan clara como la del dia. Despues de dos meses de trabajos al pié de los muros, el campo de los cristianos vió acudir á una multitud de peregrinos de Occidente, que habian desembarcado en los puertos de Tolemaida y Jafa; muchos de los buques que habian llegado de Europa se unieron á la flota de Gerardo de Sidon.

Entre las máquinas construidas para atacar á las murallas de Ascalon, se observaba una torre rodada de una altura inmensa; esta torre, semejante á una fortaleza con su guarnicion, daba golpes terribles á los sitiados. Cinco meses de sitio habian agotado las fuerzas del enemigo; una flota egipcia de 70 velas fué á socorrer á Ascalon, y al aumentarse el número de los musulmanes, hizo lo propio su valor. No por eso se debilitó la ardiente valentía de los cristianos; la gran torre movible y las demás máquinas de los latinos no dejaban descanso alguno á la ciudad. Los enemigos, deseando librarse de la gran torre movible, echaron entre esta y la muralla una cantidad considerable de madera, sobre la cual derramaron aceite, azufre, y otras materias combustibles, y enseguida le prendieron fuego; pero el viento que soplaba del Oriente, en vez de echar la llama hácia la torre, la echó hácia la ciudad. Este incendio que duró todo el dia y toda la noche, calcinó la piedra de la muralla y la hizo hundirse entera. Este paso que el fuego acababa de abrir á los guerreros cristianos, les entregaba la plaza; pero la codicia les arrebató la victoria. Los templarios, ansiando apoderarse del botin, entraron enseguida á la ciudad; deseando reservar solo para ellos los despojos del enemigo, habian colocado en la brecha centinelas encargados de rechazar á cuantos se presentasen para seguirles. Los musulmanes, al ver el escaso número de cristianos que se ocupaban en saquear á la ciudad, se reunieron de nuevo y atacaron á los templarios, de los que unos perecieron, y otros huyeron hácia la brecha cuyo paso habian prohibido á sus compañeros.

Los cristianos, sorprendidos por el nuevo ardor que animaba á los infieles, se habian retirado tristemente á su campamento. Los gefes, confusos y desalentados, propusieron abandonar el sitio; el patriarca y los obispos aconsejaron nuevos combates y prevaleció su dictámen. Al dia siguiente se presentó el ejército delante de las murallas y no cesaron de pelear hasta la noche:

por ambas partes se desplegó vivo ardor, pero las pérdidas de
los musulmanes fueron mayores que las de los cristianos. Se extipuló una tregua para enterrar á los muertos. Durante esta
tregua, el recuerdo de los males sufridos, el número de los guerreros que habian perdido, los rumores de desgracias que les llegaban del Cairo, introdujeron el desaliento en el corazon de los
musulmanes de Ascalon. La multitud de los habitantes de la
ciudad, sumida en sombría desesperacion, solicitaba abandonar aquella playa arenosa que parecia tener sobre sí la maldicion de Dios, y que la cólera divina habia entregado á los
Francos; aquel pueblo egipcio anhelaba alejarse de las provincias
cristianas y salir de Ascalon, que le parecia un sepulcro abierto
en extrangero suelo. En consecuencia de esto, se encargó
á unos diputados que propusiesen una capitulacion al rey de
Jerusalen. Cuando los enviados musulmanes participaron el objeto de su mision á los jefes cristianos, estos, tristes y desalentados no esperaban recibir de sus enemigos proposiciones dictadas por la desesperacion; al oir las palabras de los diputados
de Ascalon, los barones y los prelados, llenos de sorpresa, no
pudieron dar mas respuesta que derramar lágrimas de alegría
y prorumpir en acciones de gracias á Dios. Se concedió á los
habitantes de Ascalon la facultad de retirarse en el término de
tres dias con sus armas y bagajes; pero ellos no aguardaron á
que llegase el tercer dia. Los Francos, creyendo deber la toma
de la ciudad á un milagro del cielo, verificaron su entrada procesionalmente. Al tomar posesion de la ciudad, su primer acto
fué consagrar la mezquita grande al apóstol San Pablo. Así se
conquistó aquella plaza, que abria á los Latinos el camino de
Egipto, y cerraba la Palestina para los egipcios.

Las potencias musulmanas dejaron en paz durante algun
tiempo al reino de Jerusalen; una expedicion injusta de Reinaldo de Chatillon, príncipe de Antioquía, contra la isla de Chipre,
pacífica y desarmada, una excursion de Balduino contra unas
tribus árabes que, fiadas en los tratados, llevaban á pastar sus
ganados á la selva de Paneas; una derrota sufrida por el rey en
las inmediaciones del Jordan, en el sitio denominado el Vado de
Jacob, y algunos combates afortunados en el condado de Trípoli
y en el principado de Antioquía, fueron los sucesos poco importantes que siguieron á la conquista de Ascalon. El casamiento de

Balduino con una sobrina del emperador Manuel, verificado en 1155, llevó riquezas á aquel pobre reino de Jerusalen; esta alianza hubiera sido muy útil para el reino si hubiese podido inducir á los griegos y á los latinos á unir sus fuerzas contra el enemigo comun.

· Suscitábanse frecuentes contiendas entre los patriarcas de Antioquía y los príncipes que les gobernaban, y el rey de Jerusalen era quien acostumbraba á intervenir en estos debates escandalosos. Reinaldo de Chatillon, en sus disensiones con el anciano patriarca Amaury, habia llevado la violencia hasta el último extremo; por órden suya fué conducido el prelado á la parte mas alta de la ciudadela de Antioquía, con la cabeza descubierta, y untado de miel habia permanecido un dia entero expuesto á las picaduras de las moscas y á los ardores del sol. Durante su permanencia en Antioquía fué cuando Balduino III se vió atacado por la enfermedad de que murió. Consumido por una fiebre lenta, hizo que le trasladasen á Trípoli, y luego á Beirut, en donde espiró. Llevaron sus restos á Jerusalen para sepultarlos al pié del Calvario. La pérdida de Balduino III fué muy sentida, y aun se dice que Nuredino, respetando el dolor de un pueblo que lloraba la muerte de su rey, suspendió durante algunos dias sus ataques contra los cristianos.

Amaury, hermano de Balduino, le sucedió : era avaro, ambicioso, orgulloso, y le costó no poco trabajo hacer que le coronasen rey. La pretension secreta de algunos príncipes del país al trono de Jerusalen habia exagerado los defectos del sucesor de Balduino. El nuevo rey de Jerusalen dirigió todas sus empresas hácia el Egipto. Habiéndose negado el califa del Cairo á pagar el tributo que debia á los vencedores de Ascalon, Amaury invadió las orillas del Nilo y solo regresó á su reino despues de haber obligado al enemigo á comprar la paz. Enmedio de las guerras civiles que asolaban entonces á las provincias egipcias, Amaury volvió á presentarse en aquel país para sostener á los partidos que reclamaban su intervencion.

Durante este tiempo, las armas de Nuredino amenazaban á las provincias de Antioquía y de Trípoli; los cristianos imploraban de continuo los socorros del Occidente. Thierry, conde de Flandes, llegó por cuarta vez á Palestina; y tambien acudieron allí guerreros del Poitou y de la Aquitania, conducidos por Hugo

Lebrun, y por Godofredo, hermano del duque de Angulema; Hugo Lebrun llevaba consigo á sus dos hijos, Godofredo de Lusiñan, célebre ya por su valor, y Guido de Lusiñan, á quien la fortuna había de elevar mas tarde al trono de Jerusalen. Los cristianos de Siria, ayudados por este refuerzo, hicieron sufrir á Nuredino una derrota en el territorio de Trípoli. El sultan de Damasco vengó muy luego este descalabro. Cerca de Harenc obtuvo una victoria en la que varios príncipes cayeron prisioneros. Entre estos se contaban Raimundo, conde de Trípoli, á quien los saracenos llamaban el *Satanás de los Francos*, y Bohemundo III, príncipe de Antioquía, que fué á reunirse en las mazmorras de Alepo con su antecesor Reinaldo de Chatillon, detenido en el cautiverio hacia algunos años. En la misma época fué cuando los musulmanes arrebataron á los cristianos la ciudad de Panéas.

No seguiremos al rey Amaury en su paso á Egipto para defender al califa del Cairo contra la invasion de Chirkou, general de Nuredino; los cristianos, unidos con los egipcios, dispersaron en mas de un encuentro á las tropas de Chirkou. Libre ya de sus enemigos, el califa del Cairo, ó mas bien el visir Chaver, que ejercia el mando en nombre de su amo encerrado como un vano ídolo en el fondo de su palacio, se comprometió á pagar al rey de Jerusalen un tributo anual de 100.000 escudos de oro, y consintió en recibir una guarnicion en el Cairo. Cuando Amaury hubo regresado á Jerusalen, se casó con una sobrina del emperador Manuel. Preocupado con el recuerdo de las riquezas del califa y de la fertilidad y las cosechas del territorio regado por el Nilo, enmedio de la reducida y pobre comarca que constituia su reino de Jerusalen, soñaba con la conquista del Egipto; para la ejecucion de su proyecto imaginó aprovechar su alianza con la sobrina de Manuel, y envió á Constantinopla diputados encargados de inducir al emperador á ayudarle en aquella conquista; el emperador consintió en ello. Entonces, no queriendo Amaury ocultar por mas tiempo su intento, convocó á los grandes del reino. Los mas sábios y prudentes de la reunion calificaron la empresa de injusta, hicieron observar que todo debia temerse de Nuredino, y que no era conveniente ni oportuno sacrificar á las ciudades cristianas, y aun á la misma Jerusalen, á la esperanza de conquistar una comarca lejana. Pero el rey Amaury y la mayor parte de los señores y los caballeros, persuadidos de que la fortuna les aguardaba en las orillas del Nilo, persistieron en pedir la guerra.

Nuredino tenia el mismo intento que Amaury; pensaba apoderarse de aquella débil potencia del Cairo. Amaury llegó á Egipto antes que las tropas del sultan de Damasco. Tomó por asalto á Bilbeis, ciudad situada en la orilla derecha del Nilo, y pasó á cuchillo á toda la poblacion. Las desgracias de Bilbeis habian difundido la consternacion por todo el Egipto; una marcha rápida sobre el Cairo habia asegurado al rey Amaury la conquista de aquella capital; pero de pronto, asustado en cierto modo por su empresa, escuchó á los embajadores del califa y suspendió las hostilidades mediante una suma considerable de dinero que le fué ofrecida. Al cabo de un mes de negociaciones, Amaury aun no habia recibido los tesoros prometidos. De improviso, el general de Nuredino, á quien el califa del Cairo habia pedido auxilio, entró en el territorio de Egipto, evitó el encuentro de los caballeros cristianos, y reuniéndose con el ejército egipcio, presentó al rey de Jerusalen fuerzas muy superiores en número, ante las cuales hubo este de retirarse. Amaury regresó vergonzosamente á Jerusalen. Poco tiempo despues, la flota griega prometida por el emperador Manuel, y á la que se habia aguardado inútilmente en la expedicion anterior, llegó al puerto de Tolemaida. El rey de Jerusalen, secundado por aquella flota, quiso emprender de nuevo el camino de Egipto, y fué á poner sitio á la ciudad de Damieta. Despues de un sitio de cincuenta dias, en el que la mitad de los soldados cristianos perecieron de hambre ó bajo los golpes del enemigo, y en el que todos los buques griegos se perdieron, unos por el fuego griego y otros en repetidas borrascas, el rey de Jerusalen renunció tristemente á su empresa.

En medio de las revoluciones que acompañaron el fin de la dinastía de los Fatimitas, vemos aparecer á un príncipe musulman cuyo nombre habia de hacerse célebre en Asia y en Europa. El califa del Cairo habia hecho cortar la cabeza á su visir Chaver, dándole por sucesor á Chirkou, general de Nuredino, el cual murió de repente dos meses despues de su encumbramiento. Habia sido sustituido por el emir mas jóven del ejército de Nuredino: este emir era Saladino, sobrino de Chirkou é hijo de Ayub, quienes habian ido desde las montañas salvages

del Kurdistan para servir á las potencias musulmanas de la
Mesopotamia; pasó su juventud en los afeminados placeres del
serrallo; á los treinta años, cuando el califa del Cairo le elevó
á la dignidad de primer ministro, vieron de pronto en él á un
hombre nuevo. Se ocupó en someter enteramente el Egipto al dominio de Nuredino. Al morir el último califa fatimita, el negro
color de los Abasidas sustituyó al color blanco de los hijos de
Aly, y el nombre del califa de Bagdad fué el único que se pronunció en las mezquitas.La muerte de Nuredino, ocurrida en Damasco en 1174, dejaba el imperio sin dueño, y en todas las provincias musulmanas reinaba la division mas completa; ¡el hijo
de Ayub se encontró en la senda del poder supremo.

Hácia la misma época murió Amaury, quien en su última hora
no preveía, sin duda, los grandes sucesos que iban á seguir á su
reinado. Tuvo por sucesor á su hijo llamado Balduino IV; este
fué ungido en la iglesia del Santo Sepulcro; aun no se hallaba
en edad de gobernar. Por otra parte, este jóven príncipe, devorado
por la lepra, se hallaba condenado á no reinar nunca por sí mismo. La historia contemporánea no halló otro título ú otro nombre que darle mas que el de rey *Mezel* ó *rey leproso*. La regencia
del confiada á Raimundo, conde de Trípoli, cuarto descendiente
fué famoso Raimundo de Saint-Gilles.

El nuevo conquistador de Egipto, Saladino, se habia anunciado como continuador de la mision apostólica de Zengui y de
Nuredino; parecia natural que les sucediese tambien en su poder. El califa de Bagdad dió á Saladino, en nombre del profeta,
la soberanía de las ciudades conquistadas por sus armas, y no
exceptuó siquiera á la de Alepo, en la que *Malek-Sha*, débil heredero de Nuredino, habia encontrado un asilo postrero. Desde
entonces fué proclamado Saladino sultan de Damasco y del Cairo, y las oraciones se hicieron á nombre suyo en todas las mezquitas de Siria y de Egipto.

A fines del año 1178, viendo Saladino que las fuerzas de los Francos se habian dirigido hácia Antioquía, se puso en marcha para
atacar á la Palestina. El rey Balduino, al tener noticia de este movimiento, se trasladó á la ciudad de Ascalon seguido de los caballeros que pudo reunir. El ejército de Saladino fué á acampar en
las inmediaciones de la ciudad. Los musulmanes, contando con
una victoria fácil, se dispersaron por la campiña y asolaron la

llanura hasta Ramla y Lida. Los guerreros cristianos, al presenciar aquel espectáculo desconsolador, no quisieron permanecer inmóviles en su ciudad; una mañana salieron de Ascalon, avanzaron por la orilla del mar, ocultando su movimiento con los bancos de arena, y sorprendieron así el campo de Saladino. Resonaron las trompetas de los musulmanes para llamar á los soldados dispersos; Saladino hizo todos los esfuerzos imaginables para reanimar el valor de las tropas que habian quedado en el campamento. Balduino no llevaba consigo mas que 375 caballeros; pero la derrota de los sarracenos fué completa, y los caminos se cubrieron de cadáveres y despojos de su ejército. Saladino, solo y sin escolta, huyó por el desierto, montado en un dromedario.

Esta victoria, á pesar de ser tan importante, no disipaba los temores de los alarmados ánimos; Saladino reapareció y recobró sus primeras ventajas sobre los cristianos; por otra parte, la Galilea se hallaba amenazada, y para colmo de desgracia, en la corte de Balduino se agitaban bajas intrigas; algunos hijos de Belial, *verdaderos artesanos de ruina*, procuraban aprovechar la debilidad y las enfermedades del rey para sembrar el odio, la envidia y la desconfianza. La escasez de víveres afligió entonces á la Siria en tales términos que no se podian sostener ejércitos en ella. Se estipuló con Saladino una tregua de dos años, pero la rompieron las violencias de Reinaldo de Chatillon. Este, convertido en señor de Carac y de Montreal por su casamiento en segundas nupcias con la viuda de Honfroi de Thoron, menospreciando los tratados habia intentado excursiones hácia el mar Rojo, y no temió llevar sus armas contra las ciudades santas de la Meca y de Medina. Reinaldo de Chatillon, hombre aventurero y de carácter impetuoso, tipo romántico de aquella caballería andante á la que las cruzadas conducian á Oriente, irritó á Saladino con su infraccion del derecho de gentes, y precipitó al reino en una guerra en que se extinguió la gloria del nombre cristiano en Oriente.

El asunto importante fué, entonces, el de contener los progresos de la invasion de Saladino; pero ¿cómo habian de poder oponerse los cristianos de Siria á aquella tormenta inmensa? Balduino IV, habiendo quedado ciego y caido en el estado mas triste, consintió en nombrar regente á Guido de Lusiñan, en quien nadie tenia confianza. El poder de Saladino aumentaba de dia en dia; todos los príncipes de la Mesopotamia se habian hecho aliados ó tributarios suyos. Habíase presentado una ocasion oportuna para vencer á Saladino, cuyas tropas asolaban la Galilea; el ejército cristiano, compuesto de 1,3 0 caballeros y de mas de 20,000 hombres de infantería, hubiera podido atacar al enemigo acampado entre el monte Gelboe y la antigua Escitopolis; pero Guido de Lusiñan, que mandaba el ejército, vaciló ante el peligro, ó mas bien ante la victoria. La indignacion contra el regente fué general; Balduino le retiró todos sus poderes y quiso despejarle de los condados de Ascalon y de Jafa. Confió la regencia al conde de Trípoli y colocó la corona sobre la cabeza de un niño de cinco años, nacido del primer matrimonio de Sibila con el marqués de Montferrat. El nuevo rey fué coronado bajo el nombre de Balduino V.

La Tierra Santa que continuaba amenazada, cifraba toda su esperanza en el Occidente. El patriarca Heraclio y los gran maestres del Temple y del Hospital fueron enviados á implorar los auxilios de la cristiandad. La Europa, á la sazon muy perturbada, no podia ocuparse en defender á Jerusalen. El ardor de las cruzadas no se habia extinguido, pero para que encontrase de nuevo su primera energía y se despertase con toda su fuerza, necesitaba sucesos extraordinarios, grandes calamidades que pudiesen conmover los corazones é impresionar la imaginacion de los pueblos. Cuando el patriarca Heraclio regresó á Jerusalen, encontró los asuntos en una decadencia progresiva. No faltaban presagios funestos que anunciasen las calamidades futuras. Los temblores de tierra, los eclipses de luna y de sol, parecian señales evidentes de la próxima ruina del reino; la estremada licencia de las costumbres asustaba tambien á los hombres piadosos. Otro indicio de desgracia era que los imprudentes, los débiles ó los perversos dirigian los negocios, y que ya no quedaban en el poder mas que los príncipes ó los reyes de los dias aciagos. Balduino IV, ruina viva que la tumba reclamaba hacia mucho tiempo, murió enmedio de partidos miserables que se disputaban la autoridad suprema. Poco despues, Balduino V, débil y frágil esperanza del pueblo cristiano, murió de repente. Fué el último rey sepultado al pié del Calvario. Guido de Lusiñan y su mujer Sibila fueron coronados solemnemente en la iglesia del Santo Sepulcro, contra el dictámen de los barones del reino. El conde de

Trípoli, lamentándose al ver en qué manos caía el gobierno de la Tierra Santa, fué á encerrarse lleno de tristeza en la ciudad de Tiberiada, que le correspondía por parte de su mujer.

El reino de Jerusalen, entregado á manos poco hábiles, había de sucumbir; pero el bizarro valor de los cristianos estaba destinado á mezclar mucha gloria con el recuerdo de sus dias postreros. En primero del mes de mayo de 1187, siete mil ginetes musulmanes que habian avanzado hasta Galilea, fueron atacados en las inmediaciones de Nazaret por 130 guerreros, entre los cuales se veian caballeros del Hospital y del Temple. Afdal, hijo de Saladino, mandaba la caballería musulmana. Los campeones de la cruz no vacilaron en empeñar un combate desigual. Las crónicas contemporáneas, llenas de recuerdos de las hazañas de aquella jornada, se detienen sobre todo en la descripcion de la muerte gloriosa de Jacobo de Maillé, mariscal del Temple. Este indomable defensor de Cristo, montado en un caballo blanco, no sucumbió sino despues de llevar á cabo hechos de armas maravillosos y casi increibles. Los sarracenos le tomaron por San Jorge, á quien los cristianos creian ver bajar del cielo en medio de su batalla. En aquel combate, que tuvo por teatro una era que aun se encuentra hoy cerca de la aldea de *El-Mahed*, toda la tropa cristiana pereció, escepto el gran-maestre del Temple y dos caballeros suyos.

Dos meses despues habia de presenciar aquella tierra de Galilea mayores desgracias. Saladino se adelantó hácia Tiberiada con un ejército de 80,000 hombres. En una junta celebrada en Jerusalen se resolvió que todas las fuerzas de los cristianos se reunirian en la llanura de Sefuri. El ejército de la cruz resultó que se componia de 50,000 hombres; todos cuantos podian manejar una espada habian acudido al punto de reunion; las fortalezas del reino quedaron sin guarnicion, y en las ciudades solo se veian mugeres y niños. Muy luego se supo que Saladino ocupaba á Tiberiada, y que los musulmanes sitiaban á la ciudadela, en la que se habia refugiado la muger del conde de Trípoli. Se reunió un gran consejo para decidir si se habia de ir á socorrer á Tiberiada. Despues que todos los gefes hubieron emitido su dictámen, el conde Raimundo, el mas interesado en aquella discusion, aconsejó que por el momento se olvidase á Tiberiada, y que se permaneciese en Sefuri, en la cercanía de las aguas y en un sitio en que no faltaban víveres; hizo observar que seria fatal imprudencia arrastrar á una gran multitud de hombres y de caballos en medio de soledades áridas en donde serian devorados por la sed, el hambre y los ardores de la estacion. Raimundo decia que el enemigo, despues de la toma de Tiberíada, marcharia al encuentro de los cristianos y sufriria una gran pérdida de hombres al atravesar el terreno desierto y abrasado que se extendia entre Tiberíada y Sefuri; añadia que el pueblo cristiano, teniendo agua y víveres abundantes pelearia con mas ventaja contra el ejército musulman. Raimundo se resignaba á perder á Tiberíada para evitar la pérdida del reino. El ·dictámen del conde de Trípoli era cuerdo y prudente: el gran-maestre del Temple manifestó opiniones opuestas; la debilidad de Guido de Lusiñan lo perdió todo, y se dió la órden de marchar contra el enemigo.

El ejército cristiano salió de su campo de Sefuri en la mañana del 3 de julio. El conde de Trípoli y su tropa formaban la vanguardia; la retaguardia la componian el rey de Jerusalen, los caballeros del Temple y los de San Juan. La verdadera cruz, confiada á la custodia de una tropa escogida, avanzaba en el centro del ejército. Los cristianos llegaron á una aldea llamada *Marescalcia*, situada á tres millas de Tiberíada. Allí fué donde comenzaron á encontrar las saetas de los sarracenos, la sed y el calor. Habia que pasar por angostos desfiladeros y sitios escarpados para llegar al lago de Galilea; el conde de Trípoli mandó á decir al rey que se apresurase y atravesase por la aldea sin detenerse con el fin de poder llegar á las orillas del lago. Lusiñan contestó que iba á seguir al conde. Pero de improviso los musulmanes atacaron la retaguardia del ejército; los templarios y los hospitalarios cejaron ante aquel choque. El rey, no sabiendo que hacer, se decidió á plantar su pabellon y de sus labios se escaparon estas palabras: *¡ Ay Dios ! todo ha . concluido para nosotros; muertos somos y se pierde el reino!* Los cristianos pasaron allí una noche espantosa; el enemigo habia prendido fuego á la llanura cubierta de yerba seca y de maleza; la llama y el humo, nubes de flechas, el hambre y la sed atormentaban á los soldados de la. cruz.

Al dia siguiente se dispusieron los cristianos para pasar las escarpadas alturas que les separaban del lago de Galilea; pero Saladino, que habia salido de Tiberíada al amanecer, se adelantaba para atacar al ejército cristiano. La vanguardia de Raimundo se dirigia hácia una colina que los turcos habian comenzado á ocupar. Al acercarse los sarracenos, la infantería cristiana, habiendo formado en ángulo, corrió para llegar á la cumbre de la colina; así se separó de la tropa del rey, quien en vano le envió varios mensages para que volviese á defender el leño sagrado de la verdadera cruz. Los caballeros del Temple y del Hospital, y todos los de la retaguardia, habian sostenido al pronto vigorosamente todo el peso del ataque: pero al fin, abrumados por la multitud siempre creciente de los enemigos, llamaron al rey para que los socorriese; á este no se le ocurrió idea mas oportuna que la de plantar sus tiendas y abandonarse á la gracia de Dios. Las tropas, mandadas por Lusiñan, por los hospitalarios y por los templarios, se habian desparramado confusamente en torno del estandarte de la verdadera cruz. Al ver el conde Raimundo aquel desórden, se llenó de desesperacion, se abrió un camino por entre las filas del enemigo, y huyó hácia Trípoli con su tropa de vanguardia. Los batallones de Saladino se precipitaron como un torrente violento sobre el sitio en que estaba el rey de Jerusalen; el leño de la verdadera cruz, que tantas veces habia conducido á los guerreros latinos á la victoria, cayó en poder de los enemigos de Jesucristo; el rey fué hecho prisionero; los templarios y los hospitalarios fueron muertos ó apresados. Las escenas principales de esta batalla terrible habian pasado en la colina de Hitin, la misma que en el Evangelio lleva el nombre de montaña de las *Beatitudes*. El campo del combate presentaba por todas partes las huellas de la carnicería mas horrible; un historiador árabe, testigo ocular, habla de los *suaves perfumes* que para él exhalaban los despojos de la muerte, por entre las colinas y los valles. Las cuerdas de las tiendas musulmanas no alcanzaron para atar á los prisioneros cristianos. Era tan considerable la multitud de los cristianos, que los sarracenos victoriosos no encontraban ya á quien venderlos, y un caballero cristiano fué cambiado por un calzado.

Guido de Lusiñan y los gefes principales del ejército cristiano que habian caido en poder de los infieles fueron recibidos en una tienda que se alzaba en medio del campo de Saladino. Este recibió bondadosamente al rey de los Francos, y mandó que le sirviesen una bebida enfriada con nieve. El rey, despues de haber be-

8

bido, quiso presentar la copa á Reinaldo de Chatillon, que estaba junto á él, pero el sultan le detuvo y le dijo: «Ese traidor no ha de beber en mi presencia, porque no quiero concederle perdon.» Dirigiéndose en seguida á Reinaldo, le reconvino por la violacion de los tratados y le amenazó con la muerte si no abrazaba en seguida la religion del profeta, á la que habia ultrajado. Reinaldo, arrastró noblemente las amenazas de Saladino y contestó como convenia á un guerrero cristiano; el sultan, furioso, pegó con su sable al prisionero desarmado; unos soldados musulmanes, obedeciendo á una señal de su gefe, cortaron la cabeza al caballero. De este modo murió Reinaldo de Chatillon como mártir de la cruz; su fin hizo olvidar la parte censurable que hubo en las aventuras belicosas de su vida. Al dia siguiente, Saladino sentado en un trono, hizo que se diese muerte á los caballeros del Temple y de San Juan cargados de cadenas; todos aquellos nobles guerreros recibieron con piadosa alegría la palma del martirio. El sultan perdonó la vida al gran maestre de los templarios, sin duda porque sus consejos imprudentes habian entregado el ejército cristiano á los golpes de los sarracenos.

Despues de esta victoria tan funesta para los Estados latinos, el sultan sometió sucesivamente á Tolemaida, Naplusa, Jericó, Ramla, Cesarea, Arsur, Jafa y Beritia. En la orilla del mar, las únicas ciudades que conservaban los cristianos eran las de Tiro, Trípoli y Ascalon. Esta última plaza, sitiada por Saladino, opuso una resistencia heróica, y por último capituló bajo condiciones que rescataban al rey Guido de Lusiñan, quien era poco digno de tal sacrificio.

La ciudad de Jerusalen, cuya reconquista y libertad habian costado tantas hazañas y miserias, iba á caer de nuevo en poder de los musulmanes. Saladino llegó bajo los muros de la ciudad Santa; Jerusalen llena de cristianos que habian acudido allí á buscar un abrigo, solo tenia un número muy escaso de guerreros para defenderla. Los habitantes, estimulados por el clero, se prepararon para resistir á las armas musulmanas: eligieron por gefe á Balean de Ibelin, guerrero anciano que se habia hallado en la batalla de Tiberiada, y cuya esperiencia y virtudes inspiraban confianza y respeto; el primer cuidado de Balean de Ibelin habia sido el de reparar las fortificaciones de la plaza y acostumbrar á la disciplina á los nuevos defensores de Jerusalen. Ca-

reciando de dinero para pagar los gastos de la guerra, despoja-
ron á las iglesias; y el pueblo, aterrado por la aproximacion de
Saladino, habia visto sin escandalizarse que convertian en moneda el metal precioso que cubria la capilla del Santo Sepulcro.
El sultan, antes de atacar á la ciudad, propuso á los habitantes
una capitulacion; los cristianos contestaron que nunca cederian
la ciudad en que su Dios habia muerto. Comenzaron los combates; los sitiados se resistian con valor; en salidas frecuentes atacaban al enemigo con lanza ó espada; muchos de ellos perecian, y
subian, dicen las crónicas, á la Jerusalen celeste.

Saladino habia acampado al pronto al occidente de Jerusalen, en las alturas en que Raimundo de Tolosa asentó sus tiendas ochenta años antes. Cambió de posicion y llevó su campo al
norte de la ciudad, al sitio en que se habia colocado Godofredo
para maniobrar con sus grandes máquinas de guerra. El sultan
hizo minar las murallas que se extienden desde la puerta de Josafá hasta la de San Esteban; los valerosos esfuerzos de los sitiados no pudieron interrumpir los trabajos amenazadores de los
sarracenos. Las torres y las murallas estaban próximas á hundirse á la primera señal. Grande era la desesperacion en Jerusalen; el clero salia en procesiones por las calles; no se oian mas
que gemidos y voces suplicantes que invocaban la misericordia
divina.

En medio de la perturbacion y de la agitacion general se descubrió una conspiracion de cristianos griegos y sirios, que sufrian con disgusto la autoridad de los Latinos; aquella conspiracion tenia por objeto entregar la ciudad de Jerusalen á los
musulmanes; con esto aumentó la desesperacion de los habitantes. Los personajes mas importantes, acompañados de Balean de
Ibelin, fueron á pedir á Saladino una capitulacion bajo las condiciones que él mismo propusiera antes del sitio; pero Saladino
recordó que á la primera negativa de los habitantes habia contestado con el juramento de derribar los muros de Jerusalen y
pasar á cuchillo á la poblacion. Balean de Ibelin volvió varias
veces al campo del sultan, á quien siempre encontraba inexora-
ble. Un dia, el anciano guerrero dijo á Saladino que si los cristianos no podian obtener de él misericordia alguna, se entrega-
rian á la desesperacion, prenderian fuego á Jerusalen y convertirian á la ciudad santa en un extenso monton de ruinas, en un

vasto sepulcro. Asustado el sultan por estas palabras, despues de consultar á los doctores de la ley, que decidieron podia aceptar la capitulacion sin violar su juramento, suscribió á las condiciones propuestas. El vencedor concedió la vida á los habitantes y les permitió rescatar su libertad. El rescate se fijó en diez monedas de oro para los hombres, cinco para las mugeres y dos para los niños. Todos los guerreros que habia en Jerusalen en el momento de firmarse la capitulacion, obtuvieron permiso para retirarse á Tiro ó á Trípoli.

Al acercarse el dia en que los cristianos habian de alejarse de Jerusalen, la idea de abandonar para siempre los Santos Lugares, de dar un adios eterno al Divino Sepulcro y al Calvario; sepultó á todo aquel pobre pueblo en el dólor mas amargo; querian abrazar por última vez los vestigios sagrados de Jesucristo y hacer una oracion postrera en aquellas iglesias en que con tanta frecuencia habian rezado; todos los ojos derramaban lágrimas; Jerusalen nunca habia sido tan querida para los cristianos como en el dia en que les fué preciso abandonar aquella santa patria. Cuando llegó tan triste dia, se cerraron todas las puertas de la ciudad escepto la de David. Saladino, colocado sobre un trono, vió pasar por delante de sí á un pueblo afligido. El patriarca, seguido del clero, fué el primero que apareció, llevando los vasos sagrados, los ornamentos de la iglesia del Santo Sepulcro, y tesoros cuyo valor, segun dice un autor árabe, solo Dios conocia. Enseguida iba la reina Sibila, acompañada de los principales barones y caballeros; Saladino respetó su dolor y le dirigió palabras bondadosas. Un número considerable de mugeres seguia á la reina; todas llevaban á sus hijos en brazos y llenando el espacio con gritos desgarradores. Al pasar por delante del trono de Saladino, suplicaron al sultan que les restituyese sus hijos y sus esposos que quedaban cautivos, y Saladino accedió á sus ruegos. Varios cristianos habian abandonado sus muebles y sus efectos mas preciosos, y llevaban sobre sus hombros, unos á sus parientes debilitados por la edad, otros á sus amigos enfermos é imposibilitados. Este espectáculo conmovió el corazon de Saladino, y en su generosa compasion permitió á los hospitalarios que se quedasen en la ciudad para cuidar á los peregrinos y á aquellos á quienes enfermedades graves impedian salir de Jerusalen. La mayor parte de los cristianos fué salvada de la esclavitud.

· El culto del profeta de la Meca sustituyó á la religion de Jesucristo en la ciudad conquistada. Todas las iglesias, escepto la del Santo Sepulcro, fueron convertidas en mezquitas. Saladino hizo lavar con agua de rosas llevada de Damasco, las paredes interiores y exteriores de la mezquita de Omar. En el primer viernes que siguió á la toma de Jerusalen, el pueblo y el ejército se reunieron en la mezquita principal, y el gefe de los imanes pronunció un discurso sobre las victorias de Saladino. Mientras que en los Santos Lugares resonaban himnos de un culto extrangero, los cristianos vagaban tristemente por la Siria, rechazados por sus hermanos, que les acusaban de haber entregado el sepulcro del Hijo de Dios. La ciudad de Trípoli les cerró sus puertas. Los que se trasladaron á Egipto fueron menos desgraciados y conmovieron el corazon de los musulmanes; muchos de ellos se embarcaron para Europa, en donde anunciaron, con gemidos y lamentos, que Jerusalen habia caido en poder de Saladino.

CAPÍTULO XIV.

Predicacion de una nueva cruzada.—Expedicion del emperador Federico I.

(De 1188 á 1189).

. El ánimo de los contemporáneos, la salvacion de la fe cristiana y aun la misma gloria de Dios, se hallaban ligadas con la conservacion de Jerusalen; así pues, la pérdida de la ciudad santa habia de difundir la consternacion en todo el Occidente. Urbano III murió de dolor al saber aquella noticia. El nombre de Jerusalen voló de boca en boca, mezclado con gritos de desesperacion. Deciase que prodigios observados en el Cielo habian anunciado las calamidades de la Tierra Santa; despues de los desastres de los Santos Lugares, varios milagros habian respondido al dolor universal: los fieles habian mezclado sus lágrimas con las lágrimas de sangre derramadas en las iglesias por los crucifijos y las imágenes de los santos. Acusábanse de las desgracias de Jerusalen, consideradas como un castigo del Cielo, y por medio de la penitencia procuraban ablandar á un Dios irritado. Reformas piadosas sucedieron á aquel arrebato de dolor y de remordimiento. La Europa se encontró dispuesta á marchar á la voz de Gregorio VIII, quien murió antes de termi-

nar la obra comenzada. La dirección de la cruzada pasó á manos de Clemente III.

Guillermo arzobispo de Tiro, que había llegado de Oriente
para solicitar socorros de los príncipes, recibió del Sumo Pontífice la misión de predicar la guerra santa. Primero hizo oir su
voz entre los pueblos de Italia, y en seguida se trasladó á Francia; apareció en una reunion convocada cerca de Gisors, por
Enrique II, rey de Inglaterra, y Felipe Augusto, rey de Francia. Cuando llegó Guillermo de Tiro, aquellos dos reyes que estaban guerreando entre sí por la posesion del Vexino, habían dejado las armas. El prelado de la Tierra Santa leyó en alta voz,
delante de los príncipes y caballeros reunidos, una relacion de
la toma de Jerusalen por Saladino, y la narracion de este desastre arrancó lágrimas á todos los circunstantes. El orador exhortó á los fieles á que tomasen la cruz; describió las desgracias
de los cristianos expulsados de sus moradas, despojados de sus
bienes, vagando entre los pueblos de Asia, sin encontrar una
piedra en que descansar su cabeza; reconvino á los príncipes y á
los caballeros por haber dejado arrebatar la herencia de Jesucristo, por haber olvidado al reino cristiano fundado por sus padres;
les reconvino porque se estaban batiendo en Europa, entre cristianos por los límites de una provincia y la orilla de un rio,
mientras que los infieles hollaban triunfantes el reino de Jesucristo. Estas exhortaciones conmovieron todos los corazones. Enrique II y Felipe Augusto, que hasta entonces eran enemigos
implacables, se abrazaron llorando y pidieron la cruz. Ricardo,
hijo de Enrique y duque de Guyena, Felipe conde de Flandes,
Hugo, duque de Borgoña, Enrique, conde de Champaña, Tibaldo, conde de Blois, Rotrou, conde de Perche, los condes de Soissons, de Nevers, de Bar, de Vandome, los dos hermanos Josselin y Mateo de Montmorency, una multitud de barones y caballeros, y varios obispos y arzobispes de Francia y de Inglaterra, hicieron el juramento de libertar á Jerusalen. Toda la reunion
repitió estas palabras: ¡La cruz! ¡la cruz! y este grito de guerra
resonó en todas las provincias. El entusiasmo de la cruzada se
extendió por la Francia entera y por todos los países inmediatos.

Faltaba el dinero para la empresa santa; el consejo de los
príncipes y de los obispos decidió que todos aquellos que no
tomasen la cruz pagarian la décima parte de sus rentas y del

valor de sus muebles. Este impuesto tomó el nombre de *diezmo* *saladino*, como para determinar el uso belicoso que de él se proponían hacer. El que se negaba á pagar esta deuda sagrada era castigado con la excomunion. El clero pretendia no ayudar á los cruzados mas que con sus oraciones, pero no se hizo caso alguno de sus reclamaciones, y la Iglesia se vió obligada á someterse al impuesto. Estatutos redactados expresamente para este objeto, habian arreglado la manera de cobrar el diezmo saladino. No bastando los productos de este, se acordaron de que los judíos eran ricos; el rey de Francia los mandó arrestar en sus sinagogas, y les obligó á entregar en su tesoro la cantidad de 5.000 marcos de plata.

Los tributos de los fieles fueron distraidos de su piadoso objeto; sirvieron para sostener una guerra emprendida contra el rey Enrique por su hijo Ricardo, quien se habia adherido al partido de Felipe Augusto. El legado del papa excomulgó á Enrique y amenazó á Felipe con poner su reino en entredicho; estos anatemas y estas amenazas fueron despreciados por ambos príncipes. La muerte del rey Enrique puso término á la contienda; el monarca inglés habia espirado maldiciendo á su rebelde hijo Ricardo, coronado como rey de Inglaterra y acusándose de la muerte de su padre, fijó todos sus pensamientos en la expedicion santa. Convocó cerca de Northampton á los barones y prelados de su reino; en esta reunion predicó la cruzada Balduino, arzobispo de Cantorbery. El mismo prelado recorrió las provincias, procurando difundir por todas partes el ardor religioso y guerrero; á su mision acompañaron aventuras milagrosas. Contra los judíos fué contra quienes desde luego se manifestó el entusiasmo de los ingleses; corrió su sangre en las ciudades de Londres y de York. Ricardo, esperando que aquella persecucion seria provechosa para su tesoro, no se apresuró á contener el furor de la multitud. Los despojes de los judíos, y el diezmo saladino exigido en Inglaterra con cruel rigor, no le bastaron al rey Ricardo: vendió los bienes de la corona y sacó á pública subasta todas las grandes dignidades del reino; decia que hubiera vendido la ciudad de Londres si hubiese encontrado comprador.

Mientras se ocupaban en los preparativos de la cruzada y el célebre Pedro de Blois escitaba con sus palabras el zelo de los caballeros y los barones, Felipe Augusto y Ricardo celebraron una

entrevista en Nonancourt. Los dos reyes, deseando asegurar el
órden y la disciplina en los ejércitos que habian de conducir á
Oriente, hicieron reglamentos severos para reprimir las pasiones
y los vicios de los peregrinos. La presencia de las mujeres en la
primera cruzada habia ocasionado muchos desórdenes; la reunion de Nonancourt les prohibió el viaje á la Tierra Santa. Se pro-
hibieron tambien todos los juegos de azar; se reprimió el lujo
en la mesa y en el vestir. Ricardo fué á embarcarse en Marsella,
y Felipe en Génova. El monarca francés habia confiado la administracion del reino á la reina Adela, su madre, y á su tio el cardenal de Champaña; tomó en San Dionisio la calabaza y el bordon de peregrino.

El arzobispo de Tiro, encargado de predicar la guerra santa,
al separarse de los reyes de Francia y de Inglaterra reunidos en
Gissors, se habia trasladado á Alemania para exhortar á Federico Barbaroja á tomar la cruz. Este príncipe habia tenido disensiones con la Santa Sede, y la cruzada se ofrecia como un medio
natural para completar su reconciliacion con el jefe de los fieles.
El valor de Federico Barbaroja se habia probado en cuarenta batallas, pero el siglo XII no conocia mas gloria verdadera que la
que se iba á buscar al Asia, y el emperador de Alemania fué arrastrado por la opinion general de la época. Tomó la cruz en la
dieta de Maguncia; los guerreros mas ilustres de Alemania imitaron el ejemplo de Federico. Las exhortaciones de la corte de
Roma resonaron en todas las iglesias de la Germania. Los apóstoles de la guerra santa y los diputados de Palestina iban por todas partes deplorando la suerte de la cristiandad en el Oriente y
los ultrages sangrientos hechos á la cruz del Salvador.

Federico habia seguido á su tio Conrado en la segunda cruzada, y entonces conoció los desórdenes que acompañaban á aquellas expediciones lejanas. En la reunion de Nuremberg y en otras
varias que tenian por objeto los preparativos para la guerra sagrada, se redactaron reglamentos bien entendidos, y se adoptaron todas las precauciones imaginables para librar á un ejército tan numeroso de los males de la indisciplina y de la miseria. Los cruzados teutones recibieron la órden de reunirse en Ratisbona. El emperador de Alemania se puso en marcha con su
ejército hácia la Pascua de Pentecostes del año de 1189; habia
confiado á su hijo Enrique el cuidado de gobernar el imperio du-

rante su ausencia. Federico iba á Oriente precedido por embajadores que enviaba á todos los príncipes musulmanes ó cristianos cuyos estados habia de atravesar; Enrique, conde de Holanda, habia recibido el encargo de llevar un mensage á Saladino; el emperador, recordando sus relaciones de amistad con el sultan del Cairo y de Damasco, le declaraba que no podia continuar siendo amigo suyo, y que todo el imperio romano iba á alzarse contra él, si no restituía á Jerusalen y la cruz del Salvador que habian caido en sus manos. La respuesta de Saladino fué una declaracion de guerra.

El ejército de Federico, en su marcha por la Hungría, encontró en todas partes poblaciones hospitalarias. No comenzó á conocer los sufrimientos de la peregrinacion santa hasta que llegó á la Bulgaria, mas salvage entonces que en tiempo de Pedro el Ermitaño. A nadie se encontraba en las ciudades; los molinos habian sido destruidos, los desfiladeros por los cuales habia que pasar estaban obstruidos con piedras de gran tamaño y costudiados por partidas de ladrones. Los habitantes maltrataban y saqueaban á los peregrinos; muchos de estos búlgaros fueron sorprendidos y ahorcados de los árboles como *perros inmundos ó lobos voraces*, segun dicen las crónicas. Llegado el ejército de Alemania á Filipopolis, supo que los embajadores enviados al emperador Isac habian sido encerrados en una cárcel de Constantinopla; entonces no se acordaron ya de los tratados estipulados antes de la partida de Ratisbona, y todo el país fué asolado durante varios meses. Cuando los embajadores, puestos ya en libertad, se reunieron con los peregrinos, inflamaron su animosidad recordándoles las perfidias del soberano de Bizancio, que se habia hecho aliado de Saladino.

Andrinópolis, Didimótica, Selivrea, Galipoli y todas las plazas de la orilla derecha de la Propontide y del Helesponto, cayeron en poder de los alemanes. Ocupábanse en atacar á Constantinopla; habian pedido á Venecia, á Ancona y á Génova, buques grandes y pequeños para sitiar á la ciudad imperial por mar. Federico apremiaba al papa para que predicase una cruzada contra los griegos. Al fin, Isac, que durante mucho tiempo se habia obstinado en negar el paso á los cruzados, se humilló y comprendió la necesidad de poner el mar entre él y aquel ejército formidable; 1.500 buques y 26 galeras trasportaron los peregrinos á la costa de Asia. El duque de Suabia, seguido de su tropa, fué el primero que pasó el Helesponto; el emperador Federico cruzó el canal con el último cuerpo de ejército, al ruido de las trompetas y clarines.

Federico partió de Lampsaca, pasó el Gránico por cerca del sitio en que se encontraron los ejércitos de Alejandro y de Darío, y dejando á su izquierda el monte Olimpo, y á su derecha el monte Ida, se dirigió á Filadelfia. El ejército cristiano tuvo que castigar la audacia de una tropa de griegos que atacaba con frecuencia á los peregrinos desarmados y despojaban los cadáveres de aquellos á quienes lograban dar muerte. Los cruzados, dice una crónica, se hallaban en el país de los escorpiones, cuya cabeza nada tiene que inspire temer, pero que pican con la cola. Los ríos y las ciudades que atravesó Federico en su marcha desde Lampsaca á Filadelfia, tienen nombres célebres mezclados con la poética nombradía de la antigüedad; los cronistas solo los designan con nombres bárbaros; el Esopo, el Hermo, y el Pactolo, Pérgamo, Sardes y Magnesia, no despertaban recuerdo alguno en la mente de los cruzados teutones.

Filadelfia, última ciudad griega, frontera de las tierras musulmanas, rehusó víveres al ejército de los Francos. Los caballeros, irritados con tal acogida, echaron abajo una de las puertas de la ciudad é hirieron á varios griegos; otros cruzados lanzaron flechas ó piedras desde lo alto de las murallas, y estas tentativas belicosas solo cesaron por la intervención de Federico. Al trasladarse los peregrinos desde Filadelfia á Laodicea, perdieron muchos caballos en las montañas de Mesosis. Vieron las ruinas de Trípolis y de Hierapolis; los restos de esta última ciudad están desparramados por la pendiente meridional de una montaña, dos horas al norte de Laodicea. El ejército cristiano pasó el Licus llamado por los cronistas el *pequeño Meandro*, y entró en Laodicea, en donde le suministraron víveres con abundancia.

Las crónicas, al explicar el itinerario de Federico desde Laodicea, citan primero el lago de las Salinas, situado á diez y seis leguas de aquella ciudad. El ejército imperial perdió varias mulas de carga en aquel parage desierto en que no se encontraban árboles, flores, ni yerba; cerca del lago encontró un gran rebaño perteneciente á Turcomanos acampados en aquella comarca; la tribu abandonó sus tiendas y se fugó á las montañas; pero los peregrinos alemanes, no queriendo producir odios y rencores en su camino, juzgaron conveniente no tocar al rebaño; los ejércitos de las expediciones precedentes no habrian dado tal ejemplo de moderacion y disciplina. Desde el lago de las Salinas hasta Filomelium, la marcha de los cruzados fué un combate continuo y una série prolongada de miserias; esta marcha duró veinte dias. Algunas tropas musulmanas atacaron el campo de los cristianos en las inmediaciones de Filomelium, pero fueron rechazadas. Al dia siguiente de la Pascua de Pentecostes, á siete ú ocho leguas de Iconium, se dió una gran batalla al sultan de esta ciudad; las crónicas hacen ascender á 300.000 el número de los guerreros musulmanes. Los ginetes turcos, dice una relacion, cubrian la llanura y eran tan numerosos como las langostas. Teutones derrotaron á aquella multitud de enemigos. Un peregrino juró por la fe de la peregrinacion que habia visto á San Jorge pelear á la cabeza de los batallones de la cruz. Los restos del ejército del sultan se refugiaron en Iconium.

Un musulman servia de guia á los alemanes en su marcha hácia la capital de la Licaonia; este guia los llevó á parages desiertos y desprovistos de agua, y tuvieron que sufrir todos los tormentos de la sed; unos, para aplacar su ardor devorador, bebian la sangre de sus caballos; otros bebian sus propios orines, ó mascaban hojas ó yerba para humedecer su boca inflamada. Los peregrinos encontraron un pantano cuya agua corrompida fué para ellos *tan dulce como el nectar*, segun dice un antiguo narrador, testigo ocular; precipitáronse á sus orillas *como el ciervo que, huyendo de los cazadores, busca las fuentes*.

Un embajador musulman habia ido á proponer al emperador Federico que comprase por el precio de 300 escudos de oro la libertad de atravesar el territorio enemigo. Federico contestó: «No acostumbramos á comprar nuestro camino con oro, sino á abrirnosle con el acero y con el auxilio de Nuestro Señor Jesucristo.» Los cronistas alemanes han referido prolijamente los combates que abrieron á los cruzados las puertas de Iconium; el ejército iba dividido en dos cuerpos, uno mandado por Federico, y el otro por el duque de Suabia. El primero habia de atacar á los enemigos desparramados por la llanura; el segundo debia dirigir sus ataques contra la ciudad. El emperador y su hijo se apoderaron de esta despues de llevar á cabo hazañas maravillosas. Un testigo ha hablado de esta victoria como de un suceso muy digno de ser trasmitido á la posteridad; porque *la ciudad de Icone*, dice *iguala en extension á Colonia.* Los alemanes, prosiguiendo su marcha, llegaron á Láranda, ciudad situada á 25 leguas de Iconium, y que hoy lleva el nombre de Caraman. Un cronista, al indicar este itinerario, dice que ninguna lengua humana, ni aun siquiera la lengua de los ángeles bastaria para referir todas las miserias que el ejército aleman sufrió, sin murmurar, por el nombre de Cristo y la honra de la cruz.

Los teutones llegaban ya á las fronteras de los paises cristianos. Los príncipes de Armenia enviaron embajadores á Federico para ofrecerle todos los auxilios que necesitase. Los peregrinos no tenian que temer ya los ataques ni las sorpresas de los turcos; pero los pasos difíciles del Taurus habian de poner á prueba todavía su paciencia y su valor. «¡Quién no se habria conmovido hasta el extremo de derramar lágrimas, dice un antiguo cronista, al ver á los gefes mas nobles del ejército, á quienes las enfermedades ó el cansancio impedian andar, llevados en camillas entre dos mulas, por entre rocas escarpadas y senderos peligrosos! ¡Quién hubiera visto, sin enternecerse, á caballeros, príncipes, y obispos ilustres, trepar por montes inaccesibles para los gamos, y caminar por el borde de abismos, ayudándose con los piés y las manos como los cuadrúpedos! ¡Cuántos peregrinos perdieron sus armas, sus bagajes y sus caballos ó corrieron el peligro de caer ellos tambien á los precipicios! El amor hácia Aquel que guiaba sus pasos, y la esperanza de la patria celestial á que aspiraban (así se expresa la historia contemporánea), les hacian sobrellevar todos estos males sin quejarse.»

Nos acercamos á la catástrofe que puso término miserablemente á una expedicion cuyo simple rumor habia aterrado al Asia. El ejército de la cruz seguia las orillas del Selef, rio pequeño que nace cerca de Laranda y vá á perderse en el mar de Cilicia. El emperador Federico, ya fuera que desease bañarse ó que solo quisiera pasar el rio, entró en el agua y un instante despues le sacaron sin vida. Esta muerte difundió la turbacion y la afliccion en el ejército; algunos peregrinos no pudieron sobrevivir á tal desastre; otros, abandonándose á su desesperacion desertaron de la religion de Jesucristo. La historia contemporánea, al referir aquella catástrofe, retrocede llena de espanto ante los misterios terribles de la Providencia. Los cruzados continuaron lentamente su camino, llevándose los despojos mortales del gefe ilustre que hasta entonces habia sostenido su valor; los autores no están acordes acerca del sitio en que fueron sepultados los restos de Federico; los cronistas colocan el enterramiento del emperador de Alemania en Antioquía ó en Tiro. Los cruzados, divididos en diferentes cuerpos, pasaron, unos á Antioquía, en donde sufrieron enfermedades pestilentes, y otros al territorio de Alepo, en donde casi todos cayeron en manos de los musulmanes; en todo el país, dice un historiador árabe, no habia una sola familia que no tuviese tres ó cuatro alemanes por esclavos. De 100.000 guerreros teutones que salieron de Europa, apenas llegaron 5.000 á Palestina. La suerte desgraciada de aquel ejército poderoso confunde á la sabiduría humana, cuando se piensa en todo lo que habia hecho el genio previsor de Federico para asegurar el buen éxito de la expedicion.

CAPÍTULO XV.

Conquistas de Saladino. — Sitio de San Juan de Acre.

(De 1188 á 1190.)

En el punto á que hemos llegado en la narracion de las guerras santas, los sucesos se aglomeran por todas partes, y la multitud de los hechos verificados á un mismo tiempo constituyen una situacion embarazosa para el historiador. La narracion no podria conservar aquí con una precision severa el órden de las fechas; unas veces hay que adelantar, y otras retroceder para que las diferentes séries de los hechos puedan ser presentadas sin confusion.

Mientras en Europa resonaban las predicaciones de la cruzada contra Saladino, vencedor de Tiberiada y de Jerusalen, los ejércitos del sultan continuaban sus invasiones en los Estados cristianos. Sin embargo, una ciudad detuvo de improviso las fuerzas reunidas del nuevo dueño del Oriente; los habitantes de Tiro habian jurado morir antes que rendirse á los musulmanes; esta determinacion generosa era obra de Conrado, hijo del marqués de Montferrat, que habia llegado en el momento en que la ciudad, muy apurada, pensaba en pedir una capitulacion á Saladino. Conrado tomó el mando de la plaza, ensanchó los fosos, y reparó las fortificaciones; los habitantes de Tiro aprendieron bajo sus órdenes á pelear contra los ejércitos y las flotas de los sarracenos.

El padre de Conrado, que habia caido prisionero en la batalla de Tiberiada, gemia cautivo en las mazmorras de Damasco, cuando Saladino le llamó junto á sí; queria servirse del anciano marqués de Montferrat para desarmar al valiente defensor de Tiro. El sultan prometió á Conrado entregarle su padre y darle ricas posesiones en Siria si le abria las puertas de la ciudad. Al propio tiempo le amenazó con mandar colocar al anciano marqués de Montferrat delante de las filas de los sarracenos, y exponerle asi á los golpes de los sitiados. Conrado contestó que despreciaba los regalos de los infieles, que la vida de su padre era menos para él que la causa de los cristianos, y que si los sarracenos eran bastante bárbaros para dar muerte al anciano, él se glorificaria con descender de un mártir. Los ataques de Saladino comenzaron de nuevo, y la defensa de los tirios fué heróica. En las olas del mar, al pié de las murallas, se sostenian incesantes combates. En todas partes volvian á encontrar los musulmanes á aquellos héroes cristianos que tantas veces les habian hecho temblar. Saladino, perdiendo la esperanza de tomar á la ciudad de Tiro, fué á atacar á Trípoli, que le obligó igualmente á retirarse.

Guido de Lusiñan, puesto ya en libertad, habia abrigado el pensamiento de levantar de nuevo el trono en que la fortuna le sentara por un momento. Despues de haberse presentado en vano delante de la ciudad de Tiro, que no habia querido reconocerle como rey, fué á poner sitio á Tolemaida, al frente de 9.000 hombres que logró reunir bajo sus banderas. Tolemaida ó San Juan de Acre, edificada á orillas del mar, en el extremo de una llanura extensa, tenia por la parte de tierra altas murallas, fosos profundos y torres formidables, entre las cuales sobresalia la *Torre maldita*. Un malecon de piedra cerraba el puerto, y terminaba en una fortaleza edificada sobre una roca aislada en medio de las olas. El sitio de Tolemaida, que duró dos años, comenzó á fines del mes de agosto de 1189. Una flota tripulada por pisanos cerró todas las avenidas de la plaza por la parte del mar. El reducido ejército de Guido asentó sus tiendas en la colina de

Turon, que es una de las que cortan la llanura en las inmediaciones de San Juan de Acre. Tres dias despues de la llegada de
los cristianos se dió un asalto violento; segun dice una crónica,
este primer asalto hubiera abierto la entrada de la plaza, si la
noticia de la aproximacion de Saladino no hubiese difundido de
pronto un terror pánico entre los sitiadores. Un cuerpo de tropas compuesto de ingleses y de flamencos, conducidos por el arzobispo de Cantorbery y por Jacobo de Avesnes, y 12.000 guerreros frisones y daneses, fueron á reforzar el pequeño ejército
de Lusiñan.

Saladino acudió con su ejército; sus tiendas cubrian la colina
de Kisan y rodeaban por todas partes á las tiendas de los cristianos. Despues de diferentes combates que no pudieron obligar á
los cristianos á cejar, el sultan quiso dar una batalla general en
un viernes, en la hora misma en que todos los pueblos del islamismo están haciendo oracion; habia escogido este dia y esta
hora para aumentar el ardor y el fanatismo del ejército musulman. En esta batalla, Saladino desalojó á los cristianos de las po-
siciones que ocupaban á orillas del mar, y penetró hasta los muros de la plaza; dejó en ella á sus guerreros escogidos y regresó
con el resto de su ejército á la colina de Kisan.

Diariamente llegaban nuevas tropas cristianas de los paises de
Occidente; á cada refuerzo que se recibia de Italia, de Francia, de
Alemania y de Inglaterra, el campamento se ensanchaba; fosos
anchos y profundos, y murallas ó terraplenes de tierra rodeaban
el campo y le daban el aspecto de una plaza fuerte. Mas de 100,000
guerreros se encontraban reunidos delante de San Juan de Acre,
cuando los poderosos monarcas que se habian puesto al frente de
la cruzada se estaban ocupando todavía en los preparativos de su
partida.

Hacia cuarenta dias que los Franceses estaban sitiando á aquella
plaza, y tenian que pelear incesantemente con la guarnicion y
con las tropas de Saladino. El dia 4 de octubre el ejército cristiano
bajó de su colina y se extendió por la llanura en órden de batalla. Muchos prelados se habian puesto el casco y la coraza. El rey
Guido, ante el cual llevaban cuatro caballeros el libro de los
Evangelios, mandaba á los franceses y hospitalarios. Conrado,
que habia llegado de Tiro para asociarse á los trabajos de los cristianos, mandaba á los venecianos, los lombardos y los guerreros

tirios. El landgrave de Turingia marchaba al frente de los alemanes, los pisanos y los ingleses, formando el centro del ejército. El gran maestre del Temple con sus caballeros, y el duque de Güeldre con sus soldados, componian el cuerpo de reserva; la custodia del campamento se habia confiado á Jacobo de Avesnes y á Godofredo de Lusiñan. Desde el primer choque se retiró en el mayor desórden el ala izquierda de los musulmanes. El campo de Saladino fué invadido : muchos sarracenos, impulsados por el terror huyeron hasta Tiberiada.

Dueños ya los cristianos del campo de los turcos, se desparramaron por las tiendas para saquearlas, y se introdujo el desórden entre los vencedores. Los sarracenos observaron muy luego que no eran perseguidos ; se reunieron, obedeciendo á la voz de Saladino, y comenzó de nuevo la batalla. La sorpresa y el espanto se apoderaron de la multitud de los cristianos. Mil rumores, acreditados por el temor, difundieron por todas partes el desórden; la multitud, aturdida, no escuchó ya á sus gefes. Andrés de Brienne fué derribado de su caballo al tratar de contener á sus soldados ; cubierto de heridas y amenazado con la muerte lanzaba gritos que no conmovian á ninguno de sus compañeros fugitivos, ni siquiera á su hermano Erardo de Brienne ; el marqués de Tiro, abandonado por los suyos, solo debió su salvacion á la generosa valentia de Guido de Lusiñan. Jacobo de Avesnes logró salvar su vida merced á la abnegacion de un guerrero jóven que quiso dar su caballo á su ilustre gefe. Los caballeros del Temple resistieron casi solos á los sarracenos; la mayor parte de ellos perecieron; el gran Maestre cayó en poder de los musulmanes y recibió la muerte en la tienda de Saladino. En aquel dia, mas de 200,000 guerreros habian peleado en la llanura de San Juan de Acre.

Al acercarse el invierno, el ejército musulman se retiró á las montañas de Saron, llamadas Karuba por los árabes, por razon de la gran cantidad de algarrobas que allí se encuentran. En cuanto á los cruzados, habiendo quedado solos en la llanura, extendieron sus líneas por toda la cordillera de las colinas que rodean á Tolemaida. Los cristianos abrieron fosos en las faldas de las colinas cuyas alturas ocupaban ; levantaron altas paredes en torno de sus cuarteles, y su campo quedó tan cerrado, dice un historiador árabe, que apenas podian penetrar en él los pájaros. Los torrentes del invierno cubrian la llanura. Los cruzados no podian temer ya ser sorprendidos por el ejército de Saladino, y proseguian sin tregua ni descanso el sitio de Tolemaida; la guarnicion de la plaza no podia defenderse mucho tiempo sin el auxilio del ejército musulman.

Cuando volvió la primavera, varios príncipes musulmanes de la Mesopotamia y de la Siria fueron á reunirse bajo las banderas de Saladino, quien bajó de las montañas de Karuba y atravesó la llanura ante la vista de los cristianos, á banderas desplegadas al estrépito de timbales y clarines. Entonces se empeñaron nuevos combates. Durante el invierno, tres torres grandes rodadas batieron en brecha las murallas de San Juan de Acre; en una batalla general, estas máquinas fueron reducidas á cenizas por un nuevo fuego griego cuyo inventor era un habitante de Damasco; el incendio de aquellas torres inmensas consternó al ejército cristiano; el landgrave de Turingia, desesperado, regresó á Europa.

Ningun descanso se concedia á los sitiadores. Les estandartes de ambas religiones luchaban lo mismo en el mar que en tierra; los buques europeos y los musulmanes, cargados de armas y de víveres, se daban rudos ataques en la rada de Tolemaida; la victoria ó la derrota producian alternativamente la abundancia ó la escasez en la ciudad ó en el campo de los cristianos. Por otra parte, las orillas del Belus, en las inmediaciones de las colinas de Turon, de *Mahameria* y de Kisan, resonaban diariamente el choque de las armas y el tumulto de las batallas. Un carro sobre el cual se alzaba una torre en cuya cúspide se veia una cruz y una bandera blanca, servia de punto de reunion á los cristianos y los conducia al combate. El ejército de los Francos mostraba mas valor que disciplina; el ardor del botin arrastraba á los cristianos léjos de las filas, y careciendo sus gefes de autoridad, no podian contenerlos. Saladino, mas respetado de los suyós, aprovechaba con frecuencia el desórden y la confusion de los cruzados para combatirlos con ventaja y arrebatarles la victoria.

Habíase difundido por el Oriente el rumor de la próxima llegada del ejército del emperador de Alemania. Saladino, aterrado, envió tropas al encuentro de tan temible enemigo; varios príncipes musulmanes abandonaron el campo de San Juan de Acre para ir á defender sus respectivos Estados amenazados por los

9

peregrinos que llegaban del Occidente. Los cruzados, temiendo que los alemanes fuesen á compartir con ellos la conquista de Tolemaida, apremiaron á los gefes para que diesen la señal de una batalla; la disminucion de fuerzas en el campo de Saladino les parecia un momento favorable para dar los últimos golpes. Los príncipes y el clero procuraron calmar un ardor imprudente; vanos esfuerzos! En el dia de la festividad de Santiago, la rebelion y la violencia abrieron todas las puertas del campo, y pronto cubrió la llanura la multitud de los cristianos. Este enjambre numeroso se precipitó en el campo de Saladino; los musulmanes, sobrecogidos de espanto, cedieron al pronto á tan impetuoso ataque; pero mientras los cristianos se dejaban arrastrar por el afán del saqueo, los sarracenos se reunieron y fueron á sorprender á los vencedores que estaban ocupados en despojar la tienda de Malek-Adel, hermano de Saladino.

La espada de los turcos hizo expiar á los cristianos su rebelion y su codicia. «Los enemigos de Dios, dice un cronista árabe, se atrevieron á entrar en el campo de los leones del islamismo; pero experimentaron los terribles efectos de la cólera divina: cayeron bajo el acero de los musulmanes como caen en otoño las hojas arrebatadas por la tormenta.» Otro autor árabe dice que: «Nueve filas de cadáveres cubrian el terreno que se extiende entre la colina y el mar; cada fila era de 1.000 guerreros.» Una salida de la guarnicion de Tolemaida al campo de los cruzados completó la desgracia de aquel dia; las tiendas de los cristianos fueron despojadas; un gran número de mugeres y niños que habian quedado sin defensa fueron arrebatados por los musulmanes. El dolor de los cristianos se convirtió en sombría desesperacion cuando llegó la noticia de la muerte de Federico Barbaroja y de los desastres sufridos por el ejército aleman. Los gefes de los peregrinos no pensaban ya mas que en regresar á Europa, cuando de improviso apareció una flota en la rada de Tolemaida, y se reanimaron las esperanzas al ver desembarcar á un gran número de ingleses, italianos y franceses, conducidos por Enrique, conde de Champaña.

Saladino, aterrado por aquel refuerzo procedente de Europa, se retiró por segunda vez á las alturas de Karuba. La ciudad tuvo que sufrir nuevos ataques. Arietes de un tamaño inmenso, y dos torres enormes, hechas de madera, acero, hierro y bronce, cuya construccion habia costado 1,500 monedas de oro al conde de Champaña, amenazaban las murallas de la ciudad; varias veces subieron los cruzados al asalto y estuvieron próximos á enarbolar sus estandartes victoriosos. Los sitiados, incansables en la defensa de su plaza, incendiaron las máquinas de los cristianos é hicieron diferentes salidas en las que rechazaron á los cruzados hasta su campamento.

La guarnicion de San Juan de Acre recibia socorros por mar; los cruzados para impedir estas comunicaciones, resolvieron apoderarse de la *Torre de las Moscas*, que dominaba al puerto de Tolemaida. La expedicion contra aquel fuerte, mandada por el duque de Austria, no tuvo buen éxito; una barca llena de materias combustibles, á las que se habia prendido fuego, fué lanzada al puerto para incendiar los buques musulmanes; el viento, que varió de repente, dirigió la barca hácia la torre de madera colocada sobre el buque del duque de Austria, y las llamas devoraron la torre de madera y la nave cristiana. Mientras el duque de Austria atacaba la *Torre de las Moscas*, el ejército de los cruzados daba á la ciudad un asalto inútil; las tropas de Saladino, aprovechando aquella salida, invadieron el campo de los sitiadores, y estos acudieron á defender sus tiendas contra el incendio y el saqueo. Entonces fué cuando llegó Federico, duque de Suabia, seguido de los restos desgraciados del ejército de los alemanes. Quiso señalar su llegada con un combate que solo dió por resultado hazañas estériles. Entonces se hizo sentir la escasez de víveres en el ejército cristiano. Algunos ginetes, apurados por el hambre, mataron sus caballos; se vendian los intestinos de un caballo ó de una mula hasta en diez sueldos de oro. Muchos señores y barones acostumbrados á las delicias de la vida regalada, buscaron con avidez las plantas y las raíces para alimentarse con ellas. La desesperacion del hambre arrastró á mas de un guerrero cristiano á pasarse á las banderas del islamismo.

Muy luego los cadáveres desparramados por la llanura produjeron enfermedades contagiosas. Viéronse reproducidas en el campo de los cristianos, bajo los muros de San Juan de Acre, las escenas de luto, los sombríos funerales del sitio de Antioquía durante el invierno de 1097. El contagio arrebató á jefes ilustres á quienes habia perdonado la muerte en las batallas. El duque de Suabia murió de miseria y de enfermedad. Para colmo de

desgracia, se suscitaron disensiones con motivo de la herencia
del trono ilusorio de Jerusalen. Sibila, mujer de Guido de Lusiñan, murió con sus dos hijos; Isabel, segunda hija de Amaury y
hermana de la reina Sibila, era la heredera de la corona de Jerusalen. Guido de Lusiñan hacia valer sus derechos; pero este
príncipe, que no habia sabido defender á Jerusalen, no contaba
con numerosos partidarios. Conrado, marqués de Tiro, cuyo valor era bien conocido, tuvo la ambicion de reinar en la Palestina;
aunque estaba casado con la hermana de Isac el Ángel, emperador de Constantinopla, pensó en casarse con Isabel, unida ya
con Honfroy de Thoron. Adulaciones, regalos, promesas, todo
fué puesto en juego por el marqués de Tiro; al fin, un consejo
de eclesiásticos anuló el matrimonio de la princesa Isabel con
Honfroy de Toron, y la heredera del reino se convirtió en esposa de Conrado, quien se encontró así con dos mujeres, una en Siria y la otra en Constantinopla. Este escándalo no era á propósito
para calmar el furor de los debates. En último lugar se convino en que ambos partidos someterian aquel asunto á la decision
de Ricardo y de Felipe, á quienes se guardaba de un momento
á otro.

Aquellos dos monarcas habian designado como punto de reunion el puerto de Mesina. Cuando llegaron á Sicilia encontraron
una guerra de sucesion ocasionada por la muerte de Guillermo
II. Constanza, heredera de Guillermo, se habia casado con Enrique VI, rey de los romanos, confiándole el encargo de defender su
herencia; Tancredo hermano de Constanza, amado del pueblo y
de la nobleza del país, s) sostenia por la fuerza de las armas en
el trono de su hermana. Algunas tropas alemanas, encargadas
de sostener los derechos de Constanza, asolaban la Pulla. Tancredo, poco asegurado todavía en su autoridad, temia á Felipe
Augusto como aliado del emperador de Alemania, y á Ricardo
como hermano de la reina Juana, vuida de Guillermo, á la que
tenia presa. La sumision y sus zalameras caricias, aplacaron
desde luego al rey de Francia; Ricardo, mas difícil de conven-
cer, reclamó con altanería el dote de Juana, y se apoderó de dos
fuertes que dominaban á Mesina. Enarboló su pabellon en la
misma capital de la Sicilia; pero aquel pabellon fué arriado por
órden de Felipe Augusto. Acababan de establecerse la desconfianza y el odio entre los dos reyes, y por consiguiente entre los

franceses y los ingleses. Ricardo se negó á casarse con la princesa Alicia, hermana de Felipe Augusto, aquella misma princesa cuya mano habia solicitado y por quién habia hecho la guerra á su padre el rey Enrique. Leonor de Guyena que se habia
vuelto enemiga implacable de los franceses, trabajaba con zelo
para hacer que Ricardo se casase con la princesa Berenguela hija de Don Sancho de Navarra.

Sin embargo, el rey de Inglaterra, arrastrado de improviso
por un exceso de arrepentimiento, quiso someterse á la flaje-
lacion para expiar sus errores para con los cruzados. Tuvo deseos de oir á un solitario llamado Joaquin, retirado en las montañas de la Calabria que tenia fama de descubrir en el Apocalip-
sis, el secreto de las cosas futuras. Interrogado Joaquin acerca
del efecto de la guerra que iban á hacer en Palestina, contestó
que Jerusalen seria libertada siete años despues de su conquista,
y que entre tanto Dios concederia sus triunfos á Ricardo y haria
célebre su nombre sobre los de todos los príncipes de la tierra.
En esta profecía nada era cierto mas que la suerte gloriosa prometida á Ricardo.

En el primer dia de la primavera se dirigieron las flotas cristianas á la Palestina; Felipe Augusto fué recibido en el campo
de los cristianos, en San Juan de Acre, como el ángel del Señor.
Los franceses establecieron sus reales al alcance de las saetas del
enemigo; se ocuparon en dar un asalto que, segun dicen, hubiera podido hacerles ser dueños de la ciudad; pero Felipe inspirado por un espíritu caballeresco mas bien que por una política
sábia y previsora, quiso que Ricardo se hallase presente á aquella primera conquista. Esta generosidad tuvo el inconveniente
de dar tiempo á los sitiados para que recibiesen socorros.

La flota de Ricardo habia sido dispersada por una borrasca violenta al salir del puerto de Mesina; tres buques perecieron en las
costas de Chipre, y los náufragos fueron maltratados por los
habitantes. El buque que conducia á Berenguela de Navarra y
á Juana reina de Sicilia no pudo obtener permiso para entrar
en el puerto de Limisso. El mismo Ricardo, al llegar delante de
aquel puerto con su flota, que habia logrado reunir, experimentó una negativa terminante; un príncipe griego, llamado Isac,
dueño y opresor de la isla de Chipre, amenazó al rey de Inglaterra. Se necesitó muy poco tiempo para vencer al príncipe grie-

go. Ricardo tomó posesion de la isla que permaneció mas de 300
años bajo el dominio de los Latinos; así pues, mientras Felipe
Augusto aguardaba á su rival para tomar una ciudad á los sarracenos, este fundaba un reino. En Limisso, en las inmediaciones de la antigua Amatonte, fué donde Ricardo celebró su casamiento con Berenguela de Navarra. En seguida fué á reunirse
con los cruzados franceses acampados delante de Tolemaida.

Saladino, al saber la llegada de los dos reyes poderosos procedentes del Occidente, habia enviado sus embajadores á las cortes de todos los principes musulmanes; en todas las mezquitas se
rogaba para obtener el triunfo de sus armas, y los imanes ex-
hortaban á los pueblos á que se alzasen contra los enemigos de
Mahoma. «Vuestras marchas contra los infieles, les decian los
«imanes, vuestros peligros, vuestras heridas, todo, hasta el paso
«del torrente, está escrito en el libro de Dios.» Animados los musulmanes por las palabras de los apóstoles del islamismo, acudian desde los diferentes puntos del Asia al campo de Saladino.

Desde las discusiones de Mesina, las relaciones entre Felipe
Augusto y Ricardo habian tomado un carácter de irritable envidia; las frecuentes discusiones concluian por juramentos de
amistad que muy luego eran olvidados.

La conquista de la isla de Chipre habia valido á Ricardo elogios que importunaban á Felipe Augusto; el ejército del rey de
Inglaterra era mas numeroso que el del rey de Francia; Ricardo
que habia abrumado á su reino con impuestos antes de embarcarse, era mas rico en San Juan de Acre que el monarca francés, su
señor feudal; la union de estos dos principes de ningun modo
podia ser completamente sincera, sobre todo si se tiene en cuenta el carácter impetuoso de Ricardo. Además el héroe de corazon
de leon conocia todo su valor y no era hombre capaz de sufrir la condicion de vasallo. Estos motivos de rivalidad entre los
franceses y los ingleses perjudicaron los trabajos del sitio y
atrasaron la toma de Tolemaida.

Felipe Augusto, viéndose precisado á inclinarse á un partido
en el asunto de los debates relativos á la corona de Jerusalem, se
habia declarado en favor de Conrado; esta fué razon suficiente
para que Ricardo abrazase la causa de Guido de Lusiñan. El
ejército cristiano se dividió en dos partidos; uno le componian
los franceses, los alemanes, los templarios y los genoveses, y

el otro los ingleses, los pisanos, y los caballeros de San Juan. Felipe Augusto y Ricardo enfermaron al llegar á Palestina y se vieron obligados á permanecer en el mas absoluto reposo en sus respectivas tiendas. Durante su enfermedad, los dos reyes sostuvieron con Saladino relaciones de amistad cuya generosidad y cortesanía ha consignado la historia. Habiendo recobrado ambos monarcas la salud, se ocuparon en reunir todas las fuerzas cristianas contra el enemigo comun, y por de pronto pusieron término á divisiones funestas decidiendo que Guido de Lusiñan conservase el título de rey durante su vida, y que Conrado y sus descendientes le sucediesen en el reino de Jerusalen. Para acabar de establecer la armonía se convino en que cuando Ricardo ó Felipe Augusto atacasen la ciudad, uno de ellos velaria por la seguridad del campo y contendria al ejército de Saladino.

Cuando los sitiadores se presentaron de nuevo delante de las murallas, encontraron una resistencia que no esperaban; los musulmanes emplearon en fortificar la ciudad el tiempo que los cristianos malgastaron en vanas disputas. Entonces comenzaron grandes combates para atacar alternativamente á la ciudad y rechazar al ejército de Saladino. Lo mismo bajo las banderas de la cruz que bajo las del islamismo, la actividad, el valor y el menosprecio de la muerte impulsaban á ejecutar hazañas maravillosas. Los cristianos empleaban diariamente medios nuevos para conmover los muros y penetrar en la plaza. Cuando sus torres de madera y sus arietes eran consumidos por las llamas, minaban la tierra y avanzaban por caminos subterráneos hasta los cimientos de las murallas. El valor de los franceses, sobre todo, era admirable; sus ataques se dirigian á la *Torre maldita*, al este de la ciudad; por aquella parte las murallas comenzaban á hundirse; se iba á abrir un camino. Los guerreros de la guarnicion, aterrados por el peligro, y debilitados ya por las enfermedades y el hambre, cayeron en el mayor desaliento. El comandante de la plaza se decidió á pedir una capitulacion; se presentó á Felipe Augusto y propuso entregarle la ciudad bajo las mismas condiciones que los cristianos la habian entregado á los musulmanes cuatro años antes, es decir: concediendo á los sitiados la vida y la facultad de buscar un refugio donde quisiesen. El rey de Francia, despues de haber consultado á los gefes principales del ejército, contestó que los cruzados no consentian en conceder la vida á los habitantes y á la guarnicion de Tolemaida, si los musulmanes no restituian Jerusalen y todás las ciudades cristianas que habian caido en su poder despues de la batalla de Tiberiada. El comandante se retiró jurando por Mahoma que se sepultaria bajo las ruinas de la ciudad.

Una resistencia postrera y muy viva fué el resultado de aquella resolucion valerosa. Pero despues del ardor pasagero de la desesperacion, la vista de las torres arruinadas, la desercion de algunos gefes y la situacion horrible de los habitantes indujeron á los emires á entablar nuevas negociaciones con los cristianos. Habiendo vuelto á la tienda de Felipe Augusto, los gefes prometiéron que harian restituir á los Francos el leño de la verdadera cruz y 1.600 prisioneros; comprometiéronse, además, á pagar á los príncipes cristianos 200.000 monedas de oro. En poder del vencedor habian de quedar rehenes musulmanes y todo el pueblo encerrado en Tolemaida, hasta la completa ejecucion del tratado. Esta capitulacion fué aceptada. En el momento en que Saladino lo supo, se disponia á intentar un esfuerzo postrero para salvar la plaza; este resultado, despues de tantos combates, le llenó de dolor.

·Así terminó el sitio de Tolemaida; los habitantes de la ciudad y la guarnicion se defendieron durante dos años con una decision inalterable, con incansable ardor. Bajo los mures de aquella plaza derramaron los cruzados mas sangre y mostraron mas valor de lo que se necesitaba para conquistar el Asia. Durante todo este tiempo, el acero ó las enfermedades arrebataron la vida á mas de 100.000 cristianos. A medida que las legiones de Europa perecian en la llanura de San Juan de Acre, llegaban otras nuevas; buques procedentes de todos los puertos de Occidente trasportaban pueblos armados que iban á perecer miserablemente en torno de la colina de Turon y en las arenas del Belus; se hubiera podido creer que la tierra y el mar de Siria se entendian entre sí, y que aquella habia recibido el encargo de devorar lo que este le llevaba. Aquel sitio de Tolemaida, comenzado por un rey fugitivo, reunió gradualmente todas las fuerzas de la cristiandad. Imperios enteros se agitaron ruidosamente para ir á libertar á Jerusalen, y toda aquella tempestad fué á bramar y á morir en una ciudad de las costas de Palestina. Debe observarse que la salvacion de los ejércitos de la cruz bajo los muros de San Juan

Acre procedió de la superioridad de la marina cristiana sobre la musulmana: si los buques francos que surtian de provisiones al campo de los cruzados hubiesen sido vencidos en sus combates con las naves sarracenas, el ejército de los sitiadores hubiera perécido de hambre.

En aquel sitio prolongado de San Juan de Acre se vieron aparecer y desarrollarse el genio, las costumbres y las pasiones de la cristiandad y del islamismo. Los medios de ataque y los de defensa se perfeccionaron. No hubo, como en las expediciones precedentes, apariciones maravillosas que inflamasen el piadoso valor de los cruzados; pero no por eso era menos violento el fanatismo de los guerreros de Europa, ni menos indomable su intrepidez. En medio de una guerra en la que mas de una invencion multiplicó las probabilidades de muerte, por ambas partes se dieron pruebas de humanidad, y tanto cristianos como agarenos retrocedieron algunas veces ante la barbarie. Durante los dias de tregua las fiestas de la caballería interrumpian la triste monotonía de los combates; la llanura de San Juan de Acre presenció torneos á que fueron convidados los guerreros sarracenos. Los Francos bailaban al son de instrumentos árabes, y los musulmanes, á su vez, con la música de los trobadores. El campo de los cruzados delante de Tolemaida habia llegado á ser como una gran ciudad de Europa, con sus oficios, sus artes mecánicas y sus mercados. La industria avara aprovechó con frecuencia la miseria de los cruzados, y tambien la codicia recibió muchas veces su castigo. Los vicios que siguen siempre á las multitudes numerosas, y las imágenes de la corrupcion, se mezclaban con el espectáculo de la miseria. Sin embargo, hubo grandes casos de edificacion y ejemplos brillantes de caridad. Habianse formado asociaciones de hombres piadosos para asistir á los moribundos y dar sepultura á los cadáveres. Durante aquel sitio fué cuando los cuidados generosos prodigados á los pobres soldados del Norte, se convirtieron en órigen de la asociacion hospitalaria de los caballeros teutónicos. Tambien en aquella época fué cuando se estableció la institucion de la Trinidad, cuyo objeto era rescatar á cristianos que se hallasen cautivos entre los musulmanes.

Felipe Augusto y Ricardo se repartieron los víveres, las municiones y las riquezas de la ciudad, con gran descontento de la multitud de los cruzados que habian sufrido y peleado bajo los

muros de Tolemaida durante dos inviernos consecutivos. El rey
de Francia se mostró bondadoso y moderado. El rey de Inglaterra hizo uso de la victoria sin consideracion alguna, no solo para
con los infieles, sino tambien para los cruzados. Leopoldo de Austria habia hecho prodigios de valor, y su bandera ondeaba en
una torre de la ciudad; Ricardo mandó que quitasen la bandera
y la arrojasen á los fosos. Leopoldo impidió que los guerreros
alemanes tomasen las armas para vengar aquel ultraje; la fortuna habia de ofrecerle mas tarde una ocasion para satisfacer su
resentimiento. Conrado habiendo llegado á tener motivos de queja del rey de Inglaterra, se retiró bruscamente á Tiro. Poco despues anunció Felipe Augusto su intento de regresar á sus Estados; se embarcó para Europa, dejando en Palestina 10.000 franceses á las órdenes del duque de Borgoña. Habia comprendido
que la cruzada le dejaba poco que hacer para su gloria.

CAPITULO XVI.

*Marcha del ejército de Ricardo desde San Juan de Acre hasta Ja-
fa.—Batalla de Arsur.—Permanencia en Jafa.—Proyecto de
libertar á Jerusalen.—Reedifican á Ascalon.*

(De 1191 á 1192.)

Trascurrió mas de un mes, y aun no habia tenido ejecucion el tratado de la capitulacion de Tolemaida. Saladino no podia resolverse á entregar en manos de los cruzados 2.000 prisioneros dispuestos á tomar de nuevo las armas contra él, 200.000
monedas de oro, destinadas al sostenimiento de aquel ejército al
que no habia podido vencer, y el leño de la verdadera cruz, cuya vista excitaba el entusiasmo y el ardor de los guerreros cristianos. Habiase apremiado varias veces al sultan para que cumpliese sus promesas; los cristianos le amenazaron con dar muerte á los musulmanes que estaban en su poder si no cumplia las
condiciones del tratado, y la política del sultan permaneció inflexible. Las amenazas terribles de los cruzados no fueron vanas;
2.700 sarracenos cargados de cadenas fueron conducidos á la llanura hasta el sitio en que acampaba el sultan; la eleccion del sitio para la ejecucion de los desgraciados cautivos era en cierto
modo una intimacion postrera hecha á Saladino. Ricardo mandó
dar muerte á los 2.700 prisioneros musulmanes. No debe acusar-
se solo al rey de Inglaterra por este acto de barbarie, porque la
ejecucion de los cautivos habia sido resuelta en un consejo cele-

brado por los géfes del ejército cristiano. Según dicen algunos
autores, Saladino había mandado ya dar muerte á los prisioneros cristianos que tenía que cangear por los musulmanes. Por lo
demás, los sarracenos no culparon á Ricardo por la matanza de
sus hermanos cautivos, sino que acusaron al sultan, quien ha-
biera podido rescatar su libertad y su vida cumpliendo las condiciones de los tratados.

A tan prolongados trabajos habian sucedido gratos ócios para
los cristianos victoriosos. La abundancia de víveres y el vino de
Chipre hacían olvidar á los cruzados el objeto austero de la peregrinacion. Aumentáronse con pesar de una ciudad llena de delicias. En el dia señalado, 100.000 cruzados mandados por Ricardo
pasaron el Belus, costearon el golfo de Caifa, y adelantaron hasta Cesarea, adonde no llegaron sino despues de seis dias de fatigas. Un carro montado sobre cuatro ruedas forradas de hierro
llevaba el estandarte de la guerra santa, izado en el xtreme de
un mástil muy alto; en torno de este carro era donde colocaban
los heridos, y donde se reunia el ejército en los momentos de peligro. La marcha de los cristianos fué un combate prolongado, un
sufrimiento interminable; se vieron precisados á sostener los continuos ataques del enemigo y á luchar con las dificultades de
los caminos. El ejército apenas andaba tres leguas por dia; todas
las noches establecia sus tiendas: antes de que los soldados se entregasen al sueño, un heraldo de armas gritaba por todo el campo: Señor, socorred al Santo Sepulcro! Pronunciaba tres veces estas palabras, y todo el ejército las repetia alzando las manos y los
ojos al cielo.

Los cronistas han mencionado los sitios por donde pasaron los
cristianos; citan primero un castillo denominado Cafarnaum, que
ya no encuentran hoy los viageros; despues los caminos angostos, especie de senda abierta á fuerza de trabajo entre dos bancos
de roca en una extension de media milla; al extremo de la llamada de los caminos angostos, se alza ahora el castillo de los peregrinos llamado Atlik, edificado por los templarios algunos
años despues del paso de Ricardo. Los peregrinos vadearon el
rio de los Cocodrilos, llamado hoy Nhar-Coukak. Cesarea en
donde hizo alto el ejército de Ricardo, no tiene ya habitantes,
pero aun conserva sus torres y sus murallas en la orilla del mar.

Mas allá de Cesarea se ofrecieron grandes peligros á los cru-

zados. Saladino habia reunido todo su ejército, impaciente por
vengar la pérdida de Tolemaida y el asesinato de los cautivos
musulmanes. En las montañas y en la llanura se juntaron 200,000
sarracenos; ocuparon las orillas de un rio llamado en las crónicas *Rochetalie* (hoy *Leddar*), para cerrar el paso á los cruzados.
Al ver al ejército musulman, el rey Ricardo se apercibió para el
combate. Los batallones cristianos se dividieron en cinco cuerpos; « estaban tan oprimidas sus filas, dice un cronista, que una
manzana arrojada en medio de ellos no hubiera podido caer al
suelo sin tocar á un hombre ó á un caballo.» Los guerreros habian recibido la órden de no abandonar sus filas y de permanecer inmóviles hasta que se acercase el enemigo. De pronto, hácia la tercera hora del dia, la retaguardia de los cruzados fué
atacada por una multitud de sarracenos bajados de las montañas y que avanzaban con la rapidez del rayo, al son de los timbales y clarines, y llenando el espacio con ahullidos espantosos.
Nuevas falanges de bárbaros seguian á las primeras, y muy
pronto el ejército musulman, segun la expresion de los historiadores árabes, circunvaló al ejército cristiano *como los párpados*
rodean al ojo. Los hospitalarios, detrás de los cuales iban los ar-
queros y los ballesteros, y que formaban la retaguardia de los
cruzados, contuvieron el primer ímpetu del enemigo; los cristianos, no obstante los repetidos y violentos ataques, no interrum-
pieron su marcha. Ricardo habia renovado la órden de mantenerse en la defensiva, y de no precipitarse sobre el enemigo sino á la señal que habian de hacer seis clarines, dos en la cabeza
del ejército, dos en el centro, y dos en la retaguardia.

Al fin no pudiendo sufrir ya la vergüenza de estar sin combatir, algunos caballeros, sin aguardar la señal del rey Ricardo,
se precipitaron sobre los sarracenos; su ejemplo arrastró á los
diferentes cuerpos del ejército que estaban impacientes por llegar á las manos, y muy luego se hizo general la batalla. El rey
Ricardo se presentaba en cuantas partes necesitaban auxilio los
cristianos, y la precipitada fuga de los turcos anunciaba por dó
quiera su paso. Se estaban batiendo desde la colina de Arsur
hasta la llanura de Ramla, desde el mar hasta las montañas. El
suelo estaba cubierto de estandartes destrozados, de lanzas y espadas rotas. « Veinte carros, dice un testigo ocular, no habrian
bastado para trasportar los venablos y las saetas que habia en

el campo de batalla. » Los sarracenos no pudieron sostener el choque impetuoso de los Francos; las banderas amarillas de Saladino huian ante los estandartes de Ricardo.

Los cristianos, que apenas podian creer su victoria, permanecieron inmóviles en los mismos sitios en que habian vencido. Se ocupaban en curar á los heridos y en recoger las armas despárramadas por el campo de batalla, cuando 20.000 sarracenos reunidos por su gefe acudieron para comenzar de nuevo el combate. Los cruzados, que no esperaban se les atacase, quedaron al pronto sorprendidos. Agobiados por el calor y el cansancio, necesitaron ser estimulados por la presencia de Ricardo; ante el cual ningun sarraceno quedaba de pié, y al que las crónicas comparán, en la horrible pelea, con el segador que vá derribando espigas. En el momento en que los cristianos victoriosos volvian á ponerse en marcha hácia Arsur, la desesperacion arrastró á los musulmanes á dar un ataque postrero contra la retaguardia. Ricardo, que por dos veces habia rechazado al enemigo, voló al sitio del combate, seguido tan solo de 15 caballeros, y repitiendo en alta voz el grito de guerra : *Señor, socorred al Santo Sepulcro!* Los musulmanes fueron dispersados en el primer choque; su ejército vencido por tres veces consecutivas, habria sído destruido si el bosque de Arsur no hubiese servido de refugio á sus restos y ocultado su precipitada fuga. Mas de 8.000 musulmanes, y entre ellos 32 emires, sucumbieron en la batalla. Los cristianos solo perdieron 1.000 guerreros. Con profundo dolor conocieron entre los muertos al ilustre Jacobo de Avesnes. Le encontraron cubierto de heridas, rodeado de sus compañeros y de sus parientes, muertos á su lado. El intrépido Avesnes, que aun se batia despues de haberle cortado un brazo y una pierna, exclamó al morir : «¡ O Ricardo, vengad mi muerte ! » Este defensor de la cruz fué sepultado en Arsur, en la iglesia de la Vírgen, en medio del duelo y sentimiento del ejército entero.

Los anales de la antigüedad y de los tiempos modernos no ofrecen batalla alguna mas memorable que la de Arsur; allí se encontraron los guerreros mas valientes de la Europa y del Asia; las orillas del *Leddar*, que hoy solo conocen las tiendas negras de los beduinos y no oyen mas que el timido paso del peregrino que se encamina á la ciudad santa, presenciaron entonces mas heroismo del que vieron en tiempo alguno el Gránico y Limois. Las crónicas contemporáneas refieren con sorpresa las proezas increíbles de Ricardo. En una de sus cartas manifiesta el rey de Inglaterra que fué herido levemente en el costado izquierdo. Esta batalla hubiera podido decidir la suerte de la cruzada; si Saladino hubiese conseguido la victoria, desde aquel momento desaparecia la cruz de la Siria. Los Francos no aprovecharon su triunfo; persiguiendo á sus enemigos vencidos hubieran podido arrancar la Siria y el Egipto al poder musulman.

Los guerreros sarracenos, aterrados por los recuerdos del sitio de Tolemaida, huían de encerrarse entre murallas. Saladino arrasó las ciudades y castillos que no podia defender; cuando los cruzados llegaron á Jafa, solo hallaron ruinas. Entre los gefes del ejército cristiano, unos deseando aprovechar el terror difundido entre el enemigo por la jornada de Arsur, opinaban que se debia ir á poner sitio á Jerusalen; otros pensaban que era mas prudente reedificar primero las plazas arruinadas; el primer dictámen era el del duque de Borgoña, y el último de Ricardo. Es muy probable que las convicciones entrasen por muy poco en estos pareceres diversos, y que mas bien fuese todo ello obra del espíritu de oposicion y de rivalidad. El partido inglés era el mas numeroso; prevaleció el dictámen de Ricardo y se ocuparon al instante en levantar de nuevo las murallas de Jafa. La reina Berenguela, la viuda de Guillermo, rey de Sicilia, y la hija de Isac, fueron á reunirse con el rey de Inglaterra. Las tiendas de los cristianos se extendian por entre los jardines y los vergeles de Jafa, y todos los tesoros del otoño se ofrecian á los peregrinos.

Durante la permanencia del ejército cristiano en Jafa, Ricardo estuvo á punto de caer en manos de los musulmanes. En una cacería que emprendió por la campiña de Saron, Ricardo se echó á descansar al pié de un árbol y se durmió. De pronto le despertaron los gritos de sus compañeros que veian llegar una tropa de sarracenos. El rey de Inglaterra montó á caballo y se preparó para el combate; muy luego le rodeó y le estrechó el enemigo; Ricardo iba á sucumbir bajo la superioridad numérica, cuando un caballero de su comitiva, llamado Guillermo de Pratellas, exclamó en la lengua de los musulmanes: «Yo soy el rey! salvad mi vida!» El generoso guerrero fué apresado. Ricardo, librado así por la abnegacion de un caballero francés, logró llegar á Jope, en donde el peligro que habia corrido el rey llenó de espanto al ejército cristiano. Guillermo de Pratelles habia sido conducido á las prisiones de Damasco. Mas tarde no creyó Ricardo pagar demasiado cara la libertad de su fiel servidor restituyendo á Saladino diez emires suyos que habian caido en poder de los cruzados.

El ejército cristiano se alejó de Jafa; hácia la fiesta de todos los Santos fué á acampar entre el castillo de Plans y el de Mas. Los sarracenos y los cruzados no buscaban ya nuevos combates, y recorrian un pais asolado por sus victorias, ocupándose tan solo, unos en arrasar plazas, y otros en reedificar murallas y torres. Sin embargo, mezclábanse de vez en cuando hazañas brillantes con los trabajos del ejército cristiano; se verificaban encuentros en las comarcas de Lida, de Ramla y de Scalon, y Ricardo triunfaba siempre de los sarracenos. Durante este tiempo, el duque de Borgoña y sus franceses soportaban mal la autoridad del rey de Inglaterra; Conrado, marqués de Tiro, arrastrado por sus rencores, se habia atrevido á ofrecer á los musulmanes que seria su aliado contra Ricardo. El rey de Inglaterra, por su parte, renovando á Saladino la promesa que habia hecho ya á Malek-Adhel, le anunciaba que estaba dispuesto á regresar á Europa si se restituian á los cristianos la ciudad de Jerusalen y el leño de la verdadera cruz. Hiciéronse á Ricardo otras proposiciones que no eran apropósito para alcanzar buen éxito entre el ejército cristiano; Juana, viuda de Guillermo de Sicilia, fué propuesta en casamiento á Malek-Adel; bajo los auspicios de Saladino y del rey de Inglaterra habian de reinar ambos esposos sobre los musulmanes y los cristianos, y gobernar el reino de Jerusalen. El proyecto de esta union causó gran sorpresa á los doctores del islamismo, pero el Sultan pareció que le adoptaba sin repugnancia. La oposicion violenta de los obispos cristianos hizo que terminasen sin buen éxito las negociaciones.

Ricardo, acusado de haber querido hacer traicion á la causa de la cruz, y deseoso de grangearse de nuevo la confianza de los peregrinos, mandó degollar á cuantos cautivos musulmanes tenia en su poder, y anunció el proyecto de libertar á Jerusalen. Las lluvias del invierno habian puesto el campo de los cristianos en un estado lastimoso; perecieron muchos caballos y mulas de trasporte; la mayor parte de los peregrinos perdian su energía. Sin embargo, la esperanza de contemplar pronto la ciudad de Jesucristo fortaleció los ánimos y dió nuevo valor á todos. Entretanto, Saladino se ocupaba en rodear á Jerusalen con nuevos atrincheramientos, y reparaba las murallas y las torres. La caballería musulmana guardaba los caminos de la ciudad santa.

Alzábanse algunas voces en el ejército cristiano contra el proyecto de emprender el sitio de Jerusalen en mitad del invierno; pero un entusiasmo ardiente animaba á la multitud de los cruzados; cuando los gefes resolvieron ir á reedificar á Ascalon, que era una de las plazas demolidas por Saladino, se apoderó del ejército cristiano un desaliento profundo; la multitud, que tanto habia sufrido para marchar hácia Jerusalen, prorumpia en gritos de desesperacion; elevábanse quejas amargas contra los gefes, contra Ricardo, y aun contra el mismo Cielo. El duque de Borgoña y sus franceses habian abandonado las banderas de Ricardo; unos diputados que les hablaron en nombre de Jesucristo consiguieron llevarlos de nuevo al campo de los cruzados.

Los cristianos no encontraron en Ascalon mas que un monton de piedras, y comenzaron en seguida á reedificar la ciudad. Ricardo estaba en todas partes, estimulando á los trabajadores ó removiendo él mismo las piedras y los escombros; 1,200 prisioneros cristianos, libertados por Ricardo en el camino de Egipto, fueron á compartir los trabajos de los cruzados. Sin embargo, continuos murmullos acompañaban la construccion de Ascalon. Leopoldo de Austria, acusado de permanecer ocioso con sus alemanes, habia contestado á Ricardo que no era carpintero ni albañil. Varios caballeros decian públicamente que no habian ido al Asia para reedificar á Ascalon, sino para conquistar á Jerusalen. El duque de Borgoña se separó bruscamente del ejército. Estalló abiertamente la desunion entre el rey de Inglaterra y el marqués de Tiro; los ultrajes y las amenazas imposibilitaban toda reconciliacion. El ejército cristiano celebró las fiestas de Pascua del año 1,192 en la llanura de Ascalon; en medio de las ceremonias que evocaban los recuerdos de la Pasion, de la muerte y de la resurreccion gloriosa de Jesucristo, mas de un peregrino hubo de reconvenir á Ricardo por no haber proseguido su marcha hasta Jerusalen.

CAPÍTULO XVII.

Últimos sucesos de la cruzada de Ricardo.

(1192.)

Poco tiempo despues de las fiestas de Pascua, fué cuando llegaron mensageros de Inglaterra á participar á Ricardo que su reino estaba perturbado por las tramas de su hermano Juan Sin Tierra. El rey de Inglaterra anunció á los jefes reunidos que muy pronto le seria preciso regresar al Occidente, pero que al marchar dejaria en Palestina 300 ginetes y 2.000 infantes escogidos. Los jefes deploraron la necesidad de su partida y propusieron elegir un rey para ponerle al frente de los intereses cristianos; designaron á Conrado, que tenia pocas simpatías en el ejército, pero cuyo valor y habilidad eran muy estimados. Ricardo, aunque le sorprendió tal eleccion se adhirió á ella por completo. Una embajada recibió el encargo de ir á anunciar al marqués de Tiro que acababa de ser nombrado rey de Jerusalen. Conrado no pudo contener su sorpresa y su alegría ante los diputados de Ricardo; pero no habia de llegar á disfrutar la corona. Dos ismaelitas jóvenes, esclavos del Viejo de la Montaña, dieron de puñaladas al marqués de Tiro mientras los habitantes celebraban su eleccion con fiestas y banquetes.

Algunos autores han acusado á Saladino de haber solicitado y pagado este asesinato; otros le han atribuido á Honfroy de Thoron, que tenia que vengar el rapto de su muger y la pérdida de sus derechos al trono de Jerusalen; estos dos asertos no tienen carácter de verdad. El asesinato de Conrado solo habia de aprovechar al rey de Inglaterra, y este fué acusado por los cruzados franceses. Aunque el valor heróico de Ricardo debiera rechazar toda idea de venganza vergonzosa, la acusacion dirigida contra él se acreditó en virtud del odio que le profesaban. Felipe Augusto, al saber la muerte de Conrado, temió sufrir la misma suerte, y ya no salia en público sino rodeado de una guardia afecta á su persona. Enrique, conde de Champaña, que era á la vez sobrino del rey de Inglaterra y del de Francia, sustituyó á Conrado en el gobierno de Tiro; le sustituyó tambien en la dignidad de rey de Jerusalen y se unió con la viuda del príncipe.

Ricardo recorria las llanuras de Ramla, señalándose diaria-

10

mente con nuevas hazañas contra los sarracenos, cuando supo la muerte de Conrado y la eleccion de Enrique de Champaña. Mandó á llamar á su sobrino y le cedió las plazas cristianas conquistadas por sus armas; el nuevo rey de Jerusalen se trasladó en seguida á Tolemaida en donde verificó su entrada en medio de las aclamaciones de la multitud; todas las calles estaban alfombradas con telas de seda; ardia el incienso en las plazas públicas; las mugeres y los niños cantaban en coro; el clero condujo á la iglesia el sucesor de David y de Godofredo. Aquí se puede recordar que, con arreglo á una decision adoptada por los jefes del ejército en el sitio de San Juan de Acre, la muerte de Conrado debia trasmitir la corona á Guido de Lusiñan; pero nadie se acordó del rival del marqués de Tiro, pues solo le juzgaban como un hombre completamente inhabil, y ya no se pronunciaba su nombre en el ejército cristiano.

Entretanto, nuevos mensajeros llegados del Occidente fueron á despertar la inquietud de Ricardo respecto de su reino, perturbado por el príncipe Juan, y de la Normandía, amenazada por Felipe Augusto. El monarca inglés se habia apoderado hacia poco tiempo del castillo de Daroum, situado en el mediodía de la Palestina; no veia bajo sus banderas mas que guerreros dóciles y aliados fieles; en el momento en que la fortuna le sonreia, la idea de la partida frustraba tristemente sus esperanzas. Todos los jefes se reunieron y juraron no abandonar la cruzada, ya fuera que Ricardo se marchase ó que difiriese su partida. Esta resolucion difundió la alegría en el campo de los cristianos. En medio de los bailes, los cantos y los festines, el rey de Inglaterra meditaba apartado, y sin duda la alegría general importunaba su corazon. El ejército fué á acampar en las inmediaciones de Hebron, la ciudad en donde duermen en el fondo de las rocas sepulcrales los antepasados de Israel. Pero las ideas sombrías no abandonaban á Ricardo. El temor de su carácter severo impedia que se atreviesen á darle un consejo, ni siquiera á prodigarle un consuelo.

Un dia en que el rey de Inglaterra, solo en su tienda, y con la frente hácia el suelo parecia estar mas inquieto que nunca, un sacerdote peregrino, llamado Guillermo, se presentó á él con actitud de tristeza y compasion; el sacerdote, inmóvil en los umbrales de la puerta de la tienda, aguardaba una señal para acercarse; miraba al rey, y de sus ojos se desprendian algunas lágrimas. Entonces mandó Ricardo á Guillermo que entrase, que le dijese el motivo de su llanto, y que le manifestase tambien si estaba triste por culpa de él. El sacerdote despues de haber obtenido del rey la promesa de escucharle sin cólera, le dijo que su resolucion de abandonar la Palestina producia quejas por parte del ejército cristiano, sobre todo entre aquellos que mas se interesaban por su gloria, y que la posteridad le reconveedria por haber desertado la causa de los cristianos. Recordó al rey de Inglaterra sus numerosas hazañas, le dijo que los peregrinos le consideraban como su apoyo y su padre, y que su partida iba á sumir á la cristiandad en la desesperacion. Ricardo habia escuchado al sacerdote: nada contestó á su discurso, pero su frente se mostró mas ceñuda. Al dia siguiente el rey de Inglaterra declaró al conde Enrique y al duque de Borgoña que no marcharia á Europa sino despues de la fiesta de Pascua del año siguiente; un heraldo de armas, al proclamar esta resolucion, declaró que el ejército cristiano iba á marchar en direccion á la ciudad santa. Esta noticia dió nuevos ánimos al ejército; hubo en el campamento generosas demostraciones de alegría; todas las pasadas miserias se olvidaban; oianse por dó quiera elogios dirigidos á Ricardo, y todos aquellos guerreros reanimados profetizaban la victoria; nobles deseos, intrépidos ardores que habian de ser inutilizados por las fatalidades de la discordia.

Los cruzados fueron á acampar á Bethnopolis, llamada hoy *Beitnowha* y situada á siete leguas al oriente de Jerusalen. Ricardo se detuvo allí varias semanas, ya fuera que le asustasen los preparativos de los sarracenos, ó que se abandonase de nuevo á la inconstancia de su carácter. El duque de Borgoña y varios otros jefes que envidiaban la gloria de Ricardo, vacilaban para secundarle en su empresa. Despues de esperar en vano, durante un mes en Bethnopolis, los cristianos exclamaban con amargura: ¿*No iremos al fin á Jerusalen*? Ricardo fingia no escuchar los murmullos de los peregrinos, pero compartia su pesar, y se indignaba contra su propia fortuna. Un dia en que sus excursiones se habian llevado hasta las alturas de Médin, desde donde se vé á Jerusalen, Ricardo lloró al contemplar á la ciudad santa á la que aun no habian libertado. Anelando adoptar un partido, reunió un consejo compuesto de cinco caballeros del

Juan, cinco barones franceses, y cinco barones ó señores de la
Palestina; este consejo deliberó durante varios dias. Los que
opinaban que se debia sitiar á Jerusalen, hablaban de una sublevacion que habia estallado en Mesopotamia contra la autoridad de Saladino, y de las amenazas del califa de Bagdad contra
el sultan; añadian que los mamelucos se negaban á encerrarse
en Jerusalen, si Saladino no iba allí á compartir sus peligros.
Así pues el momento era favorable. Los señores y barones que
sostenian la opinion contraria solo veian en estas noticias un
lazo que les tendia Saladino; alegaban la falta de agua en verano, en medio de la árida comarca de Jerusalen, los largos desfiladeros de aquel camino montañoso en el que algunos soldados
musulmanes podrian aniquilar á las falanges cristianas; en caso de que el ejército de los cruzados sufriese un descalabro bajo
los muros de la ciudad santa, ¿ cómo podria verificar su retirada,
rodeado por todas partes por las tropas de Saladino?

Tales son los debates que nos trasmite la historia; pero las
razones en que se apoyaban para alejarse de Jerusalen, nada
ofrecian imprevisto ni nuevo; las mismas razones existian para
los compañeros de Godofredo, y no por eso detuvieron su marcha.
Asi pues, en el fondo de esta cuestion hay algo mas que los motivos especificados en las relaciones contemporáneas. Esta parte
de nuestra narracion queda en una oscuridad vaga. La historia
puede seguir á las pasiones humanas cuando se ostentan á la luz
del dia; pero no le es dado describirlas con exacta veracidad
cuando se encierran en el consejo de los príncipes, y se mezclan
allí con una multitud de intereses desconocidos.

Por lo demás, esas vacilaciones y esos debates no impedian que
Ricardo atacase incesantemente á los sarracenos. Algunos sirios habian ido á avisarle que una rica caravana llegaba de Egipto y se dirigia á Jerusalen. El rey de Inglaterra juntó enseguida á sus guerreros mas escogidos, con los cuales se reunieron los
franceses. La comitiva de Ricardo abandonó el campo hácia la
caida de la tarde, caminó durante la noche con la luz de la luna,
y al rayar el alba llegó al territorio de Hebron, á un sitio llamado Hary ; allí era donde se habia detenido la caravana con su escolta compuesta de 2,000 guerreros sarracenos. Ricardo, á la cabeza de los suyos, se precipitó sobre los guerreros musulmanes,
quienes, arrollados en el primer choque, «huyeron, dice una cró-

nica, *como liebre perseguida por galgos.*» La caravana fué cogida.
Ricardo y sus compañeros regresaron al campo llevando consigo 4.700 camellos, y un número considerable de mulas, caballos,
y asnos cargados con las mercancías mas preciosas de Asia. El
botin se distribuyó lo mismo entre los que habian quedado en el
campo que entre los que acompañaron al rey de Inglaterra. El
apresamiento de esta caravana introdujo la confusion en la ciudad santa, y en el ejército musulman estallaron murmullos contra Saladino, rumores precursores de discordias.

Sin embargo, los cristianos no aprovecharon el terror de los
sarracenos, ni el comienzo de insubordinacion que se observaba
entre los guerreros de Saladino. El consejo de los caballeros y
barones decidió que el ejército se alejase de las montañas de Judea, y regresase hácia las orillas del mar. Grande fué el desconsuelo entre los peregrinos; tornóse el odio mas vivo y profundo
entre ingleses y franceses; el duque de Borgoña y Ricardo se
atacaban recíprocamente con canciones satíricas. Las esperanzas
de aquella cruzada se desvanecian por razon del desmembramien-
to del ejército cristiano. En medio de las incertidumbres de Ricardo, el ejército de Saladino, reforzado por los emires de Alepo,
de Mesopotamia y de Egipto, fué á atacar á Jafa, y se apoderó
de la ciudad despues de varios asaltos. La ciudadela, á la que se
habia refugiado la guarnicion, proponia capitular, cuando Ricardo llegó de improviso de Tolemaida con varios buques monta-
dos por guerreros cristianos. El puerto de Jafa estaba cubierto
con una multitud de sarracenos; el rey de Inglaterra, seguido
de sus guerreros mas valientes, se tiró al agua, que le llegaba á
la cintura, se encaminó á la playa, lo dispersó todo delante de sí,
expulsó de la ciudad á los musulmanes antes victoriosos, y per-
siguiéndolos por la llanura, fué á sentar sus reales en el mismo
sitio en que Saladino habia tenido sus tiendas pocas horas antes.

Pero aun no habia triunfado Ricardo de todos los peligros.
Despues de haber confiado á sus guerreros la custodia de la ciudad, apenas le quedaban 2.000 combatientes. Tres dias despues
del rescate de Jafa, un genovés que salió de la ciudad al rayar el
alba, vió batallones musulmanes en la llanura, y volvió gritando: *A las armas! á las armas!* Ricardo despertó sobresaltado y se
puso su coraza; los sarracenos llegaban ya en gran multitud; el
rey y la mayor parte de los suyos marchaban al combate sin ha-

beres calzado, y aun algunos en camisa; solo habia diez caballos en las tropas cristianas, y le dieron uno á Ricardo. Los musulmanes se vieron obligados á pronunciarse en retirada; el rey
de Inglaterra aprovechó aquella primera ventaja para formar á
sus soldados en batalla en la llanura y exhortarles para sostener
nuevos combates. Pronto volvieron á la carga 7.000 ginetes sarracenos y se precipitaron sobre los cristianos; estos resistieron la
impetuosidad del enemigo; sentimientos de sorpresa y de terror
agitaron el corazon de los sarracenos; Ricardo se puso al fin en
movimiento con los suyos y cayó sobre los sarracenos; entonces
fueron á anunciarle que el enemigo habia vuelto á entrar en la
ciudad de Jafa, y que los cristianos que quedaron custodiando
las puertas eran pasados á cuchillo por los musulmanes; el rey
voló á socorrerles, sin llevar consigo mas que dos ginetes y algunos ballesteros: los mamelucos se dispersaron al verle llegar; él
dió muerte á cuantos le oponian resistencia. Cuando la ciudad
quedó libre de la presencia de los enemigos, el rey volvió á la llanura en que sus tropas estaban peleando con la caballería musulmana. Ricardo, multiplicando milagros de valor y de arrojo, ar-
relló á la multitud de los sarracenos. Por último, se precipitó con
tanto ardor entre las filas enemigas, que nadie pudo seguirle y
desapareció de la vista de todos sus guerreros. Cuando volvió
adonde se hallaban los cruzados, que le consideraban ya como
muerto, su caballo iba cubierto de sangre y de polvo, y él mismo, segun las cándidas expresiones de un testigo ocular, estaba
erizado de flechas y parecia una pelota erizada de agujas. Esta victoria extraordinaria, debida al valor de un solo hombre, es el suceso mas maravilloso que puede hallarse en los anales de los hechos heróicos.

Tantos trabajos y glorias habian de ser perdidos para la cruzada. El duque de Borgoña, retirado á la ciudad de Tiro, se negaba á tomar parte alguna en la guerra. Los alemanes, mandados
por el duque de Austria, habian abandonado la Palestina. Ricardo, habiendo caido enfermo, quiso trasladarse á Tolemaida, y la
injusticia de sus guerreros le culpaba de quererles abandonar.
Solo ya con su espada, no volvió á ocuparse mas que en entablar
de nuevo las negociaciones con Saladino. Parecia que tan cansa-
dos estaban de la guerra los cristianos como los sarracenos; Saladino, abandonado por varios auxiliares suyos, temia que se

promoviesen disturbios en su imperio. El sultan, lo mismo que
el rey de Inglaterra, tenia interés en estipular la paz. Se estipuló una tregua de tres años y ocho meses. Jerusalen quedaba
abierta á la devocion de los cristianos; estos habian de poseer toda la costa marítima desde Jafa hasta Tiro. Se convino en demoler la plaza de Ascalon, que era reclamada á la vez por los sarracenos y los cruzados. Para nada se habló del leño de la verdadera cruz, por el cual habia enviado Ricardo á Saladino varios
embajadores en los primeros tiempos. Los gefes principales de
ambos ejércitos juraron, unos sobre el Alcoran y otros sobre el
Evangelio, observar escrupulosamente las condiciones del tratado. El sultan y el rey de Inglaterra se contentaron con darse mútuamente su palabra y tocar la mano de los embajadores. Guido
de Lusiñan no habia sido nombrado en el tratado; despojado de-
finitivamente de su reino, obtuvo el de Chipre, que era una posesion mas verdadera, pero que hubo de pagar á los Templarios, á
les que Ricardo la habia vendido ó empeñado. La Palestina fué ce-
dida á Enrique, conde de Champaña. Antes de regresar á Europa,
los cruzados, divididos en varias caravanas, fueron á visitar el sepulcro de Jesucristo. Los franceses, que habian quedado en Tiro,
no quisieron aprovechar el camino de Jerusalen que acababa de
abrirles Ricardo; la prevencion envidiosa era mas fuerte que el
amor á los Santos Lugares. El duque de Borgoña murió en el
momento en que se ocupaba en los preparativos de su regreso á
Occidente.

Cuando el rey de Inglaterra se embarcó en Tolemaida, los cristianos de la Tierra Santa no pudieron contener su llanto, pues,
para lo sucesivo, creian quedarse sin apoyo contra los sarracenos.
El mismo Ricardo lloró, y cuando hubo salido del puerto de San
Juan de Acre, volviendo la vista hácia la playa que acababa de
abandonar, exclamó: *¡O Tierra Santa! recomiendo tu pueblo á
Dios; haga el Cielo que aun vuelva yo á visitarte y socorrerte!*

Tal fué esta tercera cruzada, en la que la Alemania perdió uno
de sus mas grandes emperadores y su ejército mas lucido; en la
que la Francia y la Inglaterra perdieron la flor de su belicosa nobleza. Todo el Occidente armado no pudo obtener mas ventajas
que la conquista de Tolemaida y la demolicion de Ascalon. Esta
cruzada, aunque fué desgraciada, no escitó tantas quejas en Europa como la de san Bernardo, porque aun su recuerdo se men-

claban proezas gloriosas. Entonces se vieron en Oriente grandes monarcas que se hacian la guerra sin dejar de estimarse; ambos pueblos parecia que habian perdido algo de su barbarie. Los emires sarracenos fueron admitidos algunas veces en la mesa de Ricardo, y los cruzados en la de Saladino; los musulmanes y los cristianos, al mezclarse unos con otros, pudieron trasmitirse mútuamente una parte de sus costumbres, de su saber, y aun de sus virtudes. La pasion de la gloria fué para los compañeros de Ricardo un estímulo no menos poderoso que el entusiasmo religioso.

La fama y nombradía de dos hombres lo dominan todo en la historia de esta cruzada; Ricardo y Saladino, diferentes en carácter y en genio, son los dos héroes de la gran epopeya que, en los últimos años del siglo XII, ocupó la atencion del Occidente y del Oriente. El primero tenia mas audacia y valor; el segundo, mas gravedad, mas prudencia y mas fuerza de voluntad. Ricardo tenia mas imaginacion, Saladino mas raciocinio; el rey de Inglaterra, impulsado por su carácter inconstante, nunca resistia al arrebato de sus diferentes impresiones, nunca conoció la moderacion; habria sido incapaz de gobernar, porque nunca supo gobernarse á sí mismo; al contemplar su suerte se siente mas sorpresa que admiracion. Entre todos los guerreros de los modernos tiempos, Ricardo es el que mas semejanza tiene con los héroes de Homero; en él se encuentran ese valor impetuoso al que nada contiene, esa presuncion que nunca duda de la victoria, ese deseo de extender por dó quiera la fama de sus armas, y tambien esas flaquezas del alma, esas tristezas que hicieron llorar á Aquíles como á una muger. Saladino, colocado á la cabeza de un imperio que no le habia sido dado por su nacimiento, y que, por decirlo así, le fué impuesto por la fortuna de las armas, borró el crímen de la usurpacion por su habilidad en la guerra, por esclarecidas virtudes y por un amor constante al bien. «Desde el «seno de los campamentos, dice una crónica oriental, cubria á «los pueblos con las alas de su justicia, y hacia caer sobre las «ciudades las nubes de su liberalidad.» Los cristianos celebraron la bondad generosa de Saladino, los infieles elogiaron el valor invencible del rey de los Francos; durante un siglo, el nombre del monarca inglés fué el terror del Oriente; cuando en los caminos, la sombra de un arbusto ó de un árbol espantaba al caballo de un ginete sarraceno, este le preguntaba: *¿Has visto la sombra de Ricardo?*

Uno de los resultados mas importantes de la tercera cruzada, y en el que los cristianos no habian fijado su atencion, fué la fundacion del reino de Chipre. Esta isla que es la mas considerable del Mediterráneo, contenia ciudades florecientes, llanuras fértiles, y producia un vino muy afamado; sus puertos ofrecian un asilo á los buques que se dirigian del Occidente al Asia, y que regresaban de Siria á Europa. El reino conquistado por Ricardo fué muy útil para las colonias cristianas. Cuando los musulmanes dispersaron los Estados latinos, la isla de Chipre recogió sus restos. Los reyes latinos de Nicosia fueron los que conservaron las leyes del reino de Jerusalen, obra de Godofredo y de sus sucesores.

La cruzada habia arruinado á la Inglaterra. Suministró á Felipe Augusto los medios de debilitar á los grandes vasallos, y de incorporar la Normandía á la corona. La Francia, al aprovechar la desgracia de sus vecinos, se fortificó con el ensanche del teritorio y el robustecimiento del poder real.

Los disgustos y sufrimientos del cautiverio aguardaban en Europa al héroe de esta cruzada. Al regresar de Palestina naufragó Ricardo en las costas de Italia, y no queriendo atravesar la Francia, se encaminó por la Alemania, disfrazado de simple peregrino. Sus liberalidades le descubrieron; en todas parte tenia enemigos; los soldados del duque de Austria le prendieron: Leopoldo no habia olvidado los ultrages recibidos en el sitio de Tolemaida. Ricardo quedó prisionero y la Europa ignoraba su suerte; la lealtad de un noble trobador fué la que participó á la Inglaterra lo que habia sido de su monarca. Blondel, con el trage y la lira del trobador, recorria la Alemania buscando las huellas de su señor y dueño. Un dia llegó al pié de una torre en la que segun decian, gemia un cautivo ilustre. De pronto oyó entonar la primera copla de una cancion que habia compuesto en otro tiempo con Ricardo; Blondel comenzó á cantar la segunda copla con los ojos fijos en aquella torre de donde salian conocidos acentos, y el cautivo vió á su fiel amigo. Habiendo sabido el duque de Austria que habia sido descubierta la morada de su prisionero, se apresuró á entregarle al emperador de Alemania, que tambien tenia injurias que vengar. Enrique VI cargó á Ricardo con in-

dignas cadenas. El rey cautivo compareció ante la dieta germánica, reunida en Worms; acusáronle ante los obispos y los señores de todos los crímenes que le habian imputado el odio y la
envidia; pero cuando el desventurado monarca pronunció su
justificacion, la reunion entera prorumpió en llanto, y los que
habian ido á Worms para sentenciar á Ricardo, retrocedieron
ante su gloria. Sin embargo, el emperador Enrique, menospreciando los anatemas de la Santa Sede, conservó aun á su prisionero durante mas de un año, y solo le concedió su libertad mediante un rescate que acabó de esquilmar á la Inglaterra.

Mientras que un reducido calabozo de la Alemania encerraba
en su seno al héroe cuya preclara fama llenaba el mundo, Saladino, enfermo en Damasco, se abandonaba á los tristes presentimientos de un próximo fin; las crónicas latinas, al referir su
muerte, dicen que el sultan, próximo ya á expirar, mandó á uno
de sus emires que llevase su paño mortuorio por las calles de
Damasco, gritando en alta voz: *He aquí lo que Saladino, vencedor
del Oriente, se lleva de sus conquistas.*

CAPTÍULO XVIII.

*Cuarta cruzada.— Predicacion de la cruzada en Alemania. — El
emperador Enrique toma la cruz y conquista la Sicilia. — Asuntos de Palestina.—Sitio de Thoron.—Muerte de Enrique VI y fin
de la cruzada (1195).*

La muerte Saladino habia turbado por completo el imperio
que él fundó; los historiadores orientales le atribuyen hasta
diez y siete hijos que se repartieron su herencia; entonces hubo
un sultan de Egipto, un sultan del Cairo y príncipes de Mesopotamia; ninguno de los hijos tenia el génio ni el talento de su padre, ni pudo conservar la autoridad que le habia dado la fortuna; Malek-Adel, hermano de Saladino, aprovechó hábilmente las
discordias que se suscitaron entre sus sobrinos, y al fin reunió
bajo su omnipotente mano los restos dispersos del imperio de
los Ayubitas. Así se realitó por segunda vez en el espacio de
pocos años, esta observacion árabe: *La mayor parte de los que
han fundado imperios no los han dejado á su posteridad.*

Malek-Adel debió los progresos de su poder, no solo á la divi-

sion de los infieles, sino al espíritu de discordia y de desaliento
que reinaba entre los cristianos; despues de la partida del rey
de Inglaterra, las colonias cristianas declinaban cada vez mas;
Enrique, en su pobre reino de Jerusalen, hubo de echar de menos
muchas veces su condado de Champaña y sus castillos de
Troyes y de Provins: Bohemundo III, príncipe de Antioquía,
estaba en guerra con los príncipes de Armenia, y los dos paises
habian sido invadidos y asolados alternativamente; habia estallado una discordia violenta entre los hospitalarios y los templarios, que se disputaban uno de los castillos inmediatos á Margat.
Al mismo papa le habia costado algun trabajo hacer oir su voz
en medio de aquellos debates funestos; los cristianos de Palestina tenian estipulada una tregua con los sarracenos, pero carecian de fuerza para hacerla respetar.

Por otra parte, el Occidente, cansado de tantos esfuerzos, de
tantos prodigios que nada habian producido, parecia hallarse
poco dispuesto á socorrer á la Tierra Santa. Entonces fué cuando
Celestino III, á cuya voz habian marchado al Oriente Ricardo,
Corazon de Leon, Federico I y Felipe Augusto, acometió la empresa de reanimar el entusiasmo belicoso de los cristianos. Diri-
gióse á todos los fieles en un breve elocuente, y anunciándoles
la muerte de Saladino, les apremió para que tomasen la cruz y
las armas; la profanacion de los Santos Lugares, la opresion en
que gemian los cristianos de Oriente, la insolencia y la audacia
siempre crecientes de los sarracenos, tales eran los motivos en
que fundaba sus exhortaciones apostólicas. Hubiera deseado
mucho que Ricardo pudiese marchar de nuevo al Oriente; pero
el monarca inglés temia las empresas de Felipe Augusto; este,
por su parte, temia los ataques de Ricardo; ambos monarcas
hicieron protestas de su adhesion á la causa de Jesucristo, pero
permanecieron en sus Estados; la nobleza y el pueblo imitaron
su ejemplo. Celestino cifró sus últimas esperanzas en Alemania.

Aunque el emperador Enrique VI habia sido excomulgado por
la Santa Sede, por haber detenido prisionero á Ricardo, el papa
le envió legados con el encargo de recordarle el ejemplo de su
ilustre padre Federico; Enrique, que temia mas ambicion que
piedad, calculó que la expedicion santa podia favorecer la conquista de Sicilia, y aun la de Grecia, que tenia proyectadas.
Dispensó una acogida brillante á los legados de Roma; y él mis-

mo predicó la cruzada en la dieta general de Worms. La elocuencia del gefe del imperio y la de los obispos que hablaron despues de él, exaltaron en tal manera los ánimos que los pueblos y
los grandes no pudieron menos de *reconocer allí el dedo de Dios.*
Enrique, rodeado de su corte, tomó el signo de las cruzadas;
muchos señores alemanes tomaron, tambien, la cruz, unos por
agradar á Dios, otros por complacer al emperador; en todas las
provincias de Alemania halló soldados la guerra santa. Enrique VI habia-anunciado el proyecto de conducir á los cruzados
al Oriente; pero como la guerra que queria llevar á Sicilia estaba ya comenzada, se dejó persuadir con facilidad para quedarse
en Europa. Se puso al frente de un ejército y avanzó por el país
de Nápoles. Otros dos ejércitos de cruzados, mandados, uno por
el duque de Sajonia y de Brabante, y otro por el obispo de Maguncia y Valeran, conde de Limbourg, se embarcaron para el
Oriente. Los primeros cruzados que llegaron á Palestina quisieron romper la tregua extipulada con los sarracenos, mientras que
los cristianos del país querian que fuese respetada. De aquí resultaron vivos debates en los cuales se culpaba por una parte la
imprudencia que iba á comprometerlo todo, y por la otra una
prudencia tímida que nada se atrevia á defender; los alemanes
comenzaron la guerra por sí solos. En medio de aquella confusion
y de los peligros que habia de producir, los cristianos tuvieron
que lamentar la muerte de Enrique de Champaña, que se cayó de
una ventana de su palacio. Otra desgracia afligió entonces al
pueblo cristiano; Malek-Adel, tan luego como supo las primeras
hostilidades de los cruzados, sitió á Jafa, tomó la ciudad por asalto, y toda la poblacion fué pasada á cuchillo por los sarracenos.

El ejército cristiano, reforzado con los peregrinos alemanes
que llegaban diariamente, salió entonces de Tolemaida y marchó contra los infieles. Resolvieron sitiar á Beirut, en donde
los musulmanes tenian un gran número de cautivos cristianos y
los despojos mas ricos de los paises conquistados; Malek-Adel salió al encuentro de los cruzados; ambos ejércitos llegaron á las
manos en las orillas del Eleutero (hoy Nahr-el-Kebir), entre
Trípoli y Tortosa; los cristianos quedaron victoriosos. Los sarracenos abandonaron varias ciudades de la costa, y Beirut, mal-
defendida, cayó sin combate en poder de los guerreros de la
cruz. En todas las ciudades cristianas dieron gracias á Dios, y

en la embriaguez de aquel primer triunfo ya no se hablaba mas que de ir á Jerusalen.

Mientras los cruzados continuaban asi la guerra en Siria, Enrique VI aprovechaba todos los medios y las fuerzas que la cruzada le habia confiado para completar la conquista del reino de Nápoles y de Sicilia. Se habia casado con Constanza, hija de Rugiero, y fundado en este título reclamaba, con las armas en la mano, la sucesion y la herencia de los príncipes normandos; al pronto tuvo que pelear con Tancredo, hijo de Rugiero, á quien la nobleza siciliana habia elegido rey; pero al morir este, quedó el reino sin gefe, dividido en mil facciones, y abierto por todas partes á las invasiones de los alemanes; en aquella conquista, Enrique VI empleó con mas frecuencia á los verdugos que á los soldados, y el terror de los suplicios completó lo que habia comenzado la victoria.

El nuevo dueño de Sicilia, cubierto de sangre de cristianos y excomulgado todavía por el papa, se alababa, empero, de ser el primer soldado de Jesucristo; como nada tenia que hacer ya en Italia, se ocupó de la guerra contra los sarracenos; escribió á todas las provincias de su imperio para que apresurasen la partida de aquellos que, habiendo tomado la cruz, permanecian en sus hogares; por su carta se comprometia el emperador á sostener un ejército durante un año, y ofrecia dar 30 onzas de oro á todos los cruzados que sirviesen hasta el fin en la expedicion santa; Conrado, obispo de Hidelscheim, canciller del imperio, que habia seguido á Enrique VI y ayudádole con sus consejos en la guerra de Sicilia, recibió el encargo de conducir á este tercer ejército de peregrinos á la Siria.

La llegada de un refuerzo tan poderoso á la Palestina aumentó el zelo y el ardor de los soldados cristianos; entonces mismo hubieran podido sitiar á Jerusalen; pero se acercaba el invierno, y resolvieron aguardar la buena estacion para llevar á cabo un sitio que podia ser largo y peligroso. Por otra parte, todas las demás ciudades de Palestina habian vuelto á caer bajo el dominio de los cristianos. Decidieron, pues, emplear las fuerzas de la cruzada en el ataque del castillo de Thoron, fortaleza formidable edificada en el Líbano á pocas millas de Tiro, y cuya guarnicion musulmana amenazaba incesantemente á la Galilea y las llanuras inmediatas al mar. Cuando el ejército se halló reunido bajo

los muros de la fortaleza, y pudieron comprender todas las dificultades del sitio; las saetas y las piedras lanzadas por las máquinas, apenas podian llegar á las murallas y á las torres, mientras
que las vigas y los trozos de roca que rodaban desde lo alto de la
fortaleza multiplicaban los estragos en las filas de los cristianos; los cruzados, por medio de trabajos insuditos, socavaron la
tierra y se abrieron caminos por el corazon de la montaña sobre
la cual se hallaba edificado el castillo de Toron; en este trabajo
difícil emplearon á los obreros de las minas de Goslar, que habian seguido á los peregrinos á la Siria. Los sitiadores lograron
establecerse al pié de las murallas; con el auxilio de sus máquinas pudieron comenzar á destruir los baluartes y á minar los cimientos de las torres. Los sitiados, conociendo que no podrian
resistirse por mucho tiempo, propusieron capitular. Entonces
fué cuando estalló entre los cristianos una discordia tan terrible
como nunca se ha visto en las cruzadas. Los parlamentarios enviados al campo de los cristianos no supieron, al pronto, á qué
jefes habian de dirigirse.

Enrique, Palatino del Rhin, y el duque de Sajonia y de Brabante, solo podian hacerse obedecer de sus respectivos soldados;
el canciller Conrado no se ocupaba mas que en desplegar un lujo desconocido en los campamentos, y los cuidados de la guerra
importunaban su indolencia. Los cristianos de Palestina, desde la muerte de Enrique de Champaña no tenian jefes que los
condujesen al combate. Los diputados musulmanes fueron recibidos en una reunion agitada por mil pasiones distintas. Los
sarracenos ofrecian abandonar el fuerte, y solo pedian la libertad y la vida; cuando se llegó á deliberar acerca de esta propo-
sizion, unos la aceptaron con júbilo, y otros querian tomar la
ciudad por asalto; como el dictámen de estos últimos no prevaleció, llegaron hasta el extremo de aconsejar á los sitiados que
se defendiesen; por otra parte se dirigian á los soldados cristianos y les decian que se iba á estipular con los infieles un tratado vergonzoso; cuando los diputados regresaron al castillo, refirieron lo que habian oido y hablaron de las divisiones promo-
vidas entre los cristianos. Desde entonces olvidaron los sitiados
que sus muros estaban ruinosos, y juraron morir todos antes
que rendirse; la desesperacion les dió nuevas fuerzas y verificaron varias salidas en las que llevaron la mejor parte. Entre

los cruzados había un partido que se defendia y otro que parecia haber olvidado el sitio. Muy luego se supo que Malek-Adel avanzaba al frente de su ejército; esta noticia difundió el terror y fué como la señal de una retirada que se verificó con el mayor desórden; aquel ejército cristiano que habia de conquistarle todo, regresó así á la ciudad de Tiro, huyendo ante un enemigo vencido. El espíritu de division no hizo mas que acrecentarse entre los cruzados, quienes se atribuian recíprocamente el baldon de su fuga. A tal extremo llegaron las cosas que los cristianos de Siria y los cruzados alemanes no pudieron permanecer bajo las mismas banderas.

Sin embargo, la aproximacion de un ejército musulman reanimó el decaido valor de los soldados de la cruz. En un combate sostenido cerca de Jafa, la victoria se declaró en favor de los cruzados teutónicos. Al mismo tiempo, Amaury, que acababa de suceder á Guido de Lusiñan en el reino de Chipre, se vió llamado á administrar lo que aun quedaba del reino de Jerusalen, y fué á compartir con Isabel, viuda de Enrique de Champaña, los vanos honores de la dignidad real. Abrigábase la esperanza de que se restablecería la concordia y de que la cruzada concluiria mejor de lo que habia comenzado. Pero mientras se celebraba la boda de Amaury con Isabel, se supo la muerte del emperador Enrique VI; esta noticia inesperada varió el aspecto de los negocios y terminó bruscamente la expedicion santa. Los príncipes y señores alemanes no pensaron ya mas que en regresar á Europa; de tantos príncipes como habian marchado del Occidente para hacer triunfar la causa de Dios, solo la reina de Hungría se mostró fiel á sus juramentos y se quedó con sus caballeros en Palestina.

Esta cuarta cruzada, en la que todas las fuerzas del imperio germánico fueron á estrellarse contra una fortaleza del Líbano, y que nos presenta el espectáculo singular de una guerra santa dirigida por un monarca excomulgado, ofrece á la historia menos acontecimientos extraordinarios y desgracias terribles que las expediciones anteriores. Los guerreros de la cruz no carecieron de valor ni de ardor en los peligros; pero el nombre de Jerusalen no inflamaba ya el entusiasmo de los peregrinos; en las demás guerras santas, habia entrado por mas la religion que la política; en esta, aunque habia sido promovida directamente por el jefe de la Iglesia, puede decirse que entró por mas la política, que la religion. Mientras la cristiandad dirigia al cielo preces por una expedicion cuyo jefe y promovedor era el emperador Enrique VI, esta prosiguió una guerra impía y asolaba á un país cristiano para avasallarle á sus leyes; mas tarde veremos los disturbios que la conquista de Sicilia suscitó en la cristiandad, y las contiendas terribles que produjo entre el hijo de Enrique VI y los sucesores de Celestino.

CAPÍTULO XIX.

Quinta cruzada.—Predicacion de la cruzada por Foulque de Neuilly. —Los gefes de la cruzada entran en tratos con Venecia para que les suministre una flota.—El dux de Venecia toma la cruz.—Sitio de Zara.—Disensiones entre los cruzados.—Alejo, hijo de Isac, reclama el auxilio de los cruzados.—Partida del ejército para Constantinopla.—Alaque de Constantinopla por los cruzados.

(De 1202 á 1204.)

El éxito deplorable de la última cruzada y tantas desgracias acaecidas sin reportar gloria alguna, habian desalentado el ardor piadoso y la devocion bélica de los fieles. Nunca se pensó menos en Europa en libertar á Jerusalen; en medio de la general indiferencia solo un hombre se conmovió al oir las quejas que llegaban de Ultramar y conservó la esperanza de salvar al pueblo cristiano de Oriente.

A la edad de treinta y tres años acababa de recibir Inocencio III los sufragios del cónclave; apenas hubo subido al solio pontificio cuando se ocupó ya en reanimar el fuego sacro de las cruzadas; en una carta dirigida á los obispos, al clero, á los señores y á los pueblos de Francia, de Inglaterra, de Hungría y de Sicilia, anunciaba el Sumo pontífice las voluntades, las amenazas y las promesas del Dios de los cristianos. «Si Dios murió por el hombre, decia Inocencio al terminar su carta, ¿temerá el hombre morir por su Dios? ¿Rehusará dar su vida pasajera y los bienes perecederos de este mundo al que nos abre los tesoros de la vida eterna?» Legados enviados por la corte de Roma prometian la remision de los pecados y la proteccion especial de la Iglesia á cuantos tomasen la cruz y las armas, ó contribuyesen al equipo y al sostenimiento de las milicias de Jesucristo. Para recaudar las ofrendas de los fieles se establecieron cepillos en las iglesias; los sacerdotes recibieron el encargo de conmover en el tribunal de la penitencia el arrepentimiento de los pecadores é impulsarlos á favorecer á los cruzados y á los cristianos de Oriente.

En sus predicaciones de la cruzada no alcanzó buen resultado Inocencio III, y la causa de su poco éxito era la dictadura suprema que quería ejercer sobre las potencias Europeas. Othon de Sajonia y Felipe de Suabia se disputaban el imperio germánico; el papa se declaró en favor de Othon y amenazó con los rayos de la iglesia á los partidarios de Felipe; toda la Alemania se hallaba interesada en aquella gran contienda, y nadie tomó la cruz. Al propio tiempo, Felipe Augusto, por su casamiento con Inés de Merania, se hallaba asediado por los anatemas de Roma; la Francia, á la que el jefe de la iglesia acababa de lanzar un entredicho, de ningun modo podia fijar su atencion en las colonias cristianas de Oriente. La corte de Roma, deseaba sobre todo ver al rey Ricardo ponerse al frente de una cruzada; el rey de Inglaterra convocó en Londres un torneo, en donde predicó él mismo la guerra santa; pero en el fondo, aquel monarca no abrigaba la intencion de volver á Oriente, y aunque renovaba con frecuencia la promesa de ir á combatir á los infieles, murió peleando contra cristianos.

Sin embargo, un eclesiástico de Neuilly-sur-Marne había adquirido grande autoridad sobre los ánimos por su elocuencia y sus milagros. Hasta los predicadores mas ilustrados y sábios figuraban por voluntad propia entre sus discípulos, y decian que el Espíritu Santo hablaba por su boca; inflamaba á su antojo las pasiones de la multitud y hacia retumbar hasta en los palacios de los príncipes el *trueno de las amenazas evangélicas*. Inocencio III fijó la vista en Foulque, y le confió la mision que se había dado cincuenta años antes á San Bernardo.

La causa de Jesucristo necesitaba sobre todo el ejemplo y el valor de los príncipes y los barones; como acababan de proclamar en Champaña un torneo al que habian de concurrir los guerreros mas valientes de Francia, de Alemania y Flandes, Foulque acudió presuroso al castillo de Ecrí-sur-Aine, que era el punto de reunion de los caballeros. Su elocuencia hizo oir los gemidos de Sion en medio de las diversiones profanas de la ca-

11

ballería, cuando el orador de la cruz hubo hablado de Jerusalen cautiva de los sarracenos, los caballeros y los barones olvidaron las justas, los botes de lanza, las distinguidas proezas, y
hasta la presencia *de las damas y de las doncellas que daban el
premio del valor*. Al frente de los príncipes que se alistaron entonces en la cruzada se hallaban Tibaldo, conde de Champaña, y
Luis, conde de Chartres y de Blois. Siguiendo el ejemplo de estos dos príncipes se cruzaron el conde de San Pablo, los condes
Gauthier y Juan de Brienne, Menasés de la Isla, Renard de Dam-
pierre, Mateo de Montmorency, Hugo y Roberto de Born, condes de Amiens, Reinaldo de Boloña, Gofredo del Perche, Reinaldo de Montmirail, Simon de Montfort y Gofredo de Villehardouin, mariscal de Champaña, quien ha dejado una relacion de
aquella cruzada, escrita en el cándido lenguaje que se usaba
en su tiempo.

La nobleza de Flandes quiso mostrar tambien su zelo para libertar los Santos Lugares; el conde Balduino juró en la iglesia
de San Donato de Brujas ir al Asia á pelear contra los sarracenos; María, condesa de Flandes, quiso acompañar á su esposo; el
ejemplo de Balduino fué imitado por sus hermanos Eustaquio y
Enrique, condes de Saarbruck y de Hainault, y por Conon de
Betunia cuyo valor y elocuencia causaban general admiracion.
Los jefes principales de la cruzada, reunidos al pronto en Soissons, y despues en Compiegne, dieron el mando de la expedicion
santa á Tibaldo, conde de Champaña. En la misma reunion se
decidió que el ejército de los cruzados se trasladase á Oriente
por mar, y que se enviasen á Venecia seis diputados con el fin
de obtener de la república los buques necesarios para el trasporte de los hombres y de los caballos.

El mariscal de Champaña, que pertenecia á esta diputacion, refiere prolijamente las negociaciones de los caballeros de la cruz
con el dux y el pueblo de Venecia. Los diputados fueron recibidos con entusiasmo por el dux Dandolo, quien á los ochenta años
no tenia de la ancianidad mas que las virtudes y la experiencia
que aquella dá, y cuyo corazon se inflamaba todavia al solo
nombre de patria y gloria. Dandolo prometió suministrar á los
cruzados los buques necesarios para 4.500 caballeros y 20.000
hombres de infantería, y provisiones para todo el ejército cristiano durante nueve meses; prometia, además, en nombre de

11

Venecia, armar 50 galeras con la condicion de que los venecianos obtendrian la mitad de las conquistas que se iban á hacer. Los caballeros y los barones se comprometian, por su parte, á pagar á la república la cantidad de 85,000 marcos de plata. Este tratado, deliberado y aprobado en los consejos del dux y de los patricios, fué sometido á la sancion del pueblo reunido en la iglesia de San Marcos. El mariscal de Champaña hablando en nombre de los señores y barones de Francia, suplicó á los venecianos *que se apiadasen de Jerusalen, que estaba cautiva de turcos. Los príncipes y los barones, añadió, nos han encargado que nos arrojemos á nuestras plantas y no nos alcemos hasta tanto que hayais accedido á nuestra súplica.* Al decir estas palabras, los diputados se hincaron de rodillas y tendieron sus manos suplicantes hácia el pueblo reunido; entonces diez mil voces exclamaron á un tiempo: ¡ *Consentimos*! ¡ *consentimos*!

Cuando los diputados regresaron á Champaña, encontraron á Tibaldo enfermo de peligro. Al saber el tratado estipulado con los venecianos, fué tal el júbilo del jóven príncipe que, olvidando el mal que le tenia postrado en su lecho, quiso empuñar sus armas y montar á caballo; *pero*, añade Villehardouin, *fué gran desgracia y lástima; la enfermedad se acrecentó y se agravó en tal manera, que hizo sus particiones y legados y no volvió á cabalgar.* Tibaldo murió poco tiempo despues; entonces los barones nombraron jefe suyo á Bonifacio, marqués de Monferrat, *príncipe valeroso y de los mas esperimentados en materia de guerra y armas.* Bonifacio fué á Soissons, en donde recibió la cruz de manos del cura de Neuilly y fué proclamado jefe de la cruzada en la iglesia de Nuestra Señora, en presencia del clero y del pueblo.

En la primavera del año 1202, todos los que habian tomado la cruz se pusieron en marcha, *no sin que se derramasen sendas lágrimas en su partida.* El conde de Flandes, los condes de Blois y de San Pablo, el mariscal de Champaña, y un número considerable de caballeros flamencos y champañeses, pasaron los Alpes y se trasladaron á Venecia. Pocos dias despues de su llegada fué preciso pagar á la república los 85,000 marcos de plata que se le debian. Los cruzados presentes, aun dando cuanto tenian, no pudieron pagar mas que la tercera parte de una deuda tan considerable. Entonces el dux reunió al pueblo y le hizo presente que no seria honroso usar rigor para con los peregrinos de Jerusalen; propusieron á estos que ayudasen á la república á someter la ciudad de Zara, sublevada contra Venecia. Los barones á quienes así se proponia que pagasen deudas con victorias, aceptaron esta condicion con júbilo. Sin embargo, varios peregrinos recordaron que habian hecho el juramento de pelear contra los infieles, y no podian resolverse á volver sus armas contra cristianos. El legado del papa, Pedro de Cápua, consideraba como una empresa sacrílega la expedicion á que querian arrastrar á los soldados de la cruz. El dux para vencer todos los escrúpulos y disipar todos los temores, resolvió asociarse él mismo á los trabajos y peligros de la cruzada, y comprometer á sus ciudadanos á que se declarasen compañeros de armas de los peregrinos. En una reunion del pueblo, Dandolo pidió permiso para cruzarse é hizo que le fijasen la cruz sobre su toca ducal; muchos venecianos siguieron su ejemplo y juraron morir por libertar los Santos Lugares; la cruz de los peregrinos fué para los venecianos y los franceses un signo de alianza que confundió todos sus intereses é hizo de ellos una sola nacion; desde entonces se escuchó menos á los que hablaban en nombre de la Santa Sede, y los peregrinos emplearon en la expedicion contra Zara el mismo zelo y el mismo ardor que el pueblo de Venecia.

En el momento en que los cruzados iban á embarcarse, dice Villehardouin que ocurrió *una gran maravilla, una aventura inesperada y la mas singular de que se ha oido hablar en tiempo alguno.* Isac el Angel, emperador de Constantinopla, habia sido destronado por su hermano Alejo, quien además le privó de la vista y le encerró en un calabozo; el hijo de Isac se libró del cautiverio y fué al Occidente á solicitar la compasion de los príncipes cristianos; despues de haberse dirigido inútilmente á Felipe de Suabia y al sumo pontífice, cifró su esperanza en los cruzados, que eran lo mas selecto y escogido de los guerreros del Occidente; la embajada del príncipe Isac produjo viva sensacion entre los barones y los venecianos. Sin embargo, como todo estaba dispuesto para la expedicion de Zara, aplazaron la decision de aquel asunto para un tiempo mas favorable.

La ciudad de Zara no podia resistir mucho tiempo á los esfuerzos reunidos de los venecianos y de los cruzados franceses; el sitio, que solo duró dos semanas, no es notable, y solo puede llamar nuestra atencion por las disensiones que suscitó entre los

cruzados. Varios peregrinos, como lo habian hecho ya en Venecia, hablaron con vehemencia contra la conquista de una ciudad
cristiana; las quejas de los descontentos se fundaban en censu-
ras reiteradas del jefe de la Iglesia, quien no cesaba de recordar á los cristianos los juramentos, el espíritu y el objeto de la
cruzada; el pontífice acriminaba amargamente á los venecianos
por haber arrastrado á los soldados de Jesucristo á una guerra
profana ó injusta; sus cartas recomendaban al propio tiempo á
los barones y á los caballeros que manifestasen su arrepentimiento por lo que habian hecho y reparasen los daños causados
al pueblo de Zara. Los venecianos, á pesar de esto, demolieron
las murallas de la ciudad tomada por asalto; en cuanto á los barones franceses, enviaron diputados á Roma para solicitar su
perdon. Inocencio, conmovido por su sumision, les contestó con
dulzura, y les dió la absolucion de su pecado y su bendicion como á sus hijos; en su carta les exhortaba á marchar á la Siria, sin
mirar á la derecha ni á la izquierda, y les permitia que cruza-
sen el mar con los venecianos á quienes acababa de excomulgar,
pero solo por necesidad y con amargura del corazon.

Muy luego se vieron llegar á Zara embajadores de Felipe de
Suabia, que iban á recomendar al jóven príncipe Alejo, hijo de
Isac, al generoso apoyo de los guerreros de la cruz; el príncipe
fugitivo prometia sostener durante un año el ejército y la flota
de los peregrinos, y pagar 200,000 marcos de plata para los gastos de la guerra; además ofrecia someter la Iglesia griega á la
de Roma, y derribar todas las barreras que hasta entonces habia alzado la heregía entre el Oriente y el Occidente. Cuando se
llegó á deliberar sobre tan magníficas proposiciones, los cruzados que se habian opuesto al sitio de Zara manifestaron su sorpresa porque se ponia en parangon á Dios con Alejo, y porque
hubiese que elegir entre la herencia de Isac y la de Jesucristo;
nada mas laudable, en verdad, que dejarse arrastrar por una
compasion generosa hácia la desgracia; pero no faltaban, por
cierto, en la Tierra Santa, grandes infortunios que socorrer!
Además se debia pensar en las dificultades y peligros de tamaña
empresa. Estos escrúpulos, estos temores de los peregrinos mas
devotos no podian detener á los barones, á quienes seducia y arrastraba la misma perspectiva de los peligros, y sobre todo lo
maravilloso de la expedicion. Tales motivos tampoco podian in-

fluir en el ánimo de los venecianos, quienes ardian en deseos de destruir las factorías de los pisanos, establecidas en la Grecia, y de ver á sus propios buques entrar triunfantes en el Bósforo. En el consejo se decidió aceptar los ofrecimientos de Alejo, y que el ejército de la cruz se embarcase para Constantinopla en los primeros dias de la primavera del año 1203.

Tan pronto como el papa llegó á saber la resolucion de los cruzados, les dirigió reconvenciones muy amargas, y les culpó porque miraban hácia atrás como la mujer de Loth. Inocencio terminaba su carta sin dar su bendicion á los peregrinos, y les amenazaba con la cólera divina. Los jefes de la cruzada se afligian sinceramente por no haber obtenido la aprobacion del sumo pontífice mas no por esto persistieron menos en su resolucion; se persuadieron de que á fuerza de victorias justificarian su conducta á los ojos de la Santa Sede, y de que el padre comun de los fieles reconoceria por fin en sus conquistas la expresion de la voluntad del Cielo.

Los cruzados se hallaban dispuestos á embarcarse para su expedicion, cuando el hijo de Isac llegó á Zara; renovó las promesas hechas en su nombre, y los peregrinos le reiteraron las suyas. A los caballeros de la cruz les sorprendió, sin duda, no recibir embajadores ni mensaje alguno del monarca que á la sazon reinaba en Grecia; el usurpador del trono de Isac no dió paso alguno para evitar la guerra próxima á estallar, y si hemos de creer á los historiadores griegos, nada hizo, tampoco, para defender su amenazado reino; los rumores lejanos de la cruzada. dirigida contra él no pudieron conmover su indolencia, ni la de su pueblo; el ejército de los peregrinos dió á la vela en los últimos dias de abril; desembarcó en Duras y en Corfú, en donde el jóven Alejo fué proclamado emperador. Durante la permanencia de los cruzados en Corfú; el recuerdo de Jerusalen, que habia llegado á ser para ellos un motivo de discordia, reprodujo por un momento las discusiones que estallaron en Zara. Varios guerreros de la cruz quisieron abandonar á sus compañeros, pero estos se arrojaron á los piés de los disidentes y los arrastraron de nuevo consigo.

La flota de los peregrinos zarpó de la isla de Corfú el dia 24 de mayo, vispera de la Pascua de Pentecostes; se acercó á las costas del Peloponeso, dobló el cabo Tenaro (cabo-Matapan), y se detuvo delante de Andros y Negroponte. Los cruzados, navegando á toda vela, é impulsados siempre por vientos favorables, entraron en el Helesponto, costearon la Tróada, y tomaron víveres en la ciudad de Abydos, llamada *Avies* por el mariscal de Champaña. Despues de haber pasado la Propóntide ó el mar de Mármara, la flota ancló el 23 de junio en la punta de *San Stéphano*; allí bajaron á tierra los barones y los caballeros, y pudieron ver delante de sí á la reina de las ciudades, con sus altas murallas y torres, sus palacios magníficos y sus innumerables iglesias. Al dia siguiente, cuando la flota, avanzando por el canal, pasó bajo los muros de Constantinopla, no hubo uno solo de aquellos guerreros altivos del Occidente *cuyo corazon no se estremeciese* y que no llevase la mano á la empuñadura de su espada. El ejército de los peregrinos desembarcó en Calcedonia, y luego en Scutari. Aquí fué, en el mismo palacio de los emperadores, donde Nicolás Rossi, enviado por el usurpador Alejo, llegó á saludar á los barones y señores, y les preguntó porque habian violado el territorio del imperio. «La tierra que hollamos con nuestras plantas, le contestó Conon de Betunia, pertenece al emperador Isac, despojado injustamente; pertenece á este príncipe jóven sentado en medio de nosotros. Si vuestro amo quiere reparar sus errores, decidle que solicitaremos su gracia; sino, guardaos de volver!»

Despues de dar esta respuesta á Nicolas Rossi, todos los jefes de la cruzada montaron á caballo y celebraron un consejo en la llanura extensa que hoy es el gran cementerio de Scutari; allí se decidió que todo el ejército de los peregrinos pasase el estrecho y desembarcase en la orilla derecha del Bósforo. Al décimo dia de su llegada, el 6 de julio, los clarines dieron la señal y todo el ejército se embarcó para pasar el canal; el usurpador Alejo, acampado con 70.000 griegos al pié de la colina de las Higueras ó de Pera, no se atrevió á aguardar á los cruzados y regresó á la ciudad aun antes de que estos hubiesen desembarcado. Muy luego ondearon los estandartes de la cruz sobre la torre de Galata y en toda la orilla occidental del Bósforo; al propio tiempo la cadena que cerraba la entrada del puerto ó del Cuerno de oro, fué rota, y la flota de los cruzados entró á fondear á la vista de Constantinopla.

CAPÍTULO XX.

Primer sitio de Constantinopla por los Latinos.—Fuga del usurpa-
dor Alejo.—Isac y su hijo restablecidos en el trono imperial.—
Tratado con los cruzados—Disturbios y revoluciones en Constan-
tinopla.

Dueños ya los cruzados de Galata y del puerto, solo pensaron
en atacar á la ciudad imperial por tierra y por mar; la flota de
Venecia se adelantó hasta el fondo de la bahía; los cruzados
franceses, divididos en seis batallones, pasaron el rio Cidaris, y
fueron á acampar entre el palacio de los Blaquernes y el castillo de Bohemundo, que entonces era una abadía cercada de murallas. El mariscal de Champaña, al referir los sucesos del sitio,
nos dice que el ejército de los caballeros y de los barones solo pudo sitiar una de las puertas de Constantinópla, *y fué maravilla*
que, para un hombre que habia fuera, habia doscientos en la ciudad.
. Los cruzados establecieron su campamento en la punta del
golfo, cerca del parage en que la flota de Venecia se hallaba formaba en órden de batalla; no tenian un momento de descanso
y pasaban los dias y las noches sobre las armas; el enemigo
multiplicaba sus salidas y aglomeraba sus fuerzas sobre las murallas; los Latinos le encontraban en todas partes, y sorprendia
á su valor no triunfar del número. Los venecianos, situados á
bordo de sus naves, peleaban con mas ventaja; en un asalto general Enrique Dandolo, que era un anciano, quiso dar ejemplo á
sus compañeros é hizo que le desembarcasen; de pronto apareció
en una torre el estandarte de San Marcos, como si le hubiese colocado una mano invisible; muy luego cayero 25 torres en poder de los sitiadores; los vencedores persiguieron á los griegos
hasta dentro de la ciudad, y prendieron fuego á las casas inmediatas á las murallas; al propio tiempo, el usurpador, apremiado
por el pueblo, habia montado á caballo, y el ejército imperial sa-
lía por tres puertas diferentes para pelear contra los cruzados
franceses. Aquel ejército, compuesto de sesenta batallones, era
cuatro veces mas numeroso que el de los Latinos; los barones y
los caballeros se habian retirado detrás de sus empalizadas, en
donde aguardaban, no sin cierto temor, la señal de un combate ter-

rible; enterados los venecianos de la situacion crítica en que se encontraban los guerreros franceses, abandonaron su victoria y volaron á socorrer á sus compañeros de armas; el usurpador Alejo, al ver así reunidos á todos los peregrinos, no se atrevió á atacarlos en sus atrincheramientos y mandó tocar retirada. Esta fuga sin combate causó mas terror en la ciudad de lo que hubiera podido hacerlo la pérdida de una gran batalla. Entonces el emperador, como si se hubiese quedado sin ejército y le hubieran abandonado los griegos, solo pensó en salvar su vida, y en la noche siguiente se embarcó con sus tesoros para buscar un retiro en algun rincon de su imperio.

Cuando amaneció y los griegos supieron que ya no tenian emperador, el desórden y la agitacion llegaron á su colmo entre el pueblo. En medio de la confusion y del tumulto, Isac fué sacado de su calabozo y conducido al palacio de los Blaquernes; aunque estaba ciego, le vistieron la púrpura imperial y le colocaron en triunfo sobre el trono de los Césares. Tan luego como los cruzados supieron esta noticia, se reunieron en la tienda del marqués de Monferrat; formaron en batalla á su ejército, y apercibidos siempre para la pelea, enviaron á Mateo de Montmorency, á Gofredo de Villehardouin, y á dos nobles venecianos á Constantinopla, para averiguar la verdad.

En efecto, esta diputacion encontró á Isac sentado en un trono resplandeciente de oro, y rodeado de una corte numerosa; los diputados saludaron al emperador y le excitaron á que ratificase el tratado que su hijo Alejo habia estipulado con los cruzados. Las condiciones de este tratado, como se ha visto, eran muy difíciles de cumplir; pero Isac nada podia negar á los cruzados y le sorprendia que no le pidiesen la mitad del imperio. Cuando regresaron los diputados, el Dux y los jefes principales del ejército montaron á caballo y condujeron al jóven Alejo al palacio imperial: por cuantas partes pasaron les saludó el pueblo con vivas aclamaciones, en las plazas públicas, en las iglesias, en los palacios, resonaban himnos de gratitud y de júbilo; nunca recibieron tan dulce recompensa el valor y bizarría de los caballeros; en aquel dia de embriaguez, lo que hubo de conmoverles mas que todo lo demás, fué ver á Isac y á su hijo en los brazos uno de otro, y dando gracias, ambos, á sus libertadores.

Los jefes de la cruzada anunciaron á los príncipes y á los pueblos de la cristiandad el éxito maravilloso de su empresa. La fama repetia sus nombres por todas las comarcas del Occidente; pero, mientras su gloria llenaba el mundo entero, ellos creian que nada habian hecho mientras no obtuviesen la aprobacion del papa; al escribir al pontífice le hicieron presente que sus victorias no eran obra de los hombres, sino de Dios; el jóven Alejo, de acuerdo con los jefes del ejército, escribió al pontífice para justificar su conducta y la de los cruzados.

Muy luego llegó el momento en que habian de cumplirse las condiciones de los tratados; fué preciso pagar á los cruzados las cantidades que se les habian prometido, y proclamar la sumision de la Iglesia griega á la Iglesia de Roma. Entonces fué cuando comenzó el descontento del pueblo, y cuando se vieron renacer todas las antipatías que la victoria habia suspendido momentáneamente. El hijo de Isac, para evitar las desgracias que amenazaban al imperio y aun á él mismo, fué á suplicar á los barones y á los señores que robusteciesen un poder que habian restablecido tan gloriosamente. «Aplazad vuestra partida, les dijo, hasta el «momento en que el imperio haya vuelto á pacificarse bajo la «autoridad de sus dueños legítimos. Entonces tendreis por auxi-«liar en vuestra santa empresa á la Grecia entera, yo mismo po-«dré cumplir todos los juramentos que me ligan á vuestra causa, «y acompañaros á Siria con un ejército digno de un emperador.» Los jefes de la cruzada deliberaron en consejo acerca de las proposiciones de Alejo. Los cruzados que habian querido separarse del ejército en Zara y en Corfu se opusieron con todas sus fuerzas á que se retrasase de nuevo la expedicion; sin embargo, el dux de Venecia y la mayor parte de los barones, que habian cifrado su gloria en la expedicion de Constantinópla, no podian resolverse á perder el fruto de su trabajo; el emperador á quien acababan de restablecer en el trono necesitaba todavía el auxilio de sus armas, no solo para conservar el imperio, sino para ejecutar los tratados extipulados con los peregrinos. ¿Qué diria el Occidente si abandonaban la causa del infortunio y dejaban á la Grecia entregada á la heregía triunfante? Despues de prolongados debates se decidió aplazar la partida del ejército hasta las fiestas de Pascua del año siguiente.

Para pagar á los cruzados se mandaron fundir las estátuas de los santos y los vasos sagrados, lo cual excitó grandes murmullos entre el pueblo. Los jefes del ejército, apremiados por los consejos del clero latino y por el temor al papa, pidieron que el patriarca, los sacerdotes y los monges de Constantinopla abjurasen sin dilacion alguna, y con la mayor solemnidad, los errores que les separaban de la Iglesia de Roma. El patriarca griego, subido en el púlpito de Santa Sofia, declaró en su nombre, en el de los emperadores y en el de todo el pueblo cristiano de Oriente, que reconocia á *Inocencio, tercero de este nombre, por sucesor de San Pedro, y como único vicario de Jesucristo en la tierra.* Desde entonces estuvieron los griegos y los latinos mas desunidos que nunca, porque, cuanto mas proclamaban la reunion de las dos Iglesias, mas se alejaban uno de otro ambos pueblos, y se odiaban mortalmente.

Poco tiempo despues de aquella ceremonia estalló en la capital un incendio terrible, que comenzó, segun unos, por una mezquita, y segun otros por una sinagoga, se extendió desde el barrio inmediato á la puerta Dorada hasta las orillas del golfo ó del puerto, y devoró la mitad de la ciudad imperial. El pueblo, que se habia quedado sin asilo y andaba errante entre los escombros, achacó su miseria á los guerreros latinos y á los dos emperadores á quienes habia repuesto en el trono. Entonces fué cuando el hijo de Isac volvió de una expedicion contra el usurpador Alejo y los búlgaros. Esta expedicion le hizo ser aun mas odioso para los griegos: como los barones y los caballeros le habian acompañado, y cada dia se unia mas con los cruzados, le acusaron de contraer las costumbres de los francos y de corromperse frecuentando el trato de los bárbaros.

Los vasos sagrados y los tesoros de las iglesias no habian alcanzado para pagar lo que se debia á los Latinos; el pueblo, al que recargaron con impuestos enormes, se sublevó, segun dice Nicetas, cual un mar agitado por los vientos. La multitud por los males que tenia que sufrir, atacó ante todo al mármol y al bronce; en su furor supersticioso, derribó una estátua de Minerva que decoraba la plaza de Constantino; esta estátua pasaba por ser la que habia llamado á los bárbaros, y la razon que para esto daban era que tenia los ojos y los brazos vueltos hácia el Occidente. Los descontentos, para formular sus quejas, acostumbraban á reunirse en el Hipodromo, en torno del javalí de Calidon, al que consideraban como símbolo é imágen del pueblo irritado.

Para calmar las pasiones de la multitud no halló la sabiduría
imperial mas medio que el de hacer trasladar el javalí de Calidon al palacio de los Blanquernes. Mientras que por todas partes
se formaban así tormentas próximas á estallar, el jóven Alejo parecia que abandonaba las riendas del imperio, y el anciano Isac pasaba los dias con astrólogos que le prometian un reinado maravilloso. La animosidad de los griegos contra los latinos
se tornaba cada dia mas violenta; al fin, pasando el pueblo de las
quejas á la rebelion, se precipitó tumultuosamente al palacio
de los emperadores; les reconvino porque abandonaban la causa
de Dios y la de la patria, y pidió á gritos vengadores y armas.

El pueblo era excitado por un príncipe jóven de la familia imperial de los Ducas. Este príncipe llevaba el nombre de Alejo,
nombre que habia de ir asociado siempre á la historia de las desgracias del imperio; le habian puesto el sobrenombre de *Mursufle*, palabra griega que significaba que sus dos cejas estaban
unidas; Mursufle escedia á todos los demás griegos en el arte de
disimular; las palabras patria, libertad y religion estaban incesantemente en sus labios, y solo servian para encubrir sus ambiciosas tramas. Mursufle no carecia de valor, y en una ciudad
en la que todos estaban llenos de terror, su reputacion de valiente bastaba para que se fijasen en él todas las miradas. El
odio que hacia alarde de sentir contra los extrangeros daba
esperanzas de que llegaria á ser algun dia el libertador del imperio. Sus discursos persuadieron al jóven Alejo que era preciso
romper con los Latinos para obtener la confianza de los Griegos;
inflamó el espíritu del pueblo contra los cruzados, y para decidir un rompimiento verificó por sí mismo una salida á la cabeza de un cuerpo de tropas reunido apresuradamente bajo sus
banderas; este ataque imprudente solo logró promover una
guerra en la que habia de perecer y hundirse el imperio que él
abrigaba la pretension de salvar.

CAPÍTULO XXI.

Los cruzados prolongan su permanencia en Constantinopla. — La Iglesia griega reunida á la Iglesia latina. — Descontento del pueblo de Bizancio. — El jóven Alejo ahogado. — Mursufle proclamado emperador. — Segundo sitio y toma de la ciudad imperial por los cruzados.

Entonces fué cuando se vió llegar al campamento de los cruzados una diputacion de los cristianos de Palestina; estos diputados llevaban las noticias mas lastimosas: una escasez horrible habia asolado durante dos años el Egipto y toda la Siria; luego habian llegado las enfermedades contagiosas; mas de 2.000 cristianos fueron sepultados en un solo dia en la ciudad de Tolemaida. Un número considerable de cruzados flamencos é ingleses habian perecido en expediciones desgraciadas. «Si el ejército de la cruz, añadian los diputados de la Tierra Santa, hubiese pasado el mar, no habria carecido de ocasiones para vencer á los sarracenos; pero lo mucho que retrasaba su marcha habia comprometido la existencia misma de las colonias cristianas, cuya salvacion solo consistia ya en treguas mal respetadas por los infieles, y en las calamidades que mantenian á todos los pueblos del Oriente en la espectativa y en la inaccion.»

Los enviados del pueblo cristiano, al hacer sus lamentables narraciones, invocaban con sus lágrimas y sollozos los prontos auxilios del ejército de los cruzados. Los caballeros de la cruz contestaban que la guerra con los griegos era ya inevitable, y que sin peligro ni deshonra no podian alejarse de Bizancio, próxima á violar todas sus promesas. Al propio tiempo se envió una diputacion de los jefes del ejército á Alejo, con el fin de apremiarle para que cumpliese sus juramentos. «Si no cumplis los tratados, le dijeron los diputados, los cruzados no se acordarán ya de que han sido vuestros aliados y amigos, y no recurrirán á súplicas, sino á sus espadas; elegid la paz ó la guerra.»

Estas palabras, pronunciadas con tono amenazador, no fueron escuchadas sin indignacion. «Entonces, dice Villehardouin, se «promovió gran ruido en el palacio; los mensajeros se dirigie-«ron rápidamente á las puertas, y cuando estuvieron fuera, ni

«uno solo hubo que no se felicitase de haber salido tan bien librado, pues en nada estuvo que todos quedasen muertos ó prisioneros.» Desde aquel dia no se volvió á hablar de la paz; los
Griegos no atreviéndose á combatir de frente á los Latinos, acometieron la empresa de incendiar la flota de Venecia. Diez y siete buques cargados de fuegos griegos y de materias inflamables
fueron lanzados, en medio de las tinieblas, al puerto en que estaban surtas las naves venecianas. Esta tentativa fué inútil, y
los cristianos lograron alejar los diez y siete brulotes antes que
el fuego griego causase el menor daño. Despues de tal hostilidad
solo les quedaba á los Griegos el recurso de encerrarse dentro de
sus murallas; los Latinos no respiraban mas que guerra y venganza. Alejo, aterrado por sus amenazas imploró de nuevo su misericordia, acusando al pueblo, al que ya no podia contener. Les rogó que fuesen á defender un trono próximo á hundirse, y propuso entregarles su propio palacio. Mursufle fué quien se encargó
de llevar á los cruzados las palabras suplicantes de Alejo, y
mientras desempeñaba esta mision, sus emisarios difundian por
todas partes el rumor de que iban á entregar á Constantinopla á
los bárbaros del Occidente: muy luego se produjo un tumulto
espantoso entre el pueblo, el cual se dirigió á Santa-Sofia y quiso darse un nuevo emperador. Un cambio de dueño le pareció el
único remedio para sus males; todos los que llevaban la púrpura
eran dignos de su eleccion; apremió, amenazó á los que rehusa-
ban tan peligrosa honra; por fin al cabo de tres dias de debates
borrascosos, un jóven imprudente, cuyo nombre era Cana-
bus, se dejó proclamar sucesor de Isac y Alejo. Mursufle lo habia preparado todo, y se servia así de un desconocido para probar el peligro; el marqués de Montferrat, cuya compasion habia
implorado Alejo, acudió al frente de un cuerpo de tropas escogidas para defender el trono y la vida de los dos emperadores. Mursufle acudió entonces al lado del hijo de Isac y le persuadió de
que todo estaba perdido si los francos aparecian armados en su
palacio. Cuando Bonifacio se presentó delante de los Blaquernes,
halló las puertas cerradas; Alejo le mandó á decir que no tenia
la libertad suficiente para recibirle, y le suplicó que saliese de
Constantinopla con sus soldados. La retirada de los francos reanimó la audacia y el valor de la multitud; muy pronto se reunió
delante del palacio, una muchedumbre inmensa, y lanzó gritos

sediciosos.; Murzufle, fingiendo que acudia al auxilio de Alejo, le arrastró á un sitio apartado y le encerró en un calabozo; en seguida fué á anunciar al pueblo lo que habia hecho para la salvacion de Bizancio. Entonces se persuadieron de que solo él podia salvar el imperio; le llevaron á Santa Sofía, y cien mil voces le proclamaron emperador. Apenas se halló revestido asi de la autoridad imperial, quiso asegurarse del fruto de su crimen; temiendo los caprichos del pueblo y de la fortuna, se trasladó al calabozo de Alejo, le hizo tomar un brebaje ponzoñoso, y como el jóven príncipe tardaba en morir, le ahogó con sus propias manos.

Restábale aun á Murzufle cometer otro gran crímen; intentó hacer que los gefes principales del ejército pereciesen por medio de una traicion. Un mensagero fué enviado al campo de los cruzados para anunciarles que el emperador Alejo, cuya muerte permanecia ignorada, rogaba al dux de Venecia y á los principales magnates franceses que se trasladasen al palacio de los Blaquernes; todas las cantidades prometidas por los tratados iban á serles entregadas. Los barones, que no podian sospechar tan negra perfidia, prometieron al pronto que accederian á la invitacion del emperador; disponianse á hacerlo, llenos de júbilo, cuando Dandolo, que segun Nicetas, era denominado el *prudente de los prudentes*, despertó su desconfianza. La voz pública tardó muy poco en difundir la noticia del asesinato de Alejo y del fallecimiento de Isac, que habia muerto de desesperacion y de terror. Al saberse esta noticia fué general la indignacion entre los peregrinos; en el consejo los jefes exclamaron que era preciso hacer una guerra sin tregua á Murzufle, y castigar á una nacion que acababa de coronar la traicion y el parricidio.

El nuevo usurpador ya no tenia mas esperanza de salvacion que las murallas de la capital, que hizo reparar cuidadosamente, y el valor equívoco de sus soldados; á los que procuraba reanimar con su ejemplo. Para sostener su ejército, y para complacer al propio tiempo á la multitud, confiscó los bienes de cuantos se habian enriquecido en los reinados anteriores. Los Griegos hacian salidas diarias, procurando sorprender á los latinos; pero siempre eran rechazados; acometieron de nuevo la empresa de incendiar la flota de los cruzados; pero no lo consiguieron.

En el primer sitio los franceses habian querido atacar la ciudad

dad por tierra, pero la experiencia les hacía apreciar, por fin, los
sábios consejos de los Venecianos. Los jefes resolvieron por unanimidad dirigir todas sus tropas por la parte del mar; el ejército
se embarcó el octavo día de abril; al siguiente dia, al brillar los
primeros rayos del sol, la flota levó anclas y se adelantó hácia
las murallas; los navíos y las galeras, formados en una sola línea, cubrian el mar en un espacio de tres tiros de ballesta, ó
sea milla y media. Las murallas de la ciudad y todos los buques
de la flota estaban cubiertos de armas y de soldados; Mursufle habia colocado sus tiendas sobre una de las siete colinas de Bizancio, cerca del palacio de los Blaquernes.

A la primera señal del combate, los Griegos pusieron en juego
todas sus máquinas, y los cruzados se esforzaron en escalar los
muros y las torres. Los sitiados, que se hallaban protegidos por
altas murallas, llevaron al pronto la mejor parte. Los cruzados, y
sobre todo los franceses, amontonados sobre una flota y sorprendidos de encontrarse así sobre un campo de batalla movible, rechazaron con cierta indecision y en gran desórden los desesperados
esfuerzos de sus enemigos. Hácia la tercera hora de la tarde, dice
Villehardouin, *la fortuna y nuestros pecados quisieron que fué-
semos rechazados.* Los jefes, temiendo perder su flota y su ejército, mandaron tocar retirada.

En la tarde del mismo dia, el dux y los barones se reunieron
en una casa inmediata al mar, para deliberar acerca del partido
que habian de adoptar; *los del ost estaban muy conmovidos* por lo
que acababa de acontecerles; sin embargo, se decidió en el consejo que atacarian de nuevo á la ciudad por el mismo punto, pero con mas órden de lo que antes se habia hecho. Invirtiéronse
dos dias en recomponer los buques y las máquinas; el tercer dia,
12 de abril, retumbaron los clarines, la flota se puso en movimiento y se acercó á las murallas; los buques estaban unidos
unos á otros, y marchaban de dos en dos; muy luego se bajaron
los puentes levadizos y se cubrieron de guerreros intrépidos; los
jefes daban el ejemplo en todas partes y subian al asalto como
los soldados. Hallábase el sol en la mitad de su carrera, y los prodigios de valor no podian triunfar de la resistencia de los sitiados, cuando se levantó un viento del Norte y llevó bajo los muros á dos buques que peleaban juntos; en ellos iban los obispos
de Troyes y de Soissons, y llevaban los nombres de *Peregrino* y

de *Paraiso*. Apenas se hubieron aplicado los puentes-levadizos á las murallas cuando se vió á dos guerreros francos sobre una torre de la ciudad; estos dos guerreros, que uno era francés, llamado Arboise, y el otro veneciano, Pedro Alberti, arrastraron en pos de sí á una multitud de compañeros suyos; las banderas de los obispos de Troyes y de Soissons, clavadas en lo alto de la torre, sorprendieron la vista de todo el ejército; de todos los puntos á la vez se lanzaron á escalar las murallas; se apoderaron de cuatro torres; tres puertas de la ciudad cayeron bajo los golpes del ariete; los ginetes salieron de los buques con sus caballos; todo el ejército se precipitó á la vez dentro de la ciudad; Mursufle abandonó la colina en que se hallaba acampado; los cruzados se apoderaron de las tiendas imperiales, y prendieron fuego á las casas que encontraron al paso; el terror y la desesperacion reinaban en todos los barrios de la ciudad; mientras que todo huia delante de los vencedores, á estos les sorprendia su triunfo. Cuando llegó la noche, los venecianos volvieron á acampar á la vista de sus buques, y los barones asentaron sus tiendas cerca de las murallas; Mursufle, abandonado por los suyos, solo pensó en huir y salió por la puerta Dorada, yéndo á buscar algun asilo ignorado en las orillas del Helesponto ó en la Tracia. Mientras el imperio se hundia así por todas partes, los griegos que aun no habian perdido por completo la esperanza, se trasladaron á Santa Sofía para dar un nuevo emperador á Bizancio; los sufragios de la multitud aterrada y temblorosa se repartieron entre Teodoro Ducas y Teodoro Lascaris; este venció á su rival, pero cuando quiso exhortar al pueblo y á los grandes, á fin de que hiciesen un esfuerzo postrero para salvar al imperio, no encontró en torno suyo ciudadanos ni soldados; habiéndose quedado solo, se vió obligado á abandonar á su vez á una ciudad que nadie queria defender.

CAPÍTULO XXII.

Saqueo y asolacion de Constantinopla.—Nombramiento de un emperador latino.—Particion del imperio griego entre los vencedores.

El incendio causado por los vencedores abrasó algunos barrios, y segun confesion de los mismos barones, consumió mas casas

12

de las que contenían las tres ciudades mas grandes de Francia y de Alemania. El fuego había durado toda la noche; cuando estuvo próximo á amanecer, los cruzados se disponían á proseguir su victoria. Esperaban que aun tendrían que sostener algunos combates, cuando vieron que les salían al encuentro mujeres, niños y ancianos, lanzando gemidos, y precedidos del clero que llevaba cruces ó imágenes de los santos. Los jefes se conmovieron con los gritos y las lágrimas de aquella multitud; los soldados recibieron la órden de respetar la vida de los habitantes y la honra de las mujeres; el clero latino unió sus exhortaciones á las de los jefes del ejército, lo cual hizo cesar la carnicería; los historiadores están acordes en decir que enmedio de las escenas mas terribles de la guerra, solo 2,000 personas fueron pasadas á cuchillo. Pero si los cruzados perdonaron la vida de sus enemigos, nada pudo moderar ni contener el ardor con que usaron de los tristes privilegios de la victoria; la morada del rico, lo mismo que la del pobre, fué entregada durante varios dias á sus pesquisas brutales; no respetaron la santidad de las iglesias, la paz de los sepulcros, ni el pudor de las vírgenes; el altar de María, que decoraba la iglesia de Santa Sofía, y que era admirado como una obra maestra del arte, fué hecho pedazos, y el velo del santuario fué desgarrado; los vencedores jugaban á los dados sobre mesas de mármol que representaban á los Apóstoles, y se embriagaban en copas destinadas al servicio divino; Nicetas refiere que una muchacha, á quien llama la *sirvienta del demonio*, subió al púlpito patriarcal, entonó una cancion impía, y bailó en el lugar santo en presencia de los vencedores; las campiñas inmediatas al Bósforo ofrecian un espectáculo no menos deplorable que el de la capital: las aldeas, las casas de recreo, todo habia sido saqueado; se veían senadores, patricios, descendientes de una familia de emperadores, buscando un asilo miserable y errando, cubiertos de harapos, en torno de la ciudad imperial. Mientras saqueaban la iglesia de Santa Sofía, el patriarca huía implorando la caridad de los transeuntes; todos los ricos habian caido en la indigencia, y la hez del pueblo, aplaudiendo el infortunio público, llamaba á aquellos dias desastrosos los dias de la justicia y de la igualdad.

Solo hubo una habitacion en Bizancio en que fué respetada la santidad del hogar; solo hubo una morada imperial en la que infortunios ilustres pudieron hallar seguro asilo. Cuando Bonifacio entró en el palacio de Bucoleon, que se creía estuviese ocupado por guardias, le sorprendió encontrar en él un gran número de mujeres de las primeras familias del imperio, que no tenían mas defensa que sus gemidos y sus lágrimas; Margarita, hija del rey de Hungría y muger de Isac, é Inés, hija de un rey de Francia, esposa de dos emperadores, se arrojaron á las plantas de los barones y de los caballeros, implorando su misericordia; el marqués de Montferrat y sus compañeros se enternecieron al ver tanta desgracia, y el palacio de Bucaleon fué para ellos mas sagrado de lo que lo habian sido las iglesias.

El mismo historiador Nicetas nos refiere como pudo librarse de los últimos desastres de su patria. Se habia refugiado con su familia en una casa situada cerca de Santa Sofía; allí, un mercader veneciano á quien antes del sitio habia salvado del furor de los Griegos, prohibió durante algunos dias que nadie entrase en su casa; pero al fin, viéndose amenazado á su vez, fué á advertir á Nicetas los peligros que ya no le era dado evitar, y le propuso acompañarle fuera de los muros de Constantinopla: Nicetas, con su mujer y sus hijos, siguió al fiel veneciano y salió de Bizancio por entre mil peligros.

Enmedio de las diferentes escenas que ofrecia la devastacion de la capital, los soldados francos se complacian en vestirse los trajes de los griegos; para insultar á la molicie de los vencidos se cubrian con sus flotantes vestiduras, teñidas de diversos colores; promovian la risa de sus compañeros atando á la cabeza de los caballos los altos gorres de tela y los cordones de seda con que los orientales formaban su tocado; algunos recorrian las calles llevando en la mano, en vez de sus espadas, papel y un tintero, y se burlaban así de los griegos, á los que denominaban nacion de escribas y de copistas.

Constantinopla, que hasta entonces habia permanecido de pié enmedio de las ruinas de varios imperios, habia recogido el naufragio de las artes y mostraba todavía las obras maestras que consiguieron librarse de los estragos del tiempo y de la barbarie. Despues de la conquista de los Francos, el bronce en el que respiraba el genio de la antigüedad, fué entregado al crisol y convertido en tosca moneda; los héroes y los dioses del Nilo, los de la antigua Grecia y los de la antigua Roma, cayeron bajo los golpes del vencedor. Nicetas describe en su Historia la mayor parte de los monumentos que decoraban entonces el hipódromo y las demás plazas de la ciudad imperial. Venecia, que ya en aquel tiempo tenia palacios de mármol, se enriqueció con algunos despojos suntuosos de Bizancio; pero esta parte de botin fué desdeñada por los flamencos y los de Champaña; Constantinopla encerraba dentro de sus muros otros tesoros mas preciosos para los peregrinos y aun para los griegos de aquel tiempo: nos referimos á las reliquias y á las imágenes de los santos. Estos tesoros sagrados tentaron la piadosa codicia de los vencedores; mientras que la mayor parte de los guerreros arrebataban el oro, la pedrería, las alfombras y las ricas telas del Oriente, los peregrinos mas devotos, y sobre todo los eclesiásticos, recogian un botin mas inocente y mas adecuado á los soldados de Jesucristo; muchos de ellos menospreciaron las prohibiciones de sus jefes y de sus superiores, y no temieron emplear las amenazas y aun la violencia para procurarse algunas reliquias, objeto de su veneracion; la mayor parte de las iglesias de Bizancio perdieron de este modo adornos y riquezas que les daban gloria y esplendor; los sacerdotes y los monjes griegos abandonaron llorando los restos de los mártires y de los Apóstoles, los instrumentos de la pasion del Salvador que la religion habia confiado á su custodia; aquellos santos despojos, cuya simple contemplacion curaba á los enfermos y consolaba á los afligidos, fueron á adornar las iglesias de Francia y de Italia, y fueron recibidos por los fieles de Occidente como el trofeo mas glorioso de la cruzada.

Constantinopla habia caido en poder de los Latinos el dia 12 de abril; se acercaba el fin de la cuaresma; el mariscal de Champaña, despues de haber referido las escenas y el tumulto de la victoria, dice cándidamente: *así se pasaron las fiestas de la Pascua florida.* Habíanse designado tres iglesias en las cuales debian ser depositados todos los despojos de Constantinopla; estaba prohibido, bajo pena de muerte y de excomunion, sustraer lo mas mínimo del botin; no obstante esta dóble amenaza, hubo cruzados que desobedecieron. Villehardouin, al hablar de la rigurosa justicia que se hizo á los delincuentes, nos dice que *hubo muchos ahorcados,* y que el *conde señor de Saint-Paul hizo atar á uno de los suyos con el escudo al cuello.* La cuarta parte del botin fué reservada, y el resto distribuido entre los franceses y los venecianos. De la parte de los franceses se tomaron los cincuenta mil marcos que debian á la república de Venecia. Aunque Ville-hardouin exclama en su narracion que nunca se vió *tan rico botin desde la creacion del mundo*, en el reparto general solo resultaron veinte marcos de plata para cada caballero, diez para cada hombre de armas, y cinco para cada infante. Todas las riquezas de Bizancio no habian producido mas que 1,100.000 marcos.

Los cruzados, al repartirse así los despojos de Bizancio, no tuvieron en cuenta que la ruina de los vencidos habia de producir la de los vencedores, y que no tardarian en quedarse tan pobres como los griegos á quienes acababan de despojar. Sin pesar y sin prevision, aguardándolo todo de su espada, se ocuparon en nombrar un jefe que reinase sobre un pueblo afligido y una ciudad desolada. Eligiéronse seis electores entre los nobles venecianos, y otros seis entre los eclesiásticos franceses. La vista de los electores habia de fijarse, especialmente, en tres de los jefes principales del ejército, Andrés Dandolo, el marqués de Monferrat, y Balduino conde de Flandes. Al dux de Venecia se le juzgó digno del trono imperial por sus servicios, sus preclaras virtudes y su noble carácter; pero los venecianos temieron colocar al frente de un gran imperio al jefe de su república. Bonifacio era reconocido ya como gefe de los latinos, y los griegos le saludaban de antemano como á su futuro dueño; pero la envidia de Venecia no queria tolerar que un príncipe de Monferrat se sentase en el trono de Constantinopla. Nada habia que temer de Balduino, conde de Flandes, y todos los sufragios recayeron en él; por lo demás, su juventud, su moderacion, y su intrépido valor le recomendaban á la eleccion de sus compañeros de armas. Los doce electores deliberaron durante dos dias; en el segundo, á la hora de la media noche, el obispo de Soissons se dirigió á todos los peregrinos reunidos y les dijo: *En esta hora en que nació Jesucristo hemos nombrado un emperador, y es Balduino, conde de Flandes y de Hainault*. Balduino fué alzado sobre el pavés y llevado en triunfo á la iglesia de Santa Sofía.

El nuevo emperador no fué coronado sino el cuarto domingo despues de Pascua. La coronacion se hizo con las ceremonias de los griegos; durante el servicio divino, Balduino estaba sentado en un trono de oro; recibió la púrpura de manos del legado del Papa, que desempeñaba las funciones del patriarca; dos caballeres llevaban delante de él la laticlávia de los cónsules romanos y la espada imperial que se volvia á ver, por fin, en manos de los guerreros y de los héroes; el jefe del clero, de pié delante del altar, pronunció en lengua griega estas palabras: *Es digno de reinar,* y todos los concurrentes repitieron en coro: *Es digno, es digno.*

Las altas dignidades de la corte imperial habian sido distribuidas á los principales magnates y barones; el dux de Venecia era déspota ó príncipe de los romanos, con el privilegio de usar los borceguíes de púrpura; Villehardouin, mariscal de Champaña, tenia el título de mariscal de Romanía; el conde de Saint-Paul, el de gran condestable; Conon de Betunia fué nombrado gran maestre del guardaropa; Macario de Sainte-Menehould, copero mayor; Miles de Brabante, botellero mayor, Manassés de Lisle, gran maestre del palacio, etc. En un consejo compuesto de doce nobles venecianos y de doce caballeros franceses, todas las tierras conquistadas fueron divididas entre ambas naciones. La Bitinia, la Romanía ó la Trácia, Tesalónica, toda la antigua Grecia desde las Termópilas hasta el cabo Sunium, las islas mas grandes del Archipiélago, como Chio, Lesbos, Rodas y Chipre, correspondieron en suerte á los franceses; los Venecianos obtuvieron un gran número de islas entre las denominadas Esporadas y Cícladas, las islas de la costa oriental del golfo Adriático, la Propóntida y el Helesponto, con sus puertos y estaciones; las islas Cianeas y las puertas del Euxino; las ciudades de Cípsedes, Didimótica, Andrianópolis, las comarcas marítimas de la Tesalia, etc. Tal fué, al pronto, la particion de las provincias y de las tierras del imperio que la toma de Constantinopla hacia caer en manos de los cruzados; varias circunstancias introdujeron en esta particion modificaciones que no es fácil seguir prolijamente.

Las tierras situadas allende el Bósforo habian sido erigidas en reino, y dadas con la isla de Candia al marqués de Montferrat; Bonifacio las cambió por la provincia de Tesalónica ó la antigua Macedonia, y vendió la isla de Candia á la república de Venecia por treinta libras de oro. Las provincias del Asia se las dieron al conde de Blois, quien tomó el título de duque de Nícea y de Bitinia. Si ha de creerse lo que dice Nicetas, los cruzados se repartieron entre sí ciudades que ya no existian y provincias que hacia mucho tiempo que no pertenecian al imperio; los historiadores griegos, nos dicen que sortearon los paises de los Medas y de los Partos, los reinos que se hallaban bajo el dominio de los sarracenos y de los turcos. Constantinopla fué, durante algunos dias, un mercado en el que se traficaba con el valor del mar y de sus islas, del Oriente y de los pueblos que le habitaban.

El clero latino no se descuidó para tomar su parte de los despojos de la Grecia; los jefes de la cruzada habian decidido entre ellos que si el emperador de Constantinopla era elegido entre los franceses, se elegiria patriarca entre los venecianos; con arreglo á este convenio, que habia precedido á la conquista, Tomas Morosini, sacerdote de Venecia, fué elevado á la cátedra de Santa Sofía, y confirmado enseguida ó elegido de nuevo por el papa. Se nombraron sacerdotes de ambas naciones para el servicio de los templos arrebatados á los vencidos, y todas las iglesias de Constantinopla con sus rentas fueron repartidas entre los sacerdotes de Francia y de Venecia; al propio tiempo se enviaron á las demas ciudades conquistadas sacerdotes y obispos latinos que tomaron posesion de los bienes y dignidades del clero griego.

Balduino, despues de su coronacion, escribió al papa para anunciarle las extraordinarias victorias con las cuales se habia complacido Dios en coronar el valor de los soldados de la cruz; el marqués de Montferrat, en una carta dirigida al pontífice, hacia protestas de su humilde sumision y completa obediencia á todas las decisiones de la Santa Sede. El dux de Venecia, que hasta entonces habia desafiado con tanta altivez las amenazas y las iras de Roma, reconoció la autoridad suprema del papa, y unió sus protestas y sus ruegos á los de Bonifacio y Balduino.

CAPÍTULO XXIII.

Los cruzados recorren las provincias del imperio para someterlas. —Sublevacion de los griegos.—Guerra de los Búlgaros.—El emperador Balduino prisionero.—Desórdenes y decadencia rápida del imperio de Bizancio.

Las grandes victorias de los cruzados y la sumision humilde de los jefes no habian desarmado completamente á Inocencio.

Culpaba al ejército victorioso de los Latinos de haber preferido las riquezas de la tierra á los tesoros del cielo; no perdonaba á los guerreros de la cruz, sobre todo, los desórdenes y los excesos que habian seguido á sus conquistas. Sin embargo, el padre de los fieles no se atrevia á sondear la profundidad delos juicios de Dios; complacíase en creer que los griegos habian sido castigados con justicia por sus faltas, y que la Providencia habia recompensado á los peregrinos como á instrumentos de su cólera; concluia por recordar á los cruzados sus promesas, tantas veces renovadas de so correr á la Tierra Santa.

El papa aprobó la eleccion de Balduino, que tomaba el título de caballero de la Santa Sede, y no vaciló en reconoser un imperio que la victoria habia sometido á sus leyes espirituales; escribió á los obispos de Francia y les dijo que el Señor habia querido consolar á la Iglesia con la conversion de los hereges; al propio tiempo, con nombre del emperador Balduino invitaba á los franceses de todas condiciones á que se trasladasen á la Grecia, conquistada por las armas de la cruz. Prometíanse las indulgencias de la cruzada á cuantos se reuniesen con los vencedores de Bizancio para defender y hacer florecer al nuevo imperio de Oriente.

En ninguna parte produjo la conquista de Bizancio mayor júbilo que en la Tierra Santa. Los defensores y los habitantes de las ciudades cristianas de ultramar que solo habian conocido los males de la guerra, quisieron compartir la gloria y la fortuna de los franceses y los venecianos; el legado del papa, Pedro de Cápua, á quien Inocencio habia enviado á Siria, abandonó la Palestina y fué á animar con su presencia el zelo del clero latino que trabajaba en la conversion de los griegos; los caballeros de San Juan y del Temple acudieron tambien á la Grecia, que habia llegado á ser la verdadera tierra de promision; el rey de Jerusalen se quedó casi solo en Tolemaida.

Entonces fué cuando Balduino supo el fallecimiento de su mujer María de Flandes. Esta princesa embarcada en la flota de Juan de Nesle, creia encontrar á su marido en Palestina; el cansancio, y quizás tambien el sentimiento de estar separada de su esposo, la hicieron caér enferma; murió al saber la conquista de Constantinopla; el buque destinado á conducir á la nueva emperatriz á las orillas del Bósforo solo llevó sus despojos mortales, y María fué sepultada con gran pompa en la iglesia de Santa Sofía, en donde pocos dias antes habia recibido Balduino la corona imperial. Los cruzados perdieron al propio tiempo á uno de sus jefes Mateo de Montmorency, cuyo entierro siguió todo el ejército afligido y lloroso. Así la Providencia advertia de vez en cuando á los nuevos dueños del Oriente, y les anunciaba que se acercaban los dias funestos.

Un ejército de 20.000 cruzados habia bastado para derribar las murallas de Bizancio; pero este ejército, no obstante lo temible que era, no alcanzaba á ocupar y custodiar las ciudades y las provincias que un dia de victoria habia puesto en manos de los Francos; los pueblos de la Grecia estaban vencidos, pero no sometidos; en el desórden en que se encontraba el imperio conquistado, todos los griegos que aun tenian las armas en la mano quisieron crearse un principado ó un reino. Por todas partes se alzaban Estados é imperios nuevos del seno de las ruinas, y amenazaban ya al que los cruzados acababan de establecer; un nieto de Andrónico fundaba en una provincia griega del Asia Menor el principado de Trebizonda; Leon Sgure, dueño de Napoli de Romanía, reinaba ó mas bien difundia el terror en la Argolida y en el istmo de Corinto; Miguel Anjel Commeno, empleando las armas de la traicion, reconstituía el reino de Epiro, y sujetaba bajo sus leyes á un pueblo salvage y belicoso. Teodoro Lascaris que, como Eneas, habia huido de su patria entregada á las llamas, reunia tropas en la Bitinia y hacia que le proclamasen emperador en Nicea, desde donde su familia habia de volver un dia en triunfo á Constantinopla; si los dos emperadores precipitados del trono hubiesen tenido un poco de habilidad y de valor, si la desgracia les hubiese unido, hubieran podido repartirse sus propios despojos y recobrar un resto de poder. Pero tal era el carácter de aquellos príncipes que solo pódian acercárse uno á otro para hacerse traicion, y la Providencia, para castigarlos, no tenia mas que ponerlos frente á frente. Alejo, despues de haber colmado de caricias á Mursufle, le atrajo á su casa y mandó sacarle los ojos. Mursufle abandonado por los suyos, cayó en poder de los cruzados, quienes le condujeron á Constantinopla y le precipitaron desde lo alto de la columna de Teodosio; Alejo, vendido á su vez y abandonado por sus parciales, anduvo errante durante mucho tiempo por Asia y Europa, y cayó en un estado tan poco digno de un príncipe, que la historia contemporánea no pudo seguir sus huellas ni decirnos cual fué su fin.

Mientras que los príncipes griegos se disputaban de este modo algunos restos del imperio, ó se hacían la guerra entre sí, los barones franceses abandonaban la capital para tomar posesion de las ciudades y provincias que les habian cabido en suerte; en vez de encontrar [en todas partes pueblos sometidos, aconteció con frecuencia que solo hallaron enemigos que combatir; viéronse precisados á conquistar lo que se les habia dado, y para colmo de desgracia, estuvo muy próxima la discordia á introducirse entre ellos, lo mismo que entre los vencidos. El emperador Balduino despues de haber recorrido y visitado la Tracia al frente de sus tropas, quiso entrar como dueño en el reino de Tesalónica, no obstante los ruegos y la oposicion de Bonifacio de Montferrat; esta contienda, que Villehardouin atribuye á la *suscitacion de ciertos aduladores*, se hizo mas violenta por ambas partes, y se hallaban en declarada hostilidad, cuando Enrique Dandolo, el conde de Blois y los jefes principales se interpusieron entre las partes beligerantes; el nuevo emperador y el rey de Tesalónica no pudieron oponer resistencia á la voz de sus compañeros mas ilustres que les hablaban en nombre de Jesucristo y de la cruzada, en nombre de su propia gloria y de aquel imperio que habian fundado mancomunadamente. Al fin, los dos príncipes, que se sometieron al juicio de los barones, juraron no volver á prestar oídos á pérfidos consejos, y se abrazaron en presencia de todo el ejército, así en aquella ocasion, dice Villehardouin, no se hubiese apiadado Dios de los cruzados, estaban *en peligro de perder sus conquistas, y la cristiandad de Oriente muy espuesta á perecer.*

Restablecida la paz entre Balduino y Bonifacio, los señores y los barones comenzaron de nuevo á recorrer las provincias para someterlas á sus leyes; el conde Luis de Blois, que habia obtenido la Bitinia, tuvo que pelear contra los soldados de Lascaris; Nicomedia y varias otras ciudades le abrieron sus puertas; todas las costas de la Propóntida y del canal de San Jorge, por un lado hasta el monte Olimpo, y por el otro hasta la embocadura del Euxino, se sometieron al dominio de los caballeros franceses; Enrique de Hainault recibió el encargo de someter la orilla asiática del Helesponto, desde el Esepo y el Gránico hasta el puente de Adramita, y el antiguo cabo Lectos (hoy cabo Baba). El her-

mano de Balduino y sus compañeros establecieron facilmente la
autoridad de los Latinos en todas las inmediaciones del Ida, y
no encontraron enemigos en la comarca en que estuvo Ilion. Al
propio tiempo, el nuevo rey de Tesalónica ó de Macedonia proseguia la conquista de la Grecia; su ejército victorioso adelantó
por la Tesalia, traspuso los montes Olimpo y Osa, y se apoderó
de Larisa; Bonifacio y sus caballeros pasaron sin temor y sin peligro la garganta de las Termópilas, y penetraron en la Beocia y
en el Atica. Mientras que el marqués de Montferrat tomaba posesion de las comarcas mas hermosas de la Grecia, Gofredo de
Villehardouin, sobrino del mariscal de Champaña, hacia reconocer las leyes de los Francos en el Peloponeso; la Grecia sometida
á las costumbres guerreras del feudalismo, vió entonces señores
de Argos, de Corinto y de Tebas, duques de Atenas y príncipes
de Acaya.

Sin embargo, el nuevo imperio, cuando apenas habia salido de
manos de la victoria, caminaba ya hácia su decadencia; los vencedores, despues de haber despojado de sus bienes á los griegos,
no quisieron dejarles sus creencias ni sus costumbres, y creyeron que les bastaba la espada del vencedor para continuar siendo dueños y sostener su omnipotencia. Ni siquiera se dignaron
recibir en sus ejércitos á los hijos de Grecia, y de este modo los
redujeron á la desesperacion. El emperador Balduino no se contentó con abrumar á los Griegos con todo su desprecio; desdeñó
tambien á vecinos poderosos, como el de los búlgaros, y los rechazó como aliados, sin tener fuerzas suficientes para tratarlos
como enemigos. Los griegos, á quienes de este modo oprimian
y reducian al último extremo, recobraron por fin el valor que habian perdido: se formó una vasta conjuracion, en la cual entraron cuantos ya no podian soportar la esclavitud, y los búlgaros,
despreciados por los latinos, se convirtieron en aliados naturales
de cuantos tomaron las armas contra la dominacion de los Fran-
ces. A una señal convenida se sublevó toda la Trácia; Andrinópolis, Didimótica y varias otras ciudades, vieron ondear sobre
sus muros los estandartes de los griegos sublevados, ó de los bárbaros á quienes atraía la esperanza del botin.

No hubo en las orillas del Helesponto y de la Propóntida un solo punto que no fuese teatro de algun combate desgraciado; los
guerreros latinos corrieron desde todas partes al encuentro de

un enemigo victorioso, y para defender lo que quedaba del nuevo imperio emplearon tanto valor como el que habian mostrado
en otro tiempo para conquistarle; pero todos sus esfuerzos no lograron apartar las grandes calamidades, y el emperador Balduino,
víctima de un arrojo imprudente, cayó en poder de los búlgaros.

La derrota y el cautiverio del emperador introdujeron la desesperacion entre los Latinos. Un gran número de caballeros,
agobiados por tantos reveses, se embarcaron en buques venecianos, y renunciando á su propia gloria, volvieron á anunciar al
Occidente que el imperio latino de Bizancio tocaba á su última
hora. Los cruzados no podian contener ya los progresos de los
griegos y de los búlgaros, y temian verse perseguidos y sitiados hasta en Bizancio; el obispo de Soissons y varios barones y
caballeros, tristes mensageros de un imperio cubierto de luto,
fueron enviados á Italia, á Francia y á Flandes. En las iglesias
deploraron las degracias de Bizancio, como se habian deplorado
las de Jerusalen; pero estas predicaciones lograron poco éxito.
Enmedio de los peligros que de todas partes amenazaban á los
nuevos conquistadores, nunca pudo llegarse á saber que habia
sido del desgraciado Balduino; apremiaron al papa para que se
interesara por la suerte del emperador, prisionero de guerra;
el rey de los búlgares se contentó con responder que el librar
al monarca cautivo *no estaba ya en las facultades de los mortales.*
Enrique de Hainault recogió entonces la herencia deplorable de
su hermano, y fué coronado enmedio del público dolor. Muy
pronto tuvieron que deplorar los Latinos la pérdida de Dandolo,
cuyas miradas postreras vieron la rápida declinacion del imperio que habia fundado; la mayor parte de los jefes de la cruzada habian perecido en los combates; Bonifacio, en una expedicion contra los pueblos de Rodope, recibió una herida mortal;
su sucesion dió márgen á vivas disensiones entre los cruzados,
y el reino de Tesalia, que habia tenido cierto brillo durante su
bréve duracion, desapareció entre el ruido de una guerra civil y
de una guerra extrangera.

Es preciso leer en la Historia extensa la narracion detallada
de esta quinta cruzada. Nunca hubo época alguna que ofreciese
mayores hazañas á la admiracion, ni mayores desgracias que deplorar. Enmedio de aquellas escenas gloriosas y trágicas, la
imaginacion se conmueve vivamente, y marcha sin cesar de sor-

presa en sorpresa. Al pronto causa profunda admiracion ver á
un ejército de treinta mil hombres embarcarse para conquistar
un país que podia contar con varios millones de defensores; una
tempestad, una epidemia, la falta de víveres, la division entre
los jefes, una batalla indecisa, todo podia perder el ejército de
los cruzados y hacer que se frustrase la empresa. Por una felicidad inaudita, nada de lo que podian temer les sucedió; triun-
faron de todos los peligros, superaron todos los obstáculos; sin
tener partido alguno entre los griegos, se apoderaron de la capital y de las provincias, y cuando se vieron en todas partes sus
estandartes triunfantes, entonces fué cuando les abandonó la fortuna y cuando comenzó su ruina. Gran leccion dada á los pueblos por la Providencia, que se sirve algunas veces de los conquistadores para castigar á las naciones y á los príncipes, y se
complace en destruir en seguida los instrumentos de su justicia!

Los héroes de aquella guerra nada hicieran para libertar á Jerusalen, de la que hablaban incesantemente en sus cartas dirigidas al papa; sometida Bizancio á las armas de los cruzados,
léjos de ser, como pensaban, el camino de la tierra de Jesucristo
no fué ya sino un obstáculo para la conquista de la ciudad santa;
la Europa habia tenido que sostener hasta entonces á las colonias cristianas establecidas en Siria; tuvo que sostener, tambien,
á la colonia que acababa de ser fundada en las orillas del Bósforo, y el entusiasmo de las cruzadas, que amenazaba debilitarse, no bastaba para tanto.

La Flandes, la Champaña, y la mayor parte de las provincias
de Francia que habian enviado sus guerreros mas valientes á
la cruzada, prodigaron sin fruto su poblacion y sus tesoros en
la conquista de Bizancio; puedé decirse que nuestros intrépidos
abuelos no ganaron en aquella guerra maravillosa sino la gloria
de haber dado, por un momento, dueños á Constantinopla y señores á la Grecia; solo la república de Venecia sacó provecho de
aquella guerra; con la conquista de Bizancio extendió su poderío y su comercio por el Oriente; los cruzados venecianos, aun
bajo los estandartes de la cruz, nunca dejaban de pelear por los
intereses y por la gloria de su patria. Tres años despues de la
conquista de Constantinopla, el senado de Venecia publicó un
edicto por el cual permitia á todos los ciudadanos que conquistasen las islas del Archipiélago, y les cedia la propiedad de los

países conquistados. Muy pronto se vieron príncipes de Naxe duques de Paros, señores de Micone, como se habian visto duques de Atenas, señores de Tebas y príncipes de Morea; pero los duques y los príncipes del Archipiélago no eran sino vasallos de la república, y Venecia hizo que redundasen en favor de sus intereses el valor y la ambicion de sus ciudadanos y de sus guerreros.

CAPÍTULO XXIV.

Juan de Brienne, rey de Jerusalen.—Concilio general convocado en Roma por Inocencio III para una cruzada.—Principio de la sesta cruzada.—Expedicion de Andrés II, rey de Hungría, á la Tierra Santa.

(De 1245 á 1217.)

Inocencio, que hasta entonces habia hecho vanos esfuerzos para libertar los Santos Lugares, y que no podia consolarse de haber visto disipar sin fruto grandes ejércitos en la conquista de Grecia, no renunciaba á la ejecucion de sus proyectos; pero despues de lo que acababa de ocurrir en Oriente, nada era tan difícil como arrastrar á la Europa á una nueva cruzada. El entusiasmo de las guerras santas, al que presentaban varios objetos á la vez, y al que invocaban á un mismo tiempo para Bizancio y para Jerusalen, se debilitaba de dia en dia en el ánimo de los pueblos. Las miserias de las colonias cristianas, que eran cada vez mayores, solo encontraban ya indiferencia. Los habitantes de la Tierra Santa habian perdido á su rey Amaury; Isabel, que solo reinaba sobre ciudades despobladas, murió pocos meses despues que su marido; el reino de Godofredo se convertia en herencia de una princesa jóven, hija de Isabel y de Conrado, marqués de Tiro; Aymard, señor de Cesarea, y el obispo de Tolemaida, pasaron entonces el mar, y en nombre de los cristianos de la Tierra Santa fueron á suplicar á Felipe Augusto que les diese uno de sus barones para gobernarlos. La mano de una reina jóven, una corona y las bendiciones del Cielo, habian de recompensar el valor y la abnegacion del que fuese á pelear por la herencia de Jesucristo. El rey de Francia recibió con grandes honores á los diputados de los cristianos de Oriente, y les propuso á Juan de Brienne, hermano de Gauthier, muerto recientemente en la Pulla con la reputacion de un héroe y el título de rey : con aquel himeneo esperaban despertar el espíritu caballeresco y reanimar el ardor de lejanas guerras.

El papa aplaudió la eleccion de Felipe Augusto, y dió su bendicion al nuevo rey de Jerusalen. La llegada de Juan de Brienne á Tolemaida causó inmenso júbilo á los cristianos de Palestina, pero no inspiró temor alguno á los sarracenos, porque solo llevaba consigo 300 caballeros. Apenas hubieron coronado con gran pompa al nuevo rey, apenas hubo celebrado este su casamiento con la hija de Isabel, cuando ya le fué preciso defender su reino amenazado por todas partes, y le atacaron hasta en su misma capital. El sucesor de Amaury, á quien habian esperado como al salvador de los cristianos de ultramar, se vió obligado muy luego á dirigir mensages á Felipe Augusto, al papa, á todos los príncipes del Occidente, suplicándoles que le ayudasen á salvar la monarquía que le habian dado.

Los disturbios que á la sazon agitaban á la misma Iglesia no permitian á los reinos de la cristiandad, y sobre todo á la Francia, que socorriesen á las colonias cristianas de ultramar; el Languedoc y la mayor parte de las provincias meridionales del reino se hallaban asoladas entonces por guerras religiosas que daban que hacer al espíritu belicoso y al valor de los barones y los caballeros. En los mismos momentos en que se proseguia la guerra contra los Albigenses, los sarracenos comenzaban á ser mas temibles en España; el papa predicó una cruzada contra los moros, y toda la caballería cristiana fué invitada á pelear allende los Pirineos.

Entonces se vió lo que nunca se habia visto todavía en aquellos tiempos tan fecundos en prodigios y en sucesos extraordinarios. En Francia y en Alemania se reunieron 50,000 muchachos, y recorrieron las ciudades y los campos repitiendo estas palabras: *Señor, restitúidnos nuestra santa cruz.* Cuando les preguntaban á dónde iban y que era lo que querian hacer, contestaban: *Vamos á Jerusalen á libertar el sepulcro del Señor.* La mayor parte de los fieles no veian en esto sino una inspiracion del Cielo, y pensaban que Jesucristo, para confundir el orgullo de los poderosos y de los sábios de la tierra, habia confiado su causa á la sencilla y tímida infancia; muchos de aquellos cruzados jóvenes se extraviaron en los desiertos; perecieron de calor, de hambre, de

sed y de cansancio; otros regresaron á sus hogares diciendo que
no sabian porqué habian marchado; entre los que se embarcaron,
varios naufragaron ó fueron entregados á los mismos sarracenos
á quienes iban á combatir.

Esta expedicion de niños indica bastante hasta que grado de
decadencia habian llegado las cruzadas. Para reanimar el entusiasmo de los fieles resolvió Inocencio reunir en Roma un concilío
general. «La necesidad de socorrer á la Tierra Santa, decia en sus
convocatorias, y la esperanza de vencer á los sarracenos, son mayores que nunca.» El pontífice comparaba á Jesucristo á un soberano desterrado de su reino, y á los cristianos á súbditos fieles
que habian de ayudarle á recuperar sus Estados; el poder de Mahoma tocaba á su término, *y semejante á la bestia del Apocalip-*
sis, no habia de pasar del número de 666 *años.* El jefe de la Iglesia
pedia á todos los fieles sus oraciones, á los ricos limosnas y tributos, á los guerreros el ejemplo de la abnegacion y del valor, á
las ciudades marítimas sus bajeles; él mismo se comprometia á
hacer los mayores sacrificios. La historia apénas puede seguir á
Inocencio buscando por todas partes enemigos contra los infieles;
sus miradas abarcaban á la vez el Oriente y el Occidente; sus
cartas y sus embajadores iban á conmover incesantemente la Europa y el Asia.

Enviáronse legados á todos los reinos cristianos; muchos predicadores recibieron la mision de exhortar á los fieles á tomar la
cruz; Santiago de Vítry predicó en las orillas del Rhin, Pedro de
Courzon en las provincias de Francia; Felipe Augusto abandonó
la cuadragésima parte de sus rentas patrimoniales para los gastos de la cruzada; un número considerable de señores y prelados
siguieron el ejemplo del monarca. El arzobispo de Cantorbery
exhortó á la Inglaterra á tomar las armas contra los infieles; el
rey Juan, que estaba en guerra con los barones y con las municipalidades, tomó la cruz esperando obtener así la proteccion de la
Iglesia; en Alemania, Federico II, que tenia que defender otra
herencia distinta de la de Jesucristo, se puso tambien el distintivo
de los peregrinos, pero con el pensamiento exclusivo de complacer al pontífice de Roma y de ser apoyado por la Santa Sede contra Othon de Sajonia.

Todo se preparaba en la cristiandad para el concilio general
anunciado por Inocencio. Roma habia recibido ya á los diputados

de Antioquía y de Alejandría, á los patriarcas de Constantinopla y de Jerusalen, á los embajadores de Federico, de Felipe Augusto, y de los reyes de Inglaterra y de Hungría. El concilio, al cual asistieron mas de 500 obispos y arzobispos, se reunió en la iglesia de Letran y fué presidido por el papa; Inocencio pronunció un discurso en el cual deploró los errores de su siglo y las desgracias de la Iglesia; despues de haber exhortado al clero y á los fieles á santificar con sus oraciones las medidas que iban á adoptarse contra los hereges y los sarracenos, representó á Jerusalen cubierta de luto, mostrando las cadenas de su cautiverio y haciendo hablar á todos sus profetas para conmover el corazon de los cristianos. El concilio se ocupó en varias sesiones de los medios de socorrer á la Tierra Santa. Se decidió que, para los gastos de la cruzada, cederian los eclesiásticos la vigésima parte de sus rentas, y el papa y los cardenales la décima parte; se resolvió que hubiese una tregua de cinco años entre todos los príncipes cristianos; el concilio de Letran lanzó el anatema contra los piratas que embarazaban la marcha de los peregrinos y contra aquellos que suministraban víveres y armas á los infieles. Los decretos relativos á la guerra santa fueron proclamados en todas las iglesias del Occidente; la multitud creyó ver prodigios como en las primeras cruzadas; los cristianos que guerreaban entre sí extipularon la paz y juraron sobre los Santos Evangelios no tener en lo sucesivo mas enemigos que los musulmanes.

Sin embargo, Inocencio III no pudo terminar la empresa que habia comenzado, y murió cuando se estaba ocupando en apaciguar las contiendas suscitadas entre los de Pisa y los genoveses. El primer pensamiento de Honorio III, su sucesor, fué libertar á Jerusalen. «Que la muerte de Inocencio no llegue á abatir vuestro valor, escribia á los cristianos de Palestina; mostraré el mismo zelo que él para libertar á la Tierra Santa, y consagraré todos mis esfuerzos á socorreros». Una carta del pontífice, dirigida á todos los príncipes y obispos del Occidente, les exhortó á proseguir la predicacion y los preparativos de la cruzada.

Entre los príncipes que habian tomado la cruz se veia á Andrés II, rey de Hungría; abandonó una corte y un reino turbados por facciones. Como su madre, viuda de Bela, creia encontrar en los lugares consagrados por los sufrimientos de Jesucristo un

13

asilo seguro contra los pesares que le abrumaban y amargaban
su existencia; el monarca húngaro podia pensar, tambien, que
la Santa peregrinacion le haria ser respetado por sus súbditos, y
que la Iglesia, armada siempre en favor de los príncipes cruzados, defenderia mejor que él los derechos de su corona. Andrés,
acompañado del duque de Baviera, del duque de Austria y de
varios señores alemanes, partió para el Oriente al frente de un
ejército numeroso, y se trasladó á Espalatro, la antigua Solona,
en donde le aguardaban buques de Venecia, de Zara, y de Ancona. Una multitud de cruzados embarcados en Brindes, en Génova y en Marsella, habian precedido al rey de Hungría; el rey de
Chipre, Lusiñan, y sus barones, habian zarpado tambien del
puerto de Limisso para trasladarse á Tolemaida. Desde el tiempo de Saladino no habian tenido los cristianos un ejército tan numeroso en Siria.

Cuando los cruzados llegaron á Palestina, estaba sufriendo el
país una gran escasez; la falta de víveres y el exceso de la miseria lanzaron á los peregrinos á la licencia y al robo; para hacer
cesar el desórden, los jefes se apresuraron á conducir á sus soldados á las tierras de los infieles. El territorio de Naplusa y la
alta Galilea, que pertenecian á los musulmanes, fueron invadidos y saqueados por los cruzados; Malek-Adel, que habia acudido desde Egipto con tropas, se vió obligado á huir ante los batallones victoriosos de la cruz.

El ejército cristiano, de regreso á Tolemaida, aguardaba la señal de nuevos combates. Resolvieron atacar una fortaleza que Saladino habia hecho edificar en el monte Tabor; antes de que
marchasen los cruzados, el patriarca se trasladó al campamento,
llevando una parte de la verdadera cruz que pretendian haber sido salvada en la batalla de Tiberiada: los peregrinos se inclinaron con respeto ante el signo de salvacion, y llenos de belicoso entusiasmo, se pusieron en marcha para llevar á cabo su
expedicion. El ejército, formado en batalla, subió á la montaña
entre una granizada de saetas y de piedras, y persiguió á los infieles hasta su fortaleza, poniéndola sitio. Despues de diferentes
asaltos, disponíase la guarnicion musulmana á capitular, cuando de improviso se apoderó un terror pánico de los cristianos, y
se retiraron en desórden como si hubiesen sido vencid o Esta
retirada, cuyo motivo no refiere la historia, introdujo la turba-

cion y el desaliento entre los peregrinos. El patriarca de Jerusalen se alejó del ejército, llevándose, lleno de cólera, aquella cruz del Salvador en cuya presencia se habian conducido tan indignamente unos soldados cristianos. Los príncipes y los reyes que dirigian la cruzada no se atrevieron á regresar á Tolemaida, y se dirigieron á la Fenicia, procurando reparar la vergüenza de su fuga en el Tabor. Los cruzados no encontraron allí enemigos á quienes combatir; pero habia comenzado el invierno, y les hicieron sufrir mucho los huracanes, las lluvias, el frio, la escasez y las enfermedades; la discordia fué á mezclarse con todas aquellas calamidades.

Habia tres reyes en el ejército cristiano, y nadie mandaba; el nuevo rey de Jerusalen solo acaudillaba á sus caballeros y á los barones de la Tierra Santa; el rey de Chipre cayó enfermo y murió cuando se disponia á regresar á su reino. El rey de Hungría, que habia salido de Europa como jefe de la cruzada, no tuvo mas acierto y energía para hacerse obedecer en el ejército que en sus Estados. Despues de una permanencia de tres meses en la Palestina, olvidó sus juramentos y sin haber peleado por la causa de Jesucristo, solo pensó en marcharse; el patriarca se esforzó para detenerle bajo las banderas de la guerra santa, y como el monarca húngaro permanecia sordo á todos los ruegos, el prelado lanzó contra él los rayos de la Iglesia; no por esto persistió menos Andrés en su resolucion de abandonar el Oriente, y para que no pareciese que desertaba la causa de Jesucristo, dejó la mitad de su ejército al rey de Jerusalen. El rey de Hungría se llevó consigo reliquias preciosas, recogidas en los lugares santos que habia visitado; cuando estuvo de vuelta á Hungría, si ha de creerse á una crónica contemporánea, bastaron aquellas reliquias para aplacar los disturbios de sus Estados y hacer que en todas sus provincias floreciesen la paz, las leyes y la justicia. La mayor parte de los historiadores húngaros aseguran, por el contrario, que aquella expedicion sin gloria le grangeó el desprecio de sus pueblos, y no hizo sino acrecentar los desórdenes de su reino.

CAPÍTULO XXV.

Continuacion de la sexta cruzada.—Sitio de Damieta.—Combates y miserias de los cruzados.—Toma de la ciudad.

(De 1218 á 1219.)

Despues de la partida del rey de Hungría, se vió llegar á Tolemaida á un número considerable de cruzados procedentes de los puertos de Holanda, Italia y Francia. Los cruzados de la Frisa, de Colonia y de las orillas del Rhin se habian detenido en las costas de Portugal en donde habian vencido á los Moros en diferentes combates. La llegada de aquellos guerreros y el relato de sus victorias reanimaron el valor de los peregrinos que habian quedado en Palestina á las órdenes de Leopoldo duque de Austria; con tan poderoso refuerzo solo se habló ya de comenzar de nuevo las hostilidades, y en un consejo de los príncipes y de los jefes, se resolvió llevar la guerra á las orillas del Nilo.

El ejército cristiano, mandado por el rey de Jerusalen, por el duque de Austria, y por Guillermo conde de Holanda, partió de Tolemaida á principios del verano de 1218, y fué á desembarcar á la vista de Damieta. Esta ciudad, situada á una milla del mar en la orilla derecha del Nilo, tenia una muralla doble por la parte del rio, y una muralla triple por la parte de tierra; enmedio del rio se alzaba una torre; el paso estaba cerrado para los buques por una cadena de hierro que se extendia desde la ciudad á la torre. La ciudad tenia una guarnicion numerosa, víveres y pertrechos de guerra suficientes para sostener un sitio prolongado.

Los cruzados fueron á acampar en la orilla izquierda del Nilo, en una llanura en la que no crecian árboles ni plantas, y que al occidente y al mediodía no presentaba sino el aspecto de una soledad árida; tenian delante de sí la ciudad, edificada entre el rio y el lago Menzalech, en una campiña cortada por mil canales y cubierta con un bosque de palmeras. Apenas acababan de establecer su campamento, cuando un eclipse de luna cubrió de improviso el horizonte con espesas tinieblas: este fenómeno celeste inflamó su valor, y fué para ellos presagio de grandes victorias.

Los primeros ataques fueron dirigidos contra la torre edificada enmedio del Nilo; emplearon toda clase de máquinas de guerra y multiplicaron los asaltos. La torre comunicaba con la ciudad por medio de un puente de madera, y de este modo recibia socorros que inutilizaban todos los prodigios de valor; despues de un sitio de algunas semanas, el puente fué atacado y destruido; luego construyeron una fortaleza enorme, de madera, que colocaron sobre dos buques sujetos uno á otro; esta fortaleza flotante recibió un cuerpo escogido de guerreros, y fué á atacar la torre. Los musulmanes desde sus murallas, y los cruzados desde la orilla del rio, seguian con la vista la fortaleza cristiana; los dos buques que la llevaban fueron á anclar al pié de las murallas; los sárracenos lanzaron una granizada de piedras y torrentes de fuegos griegos; los guerreros de la cruz, subiendo al asalto, llegaron muy luego á las almenas de la torre; enmedio del combate que se habia empeñado con lanza y espada, aparecieron llamas, de improvise, en el castillo de madera de los cruzados; el puente levadizo que habian aplicado á las murallas de la torre se tambaleó; la bandera del duque de Austria, que era quien mandaba el ataque, cayó en poder de los sitiados. Entonces resonaron gritos de júbilo en la ciudad; oyéronse á la vez prolongados gemidos en la orilla en que acampaban los cruzados. El patriarca de Jerusalen, el clero, y el ejército entero habian caido de rodillas y alzaban hácia el cielo sus manos suplicantes. Entonces, como si Dios hubiese atendido á sus ruegos, se apagó la llama, se compuso la máquina y se restableció el puente levadizo. Los compañeros de Leopoldo reprodujeron el ataque con mas ardor; por todas partes se hundian las murallas bajo los golpes de los cristianos; los musulmanes, aturdidos, tiraron las armas y pidieron cuartel á sus vencedores. Los cruzados se habian preparado para aquella victoria por medio de oraciones, procesiones y ayunos. Habíanse visto guerreros celestiales entre los combatientes; todos los peregrinos consideraron la toma de la torre como obra de Dios.

Los cristianos no pudieron continuar su primer triunfo por falta de buques para pasar el Nilo. La mayor parte de los barcos que les habian conducido á Egipto volvieron á marcharse en seguida, y aun varios de los peregrinos que habian asistido al principio del sitio se embarcaron entonces para regresar á Europa. «Su desercion, dicen los cronistas, irritó en tal manera el Cielo contra ellos, que muchos naufragaron ó perecieron miserablemente al volver á sus hogares.» Entretanto, el papa no cesaba de apresurar la partida de los que habian tomado la cruz; cuando el ejército cristiano estaba deplorando todavía la retirada de los cruzados de la Frisa y de la Holanda, se vieron llegar al campamento de Damieta guerreros procedentes de Alemania, de Pisa, de Génova y de Venecia; fueron tambien de todas las provincias de Francia; la Inglaterra envió asimismo á Egipto á sus caballeros mas valientes, que iban á cumplir el juramento de su monarca Enrique III. Entre los peregrinos que llegaron entonces á las orillas del Nilo, no debe olvidar la historia al cardenal Pelagio; iba acompañado de un gran número de cruzados romanos que llevaban consigo los tesoros suministrados por los fieles del Occidente y destinados á sufragar los gastos de la guerra santa. El Sumo Pontífice habia dado al cardenal la órden de dirigir la cruzada con vigor, y de no entrar en negociaciones de paz sino con enemigos vencidos y sometidos á la Iglesia romana. Querian hacer la guerra á los musulmanes como la hacian á los griegos y á los herejes, querian combatirlos y convertirlos á la vez. Pelagio, elegido para desempeñar esta mision, tenia un carácter impetuoso y ardiente, inflexible y pertinaz. Poco despues de haber llegado, el dia de San Dionisio, los sarracenos fueron á atacar á los cruzados; el nuevo legado se puso al frente del ejército cristiano; llevaba la cruz del Salvador y repetia en alta voz esta oracion: *O Señor, salvadnos, y prestadnos vuesto auxilio para que podamos convertir á esta nacion cruel y perversa!*..... La victoria se declaró en favor de los cristianos. Pelagio disputó el mando del ejército al rey de Jerusalen; para apoyar sus pretensiones decia que los cruzados habian tomado las armas á la voz del pontífice romano, y que eran soldados de la Iglesia; la multitud de los peregrinos se sometia á sus leyes, persuadida de que Dios lo queria así; pero esta pretension de dirigir la guerra lastimaba y sublevaba á los caballeros de la cruz, y habia de producir grandes calamidades.

El ejército cristiano, no obstante sus victorias, permanecia acampado en la orilla izquierda del Nilo y no podia sitiar á Damieta. Varias veces intentó pasar el rio, pero siempre fué rechazado por los sarracenos y por las tempestades tan frecuentes en el invierno. La multitud de los peregrinos comenzó á murmurar contra el legado; *en esta soledad de arena*, decian, *¿qué va á ser de nosotros? para esto, ¿no habia sepulcros en nuestro pais?* Pelagio, al oir estas quejas, mandó que se observase un ayuno de tres dias y que todos los cristianos se pusiesen en oracion delante de la Santa Cruz, para que Jesucristo les enseñase los medios de pasar el rio. Al mismo tiempo se levantó de improviso una gran tormenta, y cayó la lluvia con tanta abundancia que ya no se distinguia el rio del mar, y toda el agua se puso salada; el campamento fué inundado; los cristianos, llenos de desconsuelo, lanzaban prolongados gemidos, y el legado les repetia lo que Jesucristo decia á Pedro, cuya barca iba á sumergirse: *Hombres de poca fe, ¿porqué dudais?* Muy pronto apareció el sol resplandeciente y se retiraron las aguas. Los cruzados hicieron nuevos esfuerzos para pasar el Nilo; pero la orilla ocupada por los sarracenos permanecia siempre inaccesible. El ejército cristiano no tenia ya otra esperanza que los milagros del Cielo; hácia la fiesta de Santa Agata, dicen los cronistas del Occidente, sucedió una gran maravilla. San Jorge y varios guerreros celestiales, cubiertos con sus armas y sus túnicas blancas, habian aparecido en el campo de los sarracenos; estos oyeron durante tres dias una voz que les gritaba: *Huid, sino morireis!* Al tercer dia se oyó á lo largo del rio una voz que decia á los cristianos: *Ved ahí á los sarracenos que huyen!*

En efecto, los sarracenos habian abandonado su campo, y he aquí como refieren los historiadores árabes este hecho milagroso. Habíase formado entre los emires una conspiracion contra Malek-Kamel; la víspera del dia en que debia estallar la conjuracion, el sultan, á quien habian avisado, salió secretamente de su campo en mitad de la noche, y su ejército, no teniendo ya jefe, huyó en el mayor desórden; entonces los cristianos pudieron pasar el Nilo y establecerse sin resistencia en la orilla derecha del rio. Fueron á acampar bajo los muros de Damieta, y sitiaron á la ciudad por la parte de tierra y por el lado del Nilo.

Entonces fué cuando los príncipes musulmanes se resolvieron á demoler las murallas y las torres de Jerusalen; destruyeron tambien la fortaleza del Tabor y todas las que aun conservaban en la Palestina y en la Fenicia. Todas las tropas de la Siria fueron llamadas á defender el Egipto. Su llegada á las orillas del Nilo, y el sentimiento del peligro, difundido entre todas las naciones infieles, reanimaron el valor de Malek-Kamel; el ejército egipcio, que habia huido, volvió lleno de ardor y de zelo á auxiliar á Damieta. Los cruzados tuvieron que combatir á la vez con la guarnicion de la ciudad y con los sarracenos cuya multitud cubria las dos orillas del rio.

El domingo de Ramos se batieron en el Nilo y en la llanura; los guerreros de la cruz, dice la historia contemporánea, no llevaron aquel dia *mas palmas que sus espadas desnudas y sus lanzas ensangrentadas*; quinientos musulmanes quedaron en el campo de batalla. Algunos dias despues (era la fiesta de San Juan Bautista) el demonio de la envidia y del orgullo entregó los cristianos á la saña de sus enemigos. La infantería cristiana empleada incesantemente en los asaltos y en los buques, se quejaba de soportar todo el peso de la guerra, y acusaba á los caballeros de permanecer bajo sus tiendas. Estos se alababan, por el contrario, de ser el terror de los sarracenos, y se atribuian todas las victorias de la cruzada; se acaloró la contienda, y para mostrar en quien estaban el valor y la bizarría, por ambas partes corrieron al encuentro del enemigo; batiéronse con furor, pero sin órden; los jefes que seguian á aquella multitud indisciplinada y confusa no lograron hacer que se les obedeciese; el rey de Jerusalen, que se esforzaba para volver á reunir á los soldados de la cruz, se libró con gran trabajo del fuego griego lanzado por los sarracenos; un gran número de cristianos fué pasado á cuchillo. « Aquella derrota, dice un historiador, testigo ocular del combate, nos vino por nuestros pecados, y el castigo se hallaba muy léjos de igualar á nuestras faltas.»

La primavera y el verano de 1217 trascurrieron en medio de continuos combates; el ejército cristiano, aunque habia sufrido pérdidas, cubria toda la campiña de Damieta en un espacio de mas de diez millas; cada vez que daban un asalto á la ciudad, los habitantes encendian hogueras en una torre llamada *Murcita*, y el ejército acudia á socorrer á la plaza. Varias veces fueron sitiados los cristianos en su campo, y resistieron á los ataques as vivos, *porque Dios estaba con ellos.*

Todos los dias se veia desembarcar á nuevos cruzados; anunciábase la próxima llegada del emperador de Alemania, que habia tomado la cruz. Los infieles temian tener que combatir con

el monarca mas poderoso del Occidente ; el sultan del Cairo, en nombre de los príncipes de su familia, envió embajadores al campo de los cruzados para pedirles la paz ; proponia, como lo habia hecho ya al principio del sitio, abandonar á los Francos el reino de Jerusalen , y solo se reservaba las plazas de Karak y de Montreal , por las cuales ofrecia pagar un tributo. Los jefes de la cruzada deliberaron acerca de esta proposicion. El rey de Jerusalen , y los barones franceses , ingleses y alemanes , encontraban en aquella paz tantas ventajas como gloria ; pero no opinaron asi Pelagio y la mayor parte de los prelados , quienes no veian en las proposiciones del enemigo sino un nuevo artificio para retrasar la toma de Damieta y ganar tiempo; parecíales vergonzoso renunciar á la conquista de una ciudad que los cristianos estaban sitiando hacia diez y siete meses , y que ya no podia defenderse. Deliberaron durante varios dias sin que pudiese haber avenencia entre los dos partidos , y mientras se acaloraba la discusion en el consejo , comenzaron de nuevo las hostilidades ; entonces se unieron todos los cruzados para continuar el sitio de Damieta.

Hubo todavía alrededor de la ciudad varias batallas importantes ; cuando se daba la señal de un ataque general , se preparaban para él con un ayuno de tres dias , con una procesion á la que los cruzados concurrian descalzos , y con la adoracion de la verdadera cruz. En los combates , los cadáveres de los sarracenos cubrieron con frecuencia la llanura , como los haces cubren una tierra fértil en tiempo de la cosecha , y los infieles que peleaban en el Nilo perecian miserablemente en las aguas , como los soldados de Faraon. Al fin, dicen los cronistas, los niños y los ancianos de la ciudad comenzaron á llorar , y gritaron sobre los muros : ¡ O Mahoma ! ¿porqué nos abandonas ?

Algunas carnes saladas , melones , sandías encerradas en sacos de cuero, panes envueltos con cadáveres en sudarios, que abandonaban á la corriente del Nilo , fueron , para los mas ricos , el último recurso contra el hambre. Varios guerreros musulmanes que quisieron penetrar en la plaza fueron pasados á cuchillo por los cristianos. Los cruzados cogieron con redes y castigaron con pena de muerte á varios buzos que llevaban mensages á la ciudad; todas las comunicaciones se hallaban interrumpidas entre la plaza y el ejército musulman; ni el sultan del

Cairo ni los cruzados podian saber ya lo que ocurria en la plaza sitiada, en donde reinaba el silencio de la muerte, y que, segun la expresion de un autor árabe, no era sino un sepulcro cerrado.

El cardenal Pelagio, que habia predicado la guerra en el consejo de los jefes, la proseguia con ardor; reanimaba incesantemente á los cruzados con sus discursos; en el campamento resonaban todos los dias sus preces dirigidas al Dios de los ejércitos. Prodigando alternativamente las promesas y las amenazas de la Iglesia, tenia indulgencias para los peligros, para las miserias que sufrian los peregrinos, para todos los trabajos que les mandaba llevar á cabo. Nadie pensaba ya en desertar las banderas de la cruz; los soldados y los jefes solo soñaban combates. En los primeros dias de noviembre, varios heraldos de armas recorrieron el campamento repitiendo estas palabras: *En nombre del Señor y de la Vírgen, vamos á atacar á Damieta; con el auxilio de Dios la tomaremos.* Todo el ejército contestó: *Hágase la voluntad de Dios.* Pelagio recorrió las filas prometiendo la victoria á los peregrinos; habia resuelto aprovechar las tinieblas de la noche para llevar á cabo una empresa decisiva; cuando llegó una hora avanzada de la noche, dieron la señal; bramaba una borrasca violenta; no se oia ruido alguno bajo las murallas ni en la ciudad. Los cruzados subieron con el mayor silencio á las almenas, y dieron muerte á algunos sarracenos que encontraron en ellas. Dueños ya de una torre, llamaron en su auxilio á los que les seguian, y no hallando enemigos á quienes combatir, comenzaron á cantar: *Kyrie eleison*; el ejército, formado en batalla al pié de los baluartes, contestó con estas palabras: *Gloria in excelsis.* Echáronse abajo enseguida dos puertas de la ciudad, que dieron libre paso á la multitud de los sitiadores. Entretanto, el cardenal Pelagio, rodeado de obispos, entonaba el canto de la victoria, *Te Deum laudamus.*

Al amanecer, los soldados de la cruz, con espada en mano, se disponian á perseguir á los infieles en sus últimos atrincheramientos; pero cuando hubieron entrado en la ciudad, un espectáculo espantoso les hizo retroceder al pronto llenos de horror; las plazas públicas, las casas y las mezquitas estaban llenas de cadáveres. Cuando llegaron los cruzados, Damieta tenia 70.000 habitantes; á la sazon no quedaban ya mas que 3.000, que solo te-

nian un soplo de vida, y se arrastraban por aquel sepulcro inmenso cual pálidas sombras.

La ciudad tenia una mezquita célebre, adornada con seis galerías extensas y 150 columnas de mármol, y coronada por un
minarete. Esta mezquita fué consagrada á la Vírgen, Madre de
Jesucristo; todo el ejército cristiano concurrió á ella á dar gracias al Cielo por el triunfo concedido á las armas de los peregrinos. Al dia siguiente los barones y los prelados volvieron á trasladarse á la mezquita para deliberar acerca de la conquista que
habian llevado á cabo, y por una resolucion unánime dieron la
ciudad de Damieta al rey de Jerusalen.

CAPÍTULO XXVI.

*Los cruzados permanecen varios meses en Damieta. — Marchan
por fin hácia el Cairo. — Son detenidos en Massourah. — Quedan
interrumpidas sus comunicaciones. — El ejército cristiano, acosado por el hambre, capitula con los musulmanes.*

(De 1218 á 1219).

La fortaleza de Thanis, edificada en medio del lago Menzaleh,
fué abandonada por los que la custodiaban, y los cristianos se
apoderaron de ella sin combate. Parecia que la fortuna ofrecia á
los cruzados una ocasion propicia para conquistar el Egipto; todo huia delante de ellos; el Nilo, reducido de nuevo á su cauce, no
inundaba ya sus orillas; los caminos del Cairo estaban abiertos
para los cristianos. Desgraciadamente, la discordia que se introdujo entre los vencedores, los mantuvo en la inaccion; Pelagio
hablaba en el campo como dueño; el rey de Jerusalen, no pudiendo soportar su dominadora autoridad, se retiró á Tolemaida.
Sin embargo, llegaban diariamente nuevos peregrinos: el duque
de Baviera y 400 barones y caballeros alemanes enviados por Federico II, desembarcaron en las orillas del Nilo; algunos prelados
y arzobispos llevaron una multitud de cruzados procedentes de
todas las provincias de Alemania, Italia y Francia; el sumo Pontífice envió á su legado víveres para el ejército y sumas conside-
bles, unas sacadas de su propio tesoro, otras ofrecidas por la caridad de los fieles. Todos estos auxilios inspiraron á Pelagio el
pensamiento de terminar sus conquistas, y resolvió marchar contra la capital de Egipto. Su resolucion belicosa no encontró opo-

sicion en el clero; pero los caballeros y los barones se negaron á seguirle, y como alegaban la ausencia del rey de Jerusalen, el prelado se vió obligado á enviar diputados á Juan de Brienne, para suplicarle que volviese al ejército.

Los cruzados perdieron así varios meses; los musulmanes habian vuelto á cobrar ánimos, y el Nilo comenzaba á salirse de su cauce: el sultan del Cairo se habia retirado con sus tropas detrás del canal de Aschmon, á 12 leguas de Damieta y á 15 de la capital. Allí recibia diariamente bajo sus banderas á guerreros procedentes de todas las comarcas musulmanas. Habia hecho construir un palacio en su campo rodeado de murallas; habíanse edificado allí casas, baños y bazares; el campo del sultan se convirtió muy luego en una ciudad, á la que denominaron *Mansourah* (la victoriosa), y que habia de ser célebre en la historia por la derrota y la ruina de varios ejércitos cristianos.

Cuando Juan de Brienne hubo regresado al campo de los cruzados, deliberaron acerca de lo que habia de hacerse; el legado del papa fué el primero que emitió su opinion, y propuso marchar contra la capital de Egipto. El mundo cristiano tenia fija la vista en el ejército de los cristianos; no solo aguardaba de su valor y bizarría el rescate de los Santos Lugares, sino tambien la ruina y la destruccion de todos los pueblos que habian mancillado con su dominio la ciudad de Jesucristo. Los obispos, los prelados, la mayor parte de los eclesiásticos, y los caballeros del Temple aplaudieron el discurso del legado. El rey de Jerusalen, que opinaba de distinto modo, contestó á Pelagio que la expedicion propuesta hubiera podido alcanzar buen éxito tres meses antes, pero que tenia menos probabilidades ventajosas desde que el Nilo habia comenzado á desbordarse; añadia que, al marchar sobre el Cairo, no solo habria que hacer frente á un ejército, sino á todo un pueblo desesperado. Esta oposicion del rey de Jerusalen irritó á Pelagio, quien se expresó en términos duros y amargos respecto de aquellos que veian los peligros y no la gloria de una empresa, y buscaban razones mas bien que combates; el prelado y los de su partido alegaron, además, que el Sumo Pontífice habia prohibido que se entrase en tratos con los infieles sin su consentimiento; al fin, los que se oponian á marchar sobre el Cairo temieron ser excomulgados: el consejo adoptó la opinion de Pelagio.

El ejército cristiano se reunió en Tarescur, situado á cuatro leguas de Damieta, y se adelantó por la orilla izquierda del Nilo; al propio tiempo subia por el rio una flota numerosa, cargada de víveres, armas y máquinas de guerra; sin haber encontrado enemigos ni obstáculo alguno, llegaron los cruzados al punto en que el canal de Aschamon se separa del Nilo. Los sarracenos se hallaban acampados en la orilla opuesta del canal, en la llanura y en la ciudad de Mansourah.

Todas las provincias de Egipto se hallaban sumidas en la consternacion; el pueblo entero habia tomado las armas, y no quedaban en las ciudades mas que mujeres y niños; para describir la viva agitacion de los ánimos y el estado de la plobacion egipcia, un autor árabe se contenta con decir, que el Nilo se hallaba entonces en su crecida, y que sin embargo nadie hacia caso de esto. La Siria y el Egipto, que acudian de todas partes al campamento, no lograban dar tranquilidad y confianza al sultan del Cairo; renovó las proposiciones de paz que habia hecho varias veces; ofrecia á los cruzados que si abandonaban á Damieta, les restituiria Jerusalen y todas las ciudades de Palestina conquistadas por Saladino, y aun se comprometia á pagar 300.000 monedas de oró pafa levantar las fortificaciones de la ciudad santa. El rey de Jerusalen y los barones escucharon estas condiciones con júbilo, y no vacilaron en aceptarlas; pero ya no tenian influencia alguna en el ejército ni en el consejo, y el cardenal Pelagio, á quien nadie oponia resistencia, persistia en creer que se debia aprovechar el terror de los musulmanes, y que era llegado el momento de destruir el islamismo.

Mientras deliberaban de este modo y rechazan una paz ventajosa, llegaban diariamente á Mansourah nuevas tropas, armas y víveres; los musulmanes recobraron su valor. Los cruzados detenidos por el canal de Aschmon, se vieron obligados á fortificar su campamento contra los ataques del enemigo. Las provisiones que habian llevado consigo, se agotaron muy pronto; algunos buques musulmanes que entraron en el Nilo por uno de los canales del Delta fueron á colocarse en frente de Baramont, á cuatro leguas mas abajo de Mansourah.

Desde entonces quedó interrumpida toda comunicacion entre Damieta y el ejército cristiano. Los cruzados, que carecian de víveres y no podian avanzar, no hallaron mas recurso que el de

emprender una retirada precipitada. Por órden del sultan se habian
abierto todas las compuertas en la orilla oriental del rio; al mismo tiempo todo el ejército musulman habia pasado el canal de
Aschmon; los cruzados se hallaron perseguidos á la vez por el
desbordamiento de las aguas, por la multitud de sus enemigos y
por el hambre. Los jefes se habian negado á restituir la ciudad
de Damieta en cambio del reino de Jerusalen; entonces propusieron restituirla para salvar á su ejército. Cuando los príncipes
musulmanes deliberaban en consejo acerca de las últimas proposiciones de los cristianos, varios opinaron que no se debia guardar consideracion alguna á los Francos, y que era preciso terminar la guerra de un solo golpe; el sultan del Cairo mas moderado que los demás, contestó que no estaban todos los Francos en el
ejército vencido, y que podian llegar otros ejércitos del Occidente. Las negociaciones duraron varios dias; por último, el 13 de
setiembre, dice Oliverio Escolástico, estando ya aceptada la capitulacion, *los cruzados tendieron la mano al egipcio y al sirio para obtener pan y el permiso para salir de Egipto.* Se convino, además, en que Damieta seria restituida al sultan del Cairo, y que
habria entre este y los cristianos una tregua de ocho años; por
ambas partes se dieron rehenes; el sultan envió á su propio hijo.
La historia contemporánea solo habla del cardenal Pelagio para
decirnos que este prelado figuró con el rey de Jerusalen y el duque de Baviera, en el número de los rehenes cristianos.

Esta expedicion, de la que se esperaba la conquista del Egipto
y de todo el Oriente, no dió mas resultado que el de hacer que los
cristianos del país fuesen perseguidos; todos los discípulos de
Cristo que habitaban en las orillas del Nilo perdieron sus bienes,
su libertad, y aun muchos la vida; el fanatismo irritado de los
musulmanes demolió en todas partes las iglesias cristianas. En
Tolemaida y en todas las colonias de los Francos en Siria, se esperaba volver á entrar en Jerusalen y en las demás ciudades conquistadas por Saladino; ¡cual seria la desesperacion de los Francos cuando el público rumor les anunció que un ejército, victorioso en otro tiempo, habia caido en poder de los sarracenos con
todos sus jefes, con el rey de la Ciudad Santa! Lo que ha debido
observarse en esta expedicion de Egipto es que los barones y los
caballeros, todos los jefes militares, se mostraron dispuestos siempre á extipular una paz útil y gloriosa, y que el cardenal Pela-

gio y los obispos nunca vieron la salvacion de los cristianos sino en una guerra sin cuartel, en una guerra de exterminio. El clero, que lo dirigia todo, se habia persuadido en demasía, de que la conquista de Oriente estaba prometida á la devocion de los peregrinos y no á sus armas; esta opinion impidió que se viesen los peligros, y perdió á la cruzada.

CAPÍTULO XXVII.

Continuacion de la sexta cruzada. — Preparativos de Federico II para la guerra santa; su partida; es excomulgado por haberse vuelto; parte por segunda vez. — Tratado que entrega á Jerusalen á los cristianos.—Conquista de Jerusalen juzgada de diferentes maneras.

(De 1220 á 1229.)

En esta cruzada, la Siria y el Egipto habian visto ya á varios grandes ejércitos llegados del Occidente. Pero todos estos ejércitos nada habian hecho ni para libertar á Jerusalen, ni para la salvacion de las colonias cristianas. Habiendo vuelto Juan de Brienne á Tolemaida, no vió en torno suyo sino un pueblo desalentado y lleno de terror; arruinado por los gastos que habia hecho en la última expedicion, sin medio alguno para defender lo poco que le quedaba de su débil reino, adoptó el partido de pasar el mar y solicitar por sí mismo las armas y el apoyo de los príncipes de la cristiandad.

El papa recibió al rey de Jerusalen con grandes honores; en todas las ciudades le salian al encuentro procesionalmente y echaban las campanas á vuelo; en la corte de los príncipes estaban llenos de veneracion hácia el custodio del reino de Jesucristo. Sin embargo, los fieles recordaban la malhadada expedicion á Egipto, y esto entibiaba el zelo y el entusiasmo por las guerras de ultramar.

El mismo emperador de Alemania, Federico II, que habia tomado la cruz y enviado ya varios caballeros al auxilio de la Tierra Santa, vacilaba en marchar á Oriente; el Occidente parecia que estaba aguardando el ejemplo del poderoso monarca, y el Sumo Pontífice no descuidaba medio alguno para apresurar su partida. Para hacer que Federico se interesase en el proyecto de la cruzada, el jefe de la Iglesia concibió el pensamiento de ofrecerle un reino en Oriente, y de hacer que se casase con Yolanda, hija y heredera del rey de Jerusalen. Este casamiento fué celebrado en Roma enmedio de las bendiciones del clero y del pueblo fiel. Federico renovó en esta ocasion el juramento que habia hecho de conducir un ejército allende los mares; los enviados del emperador se reunieron con los legados del papa para inducir á los príncipes y á los caballeros á tomar la cruz; el yerno y heredero del rey de Jerusalen desplegó tanta actividad, y mostró tanto ardor y zelo, que toda la atencion de la cristiandad se fijaba en él, y le consideraba como el alma y el móvil de la santa empresa. Los cristianos de la Palestina habian cifrado en Federico sus últimas esperanzas; escribian desde el Oriente que se le aguardaba en las orillas del Nilo ó del Jordan *como en otro tiempo al Mesías ó al Salvador del mundo*. El rumor de sus preparativos para la guerra santa habia resonado hasta entre los pueblos de la Georgia, y la reina de esta comarca anunciaba que iba á enviar á Palestina á sus guerreros mas fieles, los cuales se unirian con los soldados de la cruz que habian de llegar del Occidente.

Se continuaba predicando la cruzada en todos los reinos cristianos; aunqué la Francia estaba ocupada en la guerra contra los albigenses, y el rey Luis VIII tenia grandes disensiones y contiendas con Enrique III, en todas las provincias del reino se hizo el juramento de ir á pelear contra los infieles de ultramar; el mismo zelo mostraron en Inglaterra, en donde prodigios observados en el cielo fueron á secundar la elocuencia de los oradores sagrados; las provincias mas hermosas de Italia, aunque entonces se hallaban agitadas por un entusiasmo muy distinto del de las cruzadas, el de la libertad, no dejaron de enviar un número considerable de soldados al ejército de Jesucristo; en Alemania, el landgrave de Turingia, y los duques de Austria y de Baviera, prestaron el juramento de la cruz, y su ejemplo arrastró á la nobleza y al pueblo. Todos los cruzados habian de reunirse en Brindes, en donde les aguardaba una flota dispuesta á darse á la vela para el Oriente.

Sin embargo, Federico no dejaba de abrigar temores respecto de su dominacion en Italia; temia las empresas de las repúblicas de Lombardía, y aun las de la corte de Roma, que veia con celosa inquietud á los alemanes en el trono de Sicilia: pidió al papa un plazo ó demora de dos años para cumplir su juramento; el pontífice lo concedió con sentimiento. Otro incidente habia llegado á turbar la armonía que existia entre los gefes de la guerra santa; habian suscitado debates violentos entre Federico y el rey Juan; el papa Honorio III hizo todos los esfuerzos imaginables para restablecer la paz y la concordia, y destruir cuantos obstáculos se oponian á la partida de los cruzados; pero el pontífice murió sin haber visto comenzar una guerra cuya señal habia dado él, y que consideraba como la gloria de su pontificado; Gregorio IX, que le sucedió, tenia la actividad, las virtudes y la energía de Inocencio III. Apenas se hubo ceñido la tiara, cuando la cruzada fué ya su pensamiento exclusivo; acababa de expirar el plazo solicitado por Federico para verificar su partida, y los peregrinos llegados de todas las regiones de Europa se reunian en Brindes.

El pontífice invocando el nombre de Jesucristo, exhortó al emperador á que se embarcase; diariamente llegaban cristianos de ultramar, implorando el auxilio de los fieles; Europa mostraba impaciencia de ver marchar á los cruzados. Al fin, no atreviéndose ya Federico á diferir su marcha, dió la señal de la partida; en todo su imperio se elevaron preces al Cielo para el buen éxito de su peregrinacion; pero se hallaba á la cabeza de un ejército abrumado por enfermedades epidémicas, y el mismo emperador parecia estar poco firme en su resolucion; apenas hubo salido la flota del puerto de Brindes, fué dispersada por una borrasca; el emperador cayó enfermo, y temiendo por su vida, y quizás tambien por el imperio y por su reino de Sicilia, renunció de improviso á su lejana empresa y desembarcó en el puerto de Otranto.

Gregorio habia celebrado la partida de Federico como un triunfo de la Iglesia; consideró su regreso como una rebelion contra la Santa-Sede; el emperador envió embajadores al papa para justificar su conducta; el pontífice solo contestó con anatemas: se dirigió á todos los fieles y les presentó á Federico como un príncipe perjuro é impío. El emperador, irritado, en una apología dirigida á los príncipes de la cristiandad, se quejaba de las usurpaciones de la Santa Sede, y pintaba con los colores mas odiosos la política y los proyectos ambiciosos de la corte romana.

Hasta entonces toda la Europa habia tenido fija la vista en los preparativos de la cruzada; otro espectáculo desconsolador iba á ofrecerse á la sazon á sus miradas, el de una guerra abierta en-

14

tre el jefe de la Iglesia y el jefe de un imperio cristiano. Federico, para vengarse de la excomunion lanzada contra él, atrajo á su partido á la nobleza romana, la cual tomó las armas, insultó al sumo pontífice al pié de los altares, y le obligó á huir; el papa, expulsado de Roma, empleó contra su enemigo la autoridad formidable de la Iglesia universal, y relevó á los súbditos del emperador del juramento de fidelidad. ¡Qué motivo de tristeza y desolacion para el mundo cristiano, y sobre todo para los fieles de Oriente, que de este modo perdian la esperanza de ser socorridos! El patriarca de Jerusalen, los obispos de Cesarea y de Belen, los gran-maestres del Temple, de San Juan y de la órden Teutónica dirigieron sus lastimeras quejas al padre de los fieles; Gregorio apremió de nuevo á los cristianos para que llevasen auxilios á sus hermanos de la Tierra Santa; pero toda la cristiandad, sumida en el dolor y la consternacion, parecia que habia olvidado á Jerusalen.

Las colonias cristianas, entregadas á sí mismas y abandonadas á todo género de m serias, habrian sucumbido entónces si Dios no hubiese querido que se introdujese la discordia entre los príncipes musulmanes; los príncipes de la familia de Saladino y de Malek-Adel se disputaban el imperio de la Siria y del Egipto. En medio de sus disensiones sucedió que el sultan del Cairo tuvo el pensamiento de enviar embajadores á Federico y de solicitar su alianza y su apoyo; el príncipe infiel invitaba al emperador de Germania á trasladarse á Oriente, y prometia entregarle la ciudad de Jerusalen. Esta negociacion decidió á Federico á llevar adelante el proyecto de la cruzada. Apareció ante el pueblo siciliano revestido con la cruz de los peregrinos, y él mismo, sin invocar la autoridad de la Santa Sede, ni el nombre de Jesucristo, anunció su partida para la Siria.

Cuando Federico llegó á la Palestina, los cristianos le recibieron, no como á un libertador, sino como á un príncipe que Dios les enviaba en su cólera. En vano prometia libertar el sepulcro de Jesucristo, pues el pueblo cristiano solo contestaba con un silencio lúgubre; la desconfianza y la tristeza se reflejaban en todos los semblantes; cuando salió de Tolemaida con los cruzados, la Iglesia no entonó sus preces para el triunfo de las armas cristianas. Los caballeros de San Juan y del Temple se habian separado de él y le seguian desde léjos; los soldados de la cruz ape-

nas se atrevian á pronunciar el nombre de su jefe. Federico se
habia visto obligado á mandar retirar el estandarte del imperio,
y sus órdenes solo se proclamaban en nombre de la república
cristiana. El sultan del Cairo, que habia prometido al emperador
entregarle la ciudad de Jerusalen, contenido por el temor que
le inspiraban los demás príncipes musulmanes, y quizás tambien
por el deseo de aprovechar las discordias que se habian suscitado entre los Francos, vaciló al pronto para cumplir su promesa.
Estaban entonces en el mes de noviembre, y negociaron durante
todo el invierno; espectáculo curioso fué el de aquella negociacion entre dos príncipes igualmente sospechosos para aquellos
cuya causa defendian, y que se disputaban u a ciudad cuya posesion les era muy indiferente. El sultan del Cairo no veía en Jerusalen sino *iglesias y casas arruinadas*, y Federico repetia incesantemente que solo deseaba clavar su estandarte en el Calvario
*para obtener la estimacion y levantar su frente entre los reyes de
la cristiandad.* Sin embargo, se estipuló una tregua por diez años,
cinco meses y cuarenta dias; Maleck-Kamel abandonaba á Federico la ciudad santa, Belen y todas las aldeas situadas en el
camino de Jafa á Tolemaida. Con arreglo á las condiciones del
tratado, los musulmanes habian de conservar en la ciudad santa
la mezquita de Omar y el libre ejercicio de su culto. Cuando se
llegaron á saber las disposiciones de la tregua, los sarracenos
que residian en Jerusalen abandonaron llorando sus moradas y
maldijeron al sultan de Egipto; los cristianos deploraron la toma de Jerusalen como habian llorado en otro tiempo su pérdida.
El obispo de Cesarea puso en entredicho á los Santos Lugares, y el
patriarca de Jerusalen negó á los peregrinos el permiso para visitar el sepulcro del Salvador. Nadie acompañó al emperador
cuando verificó su entrada en Jerusalen, escepto los barones alemanes y los caballeros de la órden Teutónica: la iglesia de la
Resurreccion, en la cual quiso ser coronado, estaba tendida de
negro, y habian cubierto con velos las imágenes de los santos y
de los Apóstoles; el mismo Federico tomó la corona, y colocándola
sobre su frente, fué proclamado rey de Jerusalen sin ceremonia
alguna religiosa.

El emperador permaneció tan solo dos dias en la ciudad santa,
y únicamente se ocupó en levantar de nuevo sus fortificaciones;
volvió á Tolemaida, en donde no halló mas que súbditos amoti-

nados y cristianos escandalizados por sus triunfos sobre los infieles. Despues de su coronacion habia escrito al papa y á todos los príncipes del Occidente participándoles que acababa de reconquistar á Jerusalen sin efusion de sangre y por un milagro de la divina omnipotencia; al propio tiempo, el patriarca dirigía una carta á Gregorio IX y á todos los fieles de la cristiandad para demostrarles lo impío y vergonzoso que era el tratado que acababa de estipular el emperador de Alemania. Cuando regresó Federico á Italia tuvo que combatir á las repúblicas lombardas sublevadas contra él, y á su suegro, Juan de Brienne, que habia entrado en la Pulla con las tropas pontíficias; la simple presencia del emperador bastó para dispersar á todos sus enemigos; sin embargo, Federico no podia arrostrar por mas tiempo las iras de la Iglesia; imploró la clemencia del sumo Pontífice, y este conmovido por las súplicas del monarca victorioso, le reconoció como rey de Jerusalen y le perdonó la conquista de la ciudad santa.

Esta expedicion de Federico II contribuyó sin duda alguna á debilitar en los ánimos el entusiasmo de las guerras santas. Las apasionadas contiendas entre el sacerdocio y el imperio, que se mezclaban así con las cruzadas, habian de disminuir en la opinion de los fieles el carácter venerable y sagrado que tenian.

CAPÍTULO XXVIII.

Fin de la sexta cruzada.—Expedicion de Tibaldo, conde de Champaña, del duque de Bretaña, y de otros varios señores franceses.

(De 1238 á 1240.)

Jerusalen habia sido restituida á los cruzados, pero permanecia sin fortificaciones; tenia que temer incesantemente las invasiones de los musulmanes; los habitantes de la Tierra Santa vivían en perpétua alarma; nadie se atrevia á visitar ya los Santos Lugares; mas de diez mil peregrinos habian sido asesinados en las montañas de Judea. Una reunion convocada por el papa en Espoletto, oyó de nuevo los gemidos de Sion; esta reunion, á la que asistió Federico con los patriarcas de Constantinopla y de Jerusalen, resolvió continuar la guerra contra los infieles y socorrer á las colonias cristianas de Oriente. Mientras se reunian los ejércitos, el Sumo Pontífice mandó á varios misioneros que pasasen el mar y fuesen á combatir con el arma de la palabra á los doctores y á los discípulos del islamismo; Gregorio dirigió al mismo tiempo varios mensages al califa de Bagdad, á los sultanes del Cairo y de Damasco, y á diferentes príncipes musulmanes, para exhortarles á que abrazasen la fe de Cristo, ó cuando menos protegiesen á los cristianos. Este modo de combatir al islamismo era nuevo en las guerras santas; habíase concebido el pensamiento en la cruzada de los Albigenses y de los paganos del Norte, en las que los misioneros precedian casi siempre á los soldados de la cruz. Fué una innovacion que no podia alcanzar buen éxito con los musulmanes.

: Los frailes de Santo Domingo y de San Francisco habian recibido el encargo de predicar la guerra santa en toda la cristiandad. Tenian la facultad, no solo de dar la cruz de los peregrinos, sino de eximir de la peregrinacion á aquellos que contribuyesen al sostenimiento de los cruzados. En todas partes los recibia el clero procesionalmente, con el estandarte y con los adornos mas ricos de las iglesias. Se ganaban muchos dias de indulgencia asistiendo á sus sermones; exigian en nombre de la Santa-Sede que cada fiel pagase un dinero semanal para la cruzada; tenian tesoros espirituales para cuantos servian á la santa empresa, y anatemas para cuantos hiciesen traicion á la causa de Dios, ó permaneciesen siquiera indiferentes.

. Todos estos medios, la voz del pontífice y el nombre de Jerusalen, que tanto poder ejercia en otro tiempo sobre los ánimos, no pudieron escitar el entusiasmo de los pueblos. Esta cruzada hubiera quedado reducida á vanas predicaciones, si á algunos grandes vasallos del reino de Francia, coaligados contra el rey y vencidos por él, no les hubiese ocurrido el pensamiento de expiar en la guerra santa los crímenes de la guerra civil. Tibaldo, conde de Champaña y rey de Navarra, el duque de Bretaña y Pedro Mauclerc, tomaron la cruz; á ejemplo suyo, los condes de Bar, de Forez, de Macon, de Joigny, de Nevers, Amaury, hijo de Simon de Montfort, Andrés de Vitry, Godofredo de Ancenis, y una multitud de barones y de señores, hicieron el juramento de ir á pelear contra los infieles en Asia. Entonces se convocó un concilio en Tours, no para escitar el ardor de los fieles, sino para arreglar el asunto de la cruzada: en las primeras expediciones, los ladrones y los bandidos habian ingresado en las filas de los soldados de Jesucristo, y todos los fieles estaban edificados con tal prodigio. Las opiniones habían variado en esta materia, y el concilio, para no escandalizar á los caballeros de la cruz, se vió obligado á resolver que los grandes criminales no pudiesen ser recibidos en el ejército de los peregrinos. Como maltrataban á los judíos, el concilio de Tours puso las vidas y los bienes de estos bajo la protección especial de la Iglesia.

Cuando los nuevos cruzados se preparaban para marchar á Palestina, los Francos de Constantinopla, reducidos al último extremo, acudieron á solicitar rápidos socorros del Occidente; aquel imperio latino fundado con tanta gloria se hallaba reducido á su capital, amenazada incesantemente por los búlgaros y los griegos de Nicea; Juan de Brienne, á quien su destino parecía que llamaba á sostener todas las grandezas que se arruinaban, había recibido el encargo de salvar á Bizancio, así como antes le encargaron que salvase á Jerusalen; pero sus victorias no pudieron robustecer á un trono que estaba ya minado. Despues de haber reinado durante cuatro años sobre los restos del imperio de Constantino, Juan de Brienne acababa de morir á la edad de ochenta y nueve años, cubierto con el humilde hábito de un franciscano. De la familia imperial de Courtenay, sole quedaba un príncipe jóven que recorria la Europa implorando la caridad de los reyes y de los pueblos. El Sumo Pontífice se conmovió al ver la miseria y la decadencia de Balduino II, y no pudo oir sin compasion los gemidos de la Iglesia latina de Bizancio. Los cruzados, próximos á marchar á la Tierra Santa, fueron invitados á socorrer á sus hermanos de Constantinopla; la Grecia, les decía Gregorio, era el camino de Jerusalen, y la causa de Balduino llegaba á ser la del mismo Dios. Inocencio III empleaba un lenguaje muy diferente para con los compañeros de Bonifacio, de Andrés Dandolo y de Balduino de Flandes, cuando marchaban sobre Constantinopla; el estado de los negocios, la marcha de los acontecimientos, y aun el mismo espíritu de las cruzadas, todo habia variado.

Los peregrinos vacilaban entre Constantinopla y Jerusalen, y detenidos, unas veces por el papa y otras por Federico, hicieron aguardar durante mucho tiempo los socorros que habian prometido á los cristianos de Oriente. Para colmo de desventura, acaebaba de estallar una nueva discusion entre Gegorio IX y el emperador de Alemania, quienes se disputaban la Cerdeña. Lleváronse hasta la última violencia los debates entre el sacerdocio y el imperio; en esta lucha, hallábanse tan escitados los partidos que, para unos, nada sagrado tenia ya la Iglesia, y para otros, la autoridad de los príncipes era completamente ilegítima. El papa predicó una cruzada contra su temible adversario, y propuso la corona imperial á aquel que lograse derribarle; Federico, por su parte, fué con un ejército á atacar al pontífice hasta en la misma capital del mundo cristiano.

En medio del desórden y de la desolacion general, no se oyeron ya los gritos y los ruegos de las colonias cristianas de Oriente; al expirar la tregua estipulada con Federico, los musulmanes entraron de nuevo en Jerusalen, que habia quedado indefensa. Tolemaida y las ciudades cristianas no tenian ya comunicacion con Europa, de la que aguardaban su salvacion; todas las flotas del Mediterráneo estaban guerreando, unas por el papa, y otras por el emperador. A Tibaldo y á sus compañeros les costó trabajo encontrar buques para embarcarse; unos zarpararon del puerto de Marsella, otros de varios puertos de Italia; cuando llegaron á Palestina encontraron el país dividido; habia un partido en favor del emperador de Alemania, y otro que estaba por el rey de Chipre; no existia poder alguno que dirigiese las fuerzas de la cruzada. En la multitud de los peregrinos no habia vínculo, no habia interés comun que pudiese tenerlos reunidos mucho tiempo bajo las mismas banderas; cada uno de los jefes escogia sus enemigos y hacia la guerra por su cuenta y en su nombre. El duque de Bretaña, con sus caballeros, hizo una incursion á las tierras de Damasco y volvió con una multitud de búfalos, carneros y camellos; el aspecto de tan rico botin despertó la envidia de los demás cruzados, que fueron á saquear las fértiles campiñas de Gaza. Los cruzados mas atrevidos se encontraron de improviso en presencia de un ejército musulman, y sin esperanza de ser socorridos por sus compañeros, no temieron desafiar á un enemigo temible; muchos perecieron en el campo de batalla; Simon de Montfort y el conde de Bar, con sus caballeros mas valientes, cayeron en poder de los infieles. Despues de esta derrota, ninguno de los príncipes cruzados se atrevió á aventurar nuevos combates; ya no se oyeron en el ejército cristiano sino amenazas, quejas que deploraban las miserias de la cruzada. El legado del papa y el clero censuraban en sus sermones el espíritu orgulloso y envidioso de los jefes, y no cesaban de pedir á Nuestro Señor Jesucristo que despertase en ellos el zelo en favor de la cruz y el entusiasmo por las guerras santas. La ociosidad produjo vicios y discordias que debieron hacer perecer á cuantos tomaban parte en aquella expedicion. Afortunadamente para las colonias cristianas, los musulmanes estaban igualmente divididos entre sí, y no atacaron el territorio de los Francos. Los príncipes y los barones, despues de haber permanecido durante algunos meses en sus tiendas, solo pensaron en regresar á su pais; trataron separada y aisladamente con los sarracenos, y estipularon la paz lo mismo que habian hecho la guerra. Unos firmaron un tratado con el sultan de Damasco, otros con el sultan de Egipto; en sus negociaciones obtuvieron de nuevo para los cristianos la posesion de los Santos Lugares. Pero el hecho de recuperar á Jerusalen, á la que habian librado tantas veces y no podian conservar, no era recibido ya entre los fieles con los mismos trasportes de júbilo; el conde de Champaña, y los duques de Bretaña y de Borgoña fueron sustituidos por Ricardo de Cornouailles, hermano de Enrique III y sobrino de Ricardo Corazon de Leon. Este no fué mas afortunado que los que le habian precedido; lo único que pudo obtener en su expedicion, fué que mandasen enterrar á los cruzados muertos en la batalla de Gaza.

Tales fueron los acontecimientos de aquella cruzada, que vió cuatro pontificados sucesivos y duró cercade treinta años. En nombre de la religion predicaron sobradas guerras á la vez para que las cruzadas pudiesen conservar su verdadero carácter. Tomaban alternativamente la cruz para pelear en Asia contra los musulmanes, en Francia contra los albigenses, en Prusia contra los idólatras; al fin se predicó una cruzada contra el emperador de Alemania. Todas estas guerras religiosas, en las cuales se mostraron en demasía las pasiones humanas, cansan la imaginacion y es muy penoso seguirlas. La historia de las cruzadas careceria en lo sucesivo de interés para nuestros lectores y para nosotros, si no nos faltase todavía mostrar á un monarca grande y santo peleando en Egipo con su nobleza, reverenciado por los musulmanes, que le tuvieron prisionero, y muriendo despues en la costa africana por la causa de la cruz. Vamos á referir las dos expediciones de Luis IX.

CAPÍTULO XXIX.

Invasion de los Tártaros.—La Tierra Santa invadida por los Karismianos. — Concilio de Lyon y destronamiento de Federico II. —Séptima cruzada.—Expedicion de Luis IX; preparativos de su partida.

(De 1244 á 1253.)

A principios del siglo XIII, los Tártaros Mogoles, conducidos por Gengis, invadieron casi toda el Asia; mas tarde, las innumerables hordas de estos bárbaros pasaron el Volga y se desparramaron por todo el Norte de Europa. Asolaron las orillas del Vístula y del Danubio; amenazaban á la vez á la Alemania y á la Italia. La Santa Sede quiso hacer que predicasen entre los húngaros una cruzada contra los mogoles; pero en aquel país, por el cual habian pasado los bárbaros, no quedaba un solo obispo que pudiese exhortar á los pueblos á tomar la cruz. La Santa Sede quiso convertir á los feroces conquistadores, y les envió discípulos de San Francisco y de Santo Domingo; las hordas victoriosas amenazaron al mismo papa con su cólera. Federico, emperador de Alemania, les envió embajadores que no fueron mejor recibidos. El jefe del imperio escribió al mismo tiempo á todos los monarcas cristianos, apremiándoles para que reuniesen sus esfuerzos contra aquel pueblo, enemigo de todos los demás pueblos; pero tal era la preocupacion de los ánimos, que la aproximacion de un gran peligro no inspiró la resolucion de tomar las armas y de volar al encuentro del enemigo comun. «Si los bárbaros, decia San Luis á la reina Blanca, llegan hasta nosotros, nos enviarán al paraíso ó los enviaremos al infierno.» Lo único que pudo hacer entonces la cristiandad, fué añadir á las letanías y repetir en todas las iglesias estas palabras: *Libradnos, Señor, del furor de los Tártaros.*

Aunque el espíritu de las cruzadas estuviese muy debilitado, predominaba todavía en el pensamiento de los reyes y de los pueblos; la Europa, agitada violentamente por los debates del papa y de Federico, y amenazada por la invasion mas terrible, aun tenia fija la vista en Constantinopla y en Jerusalen.

Los Tártaros, en sus invasiones, no habian pensado en Bizancio, de cuya ciudad ignoraban hasta el nombre; como no tenian creencia alguna religiosa, las estériles montañas de la Judea llamaron menos aun su atencion. Pero todo el Oriente habia temblado bajo sus pasos; ningun país, ninguna nacion pudo quedar en paz. Un pueblo al que los sucesores de Gengis habian expulsado de la Persia, y que buscaba una comarca en que poderse establecer, fué llamado á Siria por el sultan de Egipto, que á la sazon se hallaba en guerra con los mulsumanes de Emesia y de Damasco, y con los Francos de la Palestina. Las hordas del Karisme acudieron presurosas á la Judea, prometida á sus armas victoriosas. Jerusalen, en donde acababan de entrar los cristianos, cayó en su poder; todo el pueblo fiel fué asesinado; poco tiempo despues, los cristianos, reunidos con los emires de la Siria, fueron vencidos, y su ejército aniquilado en una gran batalla dada cerca de Gaza.

El obispo de Beirut fué quien recibió el encargo de llevar tan tristes nuevas á Roma; el papa escuchó las quejas de los cristianos de Palestina, y prometió socorrerlos. Al propio tiempo acudia por segunda vez Balduino II á implorar las armas del Occidente; Inocencio no le rehusó su apoyo; le pedian socorros contra los karismianos, contra los griegos cismáticos y contra los musulmanes; él mismo sostenia una guerra terrible contra Federico, y la Europa tenia que temer la invasion de los Tártaros. El pontífice no retrocedió ante peligro alguno, y resolvió armar al mundo cristiano contra todos aquellos enemigos á la vez. Por eso convocó un concilio general en Lyon.

Los obispos y los príncipes de Oriente concurrieron á aquella reunion. Entre los prelados se veia al obispo de Beirut que iba á deplorar los infortunios de la ciudad santa. Entre los príncipes se hallaba el emperador de Constantinopla, Balduino, solicitando compasion para sí y para su imperio: Federico no se habia descuidado en enviar embajadores encargados de defenderle contra las acusaciones de Inocencio. El concilio se abrió el 28 de junio de 1245. El papa, despues de haber entonado el *Veni Creator*, pronunció un discurso en el que tomó por tema los cinco dolores que le afligian, comparados con las cinco llagas del Salvador en la cruz. El primero era la irrupcion de los tártaros, el segundo el cisma de los griegos, el tercero la invasion de los karismianos en la Tierra Santa, el cuarto los progresos de la herejía, y el quinto en fin, la persecucion de Federico. Aunque el pontífice habia colocado en primer lugar en su discurso á los mogoles, la reunion se ocupó muy poco de ellos; los tártaros habian retrocedido ante sus propios destrozos y se habian alejado de la Hungría, despues de convertirla en un desierto. Los que asistian al concilio se contentaron con invitar á los pueblos de Alemania á abrir fosos y levantar murallas que contuviesen á los bárbaros; la mayor solicitud de los Padres del concilio fué para Jerusalem y Constantinopla. Se predicó una cruzada para libertarlas á ambas; la reunion dispuso que el clero cediese la vigésima parte de sus rentas, y el papa y los obispos la décima parte; la mitad de los beneficios sin residencia fué reservada especialmente para el imperio latino de Oriente.

También se hicieron en el concilio de Lyon varios reglamentos para contener los progresos de la herejía; pero Inocencio se hallaba preocupado con otro pensamiento. De los cinco dolores que habia mencionado en su discurso, el que mas laceraba el corazon del pontífice era la persecucion de Federico. En vano prometia el emperador, por medio de sus enviados, contener la irrupcion de los mogoles, restablecer en Grecia la dominacion de los latinos, é ir en persona á la Tierra Santa; en vano prometia restituir á la Santa Sede cuanto le habia arrebatado, y reparar sus culpas para con la Iglesia. El papa que tenia fundadas razones para no creer en la sinceridad de sus palabras, se mostró inflexible y no quiso apartar la *cuchilla próxima á herir*. La causa terrible formada á Federico ocupó varias sesiones; Inocencio, tomando al fin el tono de un juez y de un amo, dijo: «Soy el vica-« rio de Jesucristo; todo cuanto yo una en la tierra estará unido « en el cielo, segun la promesa de Dios al príncipe de los Apósto-« les. Por eso, despues de haber deliberado con nuestros herma- « nos los cardenales y con el concilio, declaro á Federico conta- « giado y convicto de sacrilegio y de herejía, de felonía y de « perjurio, excomulgado y destronado del imperio, absuelvo pa- « ra siempre de sus juramentos á aquellos que le han jurado fi- « delidad; prohibo bajo pena de excomunion, en la que se incur- « rirá por este solo hecho, que en lo sucesivo se le obedezca. Man- « do, en fin, á los electores, que elijan otro emperador, y me re- « servo el derecho de disponer del trono de Sicilia.» Un histo-

riador comtemporáneo describe fielmente la profunda sensacion
que produjo en el concilio la sentencia pontificia. Cuando el papa y los cardenales que tenian cirios en la mano, los inclinaron
hácia el suelo en señal de maldicion y de anatema, todos los corazones se estremecieron de temor, como si Dios hubiese juzgado
á los vivos y á los muertos. En medio del silencio que reinó en
seguida en la asamblea, los ministros de Federico pronunciaron
estas palabras dictadas por la desesperacion: *Ahora cantarán
victoria los herejes; los Karismianos y los Tártaros reinarán sobre
el mundo.* Despues de haber entonado el *Te-Deum* y pronunciado
la disolucion del concilio, el pontífice se retiró diciendo: *He
cumplido mi deber, haga Dios su voluntad.*

En este concilio de Lyon fué donde los cardenales se vistieron
por primera vez la púrpura, símbolo de su sangre dispuesta
siempre á correr por el triunfo de la verdad religiosa. El Occidente, lleno de disturbios y de terror, habria olvidado sin duda alguna á los cristianos de la Tierra Santa, si un monarca piadoso no
se hubiese puesto al frente de la cruzada que acababa de ser proclamada por el jefe de la Iglesia y por los obispos de la cristiandad.

En el año que habia precedido al concilio de Lyon, en el momento mismo en que la Europa llegaba á saber los destrozos hechos por los karismianos en la Palestina, Luis IX, al salir de
una enfermedad grave, habia tomado el distintivo de los peregrinos. Con el fin de dar mayor solemnidad á su resolucion,
convocó en Paris un parlamento al que concurrieron los prelados
y grandes del reino; el mismo rey de Francia hizo uso de la palabra despues del legado del papa, y trazó ante sus barones el
triste cuadro de desolacion que presentaban los Santos Lugares;
recordó el ejemplo de Luis el Jóven y de Felipe Augusto, exhortó
á todos los guerreros que le escuchaban á que tomasen las armas para defender la gloria de Dios y la del nombre francés en
Oriente. Cuando Luis hubo cesado de hablar, sus tres hermanos,
Roberto, conde de Artois, y los duques de Anjou y de Poitiers
se apresuraron á tomar la cruz; la reina Margarita, la condesa
de Arteis, y la duquesa de Poitiers hicieron el juramento de
acompañar á sus esposos; el ejemplo del rey y de los príncipes fué
seguido por la mayor parte de los prelados presentes en la reunion. Entre los magnates que juraron entonces pelear contra los

sarracenos se distinguían Pedro de Dreux, duque de Bretaña, el conde de la Marche, el duque de Borgoña, Hugo de Chatillon, los condes de Soissons, de Blois, de Rethel, de Monfort y de Vendome. En la multitud de aquellos nobles cruzados, no puede olvidar la historia al fiel Joinville, cuyo nombre será siempre inseparable del de San Luis.

Sin embargo, la determinacion del rey era un motivo de tristeza para su pueblo. «Cuando la reina Blanca, nos dice Joinville, vió á su hijo cruzado, *quedó transida de dolor como si le hubiese visto muerto.*» Sin duda era un gran sentimiento para Luis IX separarse de una madre á quien nunca habia dejado, y á quien queria, segun él mismo lo decia, *sobre todas las criaturas.* Tampoco podia alejarse sin un dolor inmenso de aquel pueblo que en otro tiempo habia dirigido al cielo tantas preces para que no descendiese al sepulcro, en cuyo borde se hallaba, y que lloraba su partida como habia lamentado su enfermedad. Veia por sí mismo todos los peligros, sentia todas las penas inherentes á una guerra en Oriente; pero creia obedecer á una inspiracion del Cielo, y nada podia retraerle de su piadosa determinacion.

Predicaban entónces la cruzada en todas las comarcas de Europa, pero la voz de los oradores sagrados se perdia entre el ruido de las facciones y el tumulto de las armas; cuando el obispo de Beirut fué á solicitar á Enrique III para que socorriese á los cristianos de Oriente, el monarca inglés, que estaba en guerra con la Escocia y con el país de Gales, se negó á tomar la cruz y prohibió que se predicase la cruzada en su reino; la Alemania estaba no menos agitada, y los pueblos teutónicos sole tomaban entonces las armas para defender la causa de Federico ó la de Enrique, landgrave de Turingia, á quien el papa habia hecho que se diese el imperio. La Italia se hallaba en un estado análogo al de Alemania; las contiendas armadas entre la Santa Sede y el emperador habian aumentado la animosidad de los güelfos y los gibelinos. Las predicaciones de la guerra santa solo obtuvieron algun éxito en las provincias de Frisia y de Holanda y en algunos reinos del Norte; Hacon, rey de Nóruega, que habia tomado la cruz, anunció su partida á Luis IX, quien alabó su resolucion y prometió marchar con él; pero el príncipe noruego, despues de muchas vacilaciones, no partió y se quedó en su reino, detenido por la esperanza de sacar algun provecho de los disturbios de Occidente.

Luis, por interés de la cruzada, hizo diferentes tentativas para restablecer la paz entre el emperador y el Sumo Pontífice; varios embajadores enviados á Lyon, fueron á suplicar al padre-común de los fieles que escuchase su misericordia, antes que su justicia; el rey de Francia celebró dos conferencias en la abadía de Cluny con Inocencio, á quien suplicó de nuevo que aplacase con su clemencia los disturbios del mundo cristiano; pero la paz había llegado á ser muy difícil. En vano el emperador, abatido y consternado, prometía bajar del trono y pasar el resto de sus días en la Palestina, con la única condición de recibir la bendicion del Papa y de que su hijo Conrado le sucediese en el imperio; los cristianos de ultramar alzaron tambien su voz en favor de un príncipe de quien aguardaban poderosos auxilios: el jefe de la Iglesia permaneció inalterable en su inflexible severidad. Por un decreto pontificio dió al rey de Chipre el reino de Jerusalen, que pertenecia á Federico; luego, dirigiéndose al sultan del Cairo, exhortó á este príncipe musulman á romper toda alianza con el emperador de Alemania. Federico, por su parte, no teniendo ya nada que esperar del papa, no guardó consideracion alguna y rasgó todos los velos con que se habia cubierto prudentemente; no temió hacer traicion á la causa de los cristianos, y de este modo probó que al libertar el Santo Sepulcro no era á la gloria de Jesucristo á la que habia querido servir. Sus enviados fueron á participar á las potencias musulmanas todo cuanto se preparaba contra ellas en Occidente.

La Francia era el único reino de Europa en que se ocupaban seriamente de la cruzada. Luis IX habia anunciado su partida á los cristianos de Palestina, y se preparaba para verificar la santa peregrinacion. El reino no tenia marina ni puerto en el Mediterráneo; Luis compró el territorio y el puerto de Aigues-Mortes; Génova y Barcelona habian de suministrarle buques. Luis se ocupó al propio tiempo en reunir provisiones para el ejército de la cruz y en mandar preparar almacenes en la isla de Chipre, en donde habia de desembarcar. Los medios que emplearon para procurarse el dinero necesario no escitaron quejas, como se habia visto en la cruzada de Luis VII. Los ricos se imponian tributos á sí mismos y hacian ingresar el fruto de sus ahorros en las arcas del rey; los pobres llevaban sus donativos á los cepillos de las iglesias; los arrendatarios de las pensiones reales pagaron adelantado un año de renta; el clero pagó mas aun de lo que debia, y dió la décima parte de sus rentas.

Las noticias que se recibian entonces de Oriente anunciaban nuevas calamidades. Los karismianos, despues de haber asolado la Tierra Santa, habian desaparecido diezmados por el hambre, por la discordia y por los ataques de los egipcios, cuya cólera habian ido á servir; pero otros pueblos, como los turcomanos, que escedian en ferocidad á las hordas de Karisme, asolaban las orillas del Oronte y el principado de Antioquía. El sultan del Cairo, que habia llevado sus armas y su dominacion á la Siria, se habia apoderado de Jerusalen y amenazaba invadir todas las ciudades de los cristianos. Declarada la guerra á los infieles en el concilio de Lyon, habíase aumentado de una manera considerable la cólera de todas las naciones musulmanas; estas, no solo fortificaron sus ciudades y fronteras, sino que, si ha de creerse á los rumores populares que entonces circularon, se enviaron á Occidente algunos emisarios del Viejo de la Montaña, y la Francia tembló por la vida de su monarca; refiríase con terror en las ciudades que las especias llegadas de las comarcas orientales habian sido envenenadas por los enemigos de Jesucristo. Todos estos rumores inventados ó exagerados por imaginaciones crédulas, llenaban de santa indignacion á los fieles. En todas partes se mostraba impaciente el pueblo por vengarse de los sarracenos y alistarse bajo las banderas de la cruz.

CAPÍTULO XXX.

Continuacion de los preparativos de Luis IX para la cruzada.—Su partida de Aigues-Mortes.—Su llegada á Chipre.—El ejército desembarca en Egipto.—Toma de Damieta.

Tres años despues de haber tomado la cruz convocó Luis IX un nuevo parlamento, en el que se fijó la partida de los cruzados para el mes de junio del año 1247. En aquella reunion, el rey nombró regente del reino á la reina Blanca, y todos los señores y barones juraron delante del monarca que guardarian lealtad á su familia si ocurria alguna desgracia en el santo viaje de ultramar.

Luis IX adoptó las medidas mas sábias y prudentes para asegurar el reinado de la justicia y de las leyes durante su ausen-

cia. Antes de hacer la guerra á los sarracenos, el piadoso monarca quiso hacérsela á la mentira y á la iniquidad; varios comisio-
nados recorrieron las provincias con la mision de descubrir las
injusticias cometidas en nombre del menarca; en todas partes
buscaron, para reformarlos, los abusos que hacian padecer al
pueblo. Suspendiéronse para un espacio de tiempo de cinco años,
las guerras entre particulares, lo cual habia de producir la tranquilidad interior del reino. La sabiduría de Luis nada habia descuidado para apartar de su pueblo las discordias que pudiesen proceder de fuera. El cielo bendijo los cuidados paternales del monarca, y mientras la Europa estaba llena de disturbios, la Francia se entregaba en paz á los preparativos de la cruzada.

Entonces fué cuando leyeron en todas las iglesias una carta de
Inocencio, dirijida á la nobleza y al pueblo de Francia. La carta
apostólica del pontífice celebraba en términos solemnes el valor
y las virtudes belicosas de la nacion francesa y de su monarca;
el papa daba su bendicion á los cruzados franceses, y amenazaba
con los rayos de la iglesia á todos aquellos que, despues de haber
hecho voto de peregrinacion, difiriesen su partida. Ya se hallaba
en movimiento toda la Francia: los grandes vasallos reunian sus
caballeros y sus soldados; los señores y los barones se visitaban
unos á otros ó se enviaban diputados. Las prácticas de devocion
se mezclaban con los preparativos militares. Todos los peregrinos, descalzos, recibian en los altares los distintivos de la cruzada; muchos caballeros, dejando la coraza y la espada, iban á visitar las reliquias de los santos en los pueblos de las inmediaciones; en todas las parroquias se dirigian preces á Dios por el
triunfo de la guerra santa: los guerreros de la cruz, con los ojos
llenos de lágrimas, se despedian tiernamente de sus parientes,
de sus amigos, de sus penates y de cuanto iban á dejar; las familias aldeanas recomendaban sus hijos á los barones y á los caballeros, y estos juraban morir ó volver con todos los cruzados
que marchaban bajo sus banderas.

Al acercarse el dia de san Juan Bautista, Luis IX, acompañado
de sus hermanos, se trasladó á la abadía de San Dionisio; despues de haber implorado el apoyo de los apóstoles de Francia, recibió de manos del legado los distintivos de peregrino y aquel
estandarte que sus predecesores habian ostentado ya dos veces
en Oriente. Luis volvió enseguida á Paris, en donde oyó misa en

la iglesia de Nuestra Señora; al dia siguiente salió de la capital;
el clero, seguido de todo el pueblo y cantando salmos, le acompañó hasta las puertas de la ciudad. La reina Blanca le siguió
hasta la abadía de Cluny y regresó muy llorosa, creyendo que
no volveria á verle mas que en el cielo.

La flota que trasportaba á los peregrinos se dió á la vela el 25
de agosto, y el 22 de setiembre ancló en el puerto de Limisso. El
rey de Francia fué conducido en triunfo á Nicosia, capital del reino. El rey, los señores y los prelados de Chipre tomaron todos la
cruz, y prometieron al rey Luis y á sus barones que se asocia-
rian á la santa empresa, si el ejército de la cruz diferia su partida
hasta la primavera siguiente. Luis consintió en pasar el invierno
en Chipre y no tardó en arrepéntirse de ello; el clima tan deli-
cioso y una ociosidad prolongada difundieron la corrupcion y
relajaron la disciplina en el ejército de los cruzados. Muchos señores comenzaron á quejarse de haber vendido sus tierras y haberse arruinado por seguir al rey á la cruzada; las liberalidades
de Luis no alcanzaban á aplacar todas las quejas. La intempe-
rancia y el calor del clima causaron enfermedades que arrebataron á un gran número de peregrinos. Sin embargo, la permanencia del rey de Francia en la isla de Chipre no fué inútil para
los cristianos de Oriente. Los templarios y los hospitalarios le tomaron por juez y árbitro en una de sus contiendas siempre re-
nacientes, y el rey les hizo jurar que conservarian paz y concordia entre ellos y no tendrian en lo sucesivo mas enemigos que
los de Jesucristo. Los genoveses y los pisanos establecidos en Tolemaida habian tenido, unos con otros, prolongados debates; ambos partidos estaban siempre sobre las armas, y nada podia detener el furor y el escándalo de una guerra civil enmedio de una
ciudad cristiana; la prudente mediacion de Luis restableció la
paz. Otras muchas disensiones fueron apaciguadas; el monarca
francés se mostraba de este modo en el Oriente como el ángel de
la concordia: predicaciones llevadas hasta los últimos confines de
la Persia habian anunciado que un rey de los Francos iba á libertar el Asia del yugo de los infieles. Una multitud de cristianos acudieron de la Siria, del Egipto y de las comarcas mas remotas con el fin de saludar al que Dios enviaba para cumplir sus
divinas promesas. Entonces fué cuando Luis recibió una embajada del kan de los tártaros, quien decia que se habia convertido

15

á la fe cristiana y se ofrecia á secundar á los cruzados en su expedicion. Luis recibió á los embajadores mogoles con grandes demostraciones de júbilo, y en sus cartas á la reina Blanca anunció que los príncipes de la Tartaria iban á reunirse bajo las banderas de Cristo, lo cual produjo viva sensacion en todo el Occidénte y dió las mayores esperanzas respecto del buen éxito de la guerra santa.

Habíase resuelto atacar el Egipto. Luis dirigió un mensaje al saltan egipcio para declararle la guerra. «Apresúrate, le escribia, á jurarme sumision, á reconocer la autoridad de la Iglesia «cristiana y rendir solemne homenage á la cruz; sino, sabré al- «canzarte hasta en tu mismo palacio; mis soldados son mas nu- «merosos que las arenas del desierto ; el mismo Dios es quien les «ha hecho tomar las armas contra tí.» Los historiadores árabes que refieren el contenido de esta carta dicen que el saltan no pudo leerla sin derramar lágrimas; sin embargo, á las amenazas que le dirigian contestó con otras. El soberano de Egipto á quien iban á combatir, llamado Negem-Eddin, era hijo del saltan Malek-Kalem, que venció á Juan de Brienne y le cogió prisionero con todo su ejército.

Hácia la pascua de Pentecostes, la flota cristiana zarpó de Limiso; componiase de 1.800 buques entre grandes y pequeños; despues de haber sufrido una borrasca, en la mañana del 4 de junio llegó á las costas de Egipto. Desde las torres de Damieta habian visto la flota de los cristianos, y muy luego se cubrió la playa de soldados musulmanes. Los prelados y los barones se habian reunido en consejo á bordo de la nave del rey ; algunos opinaban que se debia diferir el ataque y aguardar á los buques dispersados por la tormenta. Pero Luis no quiso aguardar y dió la señal de desembarque. Todos los guerreros de la cruz pasaron de los buques á unas lanchas ó barcas chatas, y formaron en dos líneas: Luis IX estaba á vanguardia con sus dos hermanos ; á su lado se hallaba un caballero que tenia el estandarte real, y el legado del papa llevaba la cruz del Salvador ; al acercarse á la costa, todo el ejército se tiró al mar gritando: *Montjoie Saint-Denis!* El rey de Francia avanzaba al frente del ejército, con el escudo colgado del cuello y la espada desenvainada en la mano. Al llegar á tierra colocaron las tiendas y formaron en batalla; muy luego se empeñó un combate en una llanura cubierta de arena ; la caballena musulmana se precipitó repetidas veces sobre las filas de los cristianos; en todas partes encontró un bosque de lanzas, una muralla de hierro; despues de haber peleado durante todo el dia y perdido á varios emires, los infieles se retiraron en desórden hácia Damieta, y dejaron á los cristianos dueños de la orilla del mar y de la orilla meridional del Nilo.

Los cruzados pasaron la noche llenos de júbilo; al amanecer del dia siguiente, algunos de ellos avanzaron hasta enfrente de Damieta sin encontrar enemigos; pasaron un puente de madera construido sobre el Nilo, entraron en la ciudad y la encontraron desierta. Esta noticia fué comunicada enseguida á los cristianos; todo el ejército marchó en órden de batalla y tomó posesion de la ciudad abandonada: el rey de los franceses y todos los peregrinos, precedidos de los obispos, fueron en seguida á cantar el *Te Deum laudamus* en la gran mezquita, á la que convirtieron, por segunda vez, en una iglesia consagrada á la Madre del Salvador.

La voz pública difundió muy luego la noticia de la toma de Damieta por todas las provincias egipcias. Un autor árabe, que se encontraba entonces en el Cairo, nos dice que todos los musulmanes estaban llenos de terror y de aflicion; aun los mas valientes desesperaban de la salvacion de Egipto. El sultan Negem-Eddin estaba enfermo en una aldea del Nilo, y no podia montar á caballo; mandó cortar la cabeza á varios guerreros suyos que habian abandonado á Damieta; pero el espectáculo de los suplicios no pudo ahogar el temor que inspiraba la llegada de los Francos; los cruzados estuvieron varias semanas sin ver á un solo enemigo.

Varios barones propusieron á Luis que aprovechase el terror difundido entre los musulmanes y marchase contra la capital de Egipto. El rey, para proseguir sus conquistas, quiso aguardar la llegada de su hermano el duque de Poitiers, que debia haberse embarcado con fuerzas militares del reino de Francia. Esta determinacion fué desacertada, y la inaccion del ejército cristiano se convirtió en manantial de los mayores desórdenes. Los caballeros de la cruz olvidaron en una ociosidad funesta sus virtudes belicosas y el objeto de la guerra santa. Como les prometian las riquezas del Egipto y del Oriente, los señores y los barones apresuraban á conquistar en festines el precio de sus tierras ó de sus castillos; la pasion del juego se había apoderado de los jefes y de los soldados, que jugaban hasta su casco y su espada. A la sombra de los estandartes de la cruz se entregaban á los excesos mas vergonzosos, segun dice Joinville, y esto á corta distancia de la tienda del rey. Saqueaban á los mercaderes que llevaban provisiones al ejército; el campamento estaba lleno de disensiones y rencillas; para colmo de desventura, la autoridad del rey era desconocida, y ni aun sus mismos hermanos le obedecian. Esta indocilidad de los príncipes y la conducta licenciosa de los grandes llevaron el desórden á su colmo; apenas se cuidaban de custodiar y vigilar el recinto del campamento, que se extendia por la llanura y por la orilla occidental del Nilo. La indisciplina de los soldados cristianos habia restituido el valor á los guerreros musulmanes; todos los dias llegaban los árabes beduinos hasta las tiendas, sorprendian á los centinelas dormidos y llevaban sus cabezas al sultan del Cairo. Las avanzadas del ejército se hallaban expuestas incesantemente al ataque de los enemigos, sin que se opusiera mas resistencia que la de un valor imprudente que aumentaba mas y mas los peligros.

Durante este tiempo, el sultan, retirado en Mansourah, habia reunido tropas; de todas las provincias de Egipto le llegaban auxilios; la presencia de algunos cautivos que eran paseados por las calles, algunas cabezas expuestas sobre los muros del Cairo, la prolongada inaccion de los cruzados, que era interpretada como miedo, disiparon por fin los vivos temores de los musulmanes. En todas las mezquitas dieron gracias al Cielo por no haber permitido á los Francos que aprovechasen su victoria, y el pueblo egipcio en masa se mostró dispuesto á rechazar sus ataques.

CAPÍTULO XXXI.

Marcha del ejército cristiano hácia el Cairo.—Batalla de Mansourah. Miseria, enfermedades y escasez que sufren los cruzados.— Cautiverio de Luis IX y de su ejército.—Su rescate y su llegada á Tolemaida.

Aguardábase al conde de Poitiers con un número considerable de peregrinos procedentes del Languedoc y de las provincias meridionales de Francia. Despues de su llegada reunió Luis IX el consejo de los príncipes y los barones; en este consejo se propuso atacar á Alejandría ó marchar sobre el Cairo. La conquista de

Alejandría presentaba menos dificultades y mayores ventajas;
Roberto conde de Artois, de carácter impetuoso y ardiente, queria que se atacase á la capital de Egipto. «Cuando se quiere dar
muerte á la serpiente, decia, se le debe aplastar la cabeza.» Prevaleció este dictámen, y el ejército se puso en marcha. El ejército se componia de 60.000 combatientes, entre los cuales se contaban 20.000 ginetes; una flota numerosa subió por el Nilo llevando las provisiones, los bagajes y las máquinas de guerra; el
emir Fac-Kredin, en nombre del sultan, anunció la marcha de los
Francos por medio de una circular que fué leida en todas las mezquitas; reinaba la mayor agitacion en todo el Egipto; los cruzados, que habian salido de Farescur el 7 de diciembre, llegaron
el 19 del mismo mes delante del canal de Aschmon, y acamparon
en el mismo sitio en que lo habia verificado el ejército de Juan
de Brienne: el canal de Aschmon tiene la misma anchura que el
rio Marne, es profundo y sus orillas son escarpadas; los cruzados
permanecieron allí varias semanas, sin poder construir una cal-
zada, expuestos á las saetas y al fuego griego de los musulmanes, y atacados diariamente hasta en su campamento por la
caballería enemiga. Solo á fines de febrero fué cuando un árabe beduino les enseñó un vado y pudieron pasar el canal. El
paso era difícil y el ejército invirtió en verificarlo varias horas. Los primeros que pasaron no tuvieron paciencia suficiente para aguardar á los que les seguian; la audacia imprudente de Roberto, conde de Artois, los arrastró desde luego al campo de los sarracenos, del cual se apoderaron, y en seguida á Mansourah, que comenzaron á saquear. Sin embargo, el enemigo que
en todas partes se habia pronunciado en retirada, tardó muy poco
en conocer que no tenia que habérselas con el ejército cristiano;
los musulmanes, reunidos por la voz de Bibar, gefe de los mamelucos, cayeron muy pronto sobre el cuerpo de tropas del atrevido Roberto; aun no habian concluido de pasar el canal todas
las fuerzas del ejército cristiano; reinaba la mayor confusion en
la orilla oriental del Aschmon y en la llanura de Mansourah; en
todos los puntos llegaban á las manos, se batian en mil parages
diferentes; por ambas partes se hicieron prodigios de valor increibles. Hemos visto á Mansourah, hemos recorrido las calles an-
gostas y oscuras en donde sucumbieron el conde de Artois, el
gran maestre del temple, Raul de Coucy, Guillermo Espada-Lar-

gui, y tantas otras valientes sorprendidas y encerradas en la ciudad, hemos recurrido aquella llanura. entónte, san Luis IX, despues de haber pasado el canal, se mostró con toda su gente, que llevaba con un estrépito terrible de trompetas, clarines y trómpas. El cuerpo de ejército en que peleaba el rey de Francia tenia apoyada su derecha en el Aschmon; muchos sarracenos y cristianos fueron precipitados desde allí aludo, y se ahogaron; en la orilla opuesta se hallaban hacinados que no habian podido seguir el ejército y que estaban cuatelle do el campamento; como no podian socorrer á sus compañeros, dice una crónica manuscrita, por razon del canal que de ellos les separaba, todos chicos y grandes daban gritos y lloraban, se golpeaban el pecho, los abrazos, se retorcian los brazos, se mesaban los cabellos, se arañaban el rostro y decian: Ay Dios! Dios! el rey y sus hermanos y toda su compañía están perdidos! En aquella llanura de Mansourah, testigo de tantos combates sangrientos, de tantas batallas heróicas, hemos buscado el lugar en que el señor de Joinville se habia atrincherado y en el que se acordó de nuestro señor Santiago; hemos creido conocer el pueblecillo en que el valeroso senescal decia al conde de Soissons: Los libraremos de esta jornada en las cámaras de las damas.

La batalla duró hasta la noche; quedó por los cristianos la victoria, pero fué pagada con pérdidas dolorosas; el conde de Artois, casi toda la milicia de los templarios, y una multitud de valerosos caballeros ingleses y franceses habian perdido la vida en Mansourah. Los musulmanes, aunque vencidos, se felicitaban de haber podido detener la marcha de los franceses; al principio del combate habian enviado una paloma al Cairo con esta noticia; y en vista de tal mensage se creyó que el islamismo llegaba á su última hora; pero á la caida de la tarde del mismo dia un nuevo mensage anunció que todo se habia salvado.

En el dia siguiente al de la batalla, el primer viernes de cuaresma, una multitud innumerable de musulmanes se precipitó sobre el campo de los cristianos, haciendo uso de arma blanca y y de fuego griego. Los caballeros de la cruz, aunque heridos en su mayor parte en el combate de la víspera, agobiados de cansancio, y habiendo perdido muchos de ellos sus armas, defendieron con valentía y arrojo sus atrincheramientos. En cada punto del campamento, que se extendia por las orillas del canal, tuhieron de rechazar los cruzados todos los esfuerzos de un ataque obstinado. El conde de Poitiers, á quien arrebataban los musulmanes, fué libertado por el pueblo de los peregrinos, quienes se armaron con cuanto hallaron á mano para salvar á un príncipe tan amado. Luis IX se presentaba en cuantos puntos estaba el peligro; el fuego griego quemó su ropa y los arneses de su caballo; al decir de Joinville, solo se salvó por un milagro de Dios. A los franceses cupo toda la gloria de estas dos jornadas; pero los musulmanes reportaron toda la ventaja de ellas, porque el ejército cristiano, no obstante sus victorias, ya no podia continuar su marcha sobre el Cairo.

Muy luego llegaron las enfermedades á asolar el campamento de los cristianos; los mas robustos sucumbieron lo mismo que los mas débiles; su carne quedaba enjuta; su piel lívida se cubria de manchas negras; sus encías se hinchaban é impedian el paso de los alimentos; el derrame de sangre por las narices era señal de una muerte próxima; á esta enfermedad, que no era sino el escorbuto, se agregaban la disentería y las calenturas mas peligrosas. En el campo de los cruzados solo se oian rezos por los moribundos y por los difuntos; los sarracenos habian cesado en sus ataques contra los cristianos, y dejaban que obrasen las enfermedades. Contentáronse con reunir un gran número de buques mas abajo de Mansourah é interceptar el Nilo; todos los buques que llegaban, procedentes de Damieta, caian en su poder y desde entonces quedó interrumpida toda comunicacion; no llegó socorro alguno, no llevaron ya mas víveres al campo de los cruzados. La escasez tardó muy poco en hacer destrozos terribles en el ejército de los cristianos; aquellos á quienes habian perdonado las enfermedades, morian de hambre ó de miseria; el desaliento se apoderó de los jefes y los soldados; solo se pensó ya en estipular la paz. El sultan Negem-Eddin habia muerto, y su hijo Almoadan, llegado de la Mesopotamia, fué proclamado sucesor suyo; con él se entablaron las negociaciones. Proponian restituir Damieta á los Sarracenos, y en cambio les pedian la ciudad de Jerusalen; las condiciones estaban aceptadas por ambas partes, los musulmanes querian que les diesen en rehenes al mismo rey, y Luis IX consentia en todo; pero los barones y los caballeros contestaron que antes se dejarian descuartizar que *dar á su rey en prenda*, y se rompieron las negociaciones.

Los cruzados, que habian quedado victoriosos en todas las batallas, pero que estaban vencidos por la epidemia y el hambre, abandonaron la llanura de Mansourah, y volviendo á pasar el canal de Aschmon, regresaron á su antiguo campo. En él no hicieron sino acrecentarse todas sus miserias; por último, el dia 5 de abril, el martes posterior á la octava de la Pascua, el ejército volvió á encaminarse á Damieta; embarcaron en el Nilo á las mujeres, los niños y los enfermos ; todos los que aun podian andar y habian conservado sus armas, se pusieron en marcha por tierra. Para dar la señal de la partida habian aguardado á que fuese de noche, lo cual aumentó los desórdenes de la retirada ó de la fuga. Luis IX, que estaba enfermo y apenas podia sostenerse, presidió todos los preparativos y operaciones, y no se puso en marcha sino con la retaguardia; le propusieron que se embarcase en el buque del legado, pero dijo que *preferia morir antes que abandonar á su pueblo.* Cuando los musulmanes vieron los preparativos, se apresuraron á pasar el canal, y todas las llanuras que habian de atravesar los cruzados se hallaron cubiertas de enemigos. La historia no acertaria á describir todos los combates, todos los dolores de aquella noche lamentable; la muerte segaba en todas partes á los guerreros de la cruz, dispersos y fugitivos por caminos y llanuras que les eran desconocidos. Los que bajaban por el Nilo no tuvieron menos que sufrir, y tampoco se libraron de un enemigo á quien se encontraba en todas partes; los sarracenos, en barcas ó desde la orilla, les aguardaban en toda la extension del rio; todos fueron apresados, asesinados ó ahogados; solo el buque del legado pudo llegar hasta Damieta. El señor de Joinville nos refiere con tierna candidez por qué milagros se libró de la muerte. Cuando en el año 1831 subíamos por el Nilo, vimos desde nuestro barco el sitio en que el senescal, amenazado por las galeras musulmanas, mandó á sus marineros que andasen; nos detuvimos en el parage del rio en que arrojó al agua sus joyas y sus reliquias; y en donde fué salvado por *un sarraceno que le tuvo abrazado y le llevó á una de las galeras del soldan,* gritando: *Es el primo del rey.*

Cuando amaneció, casi todos los guerreros de la cruz, casi todos los peregrinos habian caido en poder de los infieles ó habian sido pasados á cuchillo; los pocos valientes que formaban la retaguardia y acompañaban á Luis IX, peleaban todavía; esta reta-

guardia, en la que se distinguían Sargines y Gaucher de Chatillon consiguió entrar con sumo trabajo en un pueblo situado á
orillas del Nilo; cuando el rey de Francia llegó á aquel sitio, estaba tan agobiado por la enfermedad y el cansancio, que temian
verle morir. Los musulmanes sorprendidos al ver el valor de los
caballeros reunidos en torno del rey, consentian en conceder una
tregua, cuando un traidor llamado Marcelo comenzó á gritar
que era preciso rendirse; entonces cesó toda clase de resistencia.
Luis IX, sus hermanos y cuantos habian peleado al lado suyo
fueron cargados de cadenas; el estandarte real, las banderas, los
bagajes, todo fué presa de los sarracenos.

El rey de Francia fué conducido á Mansourah; en donde le dieron por cárcel la casa de Fackredin-Ben-Lokman, secretario del
sultan, y por guarda el eunuco Sabyh: el conde de Poitiers, el
duque de Anjou, el duque de Borgoña, y la mayor parte de los
señores cautivados con Luis IX, fueron encerrados en diferentes
casas de Mansourah; un vasto recinto, rodeado de paredes de tierra, recibió en su seno á mas de 10.000 prisioneros cristianos; tanto caballeros como soldados. En los escritos de Joinville y en
nuestra historia extensa de las cruzadas se puede ver con qué
resignacion sobrellevó Luis IX su cautiverio. Lo mas amargo
que tiene el infortunio para los grandes de la tierra, solo sirvió para hacer brillar en él la virtud de un héroe cristiano y
el caracter de un gran rey. De todas sus riquezas solo habia logrado salvar un libro de los salmos, y en él era donde encontraba su filosofía y sus consuelos. Propusieron al monarca cautivo
romper sus cadenas con la condicion de que restituyese á Damieta y las ciudades de Palestina que aun estaban en poder de los
Francos. «Las ciudades cristianas de la Palestina, contestó, no
me pertenecen. En cuanto á Damieta, Dios la ha puesto en manos de los cristianos, y no puedo disponer de ella.» Le amenazaron con enviarle al califa de Bagdad ó hacerle sufrir el suplicio de las esposas; permaneció firme é inalterable. El sultan quiso obtener de los barones franceses lo que el rey de Francia le
negaba; los barones, que poco tiempo antes apenas reconocian
la autoridad del monarca, no tenian ya mas voluntad ni mas
pensamiento que los suyos; siguieron el ejemplo del rey y arros-
traron todas las amenazas de los sarracenos.

Entretanto, el pobre pueblo, al que habian amontonado confuamontonaban un patio extenso y del cual no esperaban rescate alguno, se hallaba sometido á todo género de sufrimientos; no le pedian que restituyese las ciudades cristianas; pero le apremiaban para que renunciase á su fe; todas las noches sacaban de su encierro á 200 ó 300 cautivos; los que permanecian fieles á la religion de Jesucristo sucumbian bajo la cuchilla de los verdugos, y sus cadáveres eran arrojados al Nilo. Nada afligia tanto á Luis IX como los males que sufria su pueblo. Por eso propuso pagar el rescate de los pobres lo mismo que el de los ricos. Su propia libertad no se le habia de conceder sino despues de la de todos los demás, y así como se habia quedado el último en el campo de batalla, quiso quedarse el último, tambien, en las cárceles de los bárbaros.

No habia á la sazon menos dolores en Damieta que en Mansourah, reinaban en aquella ciudad la consternacion y la desesperacion. La reina Margarita acababa de dar á luz un hijo al que pusieron por nombre *Tristan*; su imaginacion aterrada le representaba unas veces á su esposo inmolado por los sarracenos, y otras al enemigo apoderándose de la ciudad; en su mortal terror hizo jurar á un caballero anciano que la guardaba que *la cortaria la cabeza* si los sarracenos entraban en Damieta, y el anciano caballero lo juró *muy gustoso*. Margarita mandó á llamar junto á su lecho á los pisanos y á los genoveses, que querian abandonar la ciudad, y les suplicó que tuviesen compasion del pueblo cristiano y de su hijo, que estaba acostado á su lado. Las crónicas de aquel tiempo refieren que los musulmanes, despues de su victoria, habian aparecido á las puertas de la ciudad con las armas y los estandartes de los Francos, y que solo los conocieron por sus barbas largas y sus rostros atezados.

Desde los desastres de Mansourah, habian trascurrido varios meses; el Egipto vió sus llanuras inundadas por el desbordamiento anual de las aguas del Nilo, vió al rio reducirse de nuevo á su cauce, y el rey de Francia continuaba prisionero con su ejército. El hijo de Negem-Eddin se mostró dispuesto, por fin á tratar acerca de la paz: solo pidieron á Luis IX que pagase cuatrocientos mil besantes de oro (unas doscientas mil libras tornesas) y que entregase la ciudad conquistada por las armas cristianas. «Daré, contestó el monarca cautivo, la ciudad de Damieta por mi rescate, y los cuatrocientos mil por el de todos los prisioneros. » Desde aquel momento quedó estipulado el tratado y cuatro galeras grandes recibieron á su bordo á los caballeros y los barones, y se dispusieron para bajar por el Nilo. El sultan del Cairo les había precedido; aguardaba á los prisioneros cristianos en Serensah, en un palacio magnífico de madera que había hecho edificar aproposito para celebrar la paz restituida al Egipto. Allí acudieron los emires de la Siria á felicitarle por sus victorias obtenidas sobre los Francos y el califa de Bagdad le había enviados embajadores; todos los pueblos musulmanes le saludaban como al libertador del islamismo. En medio de los espectáculos y de las fiestas se embriagaba el jóven sultan con las lisonjas que le prodigaban, y no sabia que en torno suyo el envidioso descontento de los mamelucos invocaba las revoluciones y amenazaba su poder; despues de un gran banquete dado á los jefes del ejército egipcio, varios emires se precipitaron de improviso sobre él con espada en mano; en vano se refugió á una torre de su palacio; la torre fué entregada á las llamas; lleno de terror, huyó hácia el Nilo, pero muy luego fué alcanzado y muerto por las cimitarras de los asesinos, ante las mismas galeras que habian conducido á los prisioneros franceses.

Esta tragedia sangrienta, cuyo motivo ignoraban, llenó de sorpresa y de espanto á Luis IX y á sus compañeros. El monarca cautivo se hallaba entonces en un pabellon que le había destinado el sultan; de pronto se presentó delante de él uno de los emires principales, cubierto de sangre y con la espada desenvainada, y le dijo con tono amenazador: «El sultan ya no existe: ¿qué me darás por haberte librado de un enemigo que meditaba tu pérdida y la nuestra?» Luis nada contestó. Entonces el emir, furioso, añadió presentándole la punta de su espada: «¿No sabes que soy dueño de tu persona? Hazme caballero, ó eres muerto.—Hazte cristiano, replicó el monarca, y te haré caballero.» El emir se retiró sin añadir una palabra. Al propio tiempo, otros emires armados con sables y hachas de armas subieron á las galeras en que se hallaban los barones y los señores; amenazaban á los prisioneros con voces y ademanes, y en su lenguaje bárbaro repetian que iban á exterminar á todos los Francos; los barones creyeron que era llegada su última hora; en su terror se preparaban para la muerte y se confesaban unos con otros; el señor de Joinville nos dice que él mismo recibió la confesion de Guido de Ibelin, condestable de Chipre y que le dió *toda la absolucion que Dios le permitia*. Durante varios dias, el rey y sus caballeros fueron amenazados del mismo modo. Sin embargo, se entablaron negociaciones para un arreglo. Entre los emires, unos querian que se cumpliese la tregua estipulada con el sultan, y otros que se hiciese un segundo tratado. Despues de prolongados debates se decidió que el rey de Francia restituyese á Damieta antes de ser puesto en libertad, y que antes de salir del Nilo pagasen los Francos la mitad de su rescate. Cuando llegó el momento de jurar la observancia de la tregua, el rey prometió cumplir sus condiciones, pero se negó á pronunciar la fórmula y prestar el juramento que le pedian; el patriarca de Jerusalen y los obispos le suplicaban que jurase, los musulmanes le amenazaban con sus armas si no juraba; Luis se resistió lo mismo á los ruegos que á las amenazas, y no prestó el juramento que le exigian.

Por ambas partes se ocuparon ya tan solo de la ejecucion de los tratados. Las galeras que conducian á los prisioneros bajaron por el Nilo, mientras que el ejército musulman avanzaba por tierra. Los cristianos que habian quedado en Damieta entregaron la plaza á los emires; el ejército egipcio entró tumultuosamente en la ciudad; los enfermos que no habian podido ser trasportados fueron asesinados; todo lo que pertenecia á los Francos fué saqueado. La embriaguez de la licencia y del desórden arrastró á los mamelucos á los excesos mas crueles, y les sugirió la idea horrible de exterminar á todos los cristianos. Los emires arrastrados, tambien, por las pasiones de la multitud, mandaron que volviesen á subir las galeras por el rio, y deliberaron entre sí para saber lo que habia de hacerse con los prisioneros. Unos opinaban que no se perdonase la vida al rey de los Francos ni á sus compañeros. « La muerte, decian, habia de ser el premio de los que trajeron la muerte, y sus huesos debian blanquear las llanuras que habian asolado.» Despues de una deliberacion prolongada, se iba á pronunciar la sentencia terrible de los cautivos, cuando un emir hizo observar que los *muertos no pagaban rescate*; la cuchilla exterminadora se detuvo ante este pensamiento, y el temor de perder cuatrocientos mil besantes de oro salvó al monarca y á sus barones. Se dió la órden de llevar de nuevo las galeras hácia Damieta, y de improviso se inclinaron los mamelucos á sentimientos mas pacíficos; despues de haber pagado la suma prometida por los tratados, Luis IX salió del Nilo, y el dia 14 de mayo desembarcó en Tolemaida con su familia y los tristes restos de su ejército.

CAPÍTULO XXXII.

Dolor que se esperimentó en el Occidente al saber las desgracias de Luis IX en Egipto.—Permanencia del rey en Palestina.—Negociaciones con los mamelucos del Cairo.—Regreso de Luis á Francia.—Fin de la cruzada.

(De 1250 á 1255.)

En todo el Occidente se creía que el Egipto estaba conquistado por los cruzados; en Francia, los primeros que hablaron del cautiverio del rey y de su ejército fueron encarcelados y castigados con pena de muerte; cuando se supo la verdad, reinó profunda desesperacion; el padre de los fieles dirigió cartas llenas de afliccion á los principes y á los obispos de la cristiandad. «O regiones engañadoras del Oriente, exclamaba el pontífice; «ó Egipto, tierra de las tinieblas, desde el principio de la guer- «ra ne habias prometido dias tan radiantes sino para sepultar- «nos á todos en la oscuridad, y para quedarte tu misma en la «noche profunda en que te hallas sepultada!» Inocencio escribió á la reina Blanca para consolarla, y á Luis IX para sostenerle en su infortunio. El sucesor de San Pedro, suplicaba al Señor en sus cartas que *explicase el misterio de su cólera para que los fieles no se escandalizasen.* Mateo Paris nos dice que en algunas ciudades de Italia los gemidos del pueblo parecian blasfemias, y que la fe de varios comenzó á vacilar. Los caballeros y los barones ingleses no podian perdonar á Enrique III que los hubiese detenido en sus hogares, mientras que sus hermanos de la cruz habian sufrido tantas calamidades en las orillas del Nilo; Federico envió á Oriente una embajada para solicitar del sultan de Egipto la libertad del rey de Francia y la de sus compañeros de infortunio. La misma España, que estaba en guerra con los sarracenos, ya no vió sino las desgracias sufridas por los cristianos allende los mares, y el rey de Castilla juró ir á Oriente á vengar la causa de Jesucristo.

Cuando Luis IX hubo llegado á Palestina, su primer cuidado fué el de enviar embajadores al Cairo para pagar lo que debía á los emires, y para reclamar la libertad de los soldados de la cruz que aun gemian en las mazmorras de los infieles. Los embajadores, cuando regresaron, no llevaron consigo mas que 400 prisioneros, y refirieron, con los ojos llenos de lágrimas, que los emires y el pueblo daban muerte diariamente á muchos barones y caballeros de la cruz por medio de *diferentes tormentos*. Mientras Luis fijaba así todos sus pensamientos en los tristes compañeros de su cautiverio, recibió una carta de la reina Blanca que le exhortaba á abandonar el Oriente. Hubo un momento en que abrigó el pensamiento de regresar á su reino; pero los cristianos de Palestina le suplicaban que no los abandonase; si se volvia á Europa, ¿qué medio de salvacion, qué esperanza les quedaba á la Tierra Santa y al pueblo de Jesucristo? ¿qué poder libraria á los guerreros de la cruz á quienes los mamelucos detenian todavía en el cautiverio? El rey quiso consultar á sus dos hermanos y á los señores á quienes tenia consigo; la mayor parte de los barones contaban parientes ó amigos entre los prisioneros que habian quedado en Egipto; pero el deseo de trasladarse al otro lado del mar y volver á ver sus castillos, por tanto tiempo abandonados, sofocaba en ellos todo sentimiento de compasion. Hicieron presente á Luis IX que no tenia ejército, y que el estado de su reino le llamaba á Europa. Varios manifestaron su opinion bruscamente; el señor de Chastenai, Guillermo de Beaumont, mariscal de Francia, y el buen Joinville pensaban por el contrario, que el rey no podia abandonar la cruzada sin que fuese un baldon para él. Despues de una deliberacion prolongada, Luis tomó la palabra y dijo á los de su consejo: « Si dejo esta tierra, «por la que tantos sacrificios á hecho Europa, ¿quién se atreverá «á permanecer en ella despues que yo marche? ¿Se querrá que «habiendo yo venido aqui para defender el reino de Jerusalen, «me puedan achacar su ruina? Me quedo, pues, para salvar lo «que aun tenemos, para librar á nuestros prisioneros, y si ser «puede, aprovechar las discordias de los sarracenos.» Despues de esta declaracion del rey, dice Joinville, *hubo muchos que se quedaron estupefactos y que comenzaron á llorar á lágrima viva*. Los duques de Anjou y de Poitiers y gran número de señores hicieron sus preparativos de marcha. El rey les encargó que llevasen consigo una carta dirigida á todo el pueblo de Francia, en la que refería las victorias y los reveses del ejército cristiano y solicitaba el auxilio de los fieles para la Tierra Santa.

Lo que debía dar alguna esperanza á Luis IX y alguna tranquilidad á las colonias cristianas, era la division que reinaba en aquella época entre los musulmanes. Poco tiempo despues de la partida de sus dos hermanos recibió el rey una embajada del sultan de Alepo y de Damasco, que le proponía reunirse con él para hacer la guerra á Egipto y castigar la rebelion de los mamelucos. Luis se conténtó con responder que estaba sujeto por tratados con los emires egipcios, y que si los tratados no se cumplian, reuniria gustoso sus armas con la del sultan de Siria. Al propio tiempo envió al Cairo á Juan de Valenciennes, con el encargo de ofrecer á los emires la paz ó la guerra; estos se comprometieron de nuevo á cumplir todas sus promesas si el rey de Francia consentia en ser su aliado ó su auxiliar. Mas de 200 caballeros fueron puestos en libertad enseguida. Estas tristes víctimas de la cruzada llegaron á Tolemaida hácia el mes de octubre de 1251 : el recuerdo de sus males pasados y su miseria presente arrancaban á todos los espectadores lágrimas de compasion. En medio de aquellos prisioneros llevaban en un ataud los huesos de Gauthier de Brienne, conde de Jafa. Gauthier de Brienne habia sido asesinado por el pueblo del Cairo, mártir de su fidelidad á la causa de los cristianos. Despues de la batalla de Gaza, en la que fué hecho prisionero, le condujeron delante de Jafa, que era su ciudad, y á la que estaban sitiando los Karismianos. Allí le prometieron su libertad si exhortaba á los habitantes á que se rindiesen; Gauthier en vez de obedecer á los infieles, habia encargado á los que defendian la ciudad que muriesen por la salvacion del pueblo de Dios; un cautiverio muy penoso; y por último la muerte, fueron el premio de su generosa abnegacion. Luis IX quiso honrar aquel modelo del patriotismo cristiano; acompañó él mismo con el clero y con todo el pueblo de Tolemaida los restos de Gauthier de Brienne, que fueron sepultados en la iglesia de los caballeros de San Juan.

La alianza del monarca francés era muy buscada por las potencias musulmanas; si hubiese tenido algunas tropas, habria podido reparar los reveses de la cruzada; pero el Oriente no la suministraba sino un número muy escaso de soldados, y el Occidente no se disponia á enviarle auxilios.

El rey de Castilla, que habia tomado la cruz, murió en el momento en que iba á embarcarse; su sucesor dirigió todas sus fuerzas contra los sarracenos de Africa. Federico II murió entonces en el reino de Nápoles; su muerte no detuvo la guerra declarada á la familia imperial de Suabia. En el imperio germánico y aun en Italia, unos tomaban las armas por Conrado, hijo y sucesor de Federico, otros por Guillermo conde de Holanda, á quien el papa habia hecho elegir rey de los romanos. La corte de Roma disputaba la corona de Nápoles á Manfredo, y el reino de Sicilia estaba lleno de disturbios. En varias provincias de Francia el dolor público habia estallado con la revolucion de los *pastorcillos*; persuadieron á la gente del campo que Jesucristo rechazaba de su servicio á los grandes de la tierra, y que llamaba á los labradores y los pastores; la reina Blanca favoreció al pronto las reuniones de los aldeanos, creyendo que suministrarian auxilios á Luis IX y á los cristianos de Oriente; pero los pastorcillos, cuyo espíritu é intenciones no dá á conocer con claridad la historia contemporánea, se contentaron con representar un cordero en sus estandartes, y no tomaron la cruz. Sus jefes que declamaban contra el clero y predicaban en las iglesias, no hablaron de Jerusalen ni de los Santos Lugares. El pueblo, al que al pronto sedujeron y arrastraron bajo sus banderas, concluyó por volverse contra ellos y los exterminó, acusándolos de ser cómplices y aliados de los sarracenos.

El jefe de la Iglesia habia exhortado al rey de Inglaterra á que pasase á Oriente; Enrique III predicó por sí mismo la cruzada en la abadía de Westminster. Como el papa le habia concedido un diezmo sobre el clero durante tres años, Mateo Paris solo atribuye su piadosa determinacion al deseo de procurarse 600.000 libras tornesas. La historia le atribuye otro motivo; Luis IX, en sus mensages, le apremiaba para que fuese á Oriente, y le hacia vislumbrar la esperanza de que acaso la Normandía seria algun dia el premio de los servicios que prestase á la causa de Jesucristo. Si hemos de creer al historiador ya citado, los barones de Francia fueron consultados acerca de este asunto, pero contestaron con tanta cólera y altivez, que Enrique III se asustó y no volvió á pensar en la cruzada.

Luis IX, no esperando ya auxilio alguno de Francia y de ningun pueblo del Occidente, reclutó gente en Morea, en Romanía y en la isla de Chipre. Estos reclutamientos, hechos á costas de muchos gastos, solo llevaron á Palestina guerreros cuya adhesion no estaba muy probada, caballeros á quienes un carácter veleidoso llevara allende los mares, y de los cuales vários habian puesto su valor al servicio de los bárbaros. Por otra parte, los soldados de la cruz, cuyas cadenas habia roto el rey, volvian de Egipto agobiados por la miseria y no tenian con qué mantenerse; los que no habian abandonado al rey se hallaban asimismo arruinados, y *se tornaban tan caros*, al decir de Joinville, que el tesoro real no alcanzaba para pagarles sus sueldos. Luis no pudo reunir bajo sus banderas mas que 600 ó 700 caballeros; con milicia tan escasa no pódia intentar expedicion alguna importante, porque habian pasado ya aquellos dias de gloria y de hechos maravillosos en que 300 caballeros, reunidos bajo las banderas de la cruz, ponian en fuga á las innumerables huestes del Cairo, de Damasco y de Mossul.

Durante todo el tiempo que Luis IX permaneció en Oriente, uno de sus mayores cuidados era el de buscar discípulos para el Evangelio, aliados y defensores para la causa de los cristianos. Andrés de Longjumeau recibió el encargo de ir cerca del gran Kan de Tartaria; segun dice Joinville, Andrés y sus compañeros caminaron durante un año, andando diez leguas por dia, antes de llegar á la capital ó mas bien al cuartel general de los mogoles; al mismo tiempo, el franciscano Rubruquis fué enviado cerca de un príncipe tártaro que reinaba en las orillas del Tanais, y cuyos vasallos iban vestidos con pieles de perro y de cabra. El rey de Francia esperaba que aquellos pueblos mogoles abrazarian el cristianismo y se convertirian en auxiliares de los soldados de la cruz.

Los usos y costumbres de Oriente ocupaban vivamente la imaginacion de los cruzados; una embajada del viejo de la montaña, que fué á Tolemaida, excitó sobre todo su curiosidad y sorpresa. Los enviados del príncipe *de los Asesinos*, admitidos en presencia del rey de Francia, le preguntaron si conocia á su amo. «He oido hablar de él, contestó el monarca.—Entonces, añadió uno de los embajadores, ¿porqué no habeis procurado grangearos su amistad enviándole regalos, como lo han hecho el emperador de

16

Alemania, el rey de Hungría, el sultan del Cairo y tantos otros príncipes?» Los dos gran-maestres de los templarios y de los hospitalarios, que contaban en el número de sus vasallos y tributarios al temible señor de Massiat, asistian á aquella audiencia; reprendieron vivamente á los diputados y les dijeron que si el Viejo de la Montaña no enviaba regalos al rey de Francia, su insolencia le atraeria muy pronto un justo castigo. Los diputados trasmitieron esas palabras amenazadoras á su amo, quien experimentó por sí mismo el temor que queria inspirar y volvió á enviar sus embajadores con hermosos regalos, entre los cuáles se veia un juego de ajedrez y un elefante de cristal de roca; el príncipe de los Asesinos habia unido á estos regalos una camisa y un anillo, símbolos de alianza. Luis recibió muy bien esta nueva embajada, y encargó á los diputados que llevasen á su príncipe jarrones de oro y de plata, y telas de escarlata y de seda. Ives de Chartres, que poseia con perfeccion la lengua árabe, acompañó á los embajadores hasta Massiat. A su regreso referia que el príncipe de los Asesinos pertenecia á la secta de Aly y que profesaba grande admiracion á *monseñor san Pedro* quien, en concepto suyo, vivia todavía, y cuya alma habia sido sucesivamente de Abel, de Noé y de Abraham. Ives de Chartres hablaba, sobre todo, del terror que el Viejo de la Montaña inspiraba á sus vasallos; cuando salia en público, un heraldo gritaba en alta voz delante de él: *He aqui quien tiene en su mano la vida y la muerte de los reyes.*

Toda la solicitud de Luis IX tenia por objeto los prisioneros que habian quedado en poder de los musulmanes. No era su cautiverio la causa única de su afliccion: millares de cruzados habian abrazado la fe musulmana; nunca se vieron tantas apostasías en las cruzadas. ¡Cuantos guerreros que no habian temido la muerte en el campo de batalla, no pudieron resistirse al ver los suplicios con que los amenazaban! Las cebollas del Nilo y el hermoso clima de Egipto que con tanta frecuencia echaban menos los hebreos en el desierto, ¿no habian de arrastrar y seducir, tambien, á la multitud miserable de los peregrinos? Luis IX solo pudo obtener el regreso de un número escaso de cautivos; en vano se enviaron misioneros para atraer de nuevo al Evangelio á los desertores de Jesucristo; en vano prohibió Luis terminantemente que se insultase á los apóstatas que volvian al cristianismor, todos cuantos habian adjurado su fe se quedaron en Egipto, temiendo siempre, segun dice Joinville, que les llamasen: *Renegada, renegado.*

Como los caballeros y los barones no guerreaban ya, se dedicaron á hacer peregrinaciones. Entonces se vió á muchos de ellos dejar sus armas, tomar de nuevo la calabaza y el cayado de peregrino, y trasladarse á los lugares consagrados por la presencia y los milagros de Jesucristo y de sus santos Apóstoles. Joinville nos dice que fué á hacer sus oraciones á Nuestra Señora de Tortosa; Luis IX visitó el monte Tabor, la aldea de Cana, y la ciudad de Nazaret; no vió á Jerusalen, no obstante la invitacion de los príncipes musulmanes, persuadido de que solo la victoria debia abrirle sus puertas, y de que un monarca cristiano no podia entrar en la ciudad santa sino despues de haberla libertado por el poder de sus armas.

Luis IX no habia interrumpido sus negociaciones con los mamelucos; al fin se estipuló un tratado por el cual la ciudad santa y todas las ciudades de Palestina, escepto Gaza y Darun, habian de ser entregadas á los Francos; los cruzados y los dueños del Egipto prometian invadir juntos la Siria y repartirse sus conquistas. A consecuencia de este tratado, los emires enviaron á Luis IX los hijos de los cristianos que habian caido en poder de los musulmanes, y las cabezas de los mártires de la cruzada expuestas en las murallas del Cairo. Los dos ejércitos debian reunirse en Gaza, pero los Egipcios no acudieron á aquel punto, y Luis, despues de haberlos aguardado durante mas de un año, supo que el sultan del Cairo y el de Damasco habian estipulado la paz y se reunian para declarar la guerra á los cristianos. Entonces resultaron retos todos los tratados estipulados con el Egipto; solo se ocuparon ya de la defensa de las ciudades cristianas, amenazadas por dos enemigos á la vez. Nada descuidó Luis IX para fortificar á Jafa, Cesarea, Tolemaida y Sidon: estas reparaciones, en las que empleó sumas considerables, hicieron decir á los infieles que el rey de Francia era el mas rico y poderoso de los monarcas. Estimulaba los trabajos con su presencia, y aun dice Joinville que con frecuencia se le veia *llevar las espuertas de tierra para ganar perdones.* Mientras estaban levantando las murallas de Sidon, 2000 obreros fueron sorprendidos y pasados á cuchillo por los Turcomanos, procedentes de Paneas. Luis, que acudió presuroso desde Jafa, encontró sus cadáveres insepultos; y como nadie se atrevia á acercarse á ellos, el santo monarca cogió en sus brazos uno de aquellos cuerpos que se hallaban ya en estado de putrefaccion, y le trasportó á un sitio que habia hecho bendecir. «Vamos, amigos mios, decia, vamos á dar un poco de tierra á los obreros de Jesucristo.» Los que le seguian se apresuraron á imitarle, y todos los cadáveres fueron sepultados. Qué victoria podria ser comparada con este acto de caridad!

Mientras el rey se hallaba en Sidon, supo la muerte de la reina Blanca; ninguna desgracia le habia afligido tanto; desde entonces solo pensó en volver á Francia; su regreso llegó á ser necesario: nada quedaba ya que hacer por las colonias cristianas; despues de una permanencia de tres años en Palestina, se embarcó en Tolemaida, llevando el sentimiento de no haber podido reparar los reveses que sufriera en Egipto.

Tal fué la séptima cruzada, cuyo principio habia llenado de júbilo á los pueblos cristianos, y que en seguida cubrió de luto á todo el Occidente: en las guerras santas nunca se habian adoptado tantas medidas para asegurar el buén éxito de una expedicion, y ninguna fué tan desgraciada. Nunca hubo príncipe alguno de la cruz que fuese mas respetado por sus compañeros de armas, y nunca se llevaron á tal extremo la licencia y la indisciplina en un ejército cristiano; si aquella cruzada hubiese alcanzado buen éxito, es muy probable que desde aquel tiempo hubiera sido el Egipto una colonia de los Francos; los historiadores refieren que Luis IX habia llevado consigo á muchos artesanos y labradores; lo que en otros tiempos se ha hecho por interés del comercio y de la civilizacion, se hacia entónces por interés del cristianismo, y los resultados solian ser los mismos, porque la religion era la política de aquella época. La expedicion de Luis IX, lo mismo que las de Juan de Brienne y Pelagio, atrajo grandes persecuciones á los cristianos de Egipto. La antigua Damieta fué arrasada entonces, y reedificada á dos leguas de la embocadura del Nilo. En la expedicion de San Luis fué cuando comenzó aquella república singular de los mamelucos que, atravesando diferentes revoluciones, gobernó el Egipto durante mas de cinco siglos, y cayó por completo y desapareció en otra expedicion francesa, la de Bonaparte.

Aunque aquella cruzada produjo grandes desgracias, no se puede decir, sin embargo, que á la Francia la hiciese padecer mucho. Mientras que toda Europa estaba perturbada por las guerras del sacerdocio y del imperio, el pensamiento de la guerra santa protegió al reino de las lises. Luis, como el oro que ha sufrido siete pruebas, volvió mejor aun de lo que habia marchado; volvió mas venerado de sus súbditos, mas engrandecido á los ojos de sus contemporáneos; durante los quince años que siguieron á la cruzada, nunca olvidó las lecciones de la adversidad, y estos quince años fueron una época de prosperidad y de gloria para su pueblo.

Mientras se hallaba Luis IX en Oriente, en Europa se hacian varias expediciones en nombre de la cruz; en algunas comarcas del Norte se hacia la guerra á los paganos y á los idólatras; durante esta guerra se edificaron ciudades, muchos bárbaros fueron convertidos al Evangelio, y la familia de los cristianos de Occidente se aumentó con las victorias de los cruzados.

CAPÍTULO XXXIII.

Situacion deplorable de los cristianos en la Tierra Santa.—Octava cruzada.—Segunda expedicion de San Luis.—Los cruzados franceses delante de Tunez.—Muerte de San Luis.—Fin de la octava cruzada.

(De 1268 á 1269.)

Desde la partida de Luis IX, las colonias cristianas se hallaban expuestas de continuo á las propias miserias y á los mismos peligres. Ya no habia rey ni reino de Jerusalen; cada ciudad tenia su señor y su gobierno; en las ciudades marítimas la poblacion se componia de venecianos, de pisanos y de genoveses que habian llevado de Europa sus rivalidades y envidias; en ninguna parte existia una autoridad que pudiese hacer respetar las leyes en el interior y los tratados en el exterior. Una iglesia de Tolemaida que poseian en comunidad los genoveses y los venecianos habia llegado á ser motivo de una lucha sangrienta, de una verdadera guerra que, durante varios años, perturbó á todas las ciudades cristianas de Siria, y se extendió hasta el Occidente. Las discordias, momentáneamente aplacadas, que existian entre los templarios y los hospitalarios, habian comenzado con nuevo furor, una crónica de aquel tiempo refiere que, en un combate habido entre los caballeros de ambas órdenes, ni un solo templario quedó para anunciar que los de su órden habian sido vencidos.

Los peligros á que se hallaban expuestos los cristianos de la Palestina les procedian, principalmente, del Egipto. El gobierno monstruoso de los mamelucos, nacido durante el cautiverio de San Luis, no habia hecho sino engrandecerse y fortificarse, aun enmedio de las violencias y las pasiones que por lo general debilitan y destruyen á los Estados. En el tumulto de las facciones y de las guerras civiles, el pueblo se habia tornado belicoso, y los mas valientes y hábiles conquistaban la autoridad. Una mujer, un niño, muchos hombres de los que la historia solo sabe el nombre, se habian sucedido en el trono de los sultanes, cuando por fin se vió aparecer á un jefe mas intrépido, mas emprendedor, mas audaz que todos los demás. Bibars, esclavo comprado en las orillas del Oxus, habia aprendido en los campamentos y en las faccion s cuanto se necesitaba saber para gobernar á un pueblo bárbaro como él. Habia renovado el poder de Saladino, y todas las fuerzas del nuevo imperio se emplearon en hacer la guerra á las colonias de los Francos.

La primera hostilidad de Bibars fué la toma de Nazaret y el incendio de una iglesia magnífica de la Vírgen. Enseguida se arrojó sobre la ciudad de Cesarea, en donde toda la poblacion fué muerta ó esclavizada, y sobre Arsuf, que se convirtió en un monton de ruinas. Muchos dervises, imanes y devotos musulmanes asistieron al sitio de aquellas dos ciudades cristianas, y animaron á los combatientes con sus discursos y sus oraciones. Bibars, despues de haber hecho una peregrinacion á Jerusalen para invocar el apoyo de Mahoma, fué á poner sitio á la ciudad de Sefet, edificada sobre la montaña mas alta de la Galilea; los templarios, á quienes pertenecia aquella plaza, se vieron obligados á rendirse, y no obstante la capitulacion fueron pasados á cuchillo. Cuando se enviaron diputados al sultan para quejarse de aquella violacion del derecho de gentes, se puso al frente de sus mamelucos y recorrió el pais asesinando á cuantos encontraba, y repitiendo que queria despoblar las ciudades de los cristianos y poblar sus sepulcros. Poco tiempo despues, Jafa, fortificada por San Luis, cayó en manos de los mamelucos, quienes degollaron á todos los habitantes y entregaron la ciudad á las llamas.

La calamidad mayor de aquella guerra fué la toma de Antioquía: esta ciudad, que habia costado tanta sangre y tantos sufrimientos á los compañeros de Godofredo de Bullon, y que durante cerca dos siglos habia rechazado los ataques de los bárbaros
del Eufrates y del Tigris, no resistió siquiera una semana á los
soldados de Bibars. Como el conde de Trípoli desertó de aquella
ciudad, cuyo señorío tenia, el sultan le escribió para participar-
le su victoria. «La muerte, le decia, ha venido de todas partes y
«por todos los caminos; hemos degollado á todos aquellos á quie-
«nes habias escogido para custodiar á Antioquía; si hubieses
«visto á tus caballeros hollados y pisoteados por los caballos, á
«las mujeres de tus súbditos vendidas á pública subasta, las
«cruces y los púlpitos derribados, las hojas del Evangelio dis-
«persas y lanzadas al viento, tus palacios entregados á las lla-
«mas, los muertos devorados por el fuego de este mundo, de
«seguro habrias exclamado: *Pluguiese al cielo que me hubiese
«convertido en polvo!* »

Tal era el enemigo de los francos, tal era la guerra que se hacia á las colonias cristianas de Oriente. Lo que causa mayor afliccion es que la historia contemporánea no habla de combate alguno dado por los cristianos; parecia que cada hombre aguardaba
detrás de los muros á que llegase su última hora; en el siglo anterior, tales calamidades habrian promovido vehemente agitacion
en todo el Occidente; á la sazon se oía hablar de las barbaries de
los infieles con la mayor indiferencia, y el entusiasmo belicoso,
que habia hecho tantos prodigios en las primeras cruzadas, parecia haberse pasado al lado de los musulmanes. En todas las
mezquitas se predicaba la *guerra contra los cristianos*; se cobra-
ba á todos los pueblos infieles el diezmo para la guerra sagrada,
y este diezmo se llamaba *el tributo de Dios.* Todas las noticias que
entonces llegaban de las colonias cristianas anunciaban que el
poder de los cruzados se hundia en todas partes, y que apenas
quedaban algunos vestigios de las conquistas de los héroes de la
cruz. Despues de tener conocimiento de la pérdida de Antioquía,
se supo que Bizancio habia vuelto á caer en poder de los griegos;
aquel imperio latino de Oriente, sin haber durado sino muy poco
tiempo, acababa de apagarse sin estrépito; apenas son conocidas
las circunstancias que acompañaron su fin, y para mostrarnos
hasta que grado de abatimiento habian caido las cosas, la histo-

ria se contenta con decirnos que los griegos volvieron á entrar en la ciudad como ladrones nocturnos, y que los soldados de Paleólogo se introdujeron en ella por una alcantarilla situada cerca de la puerta Dorada.

El Occidente vió llegar de nuevo al emperador Balduino pidiendo limosna y solicitando en su miseria la compasion del papa. En los mismos momentos llegaron de las costas de Siria el arzobispo de Tiro y los dos gran-maestres del Temple y de San Juan, quienes anunciaron que el imperio de los francos estaba perdido allende los mares si no se acudia á socorrerle. Se predicó la cruzada en varios reinos de Europa, pero nadie tomó la cruz; para esplicar esta indiferencia de los pueblos, que ya dejamos señalada y que no podia ser alterada por el espectáculo de grandes calamidades, es necesario hacer aquí una observacion. Mientras las puertas de Jerusalen estuvieron abiertas para los cristianos, de todas las comarcas de Occidente partia una multitud de peregrinos que tenian por objeto visitar el sepulcro del Salvador; pero desde que Jerusalen habia vuelto á caer en poder de los musulmanes, una barbarie inquieta y recelosa cerró por completo los caminos de Sion á los cristianos y sobre todo á los francos; ya casi no se veian peregrinos en les caminos de la ciudad santa; aun los que se trasladaban á Palestina ó habitaban en las ciudades cristianas, no iban á saludar al Santo Sepulcro; el ardor de las peregrinaciones se debilitaba así de dia en dia, y con él se debilitaba tambien el entusiasmo de las guerras santas, al cual habia dado orígen.

Entonces se deploraban las guerras santas como una fatalidad desgraciada, y faltó poco para que acusasen á la Providencia de haber abandonado su propia causa; los púlpitos, en los que durante tanto tiempo habia resonado la predicacion de las cruzadas, guardaban un silencio lúgubre; un poeta contemporáneo, al hablar de las desgracias de la Tierra Santa, exclamaba: *¿ Será cierto, pues, que el mismo Dios proteja á los infieles?* El mismo poeta ó trovador expresaba la desesperacion de los cristianos con palabras que hoy parecerian una impiedad. «Bien loco seria, decia, «el que quisiese hacer la guerra á los sarracenos, cuando Jesu- «cristo los deja en paz y les permite que triunfen á la vez de los «Francos y de los Tártaros, de los pueblos de la Armenia y de «los de la Persia. Cada dia recibe el pueblo cristiano una nue-

«va humillacion, porque ese Dios que acostumbraba á velar, «duerme hoy, mientras que Mahoma se muestra con toda su «fuerza y empuja hácia adelante al feroz Bibars.»

Lo qué tambien perjudicó mucho á las cruzadas fué el abuso que de ellas se hizo; entonces se daba el nombre de cruzada á todas las guerras que se hacian en Europa. Los barones ingleses que peleaban contra Enrique III llevaban una cruz blanca y se suponian vengadores de los derechos del pueblo y de la causa de Dios. Los soldados del duque de Anjou, en la conquista del reino de Nápoles, iban precedidos de los rayos de la santa sede, llevaban una cruz en sus trajes, y se batian en nombre de Jesucristo y de su Vicario. Todas estas cruzadas tan singulares hubieron de concluir por hacer olvidar las guerras santas de ultramar.

En el estado en que se encontraba la Europa, solo un monarca se ocupaba todavía de las colonias cristianas de Oriente. El mismo recuerdo de las desgracias que habia sufrido por la herencia de Jesucristo hacia que el piadoso Luis IX se interesase por una causa á la que todos parecia que abandonaban. Cuando consultó al papa acerca de su proyecto de volver á guerrear contra los infieles, Clemente IV vaciló en contestar, y estuvo mucho tiempo para persuadirse de que el proyecto del monarca era una inspiracion de Dios. Por último, el dia 23 de marzo de 1268, habiéndose reunido el gran parlamento del reino en una sala del Louvre, el rey de Francia, acompañado del legado del papa y llevando en la mano la corona de espinas de Jesucristo, anunció su intento de socorrer á la Tierra Santa. Luis IX exhortó á cuantos le rodeaban á que tomasen la cruz; el enviado del jefe de la Iglesia habló despues del rey, y en una exhortacion patética llamó á todos los guerreros franceses á que tomasen las armas contra los infieles. Luis recibió la cruz de manos del legado; su ejemplo fué seguido por tres de sus hijos; el legado recibió enseguida el juramento de un gran número de prelados, condes y barones; entre los que tomaron la cruz en presencia del rey y en los dias siguientes á aquella predicacion, cita la historia á Juan, conde de Bretaña, Alfonso de Brienne, Tibaldo rey de Navarra, el duque de Borgoña, los condes de Flandes, de Saint-Pol, de la Marche y de Soissons. Las mujeres mostraron el mismo zelo; las condesas de Bretaña y de Poitiers, Iolanda de

Borgoña, Juana de Tolosa, Isabel de Francia, Amelia de Courtenay, y muchas otras resolvieron seguir á sus maridos en la
expedicion á ultramar. No todos los que así se cruzaban eran
impulsados por el entusiasmo de las cruzadas, sino por su profundo y sincero afecto al santo rey, y por su respeto á sus voluntades. Ya no habia la esperanza de conquistar ricos señoríos en
el país de los sarracenos; la Tierra Santa solo ofrecia la palma
del martirio á cuantos desenvainaban la espada para defenderla.
Todos estaban desengañados respecto del Oriente; la reina Margarita, que tanto habia sufrido en Damieta, esta vez no tuvo valor suficiente para acompañar á su esposo; el señor de Joinville, compañero fiel de Luis IX, no pudo consentir en abandonar á
sus vasallos, á quienes su ausencia habia hecho ya ser tan desgraciados; en la opinion que tenia de la nueva cruzada, no temia
decir que los *que habian aconsejado al rey el viaje á ultramar habian pecado mortalmente.*

Sin embargo, no se escapaban quejas, ni murmullos contra
Luis IX. El espiritu de resignacion, que era una de las virtudes
del monarca, parecia haberse trasmitido al alma de sus súbditos, y para valernos de la misma expresion de la bula del papa,
los franceses no veian en la abnegacion del rey mas que un sacrificio noble y doloroso á la causa de los cristianos, á aquella
causa por la cual *no habia librado Dios á su hijo único.*

Fijóse la partida de la cruzada para el año 1270; de este modo, se
emplearon cerca de tres años en los preparativos de la expedicion.
El clero, abrumado por toda clase de cargas, opuso alguna resistencia antes de pagar el diezmo ordenado por el papa. El rey
recurrió al impuesto denominado de capitacion que los señores
soberanos, segun las costumbres feudales, exigian de cada uno
de sus vasallos en circunstancias extraordinarias. Los señores
que habian tomado la cruz no tenian ya suficiente entusiasmo
para vender sus tierras y arruinarse; Luis se comprometió á sufragar los gastos de su viaje, y les aseguró un sueldo, lo cual no
se habia visto en las cruzadas de Luis VII y Felipe Augusto.
Nada descuidó el piadoso monarca para asegurar la paz del reino
durante su ausencia; el medio mas seguro era el de hacer buenas
leyes; entonces fué cuando se publicaron las ordenanzas que
constituyen todavía la gloria de su reinado.

Se predicó la cruzada en los demás reinos de Europa; en el concilio de Northampton, el príncipe Eduardo, hijo mayor de Enrique III, hizo juramento de ir á pelear contra los infieles; su brillante valor habia triunfado de los barones coaligados contra el rey; aquellos á quienes venció siguieron su ejemplo, y todas las pasiones de la guerra civil se trasladaron entonces á la guerra santa. Cataluña y Castilla suministraron, tambien, un número considerable de cruzados; el rey de Portugal y Jaime de Aragon quisieron pelear bajo las banderas de San Luis y marchar con él al Oriente. El nuevo rey de Nápoles, Carlos de Anjou, mancillado con el asesinato de Coradino, y siendo blanco del descontento de los pueblos, hacia predicar tambien la guerra santa en sus Estados; su ambicion esperaba sacar partido de la cruzada, ya fuese para conquistar la Grecia ó para someter las costas de Africa.

Entretanto los cruzados franceses se ponian en marcha en todas las provincias y se dirigian hácia los puertos de Marsella y Aigues-Mortes, en donde les aguardaban buques genoveses. El rey habia confiado la administracion del reino á Mateo, abad de San Dionisio, y á Simon, señor de Neale. En el mes de marzo de 1270 se trasladó á la abadía de San Dionisio y recibió el oriflama; al dia siguiente asistió á una misa que fué celebrada para la cruzada en la iglesia de Nuestra Señora de Paris, y fué á pernoctar en Vincennes, desde donde se puso en camino para la gran peregrinacion. El pueblo y la corte se hallaban sumidos en la mayor tristeza; lo que aumentaba el dolor público era que aun no se sabia adonde iba á dirigir Luis su expedicion, y solo se hablaba vagamente de las costas de Africa. El papa habia escrito á los cristianos de Palestina para anunciarles los socorros del Occidente. Los cruzados de Aragon y de varios otros paises se habian embarcado ya para las costas de Siria. Pero la política ambiciosa del duque de Anjou hizo variar todos los proyectos; aconsejó que se atacase á Tunez y se compuso de modo que su dictámen prevaleció en el consejo de Luis IX. El santo rey fué arrastrado por la esperanza de convertir á la religion de la cruz al rey de Tunez y á su pueblo. Despues de las oraciones y ceremonias de costumbre, la flota que conducia al rey de Francia y á su ejército dió á la vela el 11 de julio y se dirigió hácia las costas de Africa. El dia 14 de julio llegó á la vista de Tunez y fondeó en la orilla en que estuvo la antigua Cartago, y en la que ya no habia mas que una simple aldea llamada *Marza*. Los cruzados desembarcaron sin obstáculo alguno, se apoderaron con espada en mano de una torre custodiada por los Moros, asentaron su campamento, y sin saber que bollaban con sus plantas las ruinas de la ciudad de Anibal, se prepararon para sitiar á Tunez.

CAPÍTULO XXXIV.

Continuacion de la octava cruzada. — Enfermedad y muerte de San Luis. — Tratado de paz con el príncipe de Tunez. — Regreso de los cruzados franceses á su patria.

Tunez, llamada por los romanos *Tenis* ó *Tenissa*, situada á cinco leguas del paraje que ocupó Cartago, competia en industria y poblacion con las ciudades mas florecientes de Africa. Tenia 10.000 casas y tres arrabales grandes; los despojos de las naciones y los productos de un comercio inmenso la habian enriquecido. Las avenidas de la plaza estaban defendidas por torres y baluartes. Para comenzar el sitio de Tunez aguardaba Luis IX al rey de Sicilia que habia de llegar con una flota y un ejército; el piadoso monarca esperaba tambien que el príncipe musulman, que habia prometido abrazar la fe cristiana, evitaria los males de la guerra por medio de una conversion sincera. Desgraciadamente el rey de Sicilia se hizo aguardar durante varias semanas; el soberano de Tunez, en vez de convertirse, reunió fuerzas y sus mensajeros anunciaron por último, que *iria á buscar el bautismo en el campo de batalla.* Durante los últimos dias de julio y los quince primeros de agosto, una multitud de moros y de árabes se mostró incesantemente en torno de los cruzados, tendiéndoles todo género de lazos y de asechanzas, pero sin atreverse en tiempo alguno á atacarles de frente. Los soldados de la cruz apenas se dignaban medir sus fuerzas con las de tales enemigos; pero en el sitio en que se hallaban acampados tenian que temer peligros mucho mayores que los de la guerra. Aquella comarca, tan fértil en otro tiempo, no era ya sino una soledad árida y abrasadora; desde los primeros dias de su llegada carecian los cruzados de agua y no tenian mas alimento que carnes saladas; la disenteria y fiebres pestilentas causaron grandes destrozos en el campo de los cristianos; primero hubo que lamentar la pérdida de los condes de Vendôme y de la Marche, de los señores de Montmorency, de Pienne, de Brissac, etc.; por último, murió tanta gente que arrojaban los cadáveres mezclados y confundidos á las zanjas. Luis IX procuraba reanimar á los jefes y á los soldados con sus palabras y con el ejemplo de su resignacion; pero él tambien cayó enfermo con disentería. Mientras conservó algunas fuerzas atendió solícito á remediar necesidades del ejército; cuando aumentó la enfermedad y sintió que se acercaba su fin, hizo que colocasen una cruz delante de él, y tendiendo las manos imploró á Aquel que habia sufrido por el linaje humano. Todo el ejército estaba apesadumbrado; los soldados prorumpian en llanto. Entonces fué cuando Luis dirigió á su hijo Felipe, que habia de sucederle, excelentes consejos acerca de la manera de gobernar el reino que iba á dejarle. Despues de haberle recomendado que respetase é hiciese respetar á la religion y á sus ministros, que temiese en todo tiempo y sobre todo el ofender á Dios, añadia: «Querido hijo, si subes al trono, muéstrate digno por tu conduc-«ta de recibir la santa uncion con que son consagrados los reyes «de Francia... Cuando seas rey, muéstrate justo en todas las co-«sas, y que nada pueda apartarte en tiempo alguno de la verdad «y de la rectitud... Reune todos tus esfuerzos para aplacar las di-«visiones que se susciten en el reino, porque nada agrada tanto á «Dios como el espectáculo de la concordia y de la paz... Se equi-«tativo en la imposicion de contribuciones, prudente y moderado «en su uso... Corrije con prudencia lo que sea defectuoso en las «leyes del reino... Manten con lealtad los derechos y franquicias «que encuentres establecidos .. Cuanto mas felices sean tus súb-«ditos, tanto mas engrandecido te verás... Cuanto mas inta-«chable sea tu gobierno, tanto mas temerán tus enemigos ata-«carte.» Así se daba este evangelio de la monarquía, en medio de las calamidades de una cruzada y por un rey de Francia que expiraba sobre un lecho de ceniza.

Luis IX, despues de haber dado consejos á su hijo, no quiso pensar mas que en Dios, y se quedó solo con su confesor; segun dice un testigo ocular, *ni de noche ni de dia cesaba su boca de alabar á Nuestro Señor, y de rogarle por el pueblo que habia conducido allá*; algunas veces invocaba á San Dionisio, á quien habia implorado con frecuencia en las batallas, y le pedia su apoyo celestial para aquel ejército al que iba á dejar sin jefe. El lúnes 25 de agosto, á las nueve de la mañana, perdió el uso de la palabra, pero aun *miraba bondadosamente á las gentes.* «Entre las horas »de tercia y nona, hizo como que dormia, y estuvo con los ojos »cerrados por espacio de media hora y mas; en seguida pareció »como que se reanimaba, abrió los ojos y miró al cielo; diciendo: »Señor, entraré en vuestra casa y os adoraré en vuestro santo ta- »bernáculo.» Expiró á las tres de la tarde. Felipe, que tambien estaba enfermo, recibió en medio del público dolor el homenaje y los juramentos de los jefes, barones y señores que se hallaban presentes. Tres religiosos que habian asistido á la muerte de Luis recibieron el encargo de anunciar tan triste noticia en el Oc- cidente. Eran portadores de un mensaje dirigido *al clero y á to- dos los hombres de bien del reino.* Felipe, en su carta que fué leida en presencia de todos los fieles, pedia oraciones para el alma de su padre, y prometia seguir el ejemplo de un príncipe que amó siempre al reino de Francia *como á las niñas de sus ojos.*

El rey de Sicilia, que llegó á la costa de Africa en el mismo mo- mento en que expiraba Luis IX, tomó el mando del ejército, y se comenzó de nuevo la guerra; los soldados de la cruz, ocupados todos, hacia un mes, con la muerte y los funerales de sus jefes y compañeros, buscaron distracciones en los combates, y pusieron en fuga en varios encuentros á la multitud de los moros y de los árabes. El príncipe de Túnez, asustado en su capital, envió á los jefes de la cruzada diputados encargados de solicitar la paz; se comprometia á ser tributario del rey de Sicilia, y además pro- metia dar á los cristianos una parte de sus tesoros para los gas- tos de la guerra. El dia 31 de octubre se extipuló una tregua de quince años solares entre el *califa, el iman jefe de los creyentes, Abou Abdallah Mohamed,* por una parte, y por la otra el *ilustre príncipe* Felipe, por la gracia de Dios, rey de Francia, el *ilustre príncipe* Carlos, rey de Sicilia, y el *ilustre príncipe* Tibaldo rey de Navarra. Este tratado prevenia que los prisioneros y cautivos fue- sen restituidos por ambas partes, que los religiosos y los sacer- dotes cristianos pudiesen establecerse en los Estados del jefe de los creyentes, que tuviesen la libertad de predicar en el recinto de sus iglesias, de servir á Dios conforme á su culto, y de hacer en Túnez *cuanto hacian en su pais.* La mayor parte de los señores y barones que habian acompañado á Luis IX á la cruzada fueron nombrados en el tratado.

La flota que habia de conducir á Francia los tristes restos de la cruzada dió á la vela hácia fines de agosto; sufrió una borrasca terrible en los mares de Sicilia, y mas de cuatro mil cruzados perecieron en las olas. El rey de Navarra falleció poco tiempo despues de haber desembarcado en Trépani; su mujer Isabel no pudo sobrevivirle y murió de dolor. Felipe, que se habia detenido en Sicilia, se puso en marcha para Francia en el mes de enero; la jóven reina, que le habia seguido, fué una nueva víctima de la cruzada, y murió de resultas de una caida al atravesar la Calabria. El rey Felipe, habiendo quedado solo, continuó su viaje, llevando consigo los cadáveres de su mujer, de su hermano y de su padre. La voz pública hizo que llegase muy pronto á saber que el conde y la condesa de Poitiers, al regresar á Languedoc, habian muerto ambos en Toscana. Felipe, despues de haber pasado el monte Cenis, volvió á ver su reino, al que encontró cubierto de luto. ¡Qué espectáculo para la Francia! Urnas fúnebres, los restos de una ejército en otro tiempo tan brillante, un príncipe jóven enfermo y que solo por milagro se habia librado de todas las calamidades de la cruzada! Los restos de Luis IX fueron trasladados á la abadía de San Dionisio, en donde las hemos visto arrojar al viento; su corazon y sus entrañas habian quedado en Sicilia, en donde la abadía de Montreal las ha defendido mejor contra los ultrajes del tiempo y de las revoluciones.

Como se vé, esta expedicion de Luis IX no fué, verdaderamente, mas que una série prolongada de funerales y de desgracias sin gloria: el piadoso genio ó mas bien el ángel de las cruzadas se cubrió entonces con un crespon fúnebre, y volvió á subir al cielo con el santo rey. Sin embargo, en nuestro siglo de civilizacion avanzada, y en una época en que ciframos nuestra gloria en difundir por todas partes las luces, no debemos olvidar que aquella guerra lejana en que murió un rey de Francia tenia por objeto llevar la claridad del Evangelio á unas comarcas bárbaras, y asociar á los pueblos de Africa á los progresos y á la suerte de la Europa cristiana.

CAPÍTULO XXXV.

Llegada de Eduardo, hijo de Enrique III, á Palestina.—Su vida
amenazada por un emisario del Viejo de la Montaña.—Su regre-
so á Europa.—Estado de las colonias cristianas en Siria.—Trí-
poli y varias ciudades de los Francos tomadas por los mamelucos
de Egipto.—Sitio y destruccion de Tolemaida.

(De 1270 á 1291.)

Mientras los compañeros de Luis IX abandonaban las costas de
Africa, el príncipe Eduardo, hijo de Enrique III, llegaba á Palestina con el conde de Bretaña, su hermano Edmundo, 300 caballeros y 500 cruzados procedentes de Frisia. Todos estos cruzados,
reunidos con los Templarios y los Hospitalarios, y con los guerreros del país, formaron un ejército de siete á ocho mil hombres,
dispuesto á marchar al encuentro del enemigo. Este ejército se
dirigió al pronto hácia la Galilea, dispersó en la selva de Paneas
á una tribu numerosa de Turcomanos, se apoderó de sus ganados, sitió en seguida á Nazaret, y asesinó á toda la poblacion
acusada de haber entregado á las llamas la magnífica iglesia de
la Vírgen. Despues de esta campaña, en la que los guerreros de
la cruz obtuvieron mas botin que gloria, el príncipe Eduardo regresó de improviso á Tolemaida y no buscó ya mas enemigos
que combatir.

Se ha visto anteriormente que en las cruzadas no solo se trataba de vencer á los infieles, sino de convertirlos. La esperanza
de atraer á la fe del Evangelio al príncipe de Tunez hizo tomar
la cruz y las armas á Luis IX; el príncipe Eduardo, animado por
el mismo espíritu, concibió el pensamiento de convertir al emir
de Jafa: este envió al príncipe inglés un diputado encargado de
expresarle su deseo de abrazar la fe cristiana: pero, á consecuencia de la perfidia mas infame, este diputado era un emisario del
Viejo de la Montaña. Habiendo encontrado un dia á Eduardo solo en su habitacion, el enviado del emir se arrojó sobre él con un
puñal; el príncipe inglés, aunque herido en la frente y en un
brazo, dió muerte á su asesino y curó de sus heridas. Pero des-

pues de tan trágico incidente, no pensó ya sino en abandonar la Palestina y se embarcó con sus caballeros para regresar á Europa. No hablaremos aquí del tratado de paz que Eduardo extipuló al marcharse con el sultan del Cairo, tratado que su partida dejaba sin garantía, y que Bibars habia roto ya antes de que los cruzados ingleses hubiesen pasado el mar. Los cruzados franceses, como se ha visto, habian hecho, asimismo, un tratado al marcharse de Tunez; esta clase de tratados de paz, extipulados entre príncipes que iban á hallarse separados por la inmensidad de los mares, y que ya no habian de volver á encontrarse ni á oir hablar unos de otros, caracterizan bastante bien el fin de las cruzadas. Despues de Eduardo, ningun príncipe cristiano pasó el mar para ir al Asia á pelear contra los infieles, y el reducido ejército que condujo á Siria fue el último que partió del Occidente para libertar ó recuperar la Tierra Santa.

Entre las circunstancias que contribuyeron al mal éxito de las cruzadas de Luis IX y de Eduardo, no debe olvidar la historia la prolongada vacante de la Santa Sede, durante la cual no se oyó voz alguna que animase á los cruzados. Sin embargo, el cónclave eligió un sucesor de San Pedro al cabo de dos años, y por una circunstancia feliz para los cristianos de Oriente recayeron los sufragios de los cardenales en Tibaldo, archidiácono de Lieja, quien habia seguido á los frisones al Asia, y á quien aun encontró en Palestina la noticia de su eleccion: los cristianos de Siria pudieron abrigar entonces la esperanza de que el nuevo pontífice, que habia presenciado durante mucho tiempo sus peligros y sus miserias, no dejaria de emplear todo su poder para socorrerlos. Tibaldo se lo afirmó antes de salir de Tolemaida, y en un discurso que dirigió al pueblo reunido, repitió estas palabras del profeta rey: *O Jerusalen! si yo te olvido, que mi mano derecha caiga desprendida del cuerpo; si tu recuerdo se borra de mi corazon, que mi lengua se adhiera á mi paladar.* Tibaldo, que tomó el nombre de Gregorio X, al regresar á Europa se ocupó en cumplir sus promesas, pero el nombre de Jerusalen no despertó ya entusiasmo, ni aun compasion.

El nuevo pontífice convocó en Lyon un concilio al que asistieron los patriarcas de Jerusalen y de Constantinopla, y los enviados de todos los príncipes cristianos de Oriente y de Occidente. Llamaron la atencion especialmente en aquella reunion los embajadores del poderoso jefe de los Mogoles, quien proponia aliarse con los cristianos para combatir á los musulmanes. Un espectáculo tan grandioso dado á la cristiandad no pudo conmover el corazon de los fieles ni hacer revivir sentimientos que, para servirnos de una expresion de la Escritura, no eran sino el *resto humeante de una tela quemada.* Se enviaron legados á los Estados; aun habia predicadores que hablaban en nombre de la cruz; todavía se cobraron diezmos al clero; pero los caballeros y los barones permanecian en todas partes en la inaccion y la indiferencia. Hasta la ambicion habia perdido sus ilusiones, y los reinos de Oriente no eran ya sino grandezas imaginarias. «El papa, decia un rey de Castilla, acaba de nombrarme soberano de la Siria y de Egipto; no quiero ser ingrato y proclamo á mi vez *al Santo Padre califa de Bagdad.*» Esta anécdota, referida por Petrarca, nos demuestra que habia pasado ya el tiempo de las conquistas en Oriente, y que las cruzadas no podian prometer á los príncipes y á los caballeros sino la corona del martirio.

El estado de las colonias cristianas era cada vez mas miserable; aquí debemos hacer observar que habia entonces tres reyes para el reino de Jerusalen que ya no existia. Todos aquellos pretendientes sin ejércitos no daban esperanza alguna de salvacion á lo que aun quedaba del imperio de los Francos, y si los cristianos tuvieron algunos dias de tranquilidad, lo debieron á la muerte de Bibars, que era su enemigo mas temible. Kelaoun, que sucedió á Bibars, derrotó á los tártaros que habian avanzado hasta la Siria, asoló el país de los armenios, y accedió á los ruegos de los cristianos de Palestina que le pidieron la paz. El sultan del Cairo no tenia flota para sitiar las ciudades marítimas de los Francos; además temia una cruzada prometida por el papa á los cristianos de Oriente. Sin hacer una guerra abierta á las colonias cristianas, lo preparaba todo para su destruccion, y aun en las mismas treguas que les concedia les imponia condiciones que les sometian de antemano á sus leyes y habian de conducirles á su pérdida. Cuando llegó el momento de los combates, Kelaoun comenzó las hostilidades por la toma de Margat, de Laodicea y de Trípoli. Esta última plaza, á la que los cruzados habian sitiado durante cinco años, solo pudo resistir treinta y cinco dias á los asaltos de los mamelucos; toda la poblacion fué asesinada ó esclavizada. El sultan victorioso mandó incendiar y demoler la ciudad.

Despues de la toma de Tripoli amenazó Kelaoun á Tolemaida, que era la metrópoli de los Francos en Siria; sin embargo, ya fuera que temiese la desesperacion de los cristianos ó que aun no juzgase favorable el momento, cedió á algunos ruegos y renovó con los habitantes una tregua de dos años, dos meses, dos semanas, dos dias y dos horas. A consecuencia de este tratado se suscitaron disensiones entre los cristianos, y estas no hicieron sino preparar los dias de las grandes calamidades. El papa envió á Tolemaida mil seiscientos soldados reclutados en Italia, los cuales, como no tenian paga, hicieron excursiones fuera de la ciudad y saquearon á los cristianos y á los musulmanes. Kelaoun rompió la tregua y reunió su ejército para marchar de nuevo contra las ciudades cristianas. Desde entonces no se ocuparon ya en Tolemaida sino en defender á la ciudad amenazada. En todas las mezquitas de Siria y de Egipto se anunció que habia llegado la última hora del poder de los Francos. Kelaoun, que falleció en medio de los preparativos de aquella guerra, mandó á llamar á su hijo Chalil, junto á su lecho de muerte, y le suplicó que no le concediese los honores de la sepultura hasta tanto que Tolemaida fuese reducida á cenizas. Muy luego apareció delante de la ciudad el ejército de Chalil, el cual se extendia por un lado hasta el monte Carmelo y por el otro hasta las montañas de Karouba; la ciudad no tenia para su defensa mas que diez y ocho mil combatientes y las fortificaciones de San Luis. El sitio comenzó en los primeros dias de abril.

Por el pronto, el comun peligro hizo que se uniesen todos los habitantes de Tolemaida; en los primeros combates nada igualaba á su ardor, hallábanse sostenidos por la esperanza de que recibirian auxilios de Occidente, y tambien creian que su resistencia desalentaria á la multitud de los sarracenos; pero á medida que se desvanecian estas esperanzas se veia enfriarse su zelo; la mayor parte de ellos no podian soportar prolongadas fatigas; el aspecto de un peligro que renacia incesantemente cansaba su valor; cada dia tenia menos defensores la ciudad, y el puerto, mas frecuentado que las murallas, estaba lleno de gentes que huian. Muy pronto se mostró de nuevo la discordia entre los jefes y el pueblo; los sitiados se recriminaron mutuamente por los males que sufrian. El dia 4 de mayo dieron los musulmanes un asalto terrible; el rey de Chipre, que habia ido á socorrer la plaza, peleó hasta por la tarde; pero asustado por el peligro, desertó del puesto que defendia y se embarcó por la noche con sus soldados, dejando á todo el pueblo sumido en la desesperacion. Al dia siguiente nuevo asalto; las máquinas y las torres musulmanas habian derribado las murallas por la parte del oriente; al cabo de algunas horas de combate, las brechas y los fosos estaban cubiertos de cadáveres; los musulmanes penetraron en la ciudad y solo fueron rechazados por el milagroso valor de los hospitalarios, que llevaban á su frente á Guillermo de Clermont. La mayor parte de los habitantes, perdida ya la esperanza de salvarse, habian cesado de combatir y aguardaban la muerte. El patriarca de Jerusalen, anciano venerable, procuró reanimarlos con su presencia y sus discursos; en un tercer asalto se presentó en medio de los combatientes, invocando el auxilio de Jesucristo; en torno suyo los guerreros cristianos mas valientes se precipitaban sobre las lanzas de los enemigos, llamando *al bendito Jesucristo en alta voz*; los sarracenos por su parte, *invocaban el nombre de su Mahoma*, y avanzaban por la ciudad; entonces toda la poblacion se alzó contra ellos y los obligó á huir. Todos los dias reproducian los musulmanes sus ataques; al final de cada dia los cristianos se felicitaban de haber triunfado, pero al llegar el siguiente, cuando el sol iluminaba la llanura, veian siempre en torno de sus murallas á un innumerable enjambre de enemigos.

El 18 de mayo, dia funesto para los cristianos, el ejército musulman recibió la señal para dar un ataque general: el choque fué mas obstinado y sangriento que en los dias anteriores; entre los que caian sobre el campo de batalla se contaban siete musulmanes por cada cristiano; pero aquellos podian reparar sus pérdidas, al paso que las de estos eran irreparables; el gran maestre del Temple pereció enmedio de sus caballeros; el de San Juan recibió al mismo tiempo una herida que le puso fuera de combate. Todos los esfuerzos de los sarracenos se habian dirigido contra la puerta de San Antonio, situada al oriente de la ciudad; por esta parte apenas quedaban mil guerreros cristianos para defender las murallas y las torres arruinadas. Entonces fué cuando un velo fúnebre se extendió sobre toda la ciudad de Tolemaida; el interior de ella se convirtió en teatro de la batalla; no hubo calle en que no se viesen correr torrentes de san-

gre; se dió un combate por cada fuerte, por cada palacio, en la
entrada de cada plaza; en todos estos combates hubo tantos
hombres muertos que al decir de un testigo ocular, *se andaba
sobre los cadáveres como sobre un puente.* Entonces estalló sobre la
ciudad una tempestad violenta, y una oscuridad profunda cubrió el horizonte; apenas se distinguian las banderas que aun
ondeaban en las torres; estalló el incendio en varios barrios
sin que nadie se cuidase de apagarle; una multitud de pueblo
huia á la aventura; familias desconsoladas se refugiaban en las
iglesias, en donde eran ahogadas por las llamas ó degolladas al
pié de los altares; monjas, vírgenes tímidas, se destrozaban el
seno y el rostro para librarse de la brutalidad del vencedor, todos los jefes de los cristianos habian sido pasados á cuchillo ó
se habian fugado; solo quedaba ya el patriarca de Jerusalen,
quien durante todo el sitio habia compartido los peligros de los
combatientes, y aun dirigia preces al cielo por su rebaño dis-
perso. Cuando le arrastraban hácia el puerto para librarle de la
persecucion de los musulmanes, aquel anciano generoso se quejaba de que le separasen de aquel pueblo con el cual queria morir; por fin le obligaron á que se embarcase, pero como recibió
á bordo á cuantos se presentaban, el buque se fué á pique, y
el fiel pastor murió víctima de su evangélica caridad.

Despues de tomada y saqueada la ciudad, aun se peleaba en el
castillo del Temple, situado cerca del mar; los templarios se defendieron durante algunos dias. Al fin fué minada la torre principal: las mujeres, los niños, los guerreros cristianos, todos los
que habian ido á buscar un asilo en la casa del Temple, perecieron sepultados bajo los escombros. Todas las iglesias de la ciudad habian sido profanadas, saqueadas, entregadas á las llamas;
el sultan mandó que los edificios principales, las torres y las
murallas fuesen demolidas. El hijo de Ke aoun, acampado sobre
las ruinas de Tolemaida, envió un destacamento de su ejército á
que se apoderase de Tiro; esta ciudad, sobrecogida de espanto,
abrió sus puertas sin oponer resistencia alguna. Sidon, Beirut
y todas las ciudades cristianas de la costa vieron ondear el pabellon victorioso de los musulmanes; su poblacion fué asesinada
ó llevada á Egipto. El fanatismo de la victoria se extendió hasta
á las piedras, y removieron el terreno que habian pisado los cristianos.

. Cuando se supo en Europa este fin deplorable del poder de los Francos en Asia, el Occidente quedó sepultado en el mayor dolor y desconsuelo; nadie habia pensado en tomar las armas para socorrerle, pero todos deploraron su ruina. Los fieles, desesperados, acriminaron al nuevo pontífice, *harto ocupado en los bienes y reinos de este mundo*; acriminaron tambien á los poderosos monarcas de la cristiandad, á quienes acusaban de haber abandonado á *Tolemaida como á una oveja enmedio de los lobos*. La multitud consternada referia los prodigios por los cuales habia anunciado el Dios de los cristianos los decretos de su cólera. Muchos fieles estaban persuadidos de que los santos y los ángeles habian desertado las moradas sagradas de Jerusalen, los santuarios de Belen, de Nazaret y de Galilea; todos los dias se veia desembarcar en los puertos de Italia á desventurados habitantes de la Palestina que recorrian las ciudades pidiendo limosna, y referian con los ojos arrasados en llanto, las últimas desgracias del pueblo cristiano en Oriente.

Con esto concluyeron las cruzadas de ultramar; un historiador árabe, despues de hablar de aquella destruccion de las ciudades cristianas, hace esta prediccion singular: «Así permanecerán las cosas, si Dios quiere, hasta el dia del juicio.» Han trascurrido ya cinco siglos, y la profecía musulmana sigue realizándose. Se puede decir que despues de la pérdida de las ciudades cristianas de Siria, el mundo quedó dividido en dos, el Oriente condenado á permanecer en la barbarie, y el Occidente caminando solo hácia las luces de la ilustracion y del progreso. El Mediterráneo con sus costas y sus islas, el Mediterráneo que habia sido la cuna de la civilizacion en el mundo antiguo, quedó esta vez al lado de los bárbaros.

CAPÍTULO XXXVI.

Predicacion inútil de una cruzada.—Los tártaros dueños de Jerusalen y aliados de los cristianos.—Cruzada de las damas genovesas.—Tentativas de cruzadas en Francia.—Proyecto de una guerra santa en tiempo de Felipe de Valois.—Pedro de Lusiñan, rey de Chipre, al frente de diez mil cruzados.—Saqueo de Alejandría.—Cruzada emprendida por los genoveses y algunos caballeros franceses en las costas de Africa.

(De 1291 á 1302.)

Nicolas IV, en sus tardías exhortaciones, deploró la destruc-

-cion de las colonias cristianas de Oriente; abrió todos los tesoros de las misericordias divinas á los que tomasen la cruz. El rey de Inglaterra, Eduardo, que habia jurado atravesar por segunda vez los mares, se contentó con recóger los diezmos de la Tierra Santa; el emperador Rodolfo, que habia tomado la cruz de los peregrinos, murió entonces, habiéndose ocupado mas de los asuntos de Alemania que del poder cristiano en Asia.

Mientras que así olvidaban á Jerusalen en el Occidente, los tártaros de la Persia, que al pronto habian alarmado á la Europa, y en quienes ya no se pensaba, llegaron de improviso á reanimar las esperanzas de la cristiandad, y formaron el proyecto de arrancar á los musulmanes la Siria y la Palestina. Hacia mucho tiempo que los tártaros guerreaban contra los enemigos de la cristiandad; el emperador Cazan, que entonces reinaba sobre la nacion tártara, consideraba á los discípulos de Jesucristo como aliados suyos, y en sus ejércitos, en los cuales servian muchos georgianos, la bandera de la cruz brillaba al lado del estandarte imperial. Este emperador habia vencido á los musulmanes en las llanuras de Emesio. Alepo y Damasco le abrieron sus puertas; los cristianos que seguian á su ejército entraron de nuevo en Jerusalen, y el mismo Cazan visitó con ellos el Sepulcro del Salvador. Desde allí envió embajadores al papa y á los soberanos de la Europa cristiana, para solicitar su alianza y ofrecerles la posesion de la Tierra Santa. No hubo en todo el Occidente un solo príncipe que respondiese á aquel llamamiento de los mogoles; en otro tiempo, una cruzada de niños habia demostrado ya la decadencia de las guerras santas; esta se halló señalada en aquella ocasion por un rasgo mas característico y mas singular. Solo unas damas genovesas obedecieron á la voz del papa, que solicitaba el auxilio de los guerreros; estas amazonas de la cruz, despues de haber recibido la bendicion del papa, no partieron, y el emperador Cazan, con cuyo ejército habian de incorporarse, murió en Damasco llevándose consigo las últimas esperanzas de los cristianos.

Las órdenes del Temple y de San Juan habian sido la última fuerza militar y la defensa postrera de los Estados cristianos en Asia. Los hospitalarios, despues de la destruccion de Tolemaida, se establecieron en la isla de Rodas, y reunieron con la isla *del Sol* las de Cos, Cefalonia y Cimia; el imperio fundado por sus armas se extendia por las costas de Asia, y el estandarte de San Juan ondeaba sobre las ruinas de Halicarnaso, de Gnido y de Temeso. Los templarios, no tan bien inspirados, vinieron á establecerse en sus posesiones de Europa, en donde olvidaron los estatutos de San Bernardo é hicieron que se volviese contra ellos la política avara y envidiosa de los monarcas; su órden fué proscrita, y el recuerdo de tanto heroismo empleado en favor de la causa de Jesucristo, de tantos males sufridos por la Fe, no pudo salvar á aquellos nobles caballeros del suplicio reservado entonces para los herejes y los idólatras.

Los príncipes cristianos aun prometian libertar á la Tierra Santa; pero el juramento de pelear contra los sarracenos no era entonces, como dice un autor de aquel tiempo, *cosa mas sagrada que los juramentos que hacian los caballeros á las damas*. Felipe el Hermoso y los reyes que le sucedieron se comprometieron á llevar auxilios, unas veces á Armenia, y otras al reino de Chipre, sin ocuparse nunca en cumplir sus promesas. La voz elocuente de Petrarca, los esfuerzos inauditos de Sanutti, y de Raimundo Lulio, últimos apóstoles de las guerras santas, no pudieron conmover la indiferencia del mundo cristiano. Felipe de Valois, en la primera mitad del siglo XIV, fué el único príncipe que pensó sériamente en ponerse al frente de una cruzada. Predicóse la guerra santa en todo el reino, y *á todos los señores*, dice Froissard, *les causaba gran placer, y especialmente á los que querian invertir el tiempo consagrándose al ejercicio de las armas*. El arzobispe de Reims, enviado cerca del papa Juan XXII que estaba en Aviñon, pronunció en pleno consistorio un discurso relativo á la Santa empresa, y declaró que el rey de Francia partiria en el mes de agosto de 1334. Una flota habia de aguardar al ejército de los cruzados en Marsella; Eduardo prometia unirse á la expedicion. Cuando se hallaban próximos á marchar murió Juan XXII, y su fallecimiento lo suspendió todo. Entonces fué cuando comenzó una guerra terrible entre Inglaterra y Francia; Felipe atacado por un enemigo formidable, se vió obligado á renunciar á su expedicion de ultramar, y á emplear para defender su propio reino, las tropas y las naves que habia reunido para libertar la herencia de Jesucristo.

Hácia fines del siglo XIV partieron de los puertos del Occidente tres ó cuatro expediciones que pueden ser consideradas como una continuacion, ó mas bien como una pálida imágen de las guerras santas. Una flota armada por el Sumo Pontífice y por la república de Venecia recorrió el Archipiélago, y el estandarte de la cruz estuvo enarbolado un momento en la capital de la Jonia. Poco tiempo despues, el delfin del Viennois, Humberto II, nombrado por el papa *capitan del santo viage contra los turcos y contra los no súbditos de la Iglesia de Roma*, se embarcó en Marsella con 100 hombres de armas y fué á buscar al Asia la fortuna de los conquistadores ó la gloria de los mártires; no halló una ni otra, y volvió á Europa sin nombradía y lleno de deudas. Arruinado por la cruzada abandonó su principado á la corona de Francia, y como habia perdido á su mujer, que murió en la isla de Rodas, se hizo sacerdote, fué nombrado arzobispo de Reims y recibió el título de patriarca de Alejandría.

El reino de Alejandría tenia entonces gran brillo y competia en gloria con las potencias musulmanas de la Siria y del Egipto. Con la esperanza de recobrar las posesiones de los cristianos allende los mares, Pedro de Lusiñan fué á solicitar por sí mismo los socorros del Occidente: en la corte de Aviñon, en donde se hallaron reunidos el rey de Chipre, el rey de Francia y un rey de Dinamarca, se oyeron de nuevo los gemidos de Sion; el papa predicó la cruzada delante de los monarcas; Pedro de Lusiñan recorrió enseguida la Europa con recomendaciones del Sumo Pontífice, y predicó por sí mismo la guerra santa en las cortes de los reyes, pero sin resultado alguno. En medio de los disturbios que asolaban á la Europa y sobretodo á la Francia, no faltaban hombres que se habian criado en los campamentos, que no tenian mas recurso que su espada, y á quienes la guerra habia acostumbrado al botin; entre esta clase de gente fué donde el rey de Chipre logró levantar un ejército. Así reunió bajo sus banderas hasta 10 000 cruzados, y dirigió sus primeros ataques contra la ciudad de Alejandría, á la que halló indefensa. Con la multitud de aventureros que llevaba en pos de sí no pudo menos de entregar al saqueo á la mas rica de todas las ciudades egipcias. Despues de haber asolado la poblacion durante tres dias, no pudo sostenerse en ella, y la abandonó apresuradamente, dejando á los cristianos del país entregados á toda clase de persecuciones. Esta expedicion se dirigió enseguida hácia las costas de Siria, en donde las ciudades de Trípoli, de Laodicea, de Tortosa, de Beirut, que iban á libertar, fueron saqueadas y entregadas á las llamas, como Alejandría. Esta guerra de piratas difundió el espanto entre los infieles; el sultan del Cairo, para hacerla cesar, no halló mas medio que el de proponer á los cristianos una tregua ventajosa; el tratado fué aceptado, los cristianos cesaron en las hostilidades, y despues que se hubieron marchado, las cosas quedaron lo mismo que estaban antes de la guerra. Tal era la política de las potencias musulmanas.

En el tiempo del reinado de Carlos VI, habiendo formado los genoveses el proyecto de hacer una expedicion contra los musulmanes de las costas de Berbería, pidieron al rey de Francia que les diese tropas y un jefe. Al solo rumor de esta empresa lejana se vió acudir de todas las provincias del reino y aun de Inglaterra á una multitud de guerreros impacientes de señalarse por su valor. El delfin de Auvernia, el Señor de Coucy, Guido de Trimouille y el señor Juan de Vienne solicitaron la honra de ir á pelear contra los sarracenos de Africa; 1400 señores y caballeros, á las órdenes del duque de Borbon, tio del rey, se trasladaron á Génova y se embarcaron en la flota de la república. Este nuevo ejército de la cruz, despues de haber pasado el mar, desembarcó en la costa de Africa, y asentó sus tiendas en la ciudad de *Africa* ó de *Amaldhia*, á la que por su situacion y su puerto compara Froissart con la ciudad de Calais, en Francia. Los sarracenos permanecieron al pronto encerrados dentro de sus murallas, y se contentaron con arrojar saetas desde lo alto de las torres. Al cabo de algunos dias enviaron al campamento á un genovés establecido en la ciudad, y le encargaron que preguntase, sobre todo á los franceses y á los ingleses, porque habian ido desde tan lejos á llevar la guerra á un pueblo que no les habia hecho daño alguno: habiéndose reunido los barones y los señores, contestaron al enviado genovés que los musulmanes habian *dado muerte y crucificado al hijo de Dios, llamado Jesucristo*, y que por eso los guerreros del Occidente los consideraban como enemigos. Los caballeros de Inglaterra y de Francia culpaban además á los sarracenos de Africa de haber insultado á la república de Génova, *cosa que les ofendia tanto como si hubiesen atacado á Paris ó á Londres.* Entonces comenzaron los combates en los cuales mostraron los sitiados mas prudencia que valer, y los caballeros de la cruz mas impetuosidad que disciplina. Lo que mejor defendia á la ciudad eran los rayos ardientes del sol; en el primer asalto que se dió hubo que conducir al campamento á 60 caballeros y escuderos á quienes habia sofocado el calor. El ejército sufrió mucho á consecuencia de la escasez de víveres, de las enfermedades y de todas las incomodidades del clima. Despues de haber esperimentado los ardores de la canícula se temia la estacion de las lluvias. Además, la discordia llegó á agregarse á todos los males que se padecian y que se temian para lo sucesivo. Los franceses y los ingleses no tardaron en desconfiar de los genoveses, *gente dura y traidora*. Los genoveses, por su parte, estrañaban que los caballeros mostrasen tan poco ardor y valentía en los combates; en fin, por ambas partes se resolvió abandonar el sitio y regresar á Génova.

Esta expedicion, que los genoveses habian provocado con el intento de defender el comercio europeo contra los piratas africanos, no hizo sino acrecentar el mal que querian remediar; la venganza, la indignacion y el temor armaron en todas partes á los infieles contra los cristianos. De todas las costas de Africa salieron bajeles que cubrieron el Mediterráneo é interceptaron las comunicaciones con Europa; ya no se recibieron las mercancías que acostumbraban á sacar de Damasco, del Cairo y de Alejandría, y los historiadores de aquel tiempo deploran como una desgracia funesta la imposibilidad que hubo en Francia y en Alemania de procurarse especias; añade la historia que en aquella época de disturbios y de peligros todos los caminos de Oriente estuvieron cerrados, y que los peregrinos de Occidente no pudieron visitar la Tierra Santa.

CAPÍTULO XXXVII.

Guerras de los cristianos contra los turcos.—Expedicion de un gran número de caballeros y señores franceses.—Batalla de Nicopolis.—Los caballeros franceses prisioneros.—Otra expedicion.—Derrota de Warna.

(De 1297 á 1444.)

Las miradas no se fijaban ya en Africa y en la Siria. Los cristianos todas sus posesiones en aquellos paises; el estandarte de la media luna ondeaba en todas las ciudades en que habitaron los cristianos; ya no llegaban diputados, enviados por aquellas comarcas remotas, para referir grandes desgracias y escitar la compasion de los fieles. Por otra parte, los pueblos de la Siria y del Africa, separados de Europa por el mar, no amenazaban al Occidente con su invasion. No sucedia lo mismo con la Grecia, en donde aun brillaba la cruz de Jesucristo, y cuyo pueblo, no obstante su poca simpatía hácia los Francos, no había roto del todo sus relaciones con la Europa cristiana. Es preciso añadir que yá entonces tenia Bizancio que defenderse contra los turcos, los cuales formaban una nacion poderosa que acababa de invadir varias provincias del imperio y avanzaba hácia los reinos del Occidente.

Los turcos de quienes hablamos aquí, y á los que ya temía la cristiandad hácia fines del siglo XIV, procedian de orígen tártaro, como los turcos que les habian precedido. Sus tribus guerreras, establecidas en la Karismia, habian sido expulsadas de allí por los sucesores de Gengis-Kan, y los restos de aquella nacion conquistadora, despues de asolar la Mesopotamia y la Siria, fueron á buscar un asilo en el Asia Menor algunos años antes de la primera cruzada de San Luis. La debilidad del imperio griego y la division de los príncipes musulmanes permitieron á los turcos que conquistasen varias provincias inmediatas al Taurus, y que fundasen un Estado cuya capital fué primero Larenda, y despues Iconium ó Konieh. Su poderío se extendió por la parte de Nicea y de las orillas del Bósforo. En la época á que nos referimos habian pasado el Helesponto, apoderándose de Andrinópolis y su sultan Bayaceto, apellidado Ilderim ó el Relámpago, amenazaba el Epiro, el Peloponeso y el Atica.

Entonces, los tristes restos de la herencia de los Césares no tenian 30 leguas de extension, y en tan reducido espacio habia un imperio de Bizancio, y un imperio de Rodostro y de Selivrea. Para colmo de desgracia la cristiandad se hallaba dividida por un cisma; dos papas se disputaban el imperio de la Iglesia, y la república europea ya no tenia jefe que pudiese advertirle sus peligros, órgano que expresase sus deseos y sus temores, ni vínculo que uniese sus fuerzas. Los embajadores que Manuel envió al Occidente, repitiendo las eternas lamentaciones de los griegos acerca de la barbárie de los turcos, y prometiendo como siempre convertirse, no supieron á quien dirigir sus promesas ó sus quejas y solicitaron inútilmente la compasion de los fieles. Los enviados de Segismundo, rey de Hungría fueron mas afortunados cuando se trasladaron á la corte de Francia, implorando proteccion y apelando al valor de los caballeros y los barones; Cárlos VI prometió entrar en una liga de los príncipes cristianos contra los turcos. A la voz del monarca, toda la nobleza de Francia acudió á colocarse bajo las banderas de aquella nueva cruzada; la valiente milicia francesa llevaba á su frente al duque de Nevers, hijo del duque de Borgoña, apellidado *Juan sin miedo*; entre los demás jefes se contaban el conde de La Marche, Enrique y Felipe de Bar, Felipe de Artois, condestable del reino, Juan de Vienne, almirante, el señor de Coucy, Guido de la Tremouille y el mariscal de Boucicaut. Cuando los cruzados franceses llegaron á las orillas del Danubio, encontraron á toda la nobleza de Hungría y de Bohemia sobre las armas. «Si el cielo llegase á caer, decia el rey Segismundo, las lanzas del ejército cristiano le detendrian en su caida.» Una flota veneciana reunida con los bajeles del emperador griego y de los caballeros de Rodas, se habia adelantado por el Helesponto, y debia hacer respetar el pabellon de la cruz en todos los mares inmediatos á Constantinopla.

Tan luego como se hubo dado la señal de la guerra, nada pudo resistir á las armas de los cruzados. En todas partes derrotaron á los turcos, se apoderaron de varias ciudades de la Bulgaria y de la Servia, y fueron á poner cerco á Nicópolis. Si este ejército cristiano hubiese obedecido las leyes de la disciplina y los consejos de la prudencia, si todas aquellas naciones, reunidas bajo las banderas de la cruz, hubiesen unido constantemente sus esfuerzos, es muy probable que la Grecia hubiera quedado libre de los bárbaros. Pero cuando el sultan Bayaceto fué á socorrer á la ciudad sitiada, el valor presuntuoso de los caballeros franceses temió que le disputasen la gloria de los primeros peligros; para combatir á la multitud innumerable de los turcos, la imprudente milicia no quiso aguardar á los guerreros de Bohemia y de Hungría. Así, pues, los cruzados pelearon separadamente y fueron vencidos de una manera sucesiva; casi todos los franceses quedaron muertos ó prisioneros; los húngaros fueron dispersados y se vieron precisados á huir.

Bayaceto, que habia sido herido en la batalla, se mostró cruel

y feroz despues de la victoria; hizo que condujesen delante de él
á los prisioneros medio desnudos y en su mayor parte heridos, y
mandó á sus genízaros que los degollasen ante su vista. Solo perdonó la cuchilla al duque de Nevers, al conde de La Marche, al
señor de Coucy, á Felipe de Artois, al conde de Bar, y algunos
de aquellos de quienes el sultan esperaba obtener rescate. Cuando llegaron á Paris tan tristes noticias, amenazaron con arrojar
al Sena á los primeros que hablasen de ellas; al fin se supo la
verdad por el señor de Hely, enviado de Bayaceto. Grande fué
la desolacion en la corte y en el reino; solo se ocuparon en
rescatar á los prisioneros que estaban en poder de los turcos, y
en aplacar la cólera del sultan victorioso por medio de mensa-
jes y regalos. Cuando el hijo del duque de Borgoña y sus compañeros de infortunio hubieron regresado á Francia, nadie se
cansaba de oir el relato de su cautiverio entre los infieles; contaban maravillas del poder de Bayaceto; en el ánimo de sus oyentes se mezclaba con la sorpresa un sentimiento de terror cuando
hablaban de los ejércitos que el jefe de los turcos levantaba
entre sus pueblos, no solo con el pensamiento de conquistar á
Bizancio, sino con la esperanza de llegar hasta Roma, en donde
decia que queria *hacer que su caballo comiese el pienso en el altar de San Pedro.*

Muy pronto se anunció en el reino una nueva expedicion contra los turcos. El mariscal Boucicaut, que apenas acababa de volver de su cautiverio, fué quien condujo á los nuevos cruzados á
Oriente. Su llegada á las orillas del Bósforo libró á Bizancio, sitiada por un ejército otomano. Sus hazañas reanimaron el valor de
los griegos y rehabilitaron á las milicias del occidente en el concepto de los turcos.

Sin embargo, las victorias de los caballeros franceses no detuvieron las invasiones de los infieles: el emperador griego Manuel,
amenazado de contínuo, adoptó el partido de ir á solicitar en persona á las potencias cristianas. Las circunstancias no eran favorables para una expedicion lejana: la enfermedad de Carlos VI
habia progresado y todo el reino estaba lleno de discordias. La
Inglaterra y la Alemania tambien se hallaban perturbadas, aquella por la usurpacion de Enrique de Lancaster, esta por la desti-
tucion del emperador Wenceslao; ademá se predicaba una cruzada contra los discípulos de Juan Hus.

El emperador griego, recibido en todas partes con honores, abandonó el Occidente sin haber obtenido cosa alguna; perdía la esperanza de favorecer á su imperio, cuando de improviso debió su salvacion á un pueblo de quien nada esperaba y que se habia mostrado mas bárbaro que los turcos. Los mogoles destrozaron el ejército otomano en las llanuras de Ancira, y Bayaceto cayó prisionero en poder de Tamerlan ó *Timur*. La victoria de los Tártaros valió á Bizancio algunos años de tranquilidad; pero los griegos no los aprovecharon para recuperar sus provincias invadidas, y los sucesores de Manuel tardaron muy poco en ver su capital amenazada de nuevo por los otomanos.

El papa Eugenio, que habia recibido la sumision de la Iglesia griega en los concilios de Ferrara y de Florencia, resolvió predicar una cruzada para socorrer al reino de Chipre, á la isla de Rodas, y sobre todo á Constantinopla, que eran los últimos baluartes de la Europa cristiana. El pontífice dió el ejemplo: equipó naves y reclutó soldados; las flotas de Génova, de Venecia y de las ciudades marítimas de Flandes se reunieron bajo los estandartes de San Pedro y se dirigieron al Helesponto ; el temor de una invasion próxima despertó el zelo de los pueblos que habitaban en las orillas del Dniester y del Danubio; se predicó la guerra contra los turcos en las dietas de Polonia y de Hungría. En las fronteras amenazadas por los bárbaros, el pueblo, el clero y la nobleza obedecieron á la voz de la religion y de la patria.

El ejército reunido bajo las banderas de la cruz llevaba por jefes á Hunniada, voievode de Transilvania, y á Ladislao, rey de Hungría y de Polonia. El papa habia elegido para legado al cardenal Julian, hombre de carácter intrépido, de genio ardiente, decidido á no dejar un momento de descanso á los turcos y que solo veia la paz en la destruccion de los infieles. Los cruzados salieron de Buda y avanzaron hasta Sofia, capital de los Búlgaros; dos victorias les facilitaron el paso del monte Hemus y les abrieron los caminos de Bizancio ; sólo el invierno pudo detener sus triunfantes falanges. El terror que infundian los ejércitos cristianos se habia hecho extensivo á todas las provincias ocupadas por los musulmanes; estos no tenian ya ejércitos para detener los progresos de sus enemigos; el sultan Amurat envió á los cruzados varios embajadores encargados de ofrecerles un tratado ventajoso; los jefes reunidos deliberaron acerca de las proposiciones

que se les habian hecho, y cuando se esperaba verles proseguir
sus conquistas, se supo de improviso que la paz estaba estipulada. El cardenal Julian, que se habia opuesto á la paz, protestó en
nombre del papa contra el tratado que acababa de firmarse, y salió del consejo resuelto a intentarlo todo para que comenzase de
nuevo la guerra. La voz pública coadyuvó á favorecer su intento
anunciando que varios príncipes y diferentes pueblos iban á asociarse á las victorias de los cruzados, y que el poder otomano,
que habia quedado sin jefe, tocaba á su término. Cuando estos
rumores se hubieron difundido por todas partes, el cardenal Julian hizo reunir de nuevo el consejo de los jefes y les reconvino
por haber hecho traicion á su fortuna y á su propia gloria; los
censuró sin consideracion alguna por haber firmado una paz
vergonzosa, sacrílega, funesta para la Europa, fatal para la Iglesia. Segun iba hablando trasmitia al alma de sus oyentes el
ardor belicoso de que él se hallaba animado. Causó ya sorpresa
la moderacion que habian mostrado, se acusaron de la debilidad
que habian tenido de perdonar á los turcos; en fin, por unanimidad, y en el mismo sitio en que acababa de jurarse la paz, se
decidió comenzar de nuevo la guerra.

Los jefes de la cruzada cometieron á un mismo tiempo dos faltas enormes por las que tardaron muy poco en ser castigados:
la primera fué la de firmar la paz con los turcos, á quienes pudieron haber rechazado mas allá del Helesponto; la segunda fué
olvidar y romper un tratado que acababan de estipular, lo cual
habia de perjudicar al crédito y fama de los príncipes cristianos. Sucedió, ademas, que la mayor parte de los rumores que se
habian difundido y que fueron causa de que se comenzasen otra
vez las hostilidades. no se confirmaron : habian anunciado á los
cruzados que las flotas de Italia y de Grecia les aguardaban en
Warna; el ejército fué á Warna y ni un solo buque halló. Los
guerreros de la cruz creian que ya no tenian que combatir al temible sultan Amurat, quien, cansado de las grandezas del mundo y de las glorias de las armas, acababa de hacerse hermitaño,
dejando el imperio á su hijo Mahomet II, que aun era niño. Pero
cuando en su retiro de Magnesia supo el sultan que los cruzados
habian violado los tratados, juró vengarse de un enemigo perjuro y pasó el Helesponto á la cabeza de un ejército formidable.
Al acercarse los otomanos, Huniade y el cardenal Julian propu-

sieron la retirada, Ladislao quiso morir ó vencer, y se dió la batalla. En el primer choque varios batallones turcos fueron desordenados; el rey de Hungría, escuchando tan solo los consejos de su valor impetuoso, quiso arrollar el cuerpo de genizaros, en cuyo centro peleaba el sultan Amurat. Se precipitó con algunos de los suyos, pero muy luego cayó atravesado á lanzazos, y su cabeza, clavada en la punta de una pica, la mostraron á los húngaros. Al verla se difundió por las filas de los cruzados la mayor consternacion; en vano procuraron los obispos reanimar su valor diciéndoles que no combatian por los reyes de la tierra, sino por Jesucristo; todo el ejército se desbandó y huyó en el mayor desórden; el mismo Hunniade fué arrastrado en la retirada: 10,000 cruzados quedaron tendidos en el campo de batalla; los turcos hicieron un número considerable de prisioneros; el cardenal Julian pereció en el combate ó en la fuga.

La guerra que acabamos de describir, y que acabó por la derrota de Warna, no hizo sino asegurar á los turcos la posesion de las provincias que habian invadido en Europa. Bizancio, á la que habian querido salvar, quedó expuesta á todos los ataques de los bárbaros.

CAPÍTULO XXXVIII.

Sitio de Constantinopla por Mahometo II.—La ciudad imperial cae en poder de los turcos.

(1453.)

Amurat habia abandonado su retiro para pelear contra los cristianos, y una vez salido de él no volvió á entrar, sino que pasó el resto de sus dias en medio de los campamentos; sus ejércitos llevaron varias veces los destrozos de la guerra á las fronteras de Hungría; cuando murió estaba ocupado en el sitio de Constantinopla. Mahometo II, que le sucedió, no tuvo mas que un pensamiento exclusivo: el de pasar el Bósforo y derribar lo poco que aun quedaba del imperio griego. Los turcos habian construido ya una fortaleza en la orilla izquierda del canal, tres leguas mas arriba de Bizancio; en los primeros dias del reinado de Mahometo II se alzó otra fortaleza turca en la orilla izquierda, y fué

como la amenaza y la señal de una guerra postrera y terrible.
Constantino Paleólogo y Mahometo, que habían subido casi al
mismo tiempo, uno al trono de Otman y el otro al de los Césares
no ofrecian menos diferencia en su carácter que en su suerte: el
primero tenia todas las virtudes que pueden honrar un gran
infortunio y mezclar alguna gloria con la caida de un imperio;
el segundo tenia las pasiones mas ardientes de los conquistadores, y sobre todo las que abusan de la victoria y hacen desespe-
rar á los vencidos. Mientras Mahometo reunia todas sus fuerzas para atacar la capital de Grecia, Constantino imploraba los
auxilios de la cristiandad: las circulares del Papa anunciaron los
peligros de Bizancio á todos los fieles del Occidente; pero sus exhortaciones apostólicas no pudieron dispertar el entusiasmo en
favor de las cruzadas; en Francia, en Inglaterra, en Alemania y
aun en Italia se juzgaron imaginarios los peligros del imperio ó se creyó inevitable su caida; los príncipes de la Morea y
del Archipiélago, los de Hungría y Bulgaria, contenidos unos
por el temor y otros por la envidia, se negaron á tomar parte en
una guerra que iba á decidir su suerte. Como Génova y Venecia
tenian factorías y establecimientos de comercio en Constantinopla, 2000 guerreros genoveses y unos 600 venecianos fueron enviados para defender la ciudad imperial; el Sumo Pontífice envió 300 soldados romanos mandados por el cardenal Isidoro. He
aquí todos los socorros que la Grecia recibió entonces del Occidente.

En aquella ocasion, no fué esta indiferencia de la cristiandad
la mayor desgracia de la noble ciudad. La parte mas considerable
de sus mismos habitantes, permaneció indiferente á sus peligros;
su fanatismo insensato no podia tolerar que se hubiese invocado
el auxilio de los Latinos; en vez de escuchar la voz de Constantino que los llamaba á la defensa de la patria, se dejaban arrastrar
por las predicaciones del monge Genadio y de los enemigos de
la Iglesia latina, quienes repetian incesantemente que todo estaba
perdido; los mas fanáticos llegaban hasta el extremo de decir
que preferirian ver en Constantinopla el turbante de Mahometo
antes que la tiara del pontífice de Roma. Un fatalismo ciego,
que se habia apoderado de la multitud apasionada, le hacia creer
que Dios habia condenado á Bizancio, y que era una impiedad
querer contrarrestar la cólera del Ser Supremo. El egoismo, esa

pra de las naciones que se hallan en decadencia, inducía á los ricos á enterrar sus tesoros, y para fortificar la ciudad imperial hubo que despojar las iglesias. En fin, aquel imperio antiguo, que aun se llamaba el imperio romano, en vísperas de perder sus leyes, sus creencias y hasta su nombre, no halló en su capital sedentaria mas que 970 defensores.

Mientras los griegos olvidaban así los peligros del imperio, el entusiasmo de la victoria se había aumentado entre sus enemigos. Entonces se vió renacer el ardor y el fanatismo belicoso de los compañeros de Omar y de los primeros campeones del islamismo.

De todas las regiones que se extienden desde el Eufrates y el Tigris hasta las orillas del Ebro y del Danubio, se vieron acudir guerreros musulmanes, atraídos por la esperanza de conquistar la ciudad de los Césares y de enriquecerse con los despojos de la Urbola. Mahometo II partió de Andrinópolis, al frente de su ejército, en los primeros días de marzo de 1453. En la primera semana de abril se hincó el pabellon del sultan delante de la puerta de San Romen, que hoy es la puerta del Cañon. Los sitiados y los sitiadores desplegaron en aquel sitio memorable todos los recursos que el arte de la guerra había inventado ó perfeccionado entre los antiguos y los modernos. En el ataque y en la defensa se veía figurar á un mismo tiempo la pólvora, inventada recientemente en Europa, y el fuego griego, invencion antigua del Oriente; el arco de asta ó de marfil lanzaba saetas, y las balistas, vigas de madera y piedras: los arietes conmovían las murallas, mientras la artillería vomitaba balas de plomo, granito ó hierro.

La historia de aquel tiempo habla con sorpresa de un cañon cuyo cálibre tenía doce palmos, y que lanzaba como á una milla de distancia una masa de piedra de 600 quintales. Las tiendas de los turcos se extendian desde la puerta del Puerto hasta las orillas de la Propontide, y cubrian un espacio de varias leguas. Cada día, dice la historia otomana, aquella multitud de combatientes se precipitaba contra las murallas y las torres de la ciudad como las olas de un mar desbordado.

Los griegos que habian tomado las armas, reunidos con los venecianos y los genoveses, apenas formaban una guarnicion de 9 ó 10.000 hombres. Aquella milicia generosa velaba noche y día en las torres y en las murallas, y á cada instante tenia que rechazar los asaltos, reparar las brechas y defender los fosos. Aparecia en todas partes á un tiempo y atendia á todo, animada por la presencia de sus jefes, y sobre todo por el ejemplo de Constantino.

Los sitiados aun en medio del sitio conservaron una ventaja; la ciudad era inaccesible por la Propóntide y por la parte del puerto. Este, en cuya entrada habian tendido una cadena, quedaba cerrado para los buques musulmanes y solo se abria para las naves cristianas que, en varias ocasiones, llevaron municiones y socorros. Mahometo resolvió hacer trasportar su flota desde las aguas del Bósforo á las del puerto. Los musulmanes, dice la historia otomana, sacaron del mar á la playa sus bajeles *tan grandes como montañas;* despues de haberlos empavesado y untado con grasa, los hicieron *resbalar sobre la tierra en las subidas y en las bajadas, y los lanzaron á las olas que bañan los muros de la ciudad.* Aquella flota, que habia partido del valle de Dolmah-Bachy, pasó por detrás de Galata y fué á caer sobre el punto de la costa en que hoy está el Arsenal. Esta empresa atrevida difundió la consternacion entre los sitiados, y les obligó á dividir sus fuerzas para defender las murallas por la parte del puerto, que no se habian cuidado de fortificar. Al propio tiempo los turcos no cesaron de atacar por la puerta de San Roman, y en toda la línea que se extendia desde la puerta Carsia hasta la de Selivrea.

Durante el sitio se habia hablado varias veces de una capitulacion; Mahometo exigia que le entregasen la capital de un imperio cuyas provincias todas se hallaban en su poder; el sultan amenazaba al emperador con exterminarle, así como á toda su familia, y con dispersar á su pueblo cautivo por toda la tierra, si persistia en defender la ciudad; Mahometo ofrecia á su enemigo un principado en el Peloponeso; Constantino prefirió una muerte gloriosa.

El 27 de mayo, el sultan, despues de haber consultado á sus adivinos, mandó proclamar un ataque general y decisivo; las riquezas de Constantinopla, las mujeres griegas, y los cautivos habian de recompensar el valor de sus soldados; solo reservaba para sí la ciudad y los edificios. El mismo Mahometo recorrió las filas de su ejército; prometió de nuevo el saqueo de Bizancio á sus

guerreros, y juró por su padre Amurat, por sus hijos y por los
cuatro mil profetas que la plaza seria tomada al tercer dia. Tambien juraron por sus armas 200.000 Osmanlis, y contestaron todos juntos: *Dios es Dios, y Mahoma es el enviado de Dios.* Cuando
el sol se hubo ocultado en el horizonte, la noche no interrumpió
los trabajos del sitio; cada guerrero musulman llevaba un hacha
encendida en la punta de su lanza, lo cual hace decir á un historiador turco que las inmediaciones de la plaza parecian *un campo cubierto de rosas y tulipanes.* Reinaba el silencio mas profundo en el campamento, en donde todos se ocupaban en trasportar y preparar las máquinas; hasta el amanecer no se oyó en torno de las murallas de la ciudad mas que la voz del muezin que
llamaba á los fieles á la oracion, y que repitió varias veces estas
palabras escritas en el Alcoran: *Habrá un gran combate en la toma
de Constantinopla.*

Al dia siguiente reunió Constantino en su palacio á los jefes
de la valerosa milicia que defendia con él las murallas de Bizancio: entre los griegos que componian este consejo postrero se
veia al amigo de Paleólogo, Phranza, uno de los historiadores
de aquella época desgraciada; al gran duque Notaras, á quien
Mahometo acusó, despues del sitio, de haber enterrado sus riquezas; al superior de los monges de San Basilio, milicia piadosa
consagrada á la salvacion de la patria; al comandante de 300 ar-
queros de Creta, que habian acudido presurosos á la ciudad imperial al primer rumor de aquella guerra. Entre los latinos se
hallaban: Justiniani, que mandaba á los soldados de Génova; el
jefe de la milicia veneciana; el cardenal Isidero, que habia hecho reparar á su costa las murallas confiadas á su custodia, y á
quien habian visto, durante todo el sitio, pelear al frente de los
guerreros que con él llegaron de Italia. En un discurso patético
procuró Constantino reanimar el valor y la esperanza de sus
compañeros de armas, hablando á los griegos de su patria y de
sus familias, á los latinos de la religion y del Occidente amenazados por los bárbaros. Mientras estaba hablando, todos prorumpian en llanto, y él mismo se hallaba tan conmovido que apenas
pudo encontrar algunas palabras para anunciar el combate del
dia siguiente; al despedir á todos aquellos jefes ilustres, Constantino les dijo: *Mañana será el dia de la gloria.* En seguida se
trasladó á la iglesia de Santa Sofia, y recibió la comunion. La

piadosa humildad con que solicitaba el olvido de sus errores, las palabras que dirigió al pueblo y que parecían una despedida eterna, debieron aumentar la tristeza y la consternación general.

Por fin amaneció el último dia del imperio romano. El 29 de mayo de 1453 se oyeron las trompetas y los tambores en el campamento de los Turcos; el asalto se dió á la vez por la parte del puerto y por la de la puerta de San Roman; torrentes de musulmanes se precipitaban contra las murallas; el historiador Phranza compara sus cuajadas y oprimidas filas con una cuerda enorme, apretada y tendida, que hubiese rodeado á la ciudad. Despues de dos horas de un choque terrible, Mahometo avanzó con lo mas escogido de sus tropas y 10,000 genízaros. Los sitiados sostuvieron el asalto impetuoso de los musulmanes con un valor admirable, y las falanges otomanas parecia que vacilaban, cuando Justiniani, que peleaba cerca de la puerta de Audrinópolis, fué herido por una flecha; al ver correr su sangre, perdió el valor y mandó que le trasportasen á Galata, en donde algunos dias despues murió de vergüenza y desesperacion. Esta especie de desercion arrastró la retirada de los genoveses y de los venecianos; los griegos habiendo quedado solos, no pudieron resistir á la multitud de sus enemigos. En los mismos momentos, dice el historiador turco Ceggia Effendi, el emperador griego, rodeado de sus soldados mas valientes, estaba en su palacio situado cerca de la puerta Carsia (Egri Capou). Desde allí alcanzó á ver que los turcos habian trapuesto las murallas por la parte del puerto y que por la de la puerta de San Roman, los soldados de Mahometo penetraban tumultuosamente en la ciudad. Entonces empuñó Constantino su espada, y seguido de sus fieles servidores corrió al encuentro del enemigo; la historia no ha podido averiguar si fué ahogado entre la multitud de los combatientes, ó si pereció bajo la cuchilla del vencedor; lo único que sabemos es que desapareció en el tumulto de aquel dia espantoso, y que su fin fué la última gloria del imperio.

La matanza general de los habitantes desarmados, la ciudad entregada al saqueo, los lugares santos profanados, las doncellas y las matronas abrumadas á ultrajes; un pueblo entero, cargado de cadenas; tales son las desdichas lamentables que se encuentran á la vez en los anales de los postreros griegos y de

los latinos. He ahí cual fué la suerte de aquella ciudad imperial,
á la, que revoluciones frecuentes habian cubierto de ruinas, y,
que al fin fué juguete y presa de un pueblo á quien habia despreciado durante mucho tiempo.

Ya hemos podido ver lo que esta conquista ha llegado á ser en
manos de los turcos; hemos visto las murallas y las torres que
defendian la ciudad en el tiempo del sitio; sus murallas enta-
pizadas con el musgo y la yedra, están allí de pié, todavía, con
las brechas abiertas por el cañon de los Osmanlis. Lo mas curioso que hay, es que ese imperio de Oriente, que no tiene ya la
misma religion ni el mismo pueblo, ha vuelto al mismo estado
de decadencia en que se hallaba en tiempo del último Constantino. Aun hay el mismo fatalismo, el mismo orgullo, la misma
ceguedad; sin embargo, el destino de los Otomanos es menos deplorable que el de los pueblos vencidos por sus armas, porque
hoy, para conservar Bizancio á los turcos, se avienen mejor en
Europa de lo que se avinieron en otro tiempo para conservarse-
la á los griegos.

CAPÍTULO XXXIX.

*Cruzada predicada por el Papa contra los turcos.—Reunion de los
caballeros en Lila, en Flandes.—Mahometo levanta el sitio de
Belgrado.—Predicacion de Pio II.—El papa Pio II al frente de
una cruzada.—Muerte de Pio II, que iba á embarcarse en Ancona.—Guerra de Hungría, sitio de Rodas, invasion de Otranto.—
Muerte de Mahometo.*

(De 1453 á 1481.)

Cuando se llegó á saber el último triunfo de Mahometo II, todos
los pueblos cristianos quedaron sobrecogidos de espanto; se creia
ver ya á los soldados turcos derribar los altares de Jesucristo
en Hungría y en Alemania; el culto vergonzoso del islamismo,
del que la Europa habia querido libertar al Oriente, se hallaba
próximo á invadir á la misma Europa. Cuantas guerras, cuantos
esfuerzos intentados inútilmente, para salvar á Jerusalen, para
salvar á Bizancio! y entonces, Roma, la capital del mundo cristiano, se veia amenazada! Acusaban al papa Nicolas V, apasio-

nado por el renacimiento de las letras, de haber permanecido indiferente á los peligros de la Grecia cristiana; le culpaban de haber consagrado hartos cuidados á preservar de la destruccion los hermosos genios de la antigüedad profana, cuando la fe de Jesucristo iba á perecer bajo los golpes de los bárbaros. Nicolas mandó predicar entonces una cruzada en toda la cristiandad; pero, en la consternacion general, nadie tomó las armas; la Europa inmóvil de espanto, veía llegar la dominacion musulmana como se vén acercarse esos contagios, esas calamidades homicidas que avanzan de comarca en comarca y á las que ninguna fuerza humana puede detener en su marcha.

Pocos meses despues de la toma de Constantinopla, Felipe el Bueno, duque de Borgoña, reunió en Lila; en Flandes, á toda la nobleza de sus Estados, y en una fiesta caballeresca procuró despertar el entusiasmo de los caballeros de la cruz; en medio de los espectáculos y ceremonias brillantes de la caballería se vió aparecer de improviso un elefante conducido por un gigante sarraceno; el elefante llevaba sobre su lomo una torre en que iba encerrada una matrona vestida de luto. Esta matrona, que representaba la Iglesia cristiana, salió de su prision y dirigiéndose al duque de Borgoña, recitó una larga queja en verso acerca de los males que la abrumaban; lamentábase, sobre todo, de la lentitud y del poco zelo que los príncipes y los caballeros empleaban para socorrerla. Felipe el Bueno, añade Ollivier de la Marche, fijó una mirada de compasion en la *señora santa Iglesia*; luego, un heraldo de armas leyó en alta voz el juramento que hacia, primero *á Dios su criador, á la santísima Virgen, y despues á las damas y al faisan*, de acompañar al rey de Francia y servirle *lo mejor que Dios le permitiese*, si al monarca cristianísimo le placia *exponer su cuerpo para la defensa de la fe, y resistir á la condenada empresa del Gran Turco*. Todos los príncipes, señores y barones que asistian á aquella ceremonia invocaron á su vez el nombre de Dios y de la Virgen, sin olvidar á las damas y el faisan, y juraron consagrar sus bienes y su vida al servicio de Jesucristo y *de su muy temido señor el duque de Borgoña*. Algunos añadieron á su juramento retos particulares hechos al *Gran Turco*, unos prometiendo pelear con él cuerpo á cuerpo, otros proponer un cartel de desafío á varios príncipes *de su hueste*. Un caballero se o mprometia á no comer en viernes *cosa que hubiese recibido muerte*, hasta que hubiese llegado á las manos con uno ó varios enemigos de la fe; otro hacia voto de ir en derechura á la bandera del Gran Turco y *tirarla al suelo ó perecer en la demanda.*

Cuanta diferencia hay entre esta predicacion de la guerra santa y las de Pedro el Ermitaño y San Bernardo! Por eso no se vió renovarse en aquella reunion de caballeros el entusiasmo que habia estallado en el concilio de Clermont y en varios otros celebrados para arreglar los asuntos de Oriente. El rey de Francia, Carlos VII, que habia de conducir á los cruzados á Asia, no tomó la cruz, y la Francia olvidó las invasiones de los otómanos.

Sin embargo, algunos hombres piadosos hicieron esfuerzos increibles para reproducir los primeros tiempos de las guerras santas; Juan Capistrano, fraile franciscano, y Silvio Eneas, obispo de Siena, no descuidaron medio alguno de los que podian inflamar los ánimos, y reanimar la devocion belicosa de los cruzados. El primero que tenia fama de santo, recorria las ciudades de Alemania y de Hungría, hablando al pueblo reunido de los peligros de la fe y de las amenazas de los infieles; el segundo, que era uno de los obispos mas ilustrados de su tiempo, versado en las letras griegas y latinas, orador y poeta, exhortaba á los príncipes á tomar las armas para precaver la invasion de sus propios Estados y salvar la cristiandad de una destruccion próxima. Ambos, secundados por toda la influencia del jefe de la Iglesia, lograron despertar en el ánimo de los pueblos algunos sentimientos generosos; pero los pueblos, para obrar, necesitan el ejemplo y la autoridad de los príncipes, y estos, divididos entre sí ó harto ocupados en los cuidados de su poderío, permanecieron en la inaccion. «La Europa cristiana, dice el obispo de Siena, no era entonces mas que un cuerpo sin cabeza, una república sin magistrados y sin leyes.» Nicolas V, que habia visto la caida de Constantinopla, murió sin que el mundo cristiano hubiese acometido la empresa de reparar aquella gran calamidad ó precaver otras desgracias.

Calixto III, que sucedió á Nicolas V, al subir al trono pontificio renovó el juramento que habia hecho ya de emplear todos los medios que estuviesen á su alcance para contener las conquistas de los turcos; envió legados y predicadores por toda Europa para anunciar y predicar la guerra contra los infieles. En aquel tiempo se disponia Mahometo II á conducir un ejército á Hungría.

Dos cometas que se vieron entonces e: el cielo parecieron presagios siniestros, y todo el Occidente estaba lleno de temor. Calixto exhortó á los cristianos á la penitencia; les representó la guerra santa como un medio de expiar sus faltas y de aplacar la cólera divina. Muy luego fué sitiada Belgrado por los turcos; los habitantes de las comarcas circunvecinas acudieron á defenderla. Entonces fué cuando el Sumo Pontífice mandó que todos los dias, á las doce de la mañana, se tocasen las campanas en todas las parroquias con el fin de avisar á los fieles para que rogasen á Dios por los húngaros y por cuantos peleaban contra los agarenos. Calixto concedia indulgencias á todos los cristianos que, al oir aquella señal, rezasen tres veces el Padrenuestro y la Salve. Tal fué el orígen del *Angelus Domini* que los usos de la Iglesia han conservado hasta los tiempos modernos.

Hacia 40 dias que estaba sitiada Belgrado, y Mahometo II amenazaba convertirla en un monton de ruinas, cuando Huniade y y el monje Capistrano acudieron á socorrer á los sitiados, el primero conduciendo numerosos batallones, y el segundo llevando tan solo, para triunfar del enemigo, su piadosa elocuencia y sus ardientes preces. En un solo dia, el 6 de agosto de 1456, los soldados cristianos pusieron en fuga al ejército de Mahometo, y destruyeron la flota otomana que cubria el Danubio y el Save. Huniade hizo prodigios de valor; en los momentos de mayor peligro se vió á Capistrano recorrer las filas del ejército cristiano llevando una cruz en la mano y repitiendo estas palabras: *Victoria, Jesus, victoria !* Mas de 20,000 musulmanes perdieron la vida en la batalla ó en la fuga; el sultan fué herido en medio de sus genízaros, y se alejó precipitadamente de Belgrado con su ejército vencido.

Cuando Mahometo hubo regresado á Constantinopla, reparó muy luego su derrota, y se ocupó en conquistar todas las provincias que habian pertenecido al imperio griego; siete años despues de la toma de Bizancio condujo sus genízaros victoriosos al Peloponeso. No hallando resistencia alguna, recogió con desden los frutos de una victoria fácil; meditaba proyectos mas vastos, y cuando enarboló el estandarte de la media luna en medio de las ruinas de Esparta y de Atenas, tenia fijas sus miradas en los mares de Sicilia, buscando un camino que pudiese conducirle á las costas de Italia.

El orador incansable de la guerra santa, Silvio Eneas, acababa de suceder á Calixto III en la cátedra de San Pedro. El primer cuidado de Pio II fué el de anunciar á la Europa los peligros que la amenazaban y exhortar á los príncipes cristianos á reunir sus fuerzas contra los turcos. En un concilio reunido en Mántua, los diputados de todos los paises conquistados ó amenazados por los otomanos hicieron una relacion lamentable de los males que sufria el pueblo cristiano bajo la dominacion de los bárbaros. El pontífice habló de una manera vehemente contra la indiferencia de aquellos á quienes Dios habia confiado la salvacion de la cristiandad; el lenguaje del jefe de la Iglesia estaba lleno de religion y de patriotismo. Pero sus exhortaciones y sus ruegos no pudieron aplacar las miseras envidias de los príncipes; y la Europa, que con tanta frecuencia habia tomado las armas para defender comarcas lejanas, no lo hizo para defender su propio territorio.

Entretanto los turcos asolaban las fronteras de la Iliria y amenazaban á Ragusa; el estandarte de la media luna ondeaba sobre todas las islas del Archipiélago y del mar Jónico; las costas de Italia estaban amenazadas; el papa reunió el consejo de los cardenales y les declaró que se hallaba resuelto á marchar personalmente contra los infieles. «Cargado de años y de achaques, le «quedaba ya poco tiempo de vida; corria á una muerte casi se-«gura. Pero, qué importaban el sitio y la hora de su falleci-«miento, si moria por el pueblo cristiano!» Los cardenales concedieron unánime asentimiento á la resolucion generosa de Pio II. Desde entonces se ocupó el papa en los preparativos de la cruzada, de la que era jefe y apóstol; en una exhortacion elocuente dirigida á todos los fieles explicó los nobles motivos de su abnegacion. «Nuestros padres, decia, perdieron á Jerusalen y á toda «el Asia; nosotros hemos perdido la Grecia y varios reinos de «Europa; la cristiandad no ocupa ya mas que un rincon del mun-«do; en tan extremado peligro, el padre comun de los fieles vá «personalmente al encuentro del enemigo. Sin duda alguna la «guerra no conviene ni á la debilidad de los ancianos, ni al ca-«rácter de los pontífices; pero cuando la religion se halla pró-«xima á sucumbir, ¿quién podria detenernos?... Nos seguirán «nuestros cardenales y un gran número de obispos; marchare-«mos á banderas desplegadas, con las reliquias de los santos, con

«el mismo Jesucristo en su Eucaristía. ¿Qué cristiano se negará
á seguir al vicario de Dios cuando vaya, con su senado sagrado y con toda la comitiva de la Iglesia, á tomar la defensa de
la religión y de la humanidad?» El pontífice indicaba en su
carta la ciudad y el puerto de Ancona como el punto á que habian de acudir los cruzados. Prometía la remision de sus pecados á cuantos sirviesen durante seis meses, ó sostuviesen uno ó
dos soldados de la cruz durante el mismo espacio de tiempo. Esta
bula del papa fué leida en todas las iglesias del Occidente; tal
ascendiente tuvo un solo hombre, devorado por el fuego de la
caridad, un hombre que se inmolaba él mismo á la causa de la
cruz, que se vieron renacer por un momento el ardor y el entusiasmo de las primeras cruzadas. En los paises mas remotos y
menos expuestos á las invasiones de los turcos, y hasta en las mas
apartadas comarcas del Norte, tomaron la cruz y las armas.

Pio II, despues de haber implorado la proteccion de Dios en la
basílica de los santos Apóstoles, partió de Roma en el mes de junio de 1464. Acosado por una fiebre lenta, y temiendo que la noticia de su padecimiento desalentase á los soldados de la cruz,
ocultó sus sufrimientos y encargó á sus servidores que guarda-
sen silencio acerca de su enfermedad. En todo el tránsito el pueblo dirigia preces al Cielo por su expedicion y le saludaba como
al libertador del mundo cristiano. Cuando llegó á Ancona, encontró una multitud de peregrinos que estaban muriéndose de
hambre y casi desnudos; sus exhortaciones apostólicas habian
conmovido mas á los hombres del pueblo que á los caballeros y
á los barones, y los pobres ¡cosa notable! parecia que habian
comprendido mejor los peligros de Europa que los ricos y los
grandes de la tierra. A Pio II le enterneció la miseria de los cruzados, pero como no podia proveer á su mantenimiento, guardó
junto á sí á los que tenian medios suficientes para hacer la guerra á su costa, y á los demás los despidió con las indulgencias de
la cruzada. La flota iba á dar á la vela; ¡qué espectáculo para
la historia el que ofrecia el padre comun de los fieles arrostran-
do los peligros de la guerra y del mar para ir á lejanas regiones
á romper las cadenas de los cristianos y á visitar á sus afligidos
hijos! Desgraciadamente las fuerzas del pontífice no correspondieron á su zelo, y la muerte no le permitió que completase su
sacrificio; conociendo que se aproximaba su fin, convocó á los

cardenales y les dijo: «He hecho hasta hoy cuanto he podido por «las ovejas que estaban confiadas á mi cuidado; no me he ahor-«rado trabajos ni peligros ; he ofrecido mi vida por la salvacion «comun; no puedo terminar lo que he comenzado; á vosotros os «toca completar la obra de Dios.» Apenas tuvo fuerzas suficientes para pronunciar estas últimas palabras, y su alma se elevó á la Jerusalen celeste.

La muerte de Pio II introdujo la desesperacion entre los peregrinos, y como era el alma de la cruzada, esta concluyó con él. Solo los venecianos llevaron la guerra al Peloponeso, sin obtener grandes ventajas contra los turcos; los griegos que, con la esperanza de ser socorridos , habian levantado el estandarte de la libertad, no pudieron resistir á los jenízaros de Mahometo II, y perecieron víctimas de su abnegacion. Scanderberg , cuya capital sitiaban los Otomanos, fué en persona á solicitar los auxilios del Occidente. Recibido por el sucesor de Pio II., en presencia de los cardenales, declaró que ya no habia en Oriente mas que el Epiro, y, en este, su reducido ejército que pelease todavía por la causa de los cristianos. Añadió que, si sucumbia , nadie quedaria para defender las inmediaciones de la Italia. Pablo II advirtió de nuevo á la cristiandad los peligros que le amenazaban ; pero apenas fueron escuchadas sus advertencias; Scanderberg , no habiendo obtenido socorro alguno, regresó á la Albania asolada por los turcos, y murió en Lissa, cubierto de gloria, pero considerando perdida la noble causa por la cual habia peleado.

En aquel tiempo (1475) Mahometo II juró solemnemente en presencia de los ulemas y los grandes de su imperio, que no se entregaría á los placeres y que no disfrutaria descanso alguno hasta tanto que hubiese exterminado la raza de los cristianos y proclamado la gloria del profeta de Oriente á Poniente. Todo el imperio otomano repitió las palabras amenazadoras del sultan, y se asoció á sus proyectos de destruccion. La guerra terrible que se preparaba comenzaba por la isla de Negroponte ó la Eubea. El pueblo que habitaba en ella fué pasado á cuchillo ó vendido á pública subasta ; lo único que pudo hacer el sumo pontífice para vengar á la humanidad y á la causa de los cristianos, fué equipar una flota que, reunida con las de Venecia y Nápoles, fué á asolar las costas del Asia Menor. Estas excursiones inútiles no podian contener los progresos del poder otomano. Mahometo tuvo que combatir durante algun tiempo contra la Persia ; pero habiéndola vencido en las orillas del Tigris, regresó á Constantinopla, desde donde amenazó de nuevo al Occidente. Un ejército numeroso fué enviado á Hungría, al mismo tiempo que se preparaba una expedicion para el ataque de la isla de Rodas y la invasion de las costas de Italia. La Transilvania fué teatro de varios combates sangrientos; en uno de estos, los cristianos quedaron vencedores: entonces se entregaron á la alegría y formaron danzas y bailes sobre el campo de batalla cubierto de muertos y heridos. Esta fiesta, en medio de las escenas de carnicería, tenia cierto sabor á barbárie que no convenia en manera alguna á soldados de la cruz. El sitio de Rodas ofreció un espectáculo mas heróico. Hemos visto esa isla del *Sol*, en la que la órden de San Juan, imágen siempre viva de las cruzadas, conservaba la gloria de los primeros tiempos; hemos visto sus torres que aun están de pié, sus baluartes de granito, sus fosos abiertos en la roca viva, que aun llevan los nombres de varias naciones del Occidente, y que los cristianos defendieron durante varios meses contra los turcos. El papa Sixto IV, que era el único que habia enviado socorros á los invencibles guardadores de Rodas, los proclamó defensores de la Iglesia cristiana, y el capelo encarnado de los cardenales fué enviado al gran maestre Aubusson. En la capital del orbe cristiano era en donde á la sazon se regocijaban por las ventajas obtenidas sobre los turcos; Roma contaba entonces en el número de sus fiestas los dias en que los infieles habian sido vencidos.

Sin embargo, amenazaban á Italia los mayores peligros. Un ejército otomano formidable desembarcó en las costas de Nápoles y se apoderó de Otranto, en donde todo fué llevado á sangre y fuego. Aquella invasion de los turcos, que nadie esperaba, difundió el espanto por todas las comarcas circunvecinas. Bonifanius refiere que el papa hubo un momento en que tuvo el pensamiento de abandonar la ciudad de los Apóstoles y huir allende los Alpes; la historia no dice que pueblos cristianos tomaron entonces las armas para rechazar á los Otomanos victoriosos. Sin embargo, la Providencia, á quien la Europa habia encomendado su salvacion, acudió al auxilio de la cristiandad. Mahometo murió súbitamente en Constantinopla; el 3 de mayo, dia de la Invencion de la Cruz; esta noticia se difundió inmediatamente por todas partes y fué recibido en las naciones cristianas como el anuncio

ade una gran victoria. En Roma, que era donde el temor habia
sido mas vivo, el papa dispuso que hubiese regocijos públicos
durante tres dias, en los cuales no cesó la pacífica artillería del
castillo de San Angelo de anunciar la salvacion de la Italia.

CAPÍTULO XL.

Cautiverio de Gem, hermano de Bayaceto.—Expedicion de Car-
los VIII al reino de Nápoles.—Selim dueño del Egipto y de Jeru-
salen.—Cruzada predicada por Leon X.—Rodas y Belgrado to-
madas por Soliman.—Chipre invadida por los turcos.—Batalla
de Lepanto.—Los turcos derrotados delante de Viena por Sobieski.
—Decadencia del imperio Otomano.

(De 1481 á 1690.)

Mahometo II dejó dos hijos que se disputaron el imperio; Bayaceto venció á su hermano Gem, y este, obligado á huir, se refugió en la isla de Rodas. El gran maestre Aubusson, comprendiendo todo el partido que se podia sacar de tal huésped, olvidó los
deberes de la hospitalidad, y sin escrúpulo alguno retuvo en su
poder á un príncipe que se habia entregado á su buena fe. Como
temia que la inmediacion de los turcos no le permitiese conservar por mucho tiempo su prisionero, resolvió alejarle, y bajo diferentes pretestes le hizo marchar al Occidente : sabido es que la
órden de San Juan tenia en Europa muchas encomiendas; allí
era donde el príncipe Gem habia de ser custodiado severamente.
Al pronto le encerraron en diferentes castillos del condado de
Niza, de Saboya, del Delfinado y de la Auvernia; despues le condujeron á Bourganeuf, á una torre en donde pasó varios años.
El mismo misterio que rodeaba el cautiverio del príncipe musulman llamó la atencion y la curiosidad del público. Referíanse
las aventuras del ilustre cautivo, se hablaba de los imperios y
de los reinos que habia perdido; los príncipes, los caballeros, y
sobre todo las damas, querian ver al *hijo del sultan que habia to-*
mado á Constantinopla. Al fin concibieron la idea de que podian
servirse de Gem en una cruzada contra los turcos. El papa Inocencio VIII le reclamó para enviarle á Hungría y oponerle al sultan Bayaceto.

Al propio tiempo Carlos VIII había formado el proyecto de hacer valer los derechos de la casa de Anjou al reino de Nápoles. Como todos los pensamientos se fijaban en el Oriente, persuadieron fácilmente al jóven rey que no solo debia conquistar la Pulla y la Sicilia, sino tambien arrancar la Grecia y aun la Tierra-Santa del yugo de los infieles. Cuando el ejército francés hubo pasado los Alpes, el rey Carlos fué saludado por todas partes como el libertador de la cristiandad; escribió á los obispos de Francia para pedirles los diezmes de la cruzada. «Nuestra intencion, »les decia, no es solo para nuestro reino de Nápoles, sino tam- »bien para el bien de la Italia y el recuperamiento de la Tierra »Santa.» Cuando Carlos llegó á Roma, hizo que le entregasen el hermano de Bayaceto, y la presencia del príncipe musulman en medio del ejército francés fué como la señal de la guerra que se iba á hacer en el Oriente. Los turcos del Epiro creian ver llegar ya á los franceses, y si hemos de creer á un autor contemporáneo, el sultan Bayaceto sintió *tal espanto* que mandó á buscar buques al Bósforo *para huir al Asia.*

Los albaneses, los esclavones y los griegos, añade Felipe de Comines, solo aguardaban una señal para *rebelarse.* Tales eran el estado de las cosas y la disposicion de los ánimes, cuando Carlos entró victorioso en el reino de Nápoles. Pero todo iba á variar de aspecto muy luego; el desventurado Gem murió envenenado al llegar á Nápoles; los pueblos que se habian declarado en favor de Carlos VIII se tornaron en contra suya; le fué preciso abandonar la Pulla, de la que le habian proclamado rey, y renunciar á la conquista de la Grecia, que lo imploraba como á un libertador. Asi terminó aquella guerra de Nápoles, en la que se creyó ver renacer los tiempos mas gloriosos de las guerras santas, y que solo sirvió para acarrear nuevas persecuciones á los cristianos que habian quedado bajo el yugo de los otomanos.

Despues de esta expedicion de Nápoles, el papa Alejandro VI y sus sucesores Pio III y Julio II exhortaron varias veces á los fieles del Occidente á tomar las armas contra los turcos. Génova, Venecia, Nápoles y algunos otros Estados cristianos se coaligaron entre sí, prepararon expediciones á las cuales no faltaron las bendiciones de la Iglesia, pero que no detuvieron las invasiones de los otomanos La Italia y la Alemania solo debieron entonces su salvacion al carácter indolente de Bayaceto, á quien Felipe de Comines llama *hombre de escaso valer*, y que abandonó los cuidados de la guerra por los placeres del serrallo. No tardaron en renacer los peligros de la cristiandad con el reinado de Selim, quien, apenas subió al trono imperial, prometió á los genízaros la conquista del mundo, y amenazó á la vez, á Europa, Persia y Egipto.

Selim, despues de haber derribado el poder de los mamelucos, se apoderó de la Palestina; Jerusalen vió ondear entonces sobre sus murallas el estandarte de la media luna, y el hijo de Bayaceto, á ejemplo de Omar, profanó con su presencia el Santo Sepulcro. Cuando la Europa supo que los Santos Lugares habian caido bajo el dominio de los turcos, le pareció que Jerusalen caia por primera vez bajo el yugo de los infieles, y faltó poco para que aquella conquista de Selim reanimase el espíritu de las antiguas cruzadas. Añádase á esto que el poder otomano se acrecentaba de una manera formidable, y que Selim, vencedor de la Persia y dueño del Egipto, iba á dirigir todas sus fuerzas contra los cristianos. En el quinto concilio de Letran, el papa Leon X habia predicado ya una cruzada contra el temible emperador de los otomanos; mas tarde, despu s de haber conferenciado con los cardenales, el pontifice envió legados instruidos y piadosos á Inglaterra, á España, á Alemania y al Norte de Europa, con la mision de aplacar todas las contiendas que dividian á los príncipes y de formar una liga poderosa contra los enemigos de la república cristiana. Leon X, que se declaraba de antemano jefe de aquella liga santa, proclamó una tregua de cinco años entre todos los Estados de la cristiandad, y amenazó con la excomunion á los que turbasen la paz. Este pontifice para atraer las bendiciones del Cielo sobre su empresa, mandó que durante tres dias se hiciesen procesiones y rogativas en la capital del mundo cristiano; él mismo celebró el oficio divino, distribuyó limosnas, y se trasladó descalzo y con la cabeza descubierta á la iglesia de los santos Apóstoles. Sadolet, secretario de la Santa Sede, pronunció en presencia del pueblo romano y del clero un discurso en el cual elogió el zelo y la actividad del Sumo Pontifice, el apresuramiento de los príncipes cristianos para extipular la paz entre sí, y el deseo que tenian de reunir sus fuerzas contra los turcos. El orador sagrado concluia por un apóstrofe vehemente contra la raza de los otomanos, á quienes amenazaba con los ejércitos reunidos de la Europa, y por una invocacion á Dios, á quien conjuraba á que derramase sus bendiciones sobre los nuevos cruzados, á fin de que el imperio del mundo fuese arrancado á Mahoma y que las alabanzas á Jesucristo pudiesen resonar desde el Mediodía al Septentrion, y desde el Occidente al Oriente.

De acuerdo con los Estados principales de la cristiandad fijó, por fin, el papa, el plan de la guerra santa. El emperador de Alemania se comprometia á suministrar un ejército al cual se uniria la caballería húngara y polaca, y atravesando la Bulgaria y la Trácia, debia atacar á los turcos en ambos lados del monte Hemus (los Balkanes). El rey de Francia con todas sus fuerzas, con las de los Venecianos y de varios Estados de Italia y con 16.000 suizos, habia de embarcarse en Brindes y caer sobre las costas de Grecia, mientras que las flotas de España, Italia y Portugal zarparian de Cartagena y de los puertos inmediatos, para trasportar las tropas españolas á las orillas del Helésponto. El sumo pontífice se proponia embarcarse en Ancona para trasladarse bajo los muros de Bizancio, punto de reunion general de todas las fuerzas cristianas.

Las musas griegas, que habian hallado un asilo en Italia despues de la toma de Constantinopla, predicaron entonces la cruzada contra los feroces dominadores de Lacedemonia y de Atenas. Las musas latinas, cuyos progresos extimulaba Leon X, no guardaron silencio en aquella ocasion. El célebre Vida juraba en sus estrofas poéticas arrostrar él mismo los desiertos abrasadores del Africa, sacar en su casco agua del Xanto ó del Jordan, y derribar con su espada á los reyes bárbaros del Oriente. Otro escritor, educado en la escuela de Cicéron, celebraba de antemano las victorias de Leon X, y veia ya el dia memorable en que innumerables ciudadanos, precipitándose á los piés del pontífice en su tránsito, *le bendecirian por haber salvado sus hogares, su libertad y su vida.* Al oir tal lenguaje de los poetas, cuesta trabajo creer que el imperio otomano pudiese resistir á tantas fuerzas dirigidas contra él. Pero todas estas bellas promesas de la poesía tardaron muy poco en ser desmentidas y olvidadas: la paz fué turbada muy luego entre los monarcas cristianos, y cada uno de ellos empleó para su propia defensa los ejércitos que destinaba á la guerra de Oriente; por último la rivalidad de Carlos V y de Francisco I produjo la guerra en Europa, y nadie pensó ya en la cruzada contra los turcos.

Por lo demás, el estado político de Europa no fué el único obstáculo con que tropezó aquella guerra santa; otra dificultad procedia del cobro de las décimas. En las primeras expediciones á Oriente se pedia á los cristianos su propia vida, y nadie retrocedia ante tal sacrificio. Hácia el fin de las guerras de la cruz solo se pedia á los fieles su dinero, y entonces fué cuando comenzó la oposicion ó la resistencia. El abuso de las indulgencias, contra el cual han tronado las malas pasiones, pero que siempre se produjo por cosas útiles ó grandiosas, varió el verdadero aspecto de las cosas santas. Debemos añadir que la reforma, que nació en medio de las predicaciones de una cruzada, y que al pronto se salió del descontento de los pueblos, hubo de apartar naturalmente los ánimos de la guerra contra los turcos. El espíritu de secta y de controversia hizo que las naciones del Occidente fuesen mas indiferentes para los peligros de la cristiandad y aun para los de la patria. En medio de los debates violentos que agitaban á la Europa, y sobre todo á la Alemania, la Iglesia, y aun la autoridad civil proclamada por Lutero perdieron esa unidad de accion sin la cual no se podia combatir con ventaja á un enemigo temible. Tal era el estado de las opiniones que dividian á la sociedad, que los alemanes sentian mas odio unos hácia otros que hácia los turcos, y cada partido temia menos el triunfo de los agarenos que el de sus propios adversarios.

La cruzada de Leon X no hizo sino reanimar el fanatismo belicoso de los turcos contra los cristianos. Soliman, que sucedió á Selim, se apoderó de Belgrado y dirigió de nuevo las fuerzas otomanas contra la isla de Rodas. Los caballeros de San Juan, al verse amenazados, invocaron en vano los auxilios de la cristiandad, y solo pudieron oponer su valerosa milicia á los ataques de los otomanos. Despues de una resistencia heróica que duró varios meses, los restos de aquella caballería cristiana fueron á buscar un refugio en Italia. Cuando el gran-maestre de la Orden y sus nobles compañeros de infortunio refirieron delante del papa las hazañas y los reveses de los caballeros, su relato hizo derramar lágrimas al pontífice y á todos los prelados de Roma; pero esta compasion de los pastores de la Iglesia cristiana no pudo hacer que obtuviesen lo que pedian á los reyes de Europa, un rincon de tierra, una isla desierta en el Mediterráneo, en donde aun pudiesen pelear contra los turcos. Trascurrieron mas de diez años antes de que la política de los príncipes les concediese la roca de Malta, en donde aquella Orden ilustre, semejante á Jesucristo sobre la roca del Calvario, había de completar su sacrifiaio postrero y sostener los últimos combates de la guerra sagrada. Entretanto, el conquistador de Belgrado y de Rodas reaparecía amenazador en las orillas del Danubio. Luis II, vencido en Mohas, pereció en la derrota general, dejando su reino entregado á las facciones y asolado por los turcos. Mientras el papa Clemente VII proclamaba los peligros de la Hungría, Carlos V invadía la ciudad de Roma y guardaba prisionero al jefe de la Iglesia; espectáculo aflictivo y nuevo para la cristiandad! el pontífice, desde el fondo de su prision, aun buscaba enemigos que peleasen contra los turcos, pero todos sus esfuerzos fueron inútiles. La capital de Austria, sitiada por los otomanos, solo debió su salvacion al desbordamiento del Danubio, al valor de su guarnicion, y si ha de creerse á algunos historiadores, á la infidelidad de un gran visir ganado por el dinero de los cristianos.

Soliman extipuló entonces un tratado de paz con los príncipes cristianos, y en él fué comprendido el mismo papa. La historia hace observar que el sultan daba en el tratado el nombre de *hermano* á Carlos V y á Fernando rey de Hungría, y el de *padre* al vicario de Jesucristo. En lo sucesivo no debió volver á hablarse de cruzadas contra los turcos; al papa, como él mismo lo decia, solo le restaba suplicar á la Providencia *que velase por la salvacion del mundo cristiano*. Las únicas empresas contra los infieles se redujeron á las dos expediciones del emperador Carlos V á las costas de Africa, de las cuales en la primera tomó á Tunez, y en la segunda no pudo apoderarse de Argel. Hácia el término de su vida, Soliman II, que había expulsado de Rodas á los caballeros de S. Juan, quiso perseguirles hasta en la roca de Malta; allí fué donde se mostraron por última vez el valor y las virtudes heróicas de las guerras santas. La milicia cristiana de San Juan, rodeada de ruinas y casi abandonada por la cristiandad, resistió á todas las fuerzas del imperio otomano. Soliman, para reparar el baldon de sus armas, condujo personalmente sus genízaros á Hungría, se apoderó de varias ciudades, y solo Dios se encargó entonces de la salvacion de la Alemania, arrebatando de este mundo al sultan victorioso. El mas

grande y eminente entre todos los príncipes otomanos murió delante de una ciudad pequeña de Hungría, á la que estaba sitiando con un ejército poderoso.

Aun quedaba en Oriente un Estado cristiano fundado por las
cruzadas. Despues de la extincion de la familia de Lusiñan, el
reino de Chipre habia pasado á ser dominio de Venecia. Hacía
mucho tiempo que estaba amenazado, primero por los mamelucos del Cairo, y despues por los turcos; por último, en el reinado de Selim II, un ejército otomano desembarcó en la isla con
el aparato de guerra mas imponente: los campos fueron asolados, y las ciudades de Nicosia y Famagusta no pudieron resistir los asaltos de los bárbaros. Se habria podido culpar á Venecia por los medios que habia empleado para suceder á la dinastía
de los Lusiñan; pero cuando en esta invasion de los turcos se
vé todo lo que hicieron los venecianos, todo lo que tuvieron
que sufrir para defender la isla de Chipre, no se piensa mas
que en su heróico valor y en las desgracias del pueblo cristiano.
La isla de Chipre, que era una de las maravillas de la antigüedad, tan floreciente todavía en tiempo de los latinos, quedó desde entonces como sepultada en un abismo de miserias: aún en el
dia no ofrece á los viajeros mas que imágenes de duelo y destruccion.

La historia, para consolar aquí á los amigos de la humanidad, necesita referirles la célebre victoria de Lepanto, que siguió de cerca á la conquista del reino de Chipre por los turcos.
La flota otomana y la cristiana, mandada esta por D. Juan de
Austria, se encontraron en el antiguo mar de Actium; esta batalla naval nos recuerda algo del espíritu y del entusiasmo de
las guerras santas. Antes de que comenzase el combate, D. Juan
mandó enarbolar en su capitana el estandarte de la Iglesia y la
bandera de la cruz, y toda la flota saludó con gritos de triunfo
á aquel signo religioso de la victoria. Ninguna batalla naval de
la antigüedad es comparable á la de Lepanto, en la que los turcos peleaban por el imperio del mundo, y los cristianos por la
defensa de Europa. Venecia celebró el triunfo de la flota cristiana con regocijos extraordinarios; la victoria de Lepanto fué
inscrita en las monedas, y el dia de la batalla le contaron en el
número de las fiestas que celebraban en cada año. En Francia,
en Inglaterra, en España y entre todos los pueblos del Norte, di-

rigieron oraciones al cielo en acción de gracias por la victoria concedida al valor de los soldados cristianos. Como el papa había contribuido eficazmente al triunfo de las armas cristianas, en Roma fué donde se vió estallar la mas viva alegría. Marco Antonio Colona, que había mandado la escuadra del papa, fué conducido en triunfo al Capitolio: se colgaron en la iglesia de *Araceli* las banderas cogidas á los infieles; el papa Pio V instituyó una fiesta en honor de la Vírgen, por cuya intercesion se creía haber vencido á los musulmanes; se fijó para el 7 de octubre, dia de la batalla, denominándola *festividad de nuestra Señora de la Victoria*.

La guerra que terminó con la batalla de Lepanto fué la última en que se mostró el estandarte de la cruz. La Europa cristiana, despues de un triunfo tan brillante, abandonó sus armas victoriosas y no aprovechó el terror que había inspirado á los musulmanes. La gran sociedad europea estaba entonces en los momentos de su desarrollo, y cada potencia se ocupaba en cuidar de su ensanche ó de su conservacion, sin pensar en lejanas guerras. Por otra parte los pueblos se hallaban detenidos en sus hogares por las ventajas ó por las promesas de una civilizacion naciente. Acababan de hacerse cuatro grandes descubrimientos: la América, el paso para las Indias, la imprenta y la pólvora; las guerras, las leyes, las costumbres, la industria, todo iba á cambiar; una revolucion nueva se halló de improviso en presencia de la gran revolucion de las cruzadas, que estaba próxima á concluir, y se apoderó á su vez de las imaginaciones para dirigirlas hácia otros pensamientos y otras empresas.

Una circunstancia feliz para la cristiandad, fué que, al mismo tiempo que tocaban á su término las cruzadas que tenian por objeto la defensa de Europa, declinaba tambien el poder militar de los turcos. En la historia del Oriente en la edad media es curioso ver á la mayor parte de las dinastías musulmanas alzarse rápidamente por medio de las armas, y luego detenerse de improviso en medio de sus triunfos; los otomanos parecia que habian agotado todas sus fuerzas en la conquista de Grecia. Despues de esta conquista, que era como la última realizacion de las amenazas del profeta árabe, sus ejércitos dejaron de ser invencibles, y se empezó su decadencia. El celo mismo que les habia dado la victoria era necesario para vencer, no les ayudó á apro-

vechar sus victorias. Su imperio pudo ensancharse, pero no así
su poderío. Tan luego como dejaron de temerles, ya no vacilaron
en acercase á ellos por medio de tratados; la Europa cristiana,
unas veces levantó ejércitos contra los otomanos y otras les envió embajadores. Esto fué lo que sucedió en la guerra de Candia
durante la cual Luis XIV enviaba socorros á los venecianos, al
mismo tiempo que tenia un ministro acreditado cerca de la
Puerta.

La conquista de Candia, aunque habia costado á los turcos esfuerzos inauditos y la pérdida de varios ejércitos, reanimó por
un momento su belicoso entusiasmo. Todo el imperio tomó de
nuevo las armas, y trescientos mil musulmanes fueron á acampar bajo los muros de Viena. La Alemania aguardaba sumida en
el temor. Sobieski acudió entonces con sus polacos, y reanimó
los decaidos ánimos. Los dos ejércitos llegaron á las manos el 13
de setiembre de 1683. La victoria no estuvo mucho tiempo indecisa. «Loado sea Dios, escribia el rey de Polonia despues de la
«batalla; Dios ha dado la victoria á nuestra nacion; la ha dado
«tal triunfo que los pasados siglos nunca le vieron igual.» En
el dia siguiente al del combate, el clero cantó el *Te Deum* en
las iglesias de Viena, que el gran visir habia jurado convertir
en mezquitas. El gran estandarte de los musulmanes fué enviado al Sumo Pontífice, y Sobieski dirigió al rey de Francia el
parte de la batalla ganada y de la salvacion de la cristiandad. Al
mismo tiempo, los polacos derrotaban á los turcos en las orillas
del Prut; una flota enarbolaba el estandarte del papa y de Venecia en las ciudades de Modon, de Coron, de Navarino, de Patras,
de Lepante y de Atenas. Los ejércitos otomanos fueron vencidos
y dispersados en todas partes. Dos visires, y un número considerable de bajaes pagaron con sus cabezas las derrotas del islamismo. Mahometo IV, acusado por el pueblo y por los ulemas,
fué precipitado del trono en medio del ruido de aquellos desastres que atribuian á la cólera del Cielo, y que llevaron el desórden y la perturbacion á todo el imperio. En aquella época, el
tratado de Carlowitz atestigua las pérdidas que habia sufrido la
nacion turca y la superioridad incontestable de los cristianos.

La historia tiene que hacer observar dos cosas en este tratado
de Carlowitz: la Hungría, que durante dos siglos habia resistido á todas las fuerzas del imperio otomano, y cuyo territorio

era como las Termópilas de la cristiandad, debilitada al fin por
las discordias civiles y por las guerras extranjeras; en lucha á
la vez con los emperadores de Alemania y con los sultanes de
Constantinopla, perdió entonces su independencia y se halló
unida á las posesiones de la casa de Austria. Entre los Estados y
los príncipes que firmaron el tratado se vió aparecer á los czares
de la Moscovia, potencia nueva á la que hasta entonces no se
viera en la lucha de los cristianos contra los infieles, y que mas
tarde habia de dar los golpes mas terribles al imperio otomano.

Si los turcos quedaron dueños aun de varios paises arrebatados
á los cristianos, era porque su ensanchado imperio no inspiraba
recelos á los soberanos de Europa. Desde entonces no se consideró
ya el imperio otomano como á una potencia á la que era preciso
destruir por medio de las armas; se contentaron con arrebatárle
y obtener de él los bienes y las ventajas que tenia en su mano
y que no disfrutaba. Fué una conquista de la que quedó exclusi-
vamente encargada la industria europea, auxiliada por la di-
plomácia. Cuando hubo caido el famoso coloso de Rodas, permaneció durante mucho tiempo tendido en tierra, sin que nadie
pudiese levantarle. Al fin llegaron unos mercaderes que se distribuyeron el bronce de que estaba formado el coloso, y le carga-
ron en camellos. Tal fué el destino del imperio otomano.

CAPÍTULO XLI.

Como eran consideradas las cruzadas en los siglos XVI y XVII.—
Opinion de Bacon.—Memoria de Leibnitz dirigida á Luis XIV.—
Última cruzada contra los turcos.—Recuerdos de Jerusalen.—
Peregrinaciones á la Tierra Santa.

(Siglos XVII y XVIII.)

En la época de la historia á que hemos llegado, las pasiones
que produjeron los prodigios de las cruzadas se habian convertido en opiniones especulativas que ocupaban menos la atencion
de los reyes y de los pueblos que la de los escritores y los erudi-
tos; así las guerras santas, con sus causas y efectos, se vieron
entregadas á las argumentaciones de los doctores y los filósofos.
Por la misma razon de que las cruzadas habian llegado á ser

asunto de discusion, puede decirse que nada quedaba ya del entusiasmo que las hiciera nacer. Algunos discípulos de Lutero llegaron al extremo de considerar á los turcos como auxiliares de los cristianos reformados ; les indujo á profesar tan singular opinion la persuasion en que se hallaban de que los pontífices de Roma eran el único móvil de las guerras sagradas. Sin embargo, los papas no se pusieron verdaderamente al frente de las cruzadas sino cuando estas se hallaban próximas á su decadencia. Los jefes de la Iglesia se mostraron entonces como los centinelas vigilantes de la cristiandad, como los fieles custodios de la Europa cristiana , y su zelo por las guerras santas, en los dias del peligro, no fué mas que un patriotismo religioso.

Debemos decir, empero, que escritores eminentes y afamados por su saber, que pertenecian á la reforma, deploraron en aquella época la indiferencia de la cristiandad por las guerras santas. El canciller Bacon, en su diálogo *De bello sacro*, desplegó toda su dialéctica para probar que los turcos estaban fuera de la ley de de las naciones; invocaba alternativamente el derecho natural, el derecho de gentes y el derecho divino contra aquellos bárbaros, á quienes rehusaba el nombre de pueblo, y sostenia que se les debia hacer la guerra, como se hacia *á los piratas, á los antropófagos y á las fieras*.

Aunque se partícipe de la opinion del ilustre canciller, no se pueden admitir tales exageraciones; los predicadores mas fogosos de las cruzadas nunca fueron tan léjos en sus declamaciones. Otro filósofo de la misma época hablaba con mas moderacion y verdad de la guerra que habia de hacerse á los turcos. En los momentos en que Luis XIV se disponia á llevar sus armas á los países-Bajos, Leibnitz le envió una memoria voluminosa para decidirle á renovar la expedicion de San Luis á Egipto. La conquista de aquella rica comarca, á la que Leibnitz denominaba la *Holanda del Oriente*, habia de favorecer el triunfo y la propagacion de la fe, procurando al rey cristianísimo la gloriosa fama de Alejandro, y á la monarquía francesa el mayor poder y prosperidad. «El Egipto, decia, esa madre de los granos y de la industria, es á la vez la barrera y el paso entre el Africa y el Asia; es el punto de comunicacion y el depósito general del comercio, por una parte para la India ; y por la otra para Europa; es, en cierto modo, el ojo de los paises inmediatos ; rico por la fertilidad de su suelo y por su inmensa poblacion en medio de los desiertos que le rodean, reune las maravillas de la naturaleza y del arte, que, al cabo de tantos siglos, parece que suministran asunto para nueva admiracion!» El filósofo aleman veia á la fe de Jesucristo florecer de nuevo en Asia y reunir bajo la misma ley á toda la raza humana; en una palabra, veia en la posesion del Egipto tantas ventajas para la Francia y para la cristiandad, que *excepto la piedra filosofal* nada en el mundo le parecia mas importante que la conquista de aquel país.

Hemos tenido á la vista muchas memorias escritas en los siglos XV y XVI, que tenian por objeto inducir á las potencias de la cristiandad á llevar la guerra á Oriente. San Francisco de Sales, que vivia en tiempo de Enrique IV, manifiesta amando en sus cartas el deseo de ver á la Tierra Santa libertada del yugo de los infieles. Bongars, al dar á la coleccion de historias que publicó el título de *Gesta Dei per Francos*, nos muestra toda su admiracion hácia las guerras emprendidas en nombre de la cruz. En una dedicatoria á Luis XIII tuvo buen cuidado de recordar al monarca el ejemplo de sus abuelos, que habian ido á Oriente, y prometerle la gloria de un héroe y de un santo si emprendia la empresa de librar á Bizancio ó á Jerusalen. Así pues, aun se predicaba la guerra sagrada en dedicatorias; pero nadie pensaba sériamente en tomar la cruz y las armas. Las cruzadas caían gradualmente en el dominio de la poesía, parecidas á aquellas maravillas de la Fábula en las que ya nadie creia, y que aun reanimaban el númen de los poetas. Cuando el Tasso cantó la libertad de Jerusalen, las guerras santas solo eran ya un asunto magnífico para la epopeya. Cuando Boileau, en su Epístola á Luis XVI, le decia:

«Te aguardo dentro de seis meses en las orillas del Helesponto,» no se le podia suponer en manera alguna otra intencion mas que la de adular al gran rey; y esa adulacion expresaba bastante bien la parte poética y gloriosa que los recuerdos de las cruzadas conservaban en la opinion de los contemporáneos.

Sin embargo, aun vemos á la cristiandad intentar un esfuerzo postrero contra los turcos. Algunos años despues del tratado de Carlowitz, Venecia, que temia perder sus posesiones de la Morea, imploró los auxilios del Sumo Pontífice. Clemente XI envió á todas partes sus legados para inducir á los pueblos y á los reyes á tomar las armas. La guerra santa fué predicada en todas las igle-

sias, y las musas cristianas, unieron su voz á la de los predicadores de las cruzadas. España, Portugal, Génova, Toscana y la Orden de Malta armaron sus buques; una flota numerosa recorrió
el Archipiélago y las costas del Asia con el pabellon de la Iglesia.
Clemente prodigó sus propios tesoros para una guerra cuyo
buen éxito decia que hubiera comprado *con la venta de las pate-
nas y los cálices*. A su voz marchó el ejército imperial al encuentro de los turcos que avanzaban contra la Alemania; 6.000 suizos,
sostenidos con los subsidios de la corte de Roma, se unieron al
ejército de los alemanes; la cristiandad hizo rogativas para el
triunfo de los guerreros cristianos que peleaban entónces en
Hungría y en el Peloponeso. Cuando se supieron las victorias obtenidas sobre los turcos, el Sumo Pontífice, á la cabeza del Santo
Colegio, se trasladó á la iglesia de Santa María la Mayor para
dar gracias al Dios de los ejércitos; las banderas arrebatadas á los
infieles fueron depositadas en los altares de la Virgen, cuyo apoyo se habia implorado. Entónces fué, cuando los otomanos escucharon la voz imperiosa del destino, que les mandaba detenerse,
y solo pensaron en defender su imperio, amenazado á su vez por
los alemanes y los rusos. Cuando ya no hubo temores respecto de
la cristiandad, la Iglesia no tuvo que predicar expediciones contra los turcos, y las guerras de Oriente no tuvieron mas móvil
que la ambicion de los soberanos y los recuerdos de la antigua
Grecia.

En todas estas guerras contra los otomanos no habia ningun recuerdo ni tradicion que pudiese despertar el entusiasmo de los pueblos cristianos. La necesidad en que estaba cada
nacion del Occidente de defender sus propios hogares, conmo-
via menos el corazon y el alma de los fieles que el solo nombre
de Jerusalem, que la sola imágen de los lugares consagrados por
la presencia y los milagros de Jesucristo. Cuando ya se acabó
la guerra á los musulmanes, volvieron á las peregrinaciones de
la Tierra-Santa, y las cruzadas de ultramar concluyeron como
habian comenzado. Durante los siglos XVI y XVII, un número
considerable de personages santos y príncipes ilustres visitaron
la Judea como peregrinos; la mayor parte de los soberanos de la
cristiandad, á ejemplo de Carlomagno, cifraban entonces su gloria, no ya en libertar á la ciudad de Jerusalem, sino en proteger
al pueblo cristiano que habitaba en la Judea. Las capitulaciones

de Francisco I, renovadas por la mayor parte de sus antecesores, contienen varias disposiciones que aseguraban á los discípulos de Jesucristo la paz y el libre ejercicio de la religion cristiana en medio de las naciones infieles. Bajo el reinado de Enrique IV, Deshayes, embajador de Francia en Constantinopla, fué á visitar á los fieles de Jerusalen y les llevó los consuelos y los socorros de una caridad verdaderamente régia. El conde de Nointel, que representaba á Luis XIV cerca del sultan de los turcos, se trasladó tambien á la Tierra Santa, y el nombre del poderoso monarca fué bendecido en torno del Calvario y en los Santos Lugares. Despues de la retirada de Passarowitz, la Puerta envió una embajada solemne á Luis XV, con el encargo de presentar al rey cristianísimo un firman del Gran Señor que concedia á los católicos de Jerusalen la posesion completa del Santo Sepulcro y la facultad de reparar sus iglesias. Los príncipes de la cristiandad enviaban todos los años sus tributos á la ciudad santa; en las ceremonias solemnes, la iglesia de la Resurreccion ostentaba los tesoros de los reyes de Occidente. Los peregrinos no eran recibidos ya en Jerusalen por los caballeros de San Juan, sino por discípulos de San Francisco de Asis, convertidos en custodios del divino sepulcro.

Sin embargo, las peregrinaciones, lo mismo que las cruzadas, tuvieron sus progresos, sus vicisitudes y su declinacion; el entusiasmo de los peregrinos, lo mismo que el de los guerreros de la cruz, dependia de los sentimientos y de las opiniones que predominaban en la gran sociedad europea. Llegó una época de indiferencia, y esa época es cercana de la nuestra, en la que los Santos Lugares permanecieron completamente extraños para la Europa cristiana. Hácia fines del último siglo, el mundo vió á un ejército partir de los puertos de Francia para el Oriente. En esta expedicion gloriosa los guerreros franceses vencieron á los musulmanes en las Pirámides, en Tiberiada, y en Thabor; y Jerusalen, que estaba tan cerca de ellos, no hizo latir su corazon, ni aun llamó su atencion lo mas mínimo; todo habia variado entonces en las opiniones que gobernaban al Occidente.

CAPÍTULO XLII.

Fisonomia moral de las cruzadas.

Se han visto en una narracion rápida los hechos principales

de las guerras santas; no obstante el cuidado que hemos tenido de
caracterizar cada cruzada, nos resta añadir algo todavía para
acabar de mostrar las guerras de la cruz con sus pasiones, sus
costumbres y su gloria; nos resta indicar, también, los bienes y
los males que produjeron las empresas de ultramar entre las generaciones contemporáneas y en la posteridad.

El lector habrá podido observar que los contemporáneos consideraban las cruzadas como asunto del mismo Dios; hallábanse
persuadidos de que la gloria divina estaba interesada en el triunfo de aquellas empresas lejanas; por eso á su débil razon le costa-
ba trabajo comprender el triunfo de los sarracenos. San Bernardo
al deplorar las desgracias de la cruzada, que habia predicado,
manifestaba la sorpresa que le causaba que Dios hubiese querido
juzgar al universo, antes de tiempo y sin acordarse de su misericordia; cuando el ejército de los cruzados alemanes pereció por
entero con su jefe, las almas cristianas no se atrevian á interro-
gar las voluntades del Cielo, porque esas voluntades terribles
eran como otros tantos abismos ante los cuales quedaba confundido y turbado el entendimiento del hombre. Al saberse la noticia del cautiverio de Luis IX en Egipto, muchos cruzados abrazaron la religion triunfante de Mahoma, y en las diferentes comarcas de Europa se alteró la fe de muchos.

Sin embargo, como no podian persuadirse de que Dios hubiese
abandonado verdaderamente la causa de las guerras santas, se
achacaban las desgracias de aquellas expediciones á los crímenes
y á la corrupcion de los cruzados. Los mismos peregrinos, en los
dias en que se sufrian reveses, se acusaban gustosos de haber
merecido por su conducta todos los males que padecian; el remordimiento de los culpables y las austeridades de la penitencia se
mezclaban siempre con el sentimiento de sus miserias. Cuando la
victoria volvia á unirse á sus banderas, los cristianos creian que
se habian tornado mejores y daban gracias al Cielo por haberles
hecho ser dignos de su misericordia y de sus beneficios. Bueno
será observar aquí que el deseo de justificar á las cruzadas inspiró con frecuencia á los cronistas y á los predicadores pinturas
satíricas cuya exageracion no podria adoptar la historia imparc-
cial. Despues de haber explicado las desgracias de las cruzadas
por la justicia ó la cólera de Dios, las explicaban por la misericordia divina, que queria poner á prueba la virtud de los justos

"y convertir á los pecadores. La fe popular aun encontraba ventajas en las guerras mas desgraciadas, pensaba en el gran número de mártires enviados al cielo. Esta disposicion de los contemporáneos era muy apropósito para prolongar la duracion de las cruzadas.

Los ejemplos de valor, los hechos de armas brillantes, abundan en la historia de las guerras santas; lo que mas distingue al heroismo de nuestros caballeros es una humildad que no conoció el heroismo antiguo. Los guerreros cruzados no se vanagloriaban de sus hazañas, sino que atribuian sus triunfos á Dios y á las oraciones de los fieles. Más de una vez se les vió disputar por la distribucion del botin, pero nunca por la gloria; ese espíritu de humildad que nunca dejó de reinar entre los guerreros de la cruz, les ahorró discordias crueles, y fué tambien un gran beneficio para los pueblos. En un siglo en el que todo poder procedia de la espada, en el que la cólera y el orgullo hubieran podido arrastrar á los guerreros á todo género de excesos, no podia haber cosa que tranquilizase mas á la humanidad que ver á la fuerza olvidarse á sí misma y doblegarse bajo la mano de la religion!

Otra virtud distintiva de los cruzados era el sentimiento de la fraternidad. Los oradores de las guerras sagradas predicaban incesantemente la fraternidad evangélica; los reyes y los príncipes daban por sí mismos el ejemplo. Ricardo, en la cruzada de que fué jefe, mostró con frecuencia esa caridad heróica que hace arrostrar todos los peligros para socorrer á los débiles. Un dia en que volaba á socorrer al conde de Leicester y procuraban contenerle, exclamó: «No, no seria digno de la corona de rey si no supiese despreciar la muerte para defender á los que me han seguido á la guerra.» Cuando Luis IX expiraba sobre las cenizas en Tunez, la suerte de sus compañeros de armas ocupaba todavía su pensamiento. «¿Quién volverá á conducir á Francia á ese pueblo que he traido aquí?» decia el santo rey. Cuantas veces salian de Europa los cruzados, los jefes les prometian volverlos á llevar á su país y velar por ellos durante la peregrinacion. Desgraciados los que no cumplian su promesa! se les acusaba ante Dios y ante los hombres de no tener fe ni caridad. Cada cuerpo de tropas de los cruzados presentaba la imágen de una verdadera familia; agrada ver á los cronistas del tiempo, emplear la expresion latina _familia_ para designar la comitiva militar de un príncipe ó de un caballero de la cruz.

En las guerras ordinarias el soldado no toma mas que una
parte insignificante en los intereses de la causa que defiende;
pero en una guerra que tenia por objeto exclusivo el triunfo de
una creencia; todos cuantos peleaban tenian los mismos temores, las mismas esperanzas, y aun debemos decir que la misma
ambicion. Esta comunidad de intereses y de sentimientos daba
mucha fuerza á los ejércitos de la cruz, y en el campo de batalla
hacia que estuviesen unidos, no solo los jefes y los soldados, sino
naciones opuestas entre sí por las costumbres, el carácter y el
lenguaje. «Si un breton, un aleman ó cualquier otro quería ha-
blarme, dice un cronista francés de la primera cruzada, yo no
sabia contestarle; pero aunque divididos por la diferencia de las
lenguas parecia que formábamos un solo pueblo por razon de
nuestro amor á Dios y nuestra caridad hácia el prójimo.»

Recordará el lector las visiones y los milagros que inflamaban
á la vez la devocion y el valor de los cruzados. Sin embargo, su
excesiva credulidad nada tenia de vulgar. Los peregrinos consideraban como cosa muy sencilla la intervencion del poder divino
en la causa que defendian, y basta esta persuasion para mostrarnos la nobleza y elev. cion que habia en lo maravilloso de las
guerras santas. La mágia, conocida entonces en Europa, no siguió á los cristianos bajo las banderas de las guerras sagradas.
Los recuerdos de la Biblia, los milagros del Evangelio, el Calvario, el Jordan, ¿no bastaban, por ventura, para reanimar el entusiasmo de los peregrinos de la Judea? En sus combates contra
los sarracenos veian con frecuencia aparecer ángeles y santos
que iban á auxiliarles; así era como en la *Iliada* se aparecian los
dioses del Olimpo á los héroes de Homero; la supersticion de los
cruzados, enteramente distinta de la fe cristiana, tenia algo de
la epopeya antigua. Así pues, no podemos ver sin cierta sorpresa
que la mágia represente un papel tan importante en la *Jerusalen
libertada*; los encantamientos de Ismen y de Armida no fueron
tomados del verdadero colorido contemporáneo.

Las crónicas árabes refieren menos apariciones sobrenatura-
les que las crónicas del Occidente. Sin embargo, los musulmanes tenian tambien sus poderes celestiales que acudian á auxiliarles en los peligros de la guerra. El historiador Kemel-Eddin,
al referir la derrota de Rugiero, príncipe de Antioquía, habla de
un ángel vestido de verde que puso en precipitada fuga al ejér-

cito de los francos é hizo prisionero á uno de sus jefes. Boha-
Eddin refiere que una legion bajada del cielo entró por la noche
en la ciudad de Tolemaida, sitiada por Felipe Augusto y Ricardo
Corazon de Leon. En el mismo historiador se lee que, despues de
la matanza de los prisioneros musulmanes, mandada ejecutar
por Ricardo en la llanura de San Juan de Acre, los mártires del
islamismo mostraron sus heridas gloriosas á sus compañeros que
fueron á visitarles, y les refirieron los goces y las alegrías que
les aguardaban en los jardines del paraíso. En el sitio de Margat, el ejército del sultan vió aparecer á los cuatro arcángeles á
quienes los musulmanes acostumbran á implorar en los peligros,
y cuya falange celestial animaba el valor de los sitiadores.

En las guerras de la cruz que eran guerras de exterminio, las
creencias piadosas no siempre oponian un freno á la barbárie; se
encuentra en ellas con frecuencia el olvido del derecho de gentes, el menosprecio de la justicia y de la fe jurada. Los cristianos vencedores no tenian compasion, y la sangre de sus enemigos les parecia una ofrenda agradable á Dios; en medio de las
escenas de carnicería se creian libres de toda inculpacion, llamando á los sarracenos *perros inmundos*; cuando la espada habia
segado las cabezas de la poblacion inerme de las ciudades musulmanas, repetian con alegría: «Así se han purificado las moradas de los infieles.» Si los cruzados se mostraban bárbaros para
con sus enemigos, muchas veces estuvieron admirables en sus
relaciones entre sí, y la historia contemporánea se complace en
recordarnos el espíritu de justicia, la caridad, los nobles sentimientos que animaban á los peregrinos bajo las banderas de la
cruz. En el curso de esta narracion, el lector habrá podido ver
mas de una vez la relajacion de las costumbres y el escándalo en
los ejércitos cristianos, pero tambien habrá visto ejemplos frecuentes de edificacion. En aquella multitud de peregrinos en que
eran igualmente acogidos el crímen y la virtud, necesariamente
habian de encontrarse grandes contrastes.

Las cruzadas, y sobre todo las primeras, nos ofrecen el espectáculo de todo un pueblo que pasa de un país á otro. Seria una
equivocacion creer que la mayor parte de los peregrinos empuñaban las armas y peleaban bajo las banderas de Jesucristo. En
seguimiento de los soldados de la cruz iba una multitud de gente, como en todas las grandes poblaciones. Se veían allí obreros,

hombres ociosos, mercaderes, ricos y pobres, clérigos, frailes, mujeres y hasta niños de pecho. La Sagrada Escritura, que nos ha representado la miseria, las pasiones, los vicios y las virtudes del pueblo judío caminando por medio del desierto, nos ha trazado de antemano una historia fiel del pueblo cruzado, al que tambien llamaban el pueblo de Dios.

Un historiador del siglo XII nos pinta bastante bien la multitud de que hablamos, poniendo estas palabras en boca de las mujeres, los enfermos y los ancianos que marchaban al Oriente. «Pe-»leareis contra los infieles, decian á los guerreros; en cuanto á »nosotros, sufriremos por la causa de Jesucristo.» Es una verdad incontestable que nunca se cumplió mejor un compromiso por ambas partes; nunca se llevaron tan léjos el valor y la resignacion como en una guerra que con justicia puede llamarse la guerra de los héroes y de los mártires.

Mientras los guerreros de la cruz peleaban ó se preparaban para la batalla, la multitud de los peregrinos estaba en oracion, hacia procesiones, y asistia á las predicaciones del clero. Esta multitud habia de ser mas desgraciada que los demás cruzados, porque no podia defenderse en los peligros, y rara vez reportaba provecho de la victoria. «Tened cuidado de los pobres clérigos y »de los peregrinos débiles, decia el obispo Adhemar á los guer-»reros de la cruz; no pueden pelear como vosotros ni procurarse »las cosas necesarias para la vida; pero mientras arrostrais las »fatigas y peligros de la guerra, ellos ruegan á Dios que os per-»done tántos pecados como cometeis diariamente.»

Los hábitos y las distracciones de la vida europea habian seguido á los cristianos en su belicosa peregrinacion; la caza, los juegos de azar, los juegos militares y la solemnidad de los torneos ocupaban alternativamente los ócios de los guerreros en los intermedios de las batallas. La pasion del juego era comun á los francos y á los sarracenos; el sultan Kerboga estaba jugando al ajedréz cuando los cruzados salieron de Antioquía para dar la batalla en que fué destruido el ejército musulman. Para conocer hasta que punto llevaron los peregrinos con frecuencia la pasion del juego, bastaria leer los reglamentos severos publicados en varias cruzadas. Despues de la conquista de Constantinopla, los simples caballeros jugaban á los dados las ciudades y las provincias del imperio griego. Los compañeros de San Luis, durante su

20

permanencia en Damieta, jugaban hasta sus caballos y sus armas. No habia miserias que el juego no hiciese olvidar á los cruzados. Despues del cautiverio del rey de Francia en Egipto, y cuando los restos del ejército cristiano regresaban por mar á Tolemaida, el conde de Anjou y el conde de Poitiers jugaban á los dados en el buque del rey. Joinville, que se hallaba presente, nos refiere que Luis IX, lleno de cólera, derribó la mesa de juego, se apoderó de los dados, y lo arrojó todo al mar.

Los cruzados tenian reglamentos á los cuales se hallaban sometidos durante las expediciones á Oriente. En el sitio de Antioquía, varias leyes castigaban severamente al que hubiese vendido con pesas ó medidas falsas, ó al que hubiese engañado en el cambio de monedas ó en un trato cualesquiera á *sus hermanos en Cristo.* Castigábase, sobre todo, á aquellos que cometian un robo ó se mancillaban con el crimen de fornicacion ó adulterio. En la tercera cruzada, el rey de Francia y el de Inglaterra fijaron penas rigurosas contra los desórdenes y los crímenes de los peregrinos alistados bajo las banderas de la cruz. Federico I, al marchar al Asia, publicó *en nombre del Padre, del Hijo y del Espíritu Santo,* leyes penales para mantener el órden en su ejército. Se cortaba la mano derecha al cruzado que con ella habia pegado ó herido á otro. Como para surtir de provisiones á los peregrinos era muy importante inspirar confianza á los que suministraban ó vendian víveres, el que faltaba á su palabra en un trato ó le rompia por medio de la violencia era sentenciado á sufrir la pena capital.

Es necesario creer que además de las leyes generales proclamadas por el jefe de una cruzada, cada pueblo habia llevado á Oriente sus costumbres que servian de regla para mantener la subordinacion y hacer justicia á cada uno de los peregrinos; sin embargo, de todas aquellas legislaciones tan diferentes no nos quedan sino vestigios desparramados. Por lo general, los cruzados no tenian mas leyes que los preceptos del Evangelio, y en sus excesos no tenian que temer mas que el tribunal de la penitencia y las amenazas de la Iglesia.

CAPÍTULO XLIII.

Continuacion del mismo asunto.

Al ver los numerosos ejércitos que iban de Europa á Oriente,

lo primero que ocurre preguntar es qué medios había para proveer á su mantenimiento. Todos aquellos guerreros francos que
nunca permanecian arriba de 20 á 40 dias bajo las banderas de
los ejércitos feudales, de ningun modo se hallaban en estado de
surtirse de provisiones para aquellas guerras lejanas que solian
durar vários años. Cada jefe abrigaba sin duda la intencion de
llevar provisiones para el viaje, pero todos ignoraban las dificultades de los caminos y las distancias que tenian que recorrer,
y esa misma ignorancia mantenía á los cruzados en un estado
de seguridad y confianza que producia resultados funestos. Las
tropas mejor disciplinadas á penas podian llegar á Constantinopla sin experimentar los horrores del hambre.

Cuando los peregrinos se acercaban á las costas del mar, los
buques les llevaban provisiones; pero estos auxilios no siempre llegaban con oportunidad, y cuando se recibian así los víveres, los
peregrinos que carecian de dinero no dejaban de sufrir la escasez. Los habitantes de las comarcas por donde atravesaban los
cruzados huian cuando estos se acercaban llevándose cuanto tenian, de modo que los cristianos avanzaban por tierras desiertas
y estériles, sin abrigar siquiera la esperanza de que la victoria
les auxiliase entregándoles los despojos de un campamento ó
de una ciudad tomada por asalto.

No se trataba solo de procurarse víveres, sino de trasportar-
los. Parece que, en las marchas largas, cada cruzado llevaba sus
provisiones. Desde la primera expedicion se emplearon carros,
á los cuales hubo que renunciar en los caminos dificiles. Las
crónicas contemporáneas, al describir una escasez de víveres ó
una época de hambre, nunca dejan de deplorar la carestía excesiva de los víveres lo cual prueba que en seguimiento de los
ejércitos cristianos iban mercaderes que vendian provisiones.
Cuando los cruzados, abandonando la via terrestre adoptaron la
maritima, fué menos dificil surtir de provisiones á los ejércitos
cristianos. Sin embargo, la escasez de víveres hacia sufrir todavia á la multitud de los peregrinos siempre que era detenida
por el sitio de una ciudad ó por una resistencia inesperada del
enemigo.

Despues de haber seguido á los defensores de la cruz á los campos de batalla del Oriente, se desea saber cuales eran sus armas,
cual su modo de pelear. Las armas ofensivas eran la lanza de álamo

blanco ó de fresno, terminada por un hierro agudo, y adornada generalmente con una banderola; la espada larga y ancha, con un solo filo; varias clases de flechas ó venablos, el hacha y la maza. Entre las armas defensivas se distinguian los escudos de forma ovalada ó cuadrada, la cota ó loriga de malla, tegida de fino acero; el casco y el yelmo con cimera y caperuza, la cota de armas, el gubison de cuero ó de paño, forrado de lana; la coraza ó peto de armas de acero ó de hierro. No creemos que los cruzados, sobretodo en las primeras expediciones, fuesen cubiertos con una armadura pesada, como los guerreros del siglo XV. Esta armadura habria sido harto incómoda para llevar la guerra á apartadas regiones.

Las máquinas de guerra empleadas en las cruzadas eran las mismas que usaban los romanos; se veia el *ariete*, abultada viga provista de una maza de hierro que se lanzaba contra las murallas con cables y cadenas; el *músculo*, que guarecia á los trabajadores, y al que el cuero y los ladrillos libraban de los ataques del hierro y de las piedras; el *pluto* y la *vinea*, cubiertos con una piel de buey ó de camello, y bajo los cuales se colocaban los soldados encargados de proteger á los que subian al asalto; las *catapultas* y las *balistas*, de donde partian venablos enormes, y que lanzaban pedazos de roca y aun algunas veces cadáveres de hombres y de animales; por último las torres rodadas de varios pisos, cuya parte superior dominaba á las murallas y contra las que los sitiados no tenian mas medio de defensa que el incendio.

Los ejércitos cristianos llevaban consigo una música guerrera que daba la señal de los combates. Los instrumentos mas usados eran los clarines de bronce, las cornetas de madera, de hierro, de plata ó de oro, los sistros, las arpas, los timbales y los tambores ó atabales tomados de los sarracenos. Ya hemos hablado de los gritos de guerra de los cruzados. Nadie ignora que, en la edad media, la caballería formaba la verdadera fuerza de los ejércitos. Los caballeros de la cruz, cuando perdian sus caballos, ya no tenian confianza en su valor; algunas veces se les vió montar en camellos, y aun en asnos y bueyes, antes que pelear á pié. La caballería cristiana llevaba siempre en seguimiento suyo una multitud considerable de infantes, á la que los cronistas designan con la palabra latina *vulgus*; y la cual era empleada con utilidad en los sitios. Los cruzados ignoraban las astucias ó estratagemas de la guerra, y el mismo Saladino les culpaba por haber descuidado ese medio de vencer: toda su táctica consistia en precipitarse sobre el enemigo que tenian delante de sí y atacarle abiertamente.

Nunca reinaron mucha subordinacion y órden en los ejércitos de la cruz, y la indisciplina produjo frecuentes desastres. En cada combate se prohibia á los guerreros que se detuviesen á recoger los despojos del enemigo vencido antes de haber completado la victoria. En tales casos nada era tan difícil como hacerse obedecer; las prohibiciones mas severas no siempre evitaron las desgracias que producia la desordenada codicia del botin. Entre las causas de la indisciplina en los ejércitos cristianos se puede contar, tambien, el extremado valor de los jefes y los soldados. Este valor no conocia peligro alguno, y toda precaucion adoptada contra el enemigo parecia una señal de debilidad y de timidez. Habia que temer otro mal mayor todavía, que era la licencia de los grandes y las costumbres feudales que los caballeros y los barones llevaban á las guerras santas. Hemos visto que, en la segunda cruzada, la ruina de un ejército floreciente procedió de la desobediencia de un jefe, por la cual solo fué castigado Godofredo de Rancou con la pérdida de su mando y de su nombradia militar.

Acabaremos de indicar la fisonomía moral de las cruzadas examinando brevemente cuales fueron las relaciones entre cristianos y musulmanes, tanto en la guerra como en la paz. En la primera guerra santa, el ardor de las pasiones religiosas no permitia en manera alguna que hubiese relaciones diplomáticas. Algunas veces se vieron alianzas ofensivas y defensivas entre los cristianos y algunos príncipes musulmanes; pero una desconfianza mútua impidió siempre que estas alianzas tuviesen buenos resultados ni duracion. Unos creian desagradar á Jesucristo poniéndose en contacto con los infieles; los otros temian la cólera de Mahoma mezclando sus banderas con las de la cruz. Las negociaciones mas notables entre los Francos y las potencias musulmanas fueron las de Amaury, rey de Jerusalen, con el califa del Cairo. Con gran escándalo de los musulmanes, el *príncipe de los creyentes* fué obligado á presentar su mano desnuda á los diputados cristianos. Hemos tenido ocasion de observar que Federico Barbaroja, Felipe Augusto Ricardo mostraron respecto de las potencias musulmanas una urbanidad caballeresca que fué un espectáculo nuevo en las guerras de ultramar. La cruzada de Federico II no fué sino una prolongada negociacion; el emperador de Alemania y el sultan del Cairo se hallaban en una situacion igualmente embarazosa: el primero era despreciado por los cristianos, el segundo era maldecido por los musulmanes, y ambos deseaban la paz por temor á sus aliados y á sus soldados.

Luis IX, durante su estancia en Palestina, mantuvo relaciones con los emires del Cairo y con el soberano de Damasco; si estas negociaciones no pudieron reparar las desgracias de la cruzada, la caridad del rey de Francia les debió, al menos, la libertad de un gran número de prisioneros cristianos. Habiendo regresado el monarca á Europa, no cesó un punto de tener su vista fija en el Oriente, adonde ardía en deseos de llevar de nuevo el estandarte de la fé cristiana. Sabido es que Luis recibió á varios embajadores del rey de Tunez; abrigaba la esperanza de que el príncipe infiel se convertiria al cristianismo; esta esperanza le arrastró, al fin, á una cruzada postrera, en la que le aguardaba la palma del martirio.

Hácia el final de las cruzadas, la Tierra Santa estaba llena de autoridades y de gobiernos diferentes. Los templarios y los hospitalarios, las naciones de Europa establecidas en las ciudades cristianas, todos mantenian relaciones mas ó menos directas con los musulmanes; todos tenian la facultad, ya que no de extipular una tregua, al menos de romperla. Por eso los príncipes soberanos de Siria y de Egipto decian que no podian tener confianza alguna en los cristianos, y que, entre estos, *los mas pequeños deshacian incesantemente lo que habian hecho los grandes*. En las cruzadas, sobre todo en los últimos tiempos, era un fenómeno que una tregua fuese respetada hasta el dia en que expiraba. En Occidente, cuando se predicaba una guerra santa, nunca se consideró como un obstáculo el hecho de hallarse en paz las colonias cristianas de Siria con los musulmanes. La esperanza de la victoria ó el temor de una derrota era la verdadera y única medida del respeto á los tratados con los infieles.

Cuando el Oriente no vió ya los ejércitos de la cruz, los tratados de comercio fueron el objeto exclusivo de las negociaciones con los musulmanes; es curioso ver con que sagacidad se hallan previstas todas las dificultades en aquellos documentos diplomá-

ticos, y qué espíritu de astucia y de prudencia presidia á su re-
daccion. Los historiadores orientales nos han conservado varios
tratados; cuando se leen con cuidado, se comprende que las potencias musulmanas temieron durante mucho tiempo la reproduccion de las guerras santas, y que no cesaron de abrigar, respecto de los cristianos del Occidente, la desconfianza y la prevencion que les habian inspirado los cruzados

Desde el papa Lucio III, que escribió á Saladino para excitarle
á verificar un cange de prisioneros, hasta Pio II, que á falta de
soldados opuso á las armas de Mahometo II los argumentos de la
teología, los jefes de la Iglesia mantuvieron relaciones con los
infieles, y esta diplomacia de los papas era el síntoma mas evi-
dente de la decadencia de las guerras santas. En las primeras
cruzadas se ocupaban principalmente en conquistar los reinos
del islamismo; la conversion de los príncipes musulmanes llegó
á ser mas tarde, el asunto primordial de los pontífices, porque el
entusiasmo belicoso comenzaba á extinguirse, y era ya mas fácil
encontrar argumentos que soldados. Tambien se puede añadir
que, en las dos últimas épocas de las expediciones contra los infieles, el orgullo de las escuelas aspiraba á sustituir el dominio
de las armas, y que la dialéctica de sus silogismos se prometia á
su vez el imperio del mundo.

CAPÍTULO XLIV.

Influencia de las cruzadas.

A continuacion de cada cruzada descrita en la presente Historia hemos dicho algunas palabras acerca de los resultados de
aquellas diferentes expediciones; nos resta caracterizar esos resultados de un modo á la vez mas exacto y mas completo, y para
eso recurriremos á la apreciacion de las consecuencias políticas
y morales de nuestras antiguas guerras de ultramar.

La dificultad de apreciar las cruzadas, al menos en sus efectos,
procede de que no tuvieron completo buen éxito, ni un mal resultado absoluto. Nada es tan difícil de juzgar como lo que queda incompleto: para suplir lo que nos falta, vamos á hacer dos
hipótesis. Supongamos, primero, que aquellas expediciones le-

janás hubiesen tenido el éxito que de ellas podia esperarse, y
veamos, en este caso, lo que habria resultado. El Egipto, la Siria
y la Grecia se convertian en colonias cristianas; los pueblos del
Oriente y del Occidente marchaban juntos á la civilizacion; el
idioma de los francos penetraba hasta el último extremo del Asia;
las costas berberiscas, habitadas por piratas, hubierán recibido
las costumbres y las leyes de Europa, y hace ya mucho tiempo
que el interior del Africa no seria un pais impenetrable para las
relaciones mercantiles y para las investigaciones de los sábios y
viajeros. A fin de saber lo que se habria ganado en esta union
de los pueblos bajo las mismas leyes y la misma religion, es
preciso recordar el estado del universo romano bajo el reinado
de Augusto y de algunos sucesores suyos, que no formaba
en cierto modo mas que un mismo pueblo el cual vivia bajo
la misma ley y hablaba la misma lengua. Todos los mares
eran libres; las provincias mas lejanas unas de otras comunica-
ban entre sí por medio de caminos fáciles; las ciudades cambia-
ban los productos de sus artes y de su indústria; las diferéntes
comarcas trocaban los productos de su suelo, y las naciones, los
adelantos de su ilustracion. Si las cruzadas hubiesen sometido el
Oriente al dominio de la cristiandad, es lícito creer que ese gran
espectáculo, dado bajo las leyes de la unidad y de la paz, hubiera podido reproducirse en los tiempos modernos con mas explendor y de un modo mas duradero, y entonces no habrian estado divididas las opiniones ni se habria suscitado duda alguna
acerca de las ventajas de las guerras santas.

Hágase ahora otra hipótesis, y fíjese un instante nuestro pensamiento en el estado en que se habria hallado la Europa si no
se hubiesen emprendido las expediciones contra los sarracenos
de Asia y de Africa, ó si los ejércitos cristianos hubiesen sufrido
continuados reveses. En el siglo XI, varias comarcas europeas
se hallaban invadidas, y otras amenazadas por los sarracenos.
¿Qué medios de defensa habria tenido entonces la república
cristiana, en la que la mayor parte de los Estados se encontraban
entregados á licencia, perturbados por la discordia, ó sepultados
en la barbárie? Si la cristiandad como lo hace observar un escritor (1), no hubiese salido entonces por todas sus puertas y en

(1) Mr. de Bonald.

varias ocasiones para atacar á un enemigo formidable, ¿no debe creerse que este habria aprovechado la inaccion de los pueblos cristianos, que los hubiera sorprendido en medio de sus divisiones y subyugado unos en pos de otros? ¿Quién no se estremece de horror al pensar que la Francia, la Alemania, la Inglaterra y la Italia podian sufrir la misma suerte que la Grecia y la Palestina?

Despues de esta ideas generales que nos muestran desde luego á las cruzadas como la gran barrera opuesta á la barbárie musulmana, será útil pasar revista á los diferentes reinos de Europa, y examinar lo que ganaron ó perdieron con las guerras de la cruz.

El papa Urbano, deseando excitar á la cristiandad á tomar las armas, se habia dirigido principalmente á los franceses; la Francia, al dar la señal de las cruzadas, se puso en cierto modo á la cabeza de los acontecimientos mas grandes de la edad media. La gloria de la primera expedicion le pertenece por entero, y la corona, sin tomar en ella una parte dirécta, hubo de repòrtar grandes ventajas En la segunda cruzada, el divorcio de Luis VII con la reina Leonor, hizo que la Guyena cayese en manos de los ingleses; pero esta pérdida se reparó muy pronto, y Felipe Augusto recuperó mas de lo que Luis el jóven habia perdido. Al ver el papel que representó Felipe Augusto en la tercera cruzada, podria creerse que solo fué al Asia para conducir allí á Ricardo y alejar del Occidente á su rival mas temible.

La Francia fué el pís del Occidente que mas se aprovechó de las cruzadas; el espíritu y aun los hábitos de una guerra lejana contribuyeron á domar el orgullo de los condes y de los barones. Las expediciones de ultramar dieron los golpes mas terribles á aquella anarquía feudal en la que la monarquía habia estado próxima á perecer; favorecieron el espíritu de nacionalidad que tendia á convertir á la sociedad francesa en una gran familia sometida á un principio de unidad. Así fué como las cruzadas sirvieron á la grandeza de la Francia aumentando la fuerza de la dignidad real, por la cual habia de llegar la civilizacion. Desde el tiempo de las guerras santas no se separaba ya á la nacion francesa de sus reyes; un antiguo panegirista de San Luis creyó que el mejor modo de honrar la memoria del monarca francés era hablando de las maravillas y de la gloria de la Francia. Se ha hecho una observacion curiosa, y es que la dinastía de los Carlovingios se estableció por las victorias obtenidas por los sarracenos que habian pasado los Pirineos, y que la raza de los Capetos acrecentó su poder por medio de las guerras emprendidas contra los infieles á quienes se fué á buscar en el Oriente.

La Inglaterra no reportó provecho alguno de las guerras de la cruz, y se mezcló muy poco en aquellos movimientos que conmovieron al mundo; toda la ventaja se redujo á la gloria de Ricardo, quien por lo demás no ha ocupado mucho á los historiadores modernos de la gran Bretaña. Las cruzadas no ejercieron en Inglaterra una influencia favorable para la corona. En la coalicion de los barones contra Enrique III, los adversarios del rey llevaban una cruz como en las guerras de ultramar, y los sacerdotes prometian la palma del martirio á los que morian por la causa de la libertad. No creemos que las guerras santas diesen fuerza alguna á las municipalidades que apenas existian entonces, ni á esa aristocracia de la que habia de salir el destino del pueblo inglés. El poder británico ni siquiera sacó provecho de las cruzadas para extender su comercio y su industria; nunca tuvo una factoría ni una colonia en los estados cristianos de Oriente; su navegacion no hizo entonces progreso alguno que pueda mencionar la historia.

Mientras la Inglaterra conquistaba la libertad contra sus reyes, y la Francia pedia la suya á la corona, la Alemania presentaba otro espectáculo: el imperio, que habia brillado mucho en tiempo de Othon I y de Enrique III, caminó hácia una decadencia rápida durante las cruzadas. Todos los esfuerzos de los emperadores no habian podido impedir que la corona continuase siendo electiva; la sucesion de los soberanos de la Alemania dependia de la eleccion de la nobleza y de los príncipes, quienes se habian emancipado ellos mismos de toda dependencia hácia los soberanos. En medio de las revoluciones que turbaban el imperio germánico, no es fácil distinguir cual pudo ser la influencia de las cruzadas en la suerte de la nacion alemana. Esta no se habia conmovido al oir el rumor de la primera guerra santa; se necesitó la elocuencia; y sobre todo los numerosos milagros de San Bernardo, para decidir á la Alemania á tomar las armas en favor de la causa de Jesucristo. En la cruzada de Conrado solo vemos calamidades sin gloria; Federico Barbaroja, el guerrero mas eminente de su época, halló una muerte desastrosa en vez de los triunfos que pudo prometerse. Federico II, herido por los anatemas de Roma bajo el mismo estandarte de la cruz, solo trajo del Oriente un aumento de maldiciones. La confederacion alemana, formada con los restos del imperio, sacó provecho de las guerras santas. Las expediciones contra los infieles de Oriente debieron inspirar la idea de combatir contra los pueblos paganos desparramados por las orillas del Vistula, del Pregel y del Niemen; estos pueblos, sometidos por los cruzados, entraron en la asociacion germánica. A fines del siglo XIII, las provincias de donde la monarquía prusiana toma su nombre y su origen, se hallaban separadas todavía de la cristiandad por la idolatría y por costumbres salvajes; la conquista y la civilizacion de aquellas provincias fueron obra de las guerras religiosas.

La Italia, entregada por una parte á las pasiones turbulentas de la democracia, y por otra preocupada con sus intereses de comercio, no se habia asociado sino muy debilmente al entusiasmo de las guerras santas; la ausencia de todo centro comun, de todo espíritu de nacionalidad, impedia que aquel país tomase una gran parte en lo noble y elevado que podia ejecutarse entonces en el mundo. Las ciudades de Pisa, Génova y Venecia habian debido su prosperidad á las relaciones mercantiles que la Italia sostenia con el Oriente antes de las guerras santas; estas relaciones se extendieron y se multiplicaron durante las expediciones de ultramar. Espectáculo singular era el que ofrecian aquellas repúblicas que no poseian mas que un rincon de tierra á orillas del Mediterráneo, y que abarcaban en sus relaciones la Siria, el Egipto y la Grecia. No se puede menos de admirar, especialmente, á aquella república de Venecia, cuyo poder habia llegado al Asia antes que las armas de los cruzados, y á la que los pueblos de la edad media consideraban como la reina del Oriente. La historia ha dado á conocer los servicios que los pueblos de Italia prestaron á las guerras santas, ya suministrando provisiones á los ejércitos cristianos, ya asociándose á la conquista de las ciudades marítimas de Palestina, ó ya peleando contra las flotas de los infieles. Establecian colonias en todos los puntos y poseian una parte de cada una de las ciudades conquistadas por los cruzados.

Los pueblos de Italia, al tomar parte en las guerras de la cruz,

obedecian mas bien al espíritu de codicia que á las opiniones á
la sazon dominantes. El establecimiento de una factoría, la ad-
quisicion de una ventaja comercial, les interesaba mucho mas
que una victoria obtenida sobre los infieles. Verdad es que pro-
veian de armas y víveres á los cruzados; pero tambien se les acusó en muchas ocasiones de hacer otro tanto con los musulmanes.
Despues de la destruccion de las colonias cristianas, un historiador de Florencia se contenta con hacer observar que el comercio
de Italia habia perdido la mitad de sus ventajas. En una palabra, los italianos se cuidaron muy poco de hacer triunfar la causa de la cruz, cuando no podian aprovechar la victoria por sí
mismos, y no tememos que se nos tache de injusticia al decir que
no tomaron de las cruzadas sino lo que habia de enriquecerles y
corromperles.

El reino de Nápoles y de Sicilia, situado en el extremo de Italia, era para los cruzados el camino de Grecia y del Oriente; riquezas que al parecer no tenian guardadores, y un territorio
que sus habitantes nunca habian sabido defender, debieron ten-
tar con frecuencia la codicia de los príncipes y aun de los caballeros de la cruz. La historia de este país se halla mezclada, durante mas de dos siglos, con la de las expediciones de ultramar.
La Alemania, la Francia, el Aragon y la Hungría le dieron alternativamente reyes, y cada uno de estos llevaba consigo la
guerra. En estas guerras invocaron la autoridad de la Iglesia y
mostraron con frecuencia las imágenes de la cruz; en una palabra, se predicaron mas cruzadas para avasallar aquel reino desgraciado de las que se habian predicado para libertar á Jerusalen; todas estas cruzadas no hicieron mas que difundir el desórden y la confusion entre los pueblos de Italia y en una gran
parte de Europa.

Al repasar así el estado de los reinos de Europa se vé que la
influencia de las cruzadas no fué igual en todos los pueblos del
Occidente. España nos ofrecerá tambien su fisonomía particular
entre los reinos en que nos hemos detenido un momento. Durante todo el curso de las cruzadas, vemos á esa nacion ocupada
en defenderse contra aquellos mismos sarracenos á quienes las
demás naciones de Europa iban á combatir en Oriente. La invasion de los moros en España tenia alguna semejanza con la de
los francos en Asia. La religion de Mahoma era la que impul-

saba á los combates á los guerreros sarracenos, así como la religion cristiana inflamaba el ardor de los soldados de la cruz. El Africa y el Asia correspondieron en varias ocasiones al llamamiento de las colonias musulmanas de España, así como la Europa correspondia á los gritos de alarma de las colonias cristianas de Siria.

La España no tomó parte en las cruzadas sino cuando comenzó á debilitarse en el resto de Europa el espíritu de aquellas guerras santas. Sin embargo, se debe decir que aquel reino encontró algunas ventajas en las expediciones á Oriente. En casi todas las empresas de la cristiandad contra los musulmanes del Asia, un gran número de cruzados se detuvieron en las costas de España para pelear contra los moros. Publicáronse en Occidente varias cruzadas contra los infieles que eran dueños de la Península. La célebre victoria de Tolosa contra los moros fué fruto de una cruzada predicada en Europa, y sobre todo en Francia, por órden del Sumo Pontífice. Las expediciones de ultramar sirvieron tambien á la causa de los españoles, deteniendo en su país á los sarracenos de Egipto y de Siria, que hubieran podido unirse á los de las costas de Africa. El reino de Portugal fué fundado por los cruzados. Las cruzadas suscitaron la idea de esas órdenes de caballería que, á imitacion de las de Palestina, se formaron en España, y sin cuyo auxilio acaso la nacion española no hubiera triunfado de los moros.

Las diferentes potencias de que acabamos de hablar tenian sobre ellas otro poder que parecia ser el vínculo y el centro del mundo político: era la autoridad de los jefes de la Iglesia. Se ha dicho que los papas habian hecho las cruzadas; por poco que se haya estudiado la historia se vé cuan erróneo es este aserto. El entusiasmo de las guerras santas se desarrolló gradualmente, segun lo hemos demostrado; al fin arrastró á la sociedad entera, lo mismo á los papas que á los pueblos. Una prueba de que los pontífices no habian producido aquella gran revolucion, es que nunca pudieron reanimar el espíritu de las cruzadas cuando este llegó á extinguirse entre los pueblos cristianos Tambien se ha dicho que las guerras de la cruz habian acrecentado mucho el poder de los papas; no hay duda de que una guerra religiosa seria muy apropósito para favorecer el desarrollo de la autoridad pontificia; pero esa misma guerra produjo acontecimientos y dió

márgen á circunstancias que, para el poder de los papas, fueron
mas bien una dificultad y un escollo que un medio de engran-
decimiento. La verdad del caso es que, al fin de las cruzadas, el
poder de los papas no era ya lo que en el orígen de las guerras
santas.

Habíase acreditado otro error entre los escritores del último
siglo: pretendían que las cruzadas habían aumentado la influencia y las riquezas del clero. La primera guerra santa debió ser
proveehora para el clero, porque no se le obligó á pagar los gastos de ella, y el zelo de los fieles los sufragó todos. Pero desde la
segunda guerra santa se gravó á los eclesiásticos con onerosas
contribuciones, sin atender á sus reclamaciones vehementes.
Desde entonces se estableció en el mundo cristiano una opinion
que llegó á ser funesta para el clero: fué la de que las guerras
emprendidas por la gloria de Jesucristo y la libertad de los Santos Lugares habían de ser pagadas por la Iglesia. En los primeros
impuestos cobrados al clero, solo se habían aconsejado de la necesidad y de las circunstancias; despues de la publicacion del
diezmo saladino, estos impuestos fueron fijados por los papas ó
los concilios; percíbianlos con tanto rigor que las iglesias fueron
despojadas de sus ornamentos. No vacilamos en afirmar que, en
el espacio de 200 años, el clero dió para las guerras santas mas
dinero del que se habría necesitado para comprar la mayor parte
de sus propiedades. Por eso se vió enfriarse gradualmente el zelo
de los eclesiásticos por la libertad de los Santos Lugares; por
ellos comenzó la indiferencia que, entre los pueblos cristianos,
sucedió al ardor de las cruzadas. En Alemania y en varios otros
países fué llevado tan léjos el descontento del clero que al fin no
se atrevian ya los papas á fiarse de los obispos para la predicacion de las cruzadas, y no encargaban aquella mision mas que
á las órdenes mendicantes.

Cuando se examina la influencia de las cruzadas, no pueden
olvidarse las ventajas que la navegacion y el comercio encontraron bajo las banderas de la cruz. Las guerras santas abrieron
nueva senda á la navegacion; nada podia favorecer tanto sus
progresos como la comunicacion que se estableció entonces entre
el Báltico, el Mediterráneo, el Océano español y los mares del
Norte. Las cruzadas multiplicaron así las relaciones de los pueblos, sus vínculos, sus intereses, aumentaron su actividad y su

emulacion. Los conocimientos prácticos se rectificaban, se acumulaban y se difundian por todas partes; se determinó la configuracion de las costas, la posicion de los cabos, de los puertos, de las bahias y de las islas. Exploraron el fondo del mar; observaron la direccion de los vientos, de las corrientes, de las mareas; así fué como se disipó la ignorancia que multiplicaba los naufragios. La arquictectura naval se perfeccionó durante las cruzadas. Se aumentó el tamaño de los buques para trasportar la multitud de los peregrinos. Los peligros inherentes á viajes lejanos hicieron dar una construccion mas sólida á los buques destinados al Oriente. El arte de arbolar con varios mástiles á un mismo buque, el arte de multiplicar las velas y disponerlas de modo que marchase contra el viento, nacieron de la emulacion que animaba entonces á los navegantes.

Las expediciones lejanas, abriendo por todas partes nuevas sendas, favorecian naturalmente los progresos del comercio. Mucho tiempo antes de las cruzadas, las mercancias de la India y del Asia llegaban á Europa, algunas veces por la vía terrestre, atravesando el imperio griego, la Hungría y el país de los búlgaros, pero con mas frecuencia por el Mediterráneo, que tocaba en todos los puertos de Italia. Estos dos caminos fueron facilitados por las guerras santas, y desde entonces nada pudo detener el rápido vuelo del comercio, protegido por el estandarte de la cruz. La mayor parte de las ciudades marítimas del Occidente, no solo se enriquecieron suministrando á la Europa los productos del Oriente, sino que hallaron tambien una ventaja considerable en el trasporte de los peregrinos y de los ejércitos cristianos. Las flotas iban costeando las comarcas en que peleaban los cruzados, y les vendian municiones de guerra y víveres que siempre necesitaban. Todas las riquezas de las ciudades marítimas de la Siria y aun de la Grecia, pertenecian á mercaderes del Occidente; estos eran dueños de una gran parte de las costas cristianas en Asia. Ya se sabe cual fué la parte que correspondió á los Venecianos despues de la toma de Constantinopla; poseian todas las islas del archipiélago y la mitad de Bizancio. El imperio de Grecia llegó á ser como otra Venecia, con sus leyes, sus flotas y sus ejércitos. Las ciudades de Francia tomaron poca parte en el comercio de Oriente; las cruzadas eran obra de los franceses, y otras recogieron entonces su fruto. Marsella fué, en la edad media, la única ciudad francesa que sostuvo algunas relaciones mercantiles con lejanos pueblos. La España, cuya industria se habia desarrollado muy pronto, aprovechó mejor las cruzadas, y hácia el fin de las guerras santas, los españoles tenian factorías en todas las costas de Asia. Pero la Italia fué la que reportó mas ventajas del comercio de Oriente.

Aun nos restaria examinar cual fué la influencia que, sobre las ciencias, ejercieron las cruzadas eu Europa; pero debemos limitarnos aquí á una simple indicacion. Es indudable que el movimiento de las guerras santas fué en la edad media como el despertador de la humana inteligencia. Al pasar las naciones del Occidente al Oriente, se hallaban frentre á frente con la naturaleza, las costumbres y la fisonomía de un mundo nuevo, y puesto que las cruzadas fueron viajes, los pueblos alistados bajo las banderas de la cruz hubieron de traer de sus lejanas excursiones alguna experiencia, algunas nociones, algunos recuerdos. La época de las cruzadas fué para la inteligencia una época de viva actividad, de curiosidad ardiente; sin embargo, no podria decirse con mucha exactitud lo que con ellas ganó la Europa bajo el punto de vista de las luces. La geografía sacó provecho de las empresas de ultramar. La Europa compró muy caro el conocimiento de los paises que se proponia conquistar; cuantos desastres causó la ignorancia del terreno! Al fin de las cruzadas se conocia mucho mejor aquel Oriente en el que tantos ejércitos habian desaparecido como en un sueño. Durante las guerras santas fué cuando se introdujo en Europa el uso de los guarismos árabes; este uso no extendió la ciencia de los números, pero facilitó mucho su estudio. En el arte de curar tenian los árabes y los griegos una gran superiodad sobre los Francos; sin embargo, la medicina europea hizo pocos progresos durante las cruzadas; se limitó á tomar del Oriente un número considerable de remedios como la casia, el sen, la triaca, etc. La astronomía hubiera podido ser cultivada con buen éxito en aquella época; el Oriente habia sido la cuna de esa ciencia, y desde los primeros siglos de la égira estimularon mucho su estudio los príncipes de Asia. Federico II y el sultan del Cairo se proponian mútuamente problemas de astronomía y de geometría. Pero las ciencias abstractas y las ciencias naturales no podian hacer adelantos en un tiempo en que las imaginaciones cristianas no buscaban sino prodigios.

En cuanto á las artes y la literatura del antiguo Oriente, los cruzados no se cuidaban de ellas, y despues de regresar á Europa sus recuerdos no se fijaban en los monumentos de la civilizacion griega y de la romana, desparramados por el Peloponeso, el Asia Menor y la Siria. Es difícil establecer cuales fueron las conquistas intelectuales que valió á los contemporáneos el vasto movimiento de la Europa contra el Asia; lo mas verdadero que se puede decir es que las cruzadas fueron el primer paso de la sociedad europea hácia sus altos destinos. Fueron el prolongado y borrascoso esfuerzo del Occidente para llevar de nuevo el cristianismo á aquel Oriente de donde habia venido, pero en donde iba extinguiéndose bajo la dominacion de los bárbaros. En nuestros dias, la civilizacion, nacida del Evangelio, se encamina nuevamente al Asia para tratar de derramar allí sus beneficios; en estas tentativas se puede ver una continuacion pacífica de las cruzadas.

FIN DE LA HISTORIA DE LAS CRUZADAS.

ÍNDICE

DE LOS CAPÍTULOS QUE CONTIENE ESTA OBRA.

FIN DEL ÍNDICE.

CPSIA information can be obtained at www.ICGtesting.com
Printed in the USA
BVOW06s1224130416

444062BV00025B/285/P